江泽民同志题写书名：

中國加入世界貿易組織知識讀本

中国加入世界贸易组织知识读本

（二）

乌拉圭回合多边贸易谈判结果法律文本

石广生　主编

人民出版社

责任编辑:姜玮

图书在版编目(CIP)数据

乌拉圭回合多边贸易谈判结果法律文本/石广生 主编.
　-北京:人民出版社,2011.10
(中国加入世界贸易组织知识读本)
ISBN 978－7－01－010139－2

Ⅰ.①乌…　Ⅱ.①石…　Ⅲ.①乌拉圭回合-贸易谈判-文件-汇编-中国
　Ⅳ.①F740.41

中国版本图书馆 CIP 数据核字(2011)第 159274 号

乌拉圭回合多边贸易谈判结果法律文本
WULAGUI HUIHE DUOBIAN MAOYI TANPAN JIEGUO FALÜ WENBEN

石广生　主编

人民出版社 出版发行
(100706　北京朝阳门内大街 166 号)

北京集惠印刷有限责任公司印刷　新华书店经销

2011 年 10 月第 1 版　2011 年 10 月北京第 1 次印刷
开本:710 毫米×1000 毫米 1/16　印张:34
字数:565 千字

ISBN 978－7－01－010139－2　定价:70.00 元

邮购地址 100706　北京朝阳门内大街 166 号
人民东方图书销售中心　电话 (010)65250042　65289539

编译人员

翻译和校译：（以姓氏笔画为序）

王 磊　王世春　王延春　王忠和　王晓东

叶祖融　刘 平　刘 钢　刘光溪　齐红儿

何 宁　张向晨　张江波　张丽萍　李仲周

易小准　杨国华　洪晓东　胡盈之　赵宝庆

钟传水　唐小兵　夏铮铮　索必成　傅星国

彭廷军　焦佩斐　程国强

《关税与贸易总协定》重译：

索必成　李仲周　张丽萍

译校审定：索必成

出版说明

本书收录了世界贸易组织（WTO）秘书处出版的《乌拉圭回合多边贸易谈判结果：法律文本》的中文译文。为方便读者，还增加了《法律文本》一书未收录的《民用航空器贸易协定》和《政府采购协定》等两个诸边贸易协定的中文译文，附在本书最后。

本书在翻译过程中，参考了 1995 年 9 月法律出版社出版的《乌拉圭回合多边贸易谈判结果最后文件》，在此谨对该书编译人员表示感谢。

《法律文本》的英文本、法文本和西班牙文本为各项协定的正式文本，中文译文仅供参考。

序　言

　　我国加入世界贸易组织，是党中央、国务院面向新世纪作出的一项重大抉择，对扩大开放、深化改革和推进现代化建设事业，必将产生广泛而深远的影响。

　　加入世界贸易组织后，我国在享受权利的同时，也要恪守世界贸易组织基本规则和各项协定、协议，切实履行对外承诺，承担相应的义务。江泽民总书记明确指示："要向大型企业，要向各行各业解释清楚什么是世界贸易组织，入世到底有什么利弊，以便在全国上下对这样一个重大外交政治问题统一认识。"因此，加强对世界贸易组织基本知识的学习，是十分紧迫和必要的。

　　认真学习和掌握世界贸易组织基本知识，是适应经济全球化发展趋势，提高我国参与国际竞争能力的需要；是完善社会主义市场经济体制，促进我国经济持续快速健康发展的需要；是培养和造就开放型人才，使各行各业更好地理解和执行国家有关法规及政策的需要。

　　在学习世界贸易组织基本知识过程中，我认为：一是要客观看待世界贸易组织的作用和职能，既要看到它的积极作用，也要看到它的局限性；二是要妥善处理遵守通行的国际规则和发展国内产业的关系，把扩大开放和自身发展有机结合起来，逐步增强我国经济参与国际竞争的能力；三是要注重学习的方式方法，根据不同工作或行业的具体需要，有针对性地进行学习、思考和应用。

我们编写《中国加入世界贸易组织知识读本》这套丛书，目的就是为全社会普及世界贸易组织知识提供准确、通俗、简明的学习工具书，以及开展培训的基本教材。希望读者通过阅读本书，能够较快熟悉世界贸易组织基本知识，并在实践中掌握运用，为我国改革开放和现代化建设事业作出新的贡献。

2001 年 11 月

前言

　　本书收录了 1993 年 12 月乌拉圭回合结束时达成的每一项协定的文本，还收录了同时作出的相关决定和后于 1994 年 4 月在马拉喀什部长级会议上作出的相关决定。在马拉喀什部长级会议上签署了《乌拉圭回合最后文件》和《马拉喀什建立世界贸易组织协定》(《WTO 协定》)。此外，一些代表团还签署了《WTO 协定》附件 4 所指的 4 个诸边协定中的一个或多个。

　　本书未收录数量众多的关税减让表和服务承诺减让表，这些减让表是《WTO 协定》的组成部分。减让表和两个诸边协定[1]可另外获得。

　　《WTO 协定》包括《1994 年关税与贸易总协定》。该文件被称为"GATT 1994"，是以被称为"GATT 1947"的原《关税与贸易总协定》的文本为基础的。GATT 1947 历经 GATT 缔约方全体所作决定的修正，现收录在本书最后部分供参考。

---

[1] 《国际奶制品协定》和《国际牛肉协定》已于 1997 年年底终止。

缩略语

AMS	(《农业协定》)综合支持量
BISD	《基本文件资料选编》(由 GATT 出版)
CCC	海关合作理事会
CCC Secretariat	海关合作理事会秘书处
Dispute Settlement Understanding/DSU	《关于争端解决规则与程序的谅解》，简称《争端解决谅解》
DSB	争端解决机构
FAO	联合国粮农组织
GATS	《服务贸易总协定》
GATT 1994	《1994 年关税与贸易总协定》
HS	商品名称及编码协调制度，简称"协调制度"
IMF	国际货币基金组织
ISO	国际标准化组织
ISO/IEC	国际标准化组织/国际电工委员会
MFA	《多种纤维协议》
PGE	(《补贴与反补贴措施协定》)常设专家小组
SCM	补贴与反补贴措施
Secretariat	世界贸易组织秘书处
SSG	(《农业协定》)特殊保障
ST	(《农业协定》附件 5)特别处理
TMB	纺织品监督机构
TPRB	贸易政策审议机构
TPRM	贸易政策审议机制
TRIMs	与贸易有关的投资措施
TRIPS	与贸易有关的知识产权
TSB	纺织品监督机构
WIPO	世界知识产权组织
World Bank	国际复兴开发银行，即世界银行
WTO	世界贸易组织
WTO Agreement	《马拉喀什建立世界贸易组织协定》，简称《WTO 协定》

1994 年 4 月 15 日马拉喀什宣言

部长们，

代表参加乌拉圭回合多边贸易谈判的 124 个政府和欧洲共同体，在 1994 年 4 月 12 日至 15 日于摩洛哥马拉喀什举行贸易谈判委员会的最后一次部长级会议之际，

忆及 1986 年 9 月 20 日在乌拉圭埃斯特角城通过的发动乌拉圭回合多边贸易谈判的部长宣言，

忆及 1986 年 12 月和 1990 年 12 月分别在加拿大蒙特利尔和比利时布鲁塞尔举行的部长级会议所取得的进展，

注意到谈判已于 1993 年 12 月 15 日实质性结束，

决心通过使各自的经济融入建立在开放的市场导向政策及乌拉圭回合协议和决定所列各项承诺基础上的世界贸易体制，以巩固乌拉圭回合的成功结果，

今日通过下列：

宣言

1.　　部长们庆贺回合结束所代表的历史成就，认为这一成就能够增强世界经济，并在世界范围内扩大贸易和投资，增加就业和收入。他们特别欢迎：

- 他们为进行国际贸易而通过的更有力和更明确的法律体制，包括更有效和更可靠的争端解决机制，

- 全球范围内关税削减 40% 和关于货物贸易的内容更广泛的市场开放协议，关税承诺范围的大幅增加所代表的可预见性和安全性的提高，以及

- 为服务贸易和与贸易有关的知识产权保护所建立的多边纪律体制，在农产品和纺织品与服装方面加强的多边贸易规定。

2.　部长们确认，世界贸易组织(WTO)的建立开创了全球经济合作的新纪元，反映了各国为其人民的利益和幸福而在更加公平和开放的多边贸易体制中运作的普遍愿望。部长们表示，决心抵制各种保护主义的压力。他们认为，乌拉圭回合所实现的贸易自由化和加强的规则将形成一个更加逐步开放的世界贸易环境。部长们承诺，从现在起直至 WTO 建立，不采取任何可对乌拉圭回合谈判结果或其实施造成损害或不利影响的贸易措施。

3.　部长们确认，决心在贸易、货币和金融等领域努力使全球政策更具一致性，包括 WTO、国际货币基金组织和世界银行之间为此目的而进行的合作。

4.　乌拉圭回合的参与程度大大超过以往任何一次多边贸易谈判，特别是发展中国家在回合中发挥了特别积极的作用，部长们对这一事实表示欢迎。这标志着向一个更加平衡和完整的全球贸易伙伴关系迈出了历史性的一步。部长们注意到，在谈判进行期间，许多发展中国家和原中央计划经济国家采取了经济改革和自主贸易自由化的重大措施。

5.　部长们忆及谈判结果包含给予发展中国家差别和更优惠待遇的规定，包括对最不发达国家的特殊情况所给予的特别关注。部长们认识到实施这些规定对最不发达国家十分重要，并宣布愿意继续帮助和便利这些国家扩大贸易和投资机会。他们同意由部长级会议和 WTO 的有关机构定期审议回合结果对最不发达国家和粮食净进口发展中国家的影响，以期采取积极措施，使这些国家能够实现各自的发展目标。部长们认识到，需要增强 GATT 和 WTO 的能力，以便在各自职权范围内提供更多的技术援助，特别是大量增加给予最不发达国家的援助。

6.　部长们宣布，他们签署《乌拉圭回合多边贸易谈判结果最后文件》和通过相关部长决定后，即开始了 GATT 向 WTO 的过渡。他们专门设立了一个筹备委员会，以便为《WTO 协定》的生效奠定基础，并致力于寻求完成批准《WTO 协定》所需的全部步骤，以使该协定能于 1995 年 1 月 1 日或其后尽早生效。部长们还通过了《关于贸易与环境的决定》。

7.　部长们对哈桑二世国王陛下表示衷心的感谢，感谢他本人对部长级会议的成功所作的贡献，并感谢他的政府和摩洛哥人民所提供的热情款待和出色的组织工作。在马拉喀什召开乌拉圭回合最后一次部长级会议这一事实，再次体现了摩洛哥致力于一个开放的世界贸易体制和全面融入全球经济。

8.　　部长们宣布，随着《最后文件》的通过和签署及《WTO 协定》的开放供接受，贸易谈判委员会的工作已经完成，乌拉圭回合正式结束。

目录

乌拉圭回合
多边贸易谈判结果最后文件

乌拉圭回合多边贸易谈判结果最后文件

1.　　各国政府和欧洲共同体的代表以及贸易谈判委员会的成员为结束乌拉圭回合多边贸易谈判而召开会议，同意所附《建立世界贸易组织协定》(此《最后文件》中称"《WTO 协定》")、部长宣言和决定以及《关于金融服务承诺的谅解》包含了他们谈判的结果，并形成此《最后文件》的组成部分。

2.　　通过签署此《最后文件》，代表们同意：

    (a)　　酌情将《WTO 协定》提交他们各自的主管机关审议，以期寻求依照他们各自的程序批准该协定；及

    (b)　　通过部长宣言和决定。

3.　　代表们同意，宜由乌拉圭回合多边贸易谈判的所有参加方(下称"参加方")接受《WTO 协定》，以使该协定于 1995 年 1 月 1 日或其后尽早生效。部长们将依照《埃斯特角城部长宣言》最后一段，在不迟于 1994 年底前召开会议，就谈判结果的国际实施问题作出决定，包括谈判结果生效的时间。

4.　　代表们同意，《WTO 协定》应根据该协定第 14 条开放供所有参加方以签字或其他方式作为一个整体予以接受。《WTO 协定》附件 4 所列一诸边贸易协定的接受和生效按该诸边贸易协定的规定执行。

5.　　在接受《WTO 协定》之前，不属关税与贸易总协定缔约方的参加方必须首先完成它们加入总协定的谈判并成为其缔约方。对于在此《最后文件》签署之日仍不属总协定缔约方的参加方，其减让表不是最终的，应在随后为加入总协定和接受《WTO 协定》的目的加以完成。

6.　　此《最后文件》和所附文本应交存关税与贸易总协定缔约方全体的总干事，总干事应及时向每一参加方提供一份经核正无误的副本。

　　　1994 年 4 月 15 日订于马拉喀什，正本一份用英文、法文和西班牙文写成，三种文本具有同等效力。

马拉喀什建立世界贸易组织协定

马拉喀什建立世界贸易组织协定

本协定各参加方,

认识到在处理它们在贸易和经济领域的关系时,应以提高生活水平、保证充分就业、保证实际收入和有效需求的大幅稳定增长以及扩大货物和服务的生产和贸易为目的,同时应依照可持续发展的目标,考虑对世界资源的最佳利用,寻求既保护和维护环境,又以与它们各自在不同经济发展水平的需要和关注相一致的方式,加强为此采取的措施,

进一步认识到需要作出积极努力,以保证发展中国家、特别是其中的最不发达国家,在国际贸易增长中获得与其经济发展需要相当的份额,

期望通过达成互惠互利安排,实质性削减关税和其他贸易壁垒,消除国际贸易关系中的歧视待遇,从而为实现这些目标作出贡献,

因此决定建立一个完整的、更可行的和持久的多边贸易体制,以包含《关税与贸易总协定》、以往贸易自由化努力的结果以及乌拉圭回合多边贸易谈判的全部结果,

决心维护多边贸易体制的基本原则,并促进该体制目标的实现,

协议如下:

第1条
WTO 的建立

特此建立世界贸易组织(下称"WTO")。

第2条
WTO 的范围

1.　　WTO 在与本协定附件所含协定和相关法律文件有关的事项方面,为处理其成员间的贸易关系提供共同的组织机构。

2.　　附件1、附件2和附件3所列协定及相关法律文件(下称"多边贸易协定")为本协定的组成部分,对所有成员具有约束力。

3. 附件 4 所列协定及相关法律文件(下称"诸边贸易协定"),对于接受的成员,也属本协定的一部分,并对这些成员具有约束力。诸边贸易协定对于未接受的成员既不产生权利也不产生义务。

4. 附件 1A 所列《1994 年关税与贸易总协定》(下称"GATT 1994")在法律上不同于 1947 年 10 月 30 日的《关税与贸易总协定》,后者附在《联合国贸易与就业会议筹备委员会第二次会议结束时通过的最后文件》之后,以后又历经更正、修正或修改(下称"GATT 1947")。

第 3 条
WTO 的职能

1. WTO 应便利本协定和多边贸易协定的实施、管理和运用,并促进其目标的实现,还应为诸边贸易协定提供实施、管理和运用的体制。

2. WTO 在根据本协定附件所列协定处理的事项方面,应为其成员间就多边贸易关系进行的谈判提供场所。WTO 还可按部长级会议可能作出的决定,为其成员间就它们多边贸易关系的进一步谈判提供场所,并提供实施此类谈判结果的体制。

3. WTO 应管理本协定附件 2 所列《关于争端解决规则与程序的谅解》(下称"《争端解决谅解》"或"DSU")。

4. WTO 应管理本协定附件 3 规定的《贸易政策审议机制》(下称"TPRM")。

5. 为实现全球经济决策的更大一致性,WTO 应酌情与国际货币基金组织和国际复兴开发银行及其附属机构进行合作。

第 4 条
WTO 的结构

1. 设立由所有成员的代表组成的部长级会议,应至少每 2 年召开一次会议。部长级会议应履行 WTO 的职能,并为此采取必要的行动。如一成员提出请求,部长级会议有权依照本协定和有关多边贸易协定中关于决策的具体要求,对任何多边贸易协定项下的所有事项作出决定。

2．　　设立由所有成员的代表组成的总理事会，酌情召开会议。在部长级会议休会期间，其职能应由总理事会行使。总理事会还应行使本协定指定的职能。总理事会应制定自己的议事规则，并批准第7款规定的各委员会的议事规则。

3．　　总理事会应酌情召开会议，履行《争端解决谅解》规定的争端解决机构的职责。争端解决机构可有自己的主席，并制定其认为履行这些职责所必需的议事规则。

4．　　总理事会应酌情召开会议，履行TPRM中规定的贸易政策审议机构的职责。贸易政策审议机构可有自己的主席，并应制定其认为履行这些职责所必需的议事规则。

5．　　设立货物贸易理事会、服务贸易理事会和与贸易有关的知识产权理事会(下称"TRIPS理事会")，各理事会应根据总理事会的总体指导运作。货物贸易理事会应监督附件1A所列多边贸易协定的实施情况。服务贸易理事会应监督《服务贸易总协定》(下称"GATS")的实施情况。TRIPS理事会应监督《与贸易有关的知识产权协定》(下称"《TRIPS协定》")的实施情况。各理事会应履行各自协定和总理事会指定的职能。它们应自行制定各自的议事规则，但需经总理事会批准。各理事会的成员资格应对所有成员的代表开放。各理事会应在必要时召开会议，以行使其职能。

6．　　货物贸易理事会、服务贸易理事会和TRIPS理事会应按要求设立附属机构。各附属机构应自行制定各自的议事规则，但需经各自的理事会批准。

7．　　部长级会议应设立贸易与发展委员会、国际收支限制委员会和预算、财务与行政委员会，各委员会应行使本协定和多边贸易协定指定的职能，以及总理事会指定的任何附加职能。部长级会议还可设立具有其认为适当的职能的其他委员会。作为其职能的一部分，贸易与发展委员会应定期审议多边贸易协定中有利于最不发达国家成员的特殊规定，并向总理事会报告以采取适当行动。各委员会的成员资格应对所有成员的代表开放。

8．　　诸边贸易协定项下规定的机构履行这些协定指定的职责，并在WTO

的组织机构内运作。各机构应定期向总理事会报告其活动。

第 5 条
与其他组织的关系

1. 总理事会应就与职责上同 WTO 有关的政府间组织进行有效合作作出适当安排。

2. 总理事会可就与涉及 WTO 有关事项的非政府组织进行磋商和合作作出适当安排。

第 6 条
秘书处

1. 设立由总干事领导的 WTO 秘书处(下称"秘书处")。

2. 部长级会议应任命总干事,并通过列出总干事的权力、职责、服务条件和任期的条例。

3. 总干事应任命秘书处职员,并依照部长级会议通过的条例,确定他们的职责和服务条件。

4. 总干事和秘书处职员的职责纯属国际性质。在履行其职责时,总干事和秘书处职员不得寻求或接受 WTO 之外任何政府或任何其他权力机关的指示。他们应避免任何可能对其国际官员身份产生不利影响的行动。WTO 成员应尊重总干事和秘书处职员职责的国际性质,不得寻求在他们履行职责时对其施加影响。

第 7 条
预算和会费

1. 总干事应向预算、财务与行政委员会提交 WTO 的年度概算和决算。预算、财务与行政委员会应审议总干事提交的年度概算和决算,并就此向总理事会提出建议。年度概算应经总理事会批准。

2. 预算、财务与行政委员会应向总理事会提出有关财务条例的建议,该条例应包括列出下列内容的规定:

　　(a)　　根据 WTO 费用确定的各成员会费分摊比例；及

　　(b)　　对拖欠会费成员所采取的措施。

财务条例应尽可能依据 GATT 1947 的条例和做法。

3.　　总理事会应以构成 WTO 成员半数以上的三分之二多数通过财务条例和年度概算。

4.　　每一成员应依照总理事会通过的财务条例，迅速向 WTO 交纳其在 WTO 费用中分摊的份额。

第 8 条
WTO 的地位

1.　　WTO 具有法律人格，WTO 每一成员均应给予 WTO 履行其职能所必需的法定资格。

2.　　WTO 每一成员均应给予 WTO 履行其职能所必需的特权和豁免。

3.　　WTO 每一成员应同样给予 WTO 官员和各成员代表独立履行与 WTO 有关的职能所必需的特权和豁免。

4.　　WTO 一成员给予 WTO、其官员及其成员的代表的特权和豁免应与 1947 年 11 月 21 日联合国大会批准的《专门机构特权及豁免公约》所规定的特权和豁免相似。

5.　　WTO 可订立一总部协定。

第 9 条
决策

1.　　WTO 应继续实行 GATT 1947 所遵循的经协商一致作出决定的做法。[1]除非另有规定，否则如无法经协商一致作出决定，则争论中的事项应通过投票决定。在部长级会议和总理事会会议上，WTO 每一成员拥有一票。如欧洲共同体行使投票权，则其拥有的票数应与属 WTO 成员的欧洲共同体成员国的数目[2]相等。部长级会议和总理事会的决定应以所投票数的简单

---

[1]　　如在作出决定时，出席会议的成员均未正式反对拟议的决定，则有关机构应被视为经协商一致对提交其审议的事项作出了决定。

[2]　　欧洲共同体及其成员国的票数绝不能超过欧洲共同体成员国的数目。

多数作出，除非本协定或有关多边贸易协定另有规定。[3]

2.　　部长级会议和总理事会拥有通过对本协定和多边贸易协定所作解释的专有权力。对附件 1 中一多边贸易协定的解释，部长级会议和总理事会应根据监督该协定实施情况的理事会的建议行使其权力。通过一项解释的决定应由成员的四分之三多数作出。本款不得以损害第 10 条中有关修正规定的方式使用。

3.　　在特殊情况下，部长级会议可决定豁免本协定或任何多边贸易协定要求一成员承担的义务，但是任何此类决定应由成员的四分之三[4]多数作出，除非本款另有规定。

    (a)　　有关本协定的豁免请求，应根据经协商一致作出决定的做法，提交部长级会议审议。部长级会议应确定一不超过 90 天的期限审议该请求。如在此期限内未能协商一致，则任何给予豁免的决定应由成员的四分之三多数作出。[4]

    (b)　　有关附件 1A、附件 1B 或附件 1C 所列多边贸易协定及其附件的豁免请求，应首先分别提交货物贸易理事会、服务贸易理事会或 TRIPS 理事会，在不超过 90 天的期限内审议。在该期限结束时，有关理事会应向部长级会议提交一份报告。

4.　　部长级会议给予豁免的决定应陈述可证明该决定合理的特殊情况、适用于实施豁免的条款和条件以及豁免终止的日期。所给予的期限超过 1 年的任何豁免应在给予后不迟于 1 年的时间内由部长级会议审议，并在此后每年审议一次，直至豁免终止。每次审议时，部长级会议应审查证明豁免合理的特殊情况是否仍然存在及豁免所附条款和条件是否得到满足。部长级会议根据年度审议情况，可延长、修改或终止该项豁免。

---

[3]　对于作为争端解决机构召集的总理事会的决定，应仅依照《争端解决谅解》第 2 条第 4 款的规定作出。

[4]　对于受过渡期或分阶段执行期限约束的任何义务，如提出豁免请求的成员在有关期限结束时未履行该义务，则关于豁免的决定只能经协商一致作出。

5. 一诸边贸易协定项下作出的决定,包括有关解释和豁免的任何决定,应按该协定的规定执行。

第 10 条
修正

1. WTO 任何成员均可提出修正本协定或附件 1 所列多边贸易协定条款的提案,提案应提交部长级会议。第 4 条第 5 款所列各理事会也可向部长级会议提交提案,以修正其监督实施情况的附件 1 所列相应多边贸易协定的条款。除非部长级会议决定一更长的期限,否则当提案正式提交部长级会议后 90 天内,部长级会议应经协商一致作出任何有关将拟议的修正提交各成员供接受的决定。除非第 2 款、第 5 款或第 6 款的规定适用,否则该决定应列明是否适用第 3 款或第 4 款的规定。如协商一致,部长级会议应立刻将拟议的修正提交各成员供接受。如在确定期限内,在部长级会议的一次会议上未能协商一致,则部长级会议应以成员的三分之二多数决定是否将拟议的修正提交各成员供接受。除第 2 款、第 5 款和第 6 款的规定外,第 3 款的规定适用于拟议的修正,除非部长级会议以成员的四分之三多数决定应适用第 4 款的规定。

2. 对本条的规定和下列各条款的修正应经所有成员接受方可生效:
   本协定第 9 条;
   GATT 1994 第 1 条和第 2 条;
   GATS 第 2 条第 1 款;
   《TRIPS 协定》第 4 条。

3. 对本协定条款的修正或对附件 1A 和附件 1C 所列多边贸易协定条款的修正,除第 2 款和第 6 款所列条款外,如其具有改变各成员权利和义务的性质,则经成员的三分之二多数接受后,应对接受修正的成员生效,并在此后对接受修正的每一其他成员自其接受时起生效。部长级会议可以成员的四分之三多数决定根据本款生效的任何修正是否属如下性质:在部长级会议对每种情况指定的期限内未接受修正的任何成员有权退出 WTO,或经部长级会议同意,仍为成员。

4. 对本协定条款的修正,或对附件 1A 和附件 1C 所列多边贸易协定条款的修正,除第 2 款和第 6 款所列条款外,如其具有不改变各成员权利和义务的性质,则经成员的三分之二多数接受后,应对所有成员生效。

5. 除以上第 2 款的规定外，对 GATS 第一部分、第二部分和第三部分及相应附件的修正，经成员的三分之二多数接受后，应对接受修正的成员生效，并在此后对接受修正的每一其他成员自其接受时起生效。部长级会议可以成员的四分之三多数决定根据前述规定生效的任何修正是否属如下性质：在部长级会议对每种情况指定的期限内未接受修正的任何成员有权退出 WTO，或经部长级会议同意，仍为成员。对 GATS 第四部分、第五部分和第六部分及相应附件的修正，经成员的三分之二多数接受后，应对所有成员生效。

6. 尽管有本条其他规定，但是满足《TRIPS 协定》第 71 条第 2 款要求的对该协定的修正，可由部长级会议通过，而无需进一步的正式接受程序。

7. 任何接受对本协定或附件 1 所列多边贸易协定修正的成员，应在部长级会议指定的接受期限内，将接受书交存 WTO 总干事。

8. WTO 任何成员均可提出修正附件 2 和附件 3 所列多边贸易协定条款的提案，此类提案应提交部长级会议。批准对附件 2 所列多边贸易协定修正的决定应经协商一致作出，这些修正经部长级会议批准后，应对所有成员生效。批准对附件 3 所列多边贸易协定修正的决定，经部长级会议批准后，应对所有成员生效。

9. 应属一贸易协定参加方的成员请求，部长级会议可决定将该贸易协定加入附件 4，但此种决定只能经协商一致作出。应属一诸边贸易协定参加方的成员请求，部长级会议可决定将该协定从附件 4 中删除。

10. 对一诸边贸易协定的修正应按该协定的规定执行。

第 11 条
创始成员资格

1. 本协定生效之日的 GATT 1947 缔约方和欧洲共同体，如接受本协定和多边贸易协定，并将减让和承诺表附在 GATT 1994 之后，将具体承诺减让表附在 GATS 之后，则应成为 WTO 创始成员。

2. 联合国承认的最不发达国家只需承担与其各自发展、财政和贸易需要或其管理和机构能力相符的承诺和减让。

第 12 条
加入

1.　　任何国家或在处理其对外贸易关系及本协定和多边贸易协定规定的其他事项方面拥有完全自主权的单独关税区，可按它与 WTO 议定的条件加入本协定。此加入适用于本协定及所附多边贸易协定。

2.　　有关加入的决定应由部长级会议作出。部长级会议应以 WTO 成员的三分之二多数批准关于加入条件的协议。

3.　　一诸边贸易协定的加入应按该协定的规定执行。

第 13 条
多边贸易协定在特定成员间的不适用

1.　　任何成员，如在自己成为成员时或在另一成员成为成员时，不同意在彼此之间适用本协定及附件 1 和附件 2 所列多边贸易协定，则这些协定在该两成员之间不适用。

2.　　对于原属 GATT 1947 缔约方的 WTO 创始成员，只有在这些缔约方以往已经援引 GATT 1947 第 35 条，且在本协定对其生效时，该条款仍然在它们之间有效的前提下，第 1 款的规定方可在它们之间援引。

3.　　对于根据第 12 条加入 WTO 的成员，只有在不同意对另一成员适用的一成员在部长级会议批准关于加入条件的协议之前，已按此通知部长级会议的前提下，第 1 款的规定方可在该两成员之间适用。

4.　　在任何成员请求下，部长级会议可审议本条在特殊情况下的运用情况，并提出适当建议。

5.　　诸边贸易协定参加方之间的不适用应按该协定的规定执行。

第 14 条
接受、生效和交存

1.　　本协定应开放供依照本协定第 11 条有资格成为 WTO 创始成员的 GATT 1947 缔约方和欧洲共同体以签字或其他方式接受。此接受应适用于本协定及其所附多边贸易协定。本协定及其所附多边贸易协定应在部长们依照《乌拉圭回合多边贸易谈判结果最后文件》第 3 段所确定的日期生效，并在此日期起 2 年内开放供接受, 除非部长们另有决定。本协定生效之后的接受应在此接受之日后的第 30 天生效。

2. 在本协定生效之后接受本协定的成员, 应执行自本协定生效开始的期限内应执行的多边贸易协定中的减让和义务, 如同该成员在本协定生效之日即接受本协定。

3. 在本协定生效之前, 本协定和多边贸易协定的文本应交存 GATT 1947 缔约方全体的总干事。总干事应及时向已接受本协定的每一国政府和欧洲共同体提供一份本协定和多边贸易协定经核证无误的副本和每一份关于接受的通知。在本协定生效时, 本协定和多边贸易协定及任何修正应交存 WTO 总干事。

4. 一诸边贸易协定的接受和生效应按该协定的规定执行。此类协定应交存 GATT 1947 缔约方全体的总干事。在本协定生效时, 此类协定应交存 WTO 总干事。

第 15 条
退出

1. 任何成员均可退出本协定。此退出适用于本协定和多边贸易协定, 并在 WTO 总干事收到书面退出通知之日起 6 个月期满后生效。

2. 一诸边贸易协定的退出应按该协定的规定执行。

第 16 条
杂项条款

1. 除本协定或多边贸易协定项下另有规定外, WTO 应以 GATT 1947 缔约方全体和在 GATT 1947 范围内设立的机构所遵循的决定、程序和惯例为指导。

2. 在可行的情况下, GATT 1947 的秘书处应成为 WTO 秘书处, GATT 1947 缔约方全体的总干事在部长级会议依照本协定第 6 条第 2 款任命总干事之前, 应担任 WTO 总干事。

3. 在本协定的条款与任何多边贸易协定的条款产生抵触时，应以本协定的条款为准。

4. 每一成员应保证其法律、法规和行政程序与所附各协定对其规定的义务相一致。

5. 不得对本协定的任何条款提出保留。对多边贸易协定任何条款的保留应仅以这些协定规定的程度为限。对一诸边贸易协定条款的保留应按该协定的规定执行。

6. 本协定应依照《联合国宪章》第102条的规定予以登记。

1994年4月15日订于马拉喀什，正本一份用英文、法文和西班牙文写成，三种文本具有同等效力。

解释性说明

本协定和多边贸易协定中使用的"国家"一词应理解为包括任何WTO单独关税区成员。

对于WTO单独关税区成员，如本协定和多边贸易协定中的措辞被冠以"国家(的)"一词，则此措辞应理解为与该单独关税区有关，除非另有规定。

附件清单

附件 1

附件 1A   货物贸易多边协定

1994 年关税与贸易总协定

农业协定

实施卫生与植物卫生措施协定

纺织品与服装协定

技术性贸易壁垒协定

与贸易有关的投资措施协定

关于实施 1994 年关税与贸易总协定第 6 条的协定

关于实施 1994 年关税与贸易总协定第 7 条的协定

装运前检验协定

原产地规则协定

进口许可程序协定

补贴与反补贴措施协定

保障措施协定

附件 1B   服务贸易总协定及附件
附件 1C   与贸易有关的知识产权协定

附件 2
关于争端解决规则与程序的谅解

附件 3
贸易政策审议机制

附件 4
诸边贸易协定[1]

民用航空器贸易协定

政府采购协定

国际奶制品协定

国际牛肉协定

---

[1]   《国际奶制品协定》和《国际牛肉协定》已于 1997 年年底终止。

附件 1A

货物贸易多边协定

关于附件 1A 的总体解释性说明：

如《1994 年关税与贸易总协定》的条款与《建立世界贸易组织协定》(附件 1A 所列各协定中称"《WTO 协定》")附件 1A 中另一协定的条款产生抵触，　则以该另一协定的条款为准。

1994 年关税与贸易总协定

1.　　《1994 年关税与贸易总协定》("GATT 1994")包括:

　　(a)　　《联合国贸易与就业会议筹备委员会第二次会议结束时通过的最后文件》所附 1947 年 10 月 30 日的《关税与贸易总协定》的各项条款(不包括《临时适用议定书》),该协定历经《WTO 协定》生效之日前已实施的法律文件的条款更正、修正或修改;

　　(b)　　《WTO 协定》生效之日前在 GATT 1947 项下已实施的以下所列法律文件的条款:

　　　　(i)　　与关税减让相关的议定书和核准书;

　　　　(ii)　　加入议定书(不包括(a)关于临时适用和撤销临时适用的规定及(b)规定应在与议定书订立之日已存在的立法不相抵触的最大限度内临时适用 GATT 1947 第二部分的条款);

　　　　(iii)　　根据 GATT 1947 第 25 条给予的、且在《WTO 协定》生效之日仍然有效的关于豁免的决定[1];

　　　　(iv)　　GATT 1947 缔约方全体的其他决定;

　　(c)　　以下所列谅解:

　　　　(i)　　《关于解释 1994 年关税与贸易总协定第 2 条第 1 款(b)项的谅解》;

　　　　(ii)　　《关于解释 1994 年关税与贸易总协定第 17 条的谅解》;

　　　　(iii)　　《关于 1994 年关税与贸易总协定国际收支条款的谅解》;

　　　　(iv)　　《关于解释 1994 年关税与贸易总协定第 24 条的谅解》;

　　　　(v)　　《关于豁免 1994 年关税与贸易总协定义务的谅解》;

　　　　(vi)　　《关于解释 1994 年关税与贸易总协定第 28 条的谅解》;以及

---

[1] 本规定适用的豁免列入 1993 年 12 月 15 日 MTN/FA 号文件第二部分第 11 至 12 页脚注 7 中和 1994 年 3 月 21 日 MTN/FA/Corr.6 号文件中。部长级会议应在其第一届会议上制定一份本规定适用的豁免的修改清单,增加在 1993 年 12 月 15 日之后至《WTO 协定》生效之日前根据 GATT 1947 所给予的豁免,并删除届时将期满的豁免。

(d)　　《1994 年关税与贸易总协定马拉喀什议定书》。

2.　　解释性说明：

(a)　　GATT 1994 的条款所指的"缔约方"应视为读作"成员"。所指的"欠发达缔约方"和"发达缔约方"应视为分别读作"发展中国家成员"和"发达国家成员"。所指的"执行秘书"应视为读作"WTO 总干事"。

(b)　　第 15 条第 1 款、第 15 条第 2 款、第 15 条第 8 款、第 38 条及关于第 12 条和第 18 条的注释中，以及 GATT 1994 第 15 条第 2 款、第 15 条第 3 款、第 15 条第 6 款、第 15 条第 7 款和第 15 条第 9 款关于特殊外汇协定的规定中所指的采取联合行动的缔约方全体，应视为指 WTO。GATT 1994 的条款指定采取联合行动的缔约方全体履行的其他职能应由部长级会议进行分配。

(c)　(i)　　GATT 1994 的英文、法文和西班牙文文本均为正式文本。

　　　(ii)　　GATT 1994 的法文文本应按以 MTN.TNC/41 号文件附件 A 所列更正词语为准。

　　　(iii)　　GATT 1994 的西班牙文正式文本应为《基本文件资料选编》第 4 卷中的文本，但应以 MTN.TNC/41 号文件附件 B 所列更正词语为准。

3.　(a)　　GATT 1994 第二部分的规定不得适用于一成员根据在其成为 GATT 1947 缔约方之前颁布的特定强制性立法而采取的禁止在其内水或在专属经济区水域内的各点之间使用、销售或租赁外国建造或外国改造的船舶用于商业目的的措施。此项豁免适用于：(a)该项立法中不一致条款的继续或迅速延期；及(b)在不降低该条款与 GATT 1994 第二部分规定相符程度的限度内，对该项立法中不一致条款的修正。此项豁免限于根据上述立法采取的、并在《WTO 协定》生效之日前通知和列明的措施。如该项立法随后进行修改而降低其与 GATT 1994 第二部分的相符程度，则不再有资格属本款涵盖范围。

(b)　　部长级会议应在不迟于《WTO 协定》生效之日后 5 年审议此豁免，此后只要该项豁免仍然有效，则应每 2 年审议一次，以审查使该项豁免成为必要的条件是否仍然存在。

(c) 其措施受此项豁免涵盖的一成员应每年提交一份关于详细统计数字的通知，该项通知应包含有关船舶实际和预期交货的 5 年期变化情况平均数字，及此项豁免涵盖的有关船舶的使用、销售、租赁或修理的额外信息。

(d) 如一成员认为此项豁免的实施使它有理由对在援引该项豁免的成员领土内所制造船舶的使用、销售、租赁或修理设置对等和相称的限制，则该成员有权实行此种限制，但需事先通知部长级会议。

(e) 此项豁免不损害在部门协定中或在其他场所谈判关于对此项豁免所涵盖立法的特定方面的解决办法。

关于解释 1994 年关税与贸易总协定
第 2 条第 1 款(b)项的谅解

各成员特此协议如下：

1.　为保证第 2 条第 1 款(b)项产生的法律权利和义务的透明度，该条款中所指的对约束税号所征收的任何"其他税费"的性质和水平，应记录在 GATT 1994 所附减让表适用的税号中。各方理解，该项记录并不改变"其他税费"的法律性质。

2.　就第 2 条而言，约束"其他税费"的日期应为 1994 年 4 月 15 日。因此，"其他税费"应以该日期实施的水平记录在减让表中。在随后每一次有关减让的重新谈判或有关一项新的减让的谈判中，所涉税号的适用日期应成为该项新的减让并入有关减让表的日期。但是，据以将有关任何特定税号的减让首次并入 GATT 1947 或 GATT 1994 的文件的日期，也应继续记录在活页减让表第 6 栏中。

3.　对于所有约束关税均应记录"其他税费"。

4.　如一税号以往为一减让的对象，则记录在有关减让表中的"其他税费"的水平不得高于该项减让首次并入该减让表之时所获得的水平。在《WTO 协定》生效之日后 3 年内，或在将所涉减让表并入 GATT 1994 的文件交存 WTO 总干事之日后 3 年内，如此日期迟于前一日期，任何成员均可以在所涉税号最初约束之时不存在此类"其他税费"，或以任何"其他税费"的记录水平与以往约束水平的一致性为由,对一"其他税费"的存在提出质疑。

5.　　"其他税费"记录在减让表中不损害各成员在 GATT 1994 项下权利和义务的一致性,但受第 4 款影响的权利和义务除外。所有成员保留随时对任何"其他税费"与此类义务的一致性提出质疑的权利。

6.　　就本谅解而言,应适用由《争端解决谅解》详述和适用的 GATT 1994 第 22 条和第 23 条的规定。

7.　　在《WTO 协定》生效之日前,将有关减让表并入 GATT 1994 的文件交存 GATT 1947 缔约方全体的总干事之时,或在此后交存 WTO 总干事之时,减让表中遗漏的"其他税费"不得随后加入此表,而以低于适用之日的实行水平记录在减让表中的任何"其他税费"不得恢复至该水平,除非此类增加或变更在该文件交存之日起 6 个月内作出。

8.　　第 2 款中关于就 GATT 1994 第 2 条第 1 款(b)项而言每项减让适用日期的决定应取代 1980 年 3 月 26 日作出的关于适用日期的决定(BISD 27 册 24 页)。

关于解释 1994 年关税与贸易总协定
第 17 条的谅解

各成员,

　　注意到第 17 条就该条第 1 款所指的国营贸易企业的活动为各成员规定了义务,这些活动需与 GATT 1994 为影响私营贸易商进出口的政府措施所规定的非歧视待遇的一般原则相一致;

　　进一步注意到对于影响国营贸易企业的政府措施,各成员应遵守各自在 GATT 1994 项下的义务;

　　认识到本谅解不损害第 17 条规定的实质性纪律;

　　特此协议如下:

1.　　为保证国营贸易企业活动的透明度,各成员应将此类企业通知货物贸易理事会,以便供根据第 5 款设立的工作组依照下列工作定义进行审议:

　　　　"被授予包括法定或宪法权力在内的专有权、特殊权利或特权的政府和非政府企业,包括销售局,在行使这些权利时,它们通过其购买或销售影响进出口的水平或方向。"

此项通知要求不适用于直接或最终供政府消费使用或为以上列明的一企业使用而非为转售或用于生产供销售的货物而进口的产品。

2. 每一成员应就其向货物贸易理事会提交的关于国营贸易企业的通知对各自的政策进行审议，同时考虑本谅解的规定。在进行此类审议时，每一成员应注意在其通知中保证最大限度透明度的必要性，以便明确评价所通知企业的经营方式及其经营活动对国际贸易的影响。

3. 通知应依照 1960 年 5 月 24 日通过的国营贸易问卷(BISD 9 册 184 至 185 页)作出，无论进出口是否实际发生，各方理解各成员均应通知第 1 款所指的企业。

4. 任何成员如有理由认为另一成员未充分履行其通知义务，则可向有关成员提出该事项。如该事项未得到满意解决，则该成员可向货物贸易理事会作出反向通知，以供根据第 5 款设立的工作组审议，并同时通知有关成员。

5. 应设立一工作组，代表货物贸易理事会审议通知和反向通知。按照此审议，并在不损害第 17 条第 4 款(c)项的情况下，货物贸易理事会可就通知是否适当和是否需要提供进一步信息提出建议。工作组还应按照收到的通知，审议上述国营贸易问卷是否适当及根据第 1 款作出的国营贸易通知的范围是否适当。它还应制定一份例示清单，表明政府与企业关系的类型，及这些企业从事的可能与第 17 条的目的有关的活动类型。各方理解，秘书处将向工作组提供一份关于国营贸易企业的经营与国际贸易关系的总体背景文件。工作组的成员资格应向所有表示愿意在其中任职的成员开放。工作组应在《WTO 协定》生效之日起 1 年内召开会议，此后每年至少召开一次会议。工作组应每年向货物贸易理事会报告。[1]

---

[1] 工作组的活动应与 1994 年 4 月 15 日通过的关于通知程序的部长决定第三节规定的工作组的活动进行协调。

关于 1994 年关税与贸易总协定
国际收支条款的谅解

各成员，

认识到 GATT 1994 第 12 条和第 18 条 B 节及 1979 年 11 月 28 日通过的《为国际收支目的而采取贸易措施的宣言》(BISD 26 册 205 至 209 页，在本谅解中称"《1979 年宣言》")的规定，并为澄清此类规定[1]；

特此协议如下：

措施的实施

1.   各成员确认，承诺尽快公布其取消为国际收支目的而采取的限制性进口措施的时间表。各方理解，可考虑国际收支状况的变化情况而酌情修改此类时间表。只要一成员不公布时间表，则该成员即应为其中的原因提供正当理由。

2.   各成员确认，承诺优先选择那些对贸易干扰作用最小的措施。此类措施(本谅解中称"价格机制措施")应理解为包括进口附加税、进口押金要求或对进口货物价格有影响的其他等效贸易措施。各方理解，尽管有第 2 条的规定，但是一成员实施的为国际收支目的而采取的价格机制措施可超过该成员减让表中所列关税。此外，该成员应根据本谅解项下的通知程序，明确并单独表明价格机制措施超过约束关税的数量。

3.   各成员应寻求避免为国际收支目的而实施新的数量限制，除非由于严重的国际收支状况，价格机制措施不能阻止国际支付地位的急剧恶化。在一成员实施数量限制的情况下，该成员应对价格机制措施为何不能成为处理其国际收支状况的适当手段的原因提供正当理由。维持数量限制的一成员应在连续磋商中表明在大幅削减此类措施的影响范围和限制作用方面取得的进展。各方理解，对于同一产品不得为国际收支目的而采取一种以上的限制性进口措施。

4.   各成员确认，为国际收支目的而采取的限制性进口措施只能用于控制进口的总体水平，而不能超过处理国际收支状况所必需的程度。为使任

---

[1] 本谅解的任何规定无意修改各成员在 GATT 1994 第 12 条和第 18 条 B 节下的权利和义务。对于为国际收支目的而采取的限制性进口措施所产生的任何事项，可援引由《争端解决谅解》详述和适用的 GATT 1994 第 22 条和 23 条的规定。

何附带保护作用减到最低程度，一成员应以透明的方式管理限制。进口成员的主管机关应对确定受限产品的标准提供充分的正当理由。按第 12 条第 3 款和第 18 条第 10 款的规定，对于某些必需品，各成员可排除或限制实施全面适用的附加税或为国际收支目的而采取的其他措施。"必需品"一词应理解为满足基本消费需要或有助于该成员改善其国际收支状况努力的产品，如资本货物或生产所需投入物。在数量限制的管理中，一成员只有在不可避免的情况下，方可使用任意许可，并应逐步取消。应对用以确定允许进口的数量和价值的标准提供正当理由。

国际收支磋商的程序

5.　　国际收支限制委员会(本谅解中称"委员会")应进行磋商以审议为国际收支目的而采取的所有限制性进口措施。委员会对所有表示愿意在其中任职的成员开放。委员会应遵循 1970 年 4 月 28 日批准的国际收支限制磋商程序(BISD 18 册 48 至 53 页，本谅解中称"全面磋商程序")，并遵守下列规定。

6.　　实施新的限制或通过实质性加强现有措施而提高其现有限制总体水平的一成员，应在采取此类措施后 4 个月内与委员会进行磋商。采取此类措施的成员可酌情请求根据第 12 条第 4 款(a)项或第 18 条第 12 款(a)项进行磋商。如未提出此类请求，则委员会主席应邀请该成员进行此类磋商。磋商中可审查的因素特别包括为国际收支目的而采取的新的限制措施、或限制水平的提高或产品范围的扩大。

7.　　为国际收支目的而实施的所有限制应根据第 12 条第 4 款(b)项或第 18 条第 12 款(b)项在委员会中进行定期审议，同时考虑与磋商成员议定的修改磋商周期的可能性，或根据总理事会可能建议的任何具体审议程序。

8.　　对于最不发达国家成员或对于按照在以往磋商中提交委员会的时间表推行自由化努力的发展中国家成员，磋商可根据 1972 年 12 月 19 日批准的简化程序(BISD 20 册 47 至 49 页，本谅解中称"简化磋商程序"）进行。如对一发展中国家成员的贸易政策审议定在与该磋商所定日期相同的日历年内进行，则也可使用简化磋商程序。在此类情况下，关于是否应使用全面磋商程序的决定将根据《1979 年宣言》第 8 段中列举的因素作出。除最不发达国家外，不得连续两次以上根据简化磋商程序进行磋商。

通知和文件

9. 一成员应将为国际收支目的而采取限制性进口措施的情况，或在实施此类措施过程中的任何变化情况，以及根据第 1 款宣布的取消此类措施时间表的任何变化情况通知总理事会。重大变化应在宣布之前或在宣布之后不迟于 30 天通知总理事会。每一成员应每年可使秘书处获得一份综合通知，包括法律、法规、政策声明或公告等方面的变更，供各成员审查。通知应尽可能包括细分至税号的关于实施措施的种类、管理措施的标准、受影响的产品范围和贸易流量的所有信息。

10. 在任何成员请求下，委员会可审议通知。此类审议仅限于澄清通知提出的具体问题，或审查是否需要根据第 12 条第 4 款(a)项或第 18 条第 12 款(b)项进行磋商。如成员有理由认为另一成员实施的限制性进口措施是为国际收支目的而采取的，则可提请委员会注意此事项。委员会主席应请求提供该措施的信息，并使所有成员可获得该信息。在不影响委员会任何成员在磋商过程中寻求适当澄清权利的前提下，可提前提交问题，以供参加磋商的成员考虑。

11. 参加磋商的成员在除准备任何其他被视为有关的信息外，还应为磋商准备一份基本文件，包括：(a)国际收支状况和前景概述，包括对国际收支状况有影响的内外因素的考虑，以及为在健全和持久的基础上恢复平衡而采取的国内政策措施；(b)全面描述为国际收支目的而采取的限制，其法律根据和为减少附带保护作用所采取的步骤；(c)自上一次磋商以来根据委员会的结论为放宽进口限制所采取的措施；(d)取消和逐步放松剩余限制的计划。在相关的情况下，可参考已向 WTO 提交的其他通知或报告中的信息。根据简化磋商程序，参加磋商的成员应提交一份包含基本文件主要内容的书面声明。

12. 为便利委员会中的磋商，秘书处应准备一份涉及磋商计划各个方面的事实背景文件。对于发展中国家成员，秘书处的文件应包括关于外部贸易环境对参加磋商成员的国际收支状况和前景影响范围的有关背景和分析材料。在发展中国家成员请求下，秘书处的技术援助部门应协助准备磋商文件。

国际收支磋商的结论

13. 委员会应向总理事会报告其磋商的情况。在使用全面磋商程序的情况下，该报告应说明委员会对磋商计划不同组成部分的结论，及这些结论所依据的事实和理由。委员会应努力在其结论中包括旨在促进实施第 12 条和第 18 条 B 节、《1979 年宣言》以及本谅解的建议。在已经提交取消为国际收支目的而采取措施的时间表的情况下，总理事会可建议如一成员遵守该时间表，则应被视为符合其 GATT 1994 的义务。只要总理事会提出具体建议，则即应根据这些建议评估成员的权利和义务。在委员会未提出具体建议的情况下，委员会的结论应记录在委员会中表达的不同意见。如使用简化磋商程序，报告则应包含委员会中讨论的主要问题的摘要和关于是否需要全面磋商程序的决定。

关于解释 1994 年关税与贸易总协定
第 24 条的谅解

各成员，

注意到 GATT 1994 第 24 条的规定；

认识到自 GATT 1947 制定以来，关税同盟和自由贸易区的数量和重要性均大为增加，目前已涵盖世界贸易的重要部分；

认识到此类协定参加方的经济更紧密的一体化可对世界贸易的扩大作出贡献；

同时认识到如果成员领土之间关税和其他限制性商业法规的取消延伸至所有贸易，此种贡献则会增加，而如果排除任何主要贸易部门，此种贡献则会减少；

重申此类协定的目的应为便利成员领土之间的贸易，而非提高其他成员与此类领土之间的贸易壁垒；在此类协定形成或扩大时，参加方应在最大限度内避免对其他成员的贸易造成不利影响；

同时确信需要通过澄清用于评估新的或扩大的协定的标准和程序，并提高所有第 24 条协定的透明度，从而加强货物贸易理事会在审议根据第 24 条作出通知的协定方面所起作用的有效性；

认识到需要对各成员在 GATT 第 24 条第 12 款下的义务达成共同谅解；

特此协议如下：

1.　　关税同盟、自由贸易区和导致形成关税同盟或自由贸易区的临时协定应与第 24 条相一致，特别是必须满足该条第 5 款、第 6 款、第 7 款和第 8 款的规定。

第 24 条第 5 款

2.　　根据第 24 条第 5 款(a)项评估一关税同盟形成前后适用的关税和其他贸易法规的总体影响范围，应根据加权平均关税税率和实证的关税全面评估关税和费用。该评估应根据关税同盟提供的前一代表期的进口统计数据，细分至税号，列出价值和数量，并按 WTO 的原产国别进行分类。秘书处应依照乌拉圭回合多边贸易谈判中评估关税出价时使用的方法，计算加权平均关税税率和实证的关税。为此目的，将考虑的税费应为实施税率。

各方认识到，为全面评估难以量化和归纳的其他贸易法规的影响范围，可能需要审查单项措施、法规、所涉产品以及受影响的贸易流量。

3.　　第 24 条第 5 款(c)项所指的"合理持续时间"只有在例外情况下方可超过 10 年。如属一临时协定参加方的成员认为 10 年不够，它们应向货物贸易理事会提供需要更长期限的全面说明。

第 24 条第 6 款

4.　　第 24 条第 6 款制定了一形成关税同盟的成员提议提高约束关税时所应遵循的程序。在这方面，各成员重申，在形成关税同盟或达成一导致形成关税同盟的临时协定的同时修改或撤销关税减让之前，必须开始由 1980 年 11 月 10 日通过的准则(BISD 27 册 26 至 28 页)和《关于解释 1994 关税与贸易总协定第 28 条的谅解》详述的第 28 条所列程序。

5.　　这些谈判将以诚信原则进行，以期达成双方满意的补偿性调整。在此类谈判中，按第 24 条第 6 款的要求，应适当考虑在关税同盟形成时其他成员领土对相同税号所作的削减。如此类削减不足以提供必需的补偿性调整，则关税同盟将提供补偿，此种补偿可采取削减其他税号关税的形式。对修改或撤销的约束关税拥有谈判权的成员应考虑此类出价。如该补偿性调整仍不能接受，则应继续进行谈判。如尽管作出此类努力，但是根据由《关于解释 1994 关税与贸易总协定第 28 条的谅解》详述的第 28 条所进行的的补偿性调整的谈判不能在谈判开始后的合理期限内达成协定，则关税同盟仍然有权修改或撤销减让；受影响的成员因此有权依照第 28 条撤销实质相等的减让。

6.　　对于因关税同盟形成或达成一导致关税同盟形成的临时协定而从关税削减中获益的成员，GATT 并不施加任何义务要求向同盟成员领土提供补偿性调整。

对关税同盟和自由贸易区的审议

7.　　所有根据第 24 条第 7 款(a)项作出的通知应由一工作组按照 GATT 1994 的有关规定和本谅解第 1 款的规定进行审议。工作组应就其在此方面的审议结果向货物贸易理事会提交报告。货物贸易理事会可向各成员提出其认为适当的建议。

8.　　对于临时协定，工作组可在其报告中就拟议的时限和完成关税同盟或自由贸易区形成所需要的措施提出适当建议。如必要，工作组可规定对协定进行进一步审议。

9.　　为一临时协定参加方的成员应将该协定中包括的计划和时间表的实质性变更通知货物贸易理事会，如收到请求，理事会应审查这些变更。

10.　如根据第 24 条第 7 款(a)项进行通知的一临时协定未包括计划和时间表，而违背了第 24 条第 5 款(c)项的规定，则工作组应在其报告中建议此类计划和时间表。如参加方不准备依照这些建议修改该协定，则它们不得维持或实施(视具体情况而定)该协定。应对随后如何审议建议的实施情况作出规定。

11.　　按 GATT 1947 缔约方全体就区域协定的报告在其向 GATT 1947 理事会作出的指示(BISD 18 册 38 页)中所设想的，关税同盟和自由贸易区的成员应定期向货物贸易理事会报告有关协定的运用情况。协定中任何重大变更和/或进展一俟发生即应报告。

争端解决

12.　　对于在实施第 24 条中关于关税同盟、自由贸易区或导致关税同盟或自由贸易区形成的临时协定的过程中产生的任何事项，可援引由《争端解决谅解》详述和适用的 GATT 1994 第 22 条和第 23 条的规定。

第 24 条第 12 款

13.　　每一成员在 GATT 1994 项下对遵守 GATT 1994 的所有规定负有全责，并应采取其所能采取的合理措施，保证其领土内的地区和地方政府和主管机关遵守这些规定。

14.　　对于一成员领土内地区或地方政府或主管机关采取的影响其遵守的措施，可援引由《争端解决谅解》详述和适用的 GATT 1994 第 22 条和第 23 条的规定。如争端解决机构裁定 GATT 1994 的一项规定未得到遵守，则负有责任的成员应采取其所能采取的合理措施保证其遵守。如遇无法保证遵守的情况，则适用有关补偿和中止减让或其他义务的规定。

15.　　每一成员承诺就另一成员提出的关于在前者领土内采取的影响 GATT 1994 运用的措施的任何交涉给予积极考虑，并提供充分的磋商机会。

关于豁免 1994 年关税与贸易总协定义务的谅解

各成员特此协议如下：

1.　　关于豁免的请求或延长现有豁免的请求应说明该成员提议采取的措施、该成员寻求推行的具体政策目标和阻止该成员以与其 GATT 1994 义务相一致的措施实现其政策目标的原因。

2.　　在《WTO 协定》生效之日仍然有效的任何豁免均应终止，除非已依照以上程序和《WTO 协定》第 9 条的程序，在期满之日或《WTO 协定》生效之日起 2 年内进行延期，以较早者为准。

3.　　任何成员如认为由于以下原因而使其在 GATT 1994 项下获得的利益丧失或减损：

　　(a)　　被给予豁免的成员未能遵守豁免的条款或条件，或

　　(b)　　实施一项符合豁免的条款和条件的措施

则可援引由《争端解决谅解》详述和适用的 GATT 1994 第 23 条的规定。

关于解释 1994 年关税与贸易总协定
第 28 条的谅解

各成员特此协议如下：

1.　　就修改或撤销一项减让而言，受该项减让影响的出口(即进入修改或撤销该项减让的成员市场的产品出口)在其总出口中占有最高比率的成员，如不具有按第 28 条第 1 款规定的最初谈判权或主要供应利益，则应被视为具有主要供应利益。但是，各方同意，本款应由货物贸易理事会在《WTO 协定》生效之日起 5 年后进行审议，以期决定此标准在保证有利于中小出口成员的重新分配谈判权方面的效果是否令人满意。如情况并非如此，则应考虑进行可能的改进，包括按照充足数据的可获性，采用根据受该项减让影响的所涉产品出口在其向所有市场出口中占有的比率制定的标准。

2.　　如一成员认为，按照第 1 款自己具有主要供应利益，则它应将其要求连同支持证据一起书面告知提议修改或撤销减让的成员，同时通知秘书

处。在这种情况下应适用 1980 年 11 月 10 日通过的《根据第 28 条进行谈判的程序》(BISD 第 27 册第 26 至 28 页)的第 4 款。

3. 在确定哪些成员具有主要供应利益(无论按以上第 1 款的规定还是按 GATT 第 28 条第 1 款的规定)或实质利益时,只应考虑在最惠国基础上发生的受影响产品的贸易。但是,对于根据非契约性优惠发生的受影响产品的贸易,如在就修改或撤销此项减让进行谈判时或在谈判结束之后,所涉贸易已经停止或即将停止自此项优惠待遇中获益,而成为最惠国贸易,则此类贸易也应予以考虑。

4. 如对一新产品(即无法获得 3 年贸易统计数字的一产品)修改或撤销关税减让,则对该产品现归类或原归类的税号具有最初谈判权的成员,应被视为对所涉减让具有最初谈判权。主要供应利益和实质利益的确定以及补偿的计算,应特别考虑出口成员中受影响产品的生产能力和投资及所估计的出口增长,以及对该产品在进口成员中需求的预测。就本款而言,"新产品"应理解为包括通过分列现有税号而产生的一税号。

5. 如一成员认为,按照第 4 款自己具有主要供应利益或实质利益,则它应将其要求连同支持证据一起书面告知提议修改或撤销一项减让的成员,并同时通知秘书处。上述《根据第 28 条进行谈判的程序》的第 4 款应适用于这种情况。

6. 如一项无限制的关税减让被关税配额所取代,则所提供的补偿数量应超过实际受修改减让影响的贸易量。计算补偿的依据应为未来贸易前景超出配额水平的数量。各方理解,对未来贸易前景的计算应以下列两者中数额较大者为依据:

    (a) 最近 3 年代表期年平均贸易量按同期年平均进口量的增长率增长,或增长 10%,以数量较大者为准;或

    (b) 最近一年的贸易量再增长 10%。

一成员补偿的责任绝不能超过全部撤销该项减让所应产生的责任。

7. 无论按以上第 1 款的规定还是按 GATT 第 28 条第 1 款的规定,对一项修改或撤销的减让具有主要供应利益的任何成员,应在补偿性减让中被给予最初谈判权,除非有关成员同意给予另一种形式的补偿。

1994 年关税与贸易总协定
马拉喀什议定书

各成员，

已在 GATT 1947 范围内根据《乌拉圭回合部长宣言》进行谈判，

特此协议如下：

1.　　本议定书所附与一成员有关的减让表应自《WTO 协定》对该成员生效之日起成为与该成员有关的 GATT 1994 减让表。依照《关于有利于最不发达国家措施的部长决定》提交的任何减让表应被视为附在本议定书之后。

2.　　每一成员同意的关税削减应分 5 次均等税率削减实施，除非一成员减让表中另有规定。第一次削减应在《WTO 协定》生效之日实施，每下一次削减应在每下一年的 1 月 1 日实施，最终税率应不迟于《WTO 协定》生效之日后 4 年实施，除非该成员的减让表中另有规定。除非减让表中另有规定，否则在《WTO 协定》生效后接受该协定的成员，应在该协定对其生效之日，实施已经发生的所有税率削减及根据上一句有义务在下一年 1 月 1 日应实施的削减，并应实施前一句列明的时间表中剩余的税率削减。每一阶段削减的税率应四舍五入至小数点后第一位。对于《农业协定》第 2 条定义的农产品，分阶段削减应按减让表中有关部分的规定实施。

3.　　应请求，本议定书所附减让表中包含的减让和承诺的实施应由各成员进行多边审查。这并不损害各成员在《WTO 协定》附件 1A 所列协定项下的权利和义务。

4.　　在本议定书所附一成员减让表根据第 1 款的规定成为 GATT 1994 减让表后，该成员有权随时针对主要供应方为任何其他乌拉圭回合参加方、但其减让表尚未成为 GATT 1994 减让表的任何产品，全部或部分停止或撤销该减让表中的减让。但是，该项行动只有在以下条件下方可采取：即任何关于此类停止或撤销减让的书面通知已送交货物贸易理事会，并已应请求与有关减让表已成为 GATT 1994 减让表、且对所涉产品具有实质利害关系的成员进行磋商。如此停止或撤销的任何减让应在具有主要供应利益的成员的减让表成为 GATT 1994 减让表之日或之后实施。

5. (a) 在不损害《农业协定》第 4 条第 2 款规定的情况下，就 GATT 1994 第 2 条第 1 款(b)项和(c)项所指的该协定的日期而言，作为本议定书所附一减让表中规定的减让对象的每一产品的适用日期应为本议定书的日期。

    (b) 就 GATT 1994 第 2 条第 6 款(a)项所指的该协定的日期而言，本议定书所附一减让表的适用日期应为本议定书的日期。

6. 在减让的修改或撤销涉及减让表第三部分包含的非关税措施的情况下，应适用 GATT 1994 第 28 条的规定及 1980 年 11 月 10 日通过的《根据第 28 条进行谈判的程序》(BISD 27 册 26 至 28 页)。这并不损害各成员在 GATT 1994 项下的权利和义务。

7. 如本议定书所附减让表造成任何产品的待遇低于在《WTO 协定》生效之前 GATT 1947 所附减让表中规定的该产品的待遇，则该减让表所涉成员应被视为已经采取在其他情况下根据 GATT 1947 或 GATT 1994 第 28 条的有关规定属必要的适当行动。本款的规定只适用于埃及、秘鲁、南非和乌拉圭。

8. 本议定书所附减让表自定使用英文、法文或西班牙文，三种文本同一作准。

9. 本议定书的日期为 1994 年 4 月 15 日。

农业协定

各成员，

决定为发动符合《埃斯特角城宣言》所列谈判目标的农产品贸易改革进程而建立基础；

忆及它们在乌拉圭回合中期审评时所议定的长期目标是"建立一个公平的、以市场为导向的农产品贸易体制，并应通过支持和保护承诺的谈判及建立增强的和更行之有效的 GATT 规则和纪律发动改革进程"；

又忆及"上述长期目标是在议定的期限内，持续对农业支持和保护逐步进行实质性的削减，从而纠正和防止世界农产品市场的限制和扭曲"；

承诺在以下每一领域内达成具体约束承诺：市场准入；国内支持；出口竞争；并就卫生与植物卫生问题达成协议；

同意在实施其市场准入承诺时，发达国家成员将充分考虑发展中国家成员的特殊需要和条件，对这些成员有特殊利益的农产品在更大程度上改进准入机会和条件，包括在中期审评时议定的给予热带农产品贸易的全面自由化，及鼓励对以生产多样化为途径停止种植非法麻醉作物有特殊重要性的产品；

注意到应以公平的方式在所有成员之间作出改革计划下的承诺，并注意到非贸易关注，包括粮食安全和保护环境的需要，注意到各方一致同意发展中国家的特殊和差别待遇是谈判的组成部分，同时考虑改革计划的实施可能对最不发达国家和粮食净进口发展中国家产生的消极影响；

特此协议如下：

第一部分

第 1 条

术语定义

在本协定中，除非文中另有要求，否则：

(a)   "综合支持量"和"AMS"指以货币形式表示的、有利于基本农产品生产者的对一农产品提供的年度支持水平，或指有利于一般农业生产者的非特定产品支持，不包括在根据本协定附件 2 可免除削减的计划下所提供的支持，此种支持：

(i)　　对于在基期内提供的支持，指一成员减让表第四部分引用而并入的有关支持材料表中列明的支持；及

(ii)　　对于实施期任何一年中及此后提供的支持，指依照本协定附件 3 的规定计算的支持，同时考虑该成员减让表第四部分引用而并入的支持材料表所使用的构成数据和方法；

(b)　涉及国内支持承诺的"基本农产品"指一成员减让表和有关支持材料中列明的尽可能接近第一销售点的产品；

(c)　"预算支出"或"支出"包括放弃的税收；

(d)　"支持等值"指以货币形式表示的、通过使用一项或多项措施向基本农产品生产者提供的、不能依照 AMS 方法计算的年度支持水平，不包括根据本协定附件 2 可免于削减的计划下提供的支持，此种支持：

(i)　　对于在基期内提供的支持，指一成员减让表第四部分引用而并入的有关支持材料表中列明的支持；及

(ii)　　对于实施期任何一年中及此后提供的支持，指依照本协定附件 4 的规定计算的支持，同时考虑该成员减让表第四部分引用而并入的支持材料表所使用的构成数据和方法；

(e)　"出口补贴"指视出口实绩而给予的补贴，包括本协定第 9 条所列的出口补贴；

(f)　"实施期"指自 1995 年开始的 6 年时间，但就本协定第 13 条而言，指从 1995 年开始的 9 年时间；

(g)　"市场准入减让"包括根据本协定作出的所有市场准入承诺；

(h)　"综合支持总量"和"总 AMS"指有利于农业生产者的所有国内支持的总和，计算为基本农产品的综合支持量、所有非特

定产品综合支持量以及所有农产品支持等值的总和，此种支持：

(i) 对于在基期内提供的支持(即"基期综合支持总量")和在实施期任何一年中或此后允许提供的最大限度的支持(即"年度和最终约束承诺水平")，指一成员减让表第四部分列明的支持；及

(ii) 对于实施期任何一年中及此后实际提供的支持水平(即"现行综合支持总量")；指依照本协定的规定，包括第6条的规定，及该成员减让表第四部分引用而并入的支持材料表所使用的构成数据和方法计算的支持；

(i) 以上(f)款中和涉及一成员具体承诺的"年度"一词指在该成员减让表中列明的日历年度、财政年度或销售年度。

第 2 条
产品范围

本协定适用于本协定附件 1 中所列产品，下称农产品。

第二部分
第 3 条
减让和承诺的并入

1. 每一成员减让表第四部分中的国内支持和出口补贴承诺构成限制补贴的承诺，特此成为 GATT 1994 的组成部分。

2. 在遵守第 6 条规定的前提下，一成员不得提供超过其减让表第四部分第 1 节中列明的承诺水平的、有利于国内生产者的支持。

3. 在遵守第 9 条第 2 款(b)项和第 4 款规定的前提下，一成员不得对其减让表第四部分第 2 节中列明的农产品或产品组提供超过其中所列预算支出和数量承诺水平的、第 9 条第 1 款所列的出口补贴，也不得对其减让表中该节未列明的任何农产品提供此类补贴。

第三部分

第 4 条

市场准入

1. 减让表所含市场准入减让涉及关税约束和削减，并涉及其中列明的其他市场准入承诺。

2. 各成员不得维持、采取或重新使用已被要求转换为普通关税的任何措施[1]，除非第 5 条和附件 5 中另有规定。

第 5 条

特殊保障条款

1. 尽管有 GATT 1994 第 2 条第 1 款(b)项的规定，但是对于本协定第 4 条第 2 款所指的措施已转换为普通关税、且在其减让表中用"SSG"符号标明为减让对象的一农产品，任何成员仍可援用以下第 4 款和第 5 款的规定，条件是：

    (a) 该产品在任何年度内进入给予减让的成员关税领土的进口量超过涉及以下第 4 款所列现有市场准入机会的触发水平；或，但不是同时：

    (b) 根据有关装运货物的进口到岸价确定的、并以该成员本国货币表示的该农产品进入给予减让的成员关税领土的进口价格，低于与该产品 1986 年至 1988 年平均参考价格[2]相等的触发价格。

2. 为确定援引第 1 款(a)项和第 4 款的规定所需的进口量，应计入确定为以上第 1 款所指减让一部分的现行和最低准入承诺下的进口，但是此类

---

[1] 这些措施包括进口数量限制、进口差价税、最低进口价格、酌情发放进口许可证、通过国营贸易企业维持的非关税措施、自动出口限制及除普通关税外的类似边境措施，无论这些措施是否根据特定国家背离 GATT 1947 的规定而保留，但不包括根据国际收支条款或 GATT 1994 其他总体的、非特指农产品的规定或《WTO 协定》附件 1A 所列其他多边贸易协定的规定而维持的措施。

[2] 为援引本项规定而使用的参考价格一般应为有关产品的平均到岸价，或应为就该产品的质量和加工阶段而言适当的价格。在首次使用后，该价格应在允许其他成员评估可能征收的附加关税所必要的限度内公开说明和提供。

承诺下的进口不得受到根据第 1 款(a)项和以下第 4 款或根据第 1 款(b)项和以下第 5 款征收的任何附加关税的影响。

3．　　按照在根据第 1 款(a)项和第 4 款征收附加关税前签订的合同已在运输途中的所涉产品的任何供应量，应免除任何此类附加关税，但是在下一年中为触发援引第 1 款(a)项规定的目的，该供应量可计入所涉产品在该年的进口量中。

4．　　根据第 1 款(a)项征收的任何附加关税只能维持至征收该项关税的当年年底，且征收的水平不得超过采取该措施当年实施的普通关税水平的三分之一。触发水平应根据下列以市场准入机会为基础的公式确定，市场准入机会定义为进口相当于可获得数据的最近三年相应国内消费量[3]的百分比：

(a)　　如一产品的此类市场准入机会低于或等于 10%，则基准触发水平应等于 125%；

(b)　　如一产品的此类市场准入机会高于 10%但低于或等于 30%，则基准触发水平应等于 110%；

(c)　　如一产品的市场准入机会高于 30%，则基准触发水平应等于 105%。

在所有情况下，如任何一年有关产品进入给予减让的成员关税领土的绝对进口量超过(x)以上所列基础触发水平与可获得数据的最近三年平均进口量的乘积与(y)可获得数据的最近一年有关产品的国内消费量与前一年相比的绝对变化量之和，则可征收附加关税，但是触发水平不得低于以上(x)中平均进口量的 105%。

5．　　根据第 1 款(b)项规定征收的附加关税应根据下列公式确定：

(a)　　如以本国货币表示的该批装运货物的进口到岸价(下称"进口价格")与该项下定义的触发价格之间的差额低于或等于该触发价格的 10%，则不得征收附加关税；

(b)　　如进口价格与触发价格之间的差额(下称"差额")高于触发价格的 10%、但低于或等于触发价格的 40%，则附加关税应等

---

[3] 如未考虑国内消费，则应适用第 4 款(a)下的基准触发水平。

于该差额超过 10%部分的 30%；

(c) 如差额高于触发价格的 40%、但低于或等于触发价格的 60%，则附加关税应等于该差额超过 40%部分的 50%，加上(b)项允许的附加关税；

(d) 如差额高于 60%、但低于或等于 75%，则附加关税应等于该差额超过触发价格 60%部分的 70%，加上(b)项和(c)项允许的附加关税；

(e) 如差额高于触发价格的 75%，则附加关税应等于该差额超过 75%部分的 90%，加上(b)项、(c)项和(d)项允许的附加关税。

6. 对于易腐和季节性产品，在适用以上所列条件时，应考虑此类产品的具体特性。特别是，可根据第 1 款(a)项和第 4 款使用与基期内相应时期相比较短的时期，并可根据第 1 款(b)项对不同的时期使用不同的参考价格。

7. 特殊保障的运用应以透明的方式进行。任何根据以上第 1 款(a)项采取行动的成员均应以书面形式通知农业委员会，通知应包括相关数据，并应尽可能提前作出，且无论如何应在采取该行动后 10 天内作出。在消费量的变化必须分解到受第 4 款下行动约束的各税号的情况下，相关数据应包括用于分解这些变化的信息和方法。根据第 4 款规定采取行动的成员应给予任何有利害关系的成员与其就实施该行动的条件进行磋商的机会。根据以上第 1 款(b)项采取行动的任何成员应以书面形式通知农业委员会，通知应包括相关数据，并应在首次采取该行动后 10 天内作出，对于易腐和季节性产品，应在任何时期首次采取行动之时作出。各成员应承诺在有关产品的进口量正在下降时，尽可能不采用第 1 款(b)项的规定。在以上两种情况的任何一种情况下采取此类行动的成员应给予任何有利害关系的成员与其就实施此类行动的条件进行磋商的机会。

8. 如采取的行动符合以上第 1 款至第 7 款的规定，则各成员承诺不针对此类行动援用 GATT 1994 第 19 条第 1 款(a)项和第 3 款的规定或《保障措施协定》第 8 条第 2 款的规定。

9. 本条的规定在根据第 20 条确定的改革进程期间应保持有效。

第四部分

第 6 条

国内支持承诺

1. 每一成员减让表第四部分所含国内支持削减承诺应适用于其所有有利于农业生产者的国内支持措施，但按照本条和本协定附件 2 所列标准不需进行削减的国内措施除外。这些承诺以综合支持总量和"年度和最终承诺水平"表示。

2. 依照中期审评协议，政府直接或间接鼓励农业和农村发展的援助措施属发展中国家发展计划的组成部分，对于发展中国家成员中农业可普遍获得的投资补贴和发展中国家成员中低收入或资源贫乏生产者可普遍获得的农业投入补贴，应免除在其他情况下本应对此类措施适用的国内支持削减承诺，对于发展中国家成员鼓励对以生产多样化为途径停止种植非法麻醉作物而给予生产者的国内支持也应免除削减承诺。符合本款标准的国内支持不需包括在一成员关于其现行综合支持总量的计算之中。

3. 如一成员在任何一年中其以现行综合支持总量表示的有利于农业生产者的国内支持未超过该成员减让表第四部分列明的相应年份或最终约束承诺水平，则该成员应被视为符合其国内支持削减承诺。

4. (a) 对于下列两项内容，成员不需将其包括在其现行综合支持总量的计算中，也不需削减：

    (i) 其他情况下本应要求包括在一成员关于其现行综合支持总量计算中的特定产品的国内支持，如此类支持未超过该成员一基本农产品在相关年度内生产总值的 5%；及

    (ii) 在其他情况下本应包括在一成员关于其现行综合支持总量计算中的非特定产品的国内支持，如此类支持未超过该成员农业生产总值的 5%。

  (b) 对于发展中国家成员，本款下规定的微量百分比应为 10%。

5. (a) 在下列条件下，限产计划下给予的直接支付不在削减国内支持的承诺之列：

    (i) 此类支付按固定面积和产量给予；或

    (ii) 此类支付按基期生产水平的 85% 或 85% 以下给予；或

(iii) 牲畜支付按固定头数给予。

(b) 免除符合以上标准的直接支付的削减承诺，应反映在将这些直接支付的价值排除在一成员关于其现行综合支持总量的计算之外。

第 7 条

国内支持的一般纪律

1. 每一成员应保证，使那些符合本协定附件 2 所列标准而不需受削减承诺限制的有利于农业生产者的任何国内支持措施继续符合这些标准。

2. (a) 任何有利于农业生产者的国内支持措施，包括对该措施的任何修改，以及随后采取的、不能证明其符合本协定附件 2 的标准或不能根据本协定任何其他规定而免除削减的任何措施，均应包括在该成员关于其现行综合支持总量的计算中。

(b) 如一成员减让表第四部分无综合支持总量承诺，则该成员给予农业生产者的支持不得超过第 6 条第 4 款所列的有关微量水平。

第五部分

第 8 条

出口竞争承诺

每一成员承诺不以除符合本协定和其减让表中列明的承诺以外的其他方式提供出口补贴。

第 9 条

出口补贴承诺

1. 下列出口补贴受本协定项下削减承诺的约束：

(a) 政府或其代理机构视出口实绩而向公司、行业、农产品生产者、此类生产者的合作社或其他协会或销售局提供的直接补贴，包括实物支付；

(b) 政府或其代理机构为出口而销售或处理非商业性农产品库存，价格低于向国内市场中同类产品购买者收取的可比价格；

(c) 依靠政府措施供资的对一农产品出口的支付，无论是否涉及自公共账户的支出，包括由对有关农产品或对产生该出口产品的农产品征税的收入供资的支付；

(d) 为减少出口农产品的营销成本而提供的补贴(可广泛获得的出口促进和咨询服务除外)，包括处理、升级和其他加工成本，以及国际运输成本和运费；

(e) 政府提供或授权的出口装运货物的国内运费，其条件优于国内装运货物；

(f) 视出口产品所含农产品的情况而对该农产品提供的补贴。

2. (a) 除本款(b)项的规定外，对于本条第 1 款所列出口补贴，一成员减让表中列明的实施期内每年的出口补贴承诺水平指：

   (i) 对于预算支出削减承诺，当年该农产品或有关产品组分配或发生的此类补贴的最高支出水平；及

   (ii) 对于出口数量削减承诺，当年可给予此类出口补贴的一农产品或产品组的最大数量。

(b) 在实施期第二年至第五年的任何一年中，一成员在给定年度提供的第 1 款所列的出口补贴可超过该成员减让表第四部分列明的该产品或产品组的相应年度承诺水平，条件是：

   (i) 自实施期开始起至所涉年份止，此类补贴的预算支出累计数额与完全符合该成员减让表列明的相关年度支出承诺水平所产生的累计数额相比，未超过此类预算支出基期水平的 3%；

   (ii) 自实施期开始起至所涉年份止，得益于此类出口补贴的累计出口数量与完全符合该成员减让表列明的相关年度

数量承诺水平的累计数量相比，未超过基期数量的
1.75%；

(iii) 在整个实施期内，此类出口补贴的预算支出和得益于此
类出口补贴的数量的累计总和，不高于完全符合该成
员减让表列明的相关年度承诺水平时的总和；以及

(iv) 在实施期结束时，该成员出口补贴预算支出和得益于此
类出口补贴的数量分别不高于 1986 年至 1990 年基期水
平的 64%和 79%。对于发展中国家成员，这些百分比
应分别为 76%和 86%。

3. 与限制扩大出口补贴范围有关的承诺均在减让表中列明。

4. 在实施期内，发展中国家成员不需就以上第 1 款(d)和(e)项所列出口
补贴作出承诺，只要这些补贴不以规避出口削减承诺的方式实施。

第 10 条
防止规避出口补贴承诺

1. 未列入第 9 条第 1 款的出口补贴不得以产生或威胁导致规避出口补
贴承诺的方式实施；也不得使用非商业性交易以规避此类承诺。

2. 各成员承诺努力制定关于管理提供出口信贷、出口信贷担保或保险
计划的国际间议定的纪律，并保证在就此类纪律达成协议后，仅以符合这
些纪律的方式提供出口信贷、出口信贷担保或保险计划。

3. 任何声称未对超过削减承诺水平的任何出口数量提供补贴的成员，
必须证实未对所涉出口数量提供出口补贴，无论此种出口补贴是否列入第
9 条中。

4. 捐赠国际粮食援助的成员应保证：

(a) 国际粮食援助的提供与对受援国的农产品商业出口无直接或
间接联系；

(b) 国际粮食援助交易，包括货币化的双边粮食援助，应依照联
合国粮农组织《剩余食品处理原则和协商义务》的规定进行，

在适当时，还应依照通常营销要求(UMRs)制度；以及

(c) 此类援助应在可能的限度内以完全赠与的形式提供或以不低于《1986 年粮食援助公约》第 4 条规定的条件提供。

第 11 条
加工产品

对一加工的初级农产品支付的单位补贴决不能超过对出口该初级产品本身可支付的单位出口补贴。

第六部分
第 12 条
出口禁止和限制的纪律

1. 如任何成员依照 GATT 1994 第 11 条第 2 款(a)项对粮食实行任何新的出口禁止或限制，则该成员应遵守下列规定：

(a) 设立出口禁止或限制的成员应适当考虑此类出口禁止或限制对进口成员粮食安全的影响；

(b) 任何成员在设立一项出口禁止或限制前，应尽可能提前书面通知农业委员会，通知包括该措施的性质和实施期限等信息，并应请求，应与作为进口商拥有实质利益的任何其他成员就与有关措施相关的任何事项进行磋商。应请求，设立此类出口禁止或限制的成员应向具有实质利益的成员提供必要的信息。

2. 本条的规定不得适用于任何发展中国家成员，除非该措施是由属有关特定粮食净出口国的发展中国家采取的。

第七部分
第 13 条
适当的克制

在实施期内，尽管有 GATT 1994 和《补贴与反补贴措施协定》(下称《补贴协定》)的规定，但是：

(a) 完全符合本协定附件 2 规定的国内支持措施应：

(i) 就反补贴税[4]而言，属不可诉补贴；

(ii) 免于根据 GATT 1994 第 16 条和《补贴协定》第三部分采取的行动；以及

(iii) 免于 GATT 1994 第 23 条第 1 款(b)项意义上的、根据另一成员在 GATT 1994 第 2 条下产生的关税减让利益造成的非违反性丧失或减损所采取的行动；

(b) 完全符合本协定第 6 条规定的国内支持措施，包括符合该条第 5 款要求并已反映在每一成员减让表中的直接支付，以及在微量水平之内且符合第 6 条第 2 款规定的国内支持措施应：

(i) 免征反补贴税，除非依照 GATT 1994 第 6 条和《补贴协定》第五部分确定存在损害或损害威胁，在发起任何反补贴税调查方面应表现适当的克制；

(ii) 免于根据 GATT 1994 第 16 条第 1 款或《补贴协定》第 5 条和第 6 条所采取的措施，只要此类措施给予特定商品的支持不超过在 1992 年销售年度中确定的支持水平；以及

(iii) 免于根据 GATT 1994 第 23 条第 1 款(b)项意义上的、根据另一成员在 GATT 1994 第 2 条下获得的关税减让利益造成的非违反性丧失或减损所采取的行动，只要此类行动给予特定商品的支持不超过在 1992 年销售年度中确定的支持水平；

(c) 完全符合本协定第五部分的规定并已反映在每一成员减让表中的出口补贴应：

(i) 只有在依照 GATT 1994 第 6 条和《补贴协定》第五部分，根据数量、对价格的影响或由此产生的影响为依据确定存在损害或损害威胁后，方可征收反补贴税，在发起任何反补贴税调查方面应表现适当的克制；及

(ii) 免于根据 GATT 1994 第 16 条或《补贴协定》第 3 条、第 5 条和第 6 条所采取的行动。

---

[4] 本条所指的"反补贴税"属 GATT 1994 第 6 条和《补贴与反补贴措施协定》中所涵盖的反补贴税。

第八部分
第 14 条
卫生与植物卫生措施

各成员同意实施《实施卫生与植物卫生措施协定》。

第九部分
第 15 条
特殊和差别待遇

1.　　与关于针对发展中国家成员的差别和更优惠待遇为谈判组成部分的认识相一致，应提供本协定有关条款列出的及包含在减让和承诺表中的特殊和差别待遇。

2.　　发展中国家成员应拥有在最长为 10 年的时间内实施削减承诺的灵活性。最不发达国家成员不需作出削减承诺。

第十部分
第 16 条
最不发达国家和粮食净进口发展中国家

1.　　发达国家成员应采取《关于改革计划对最不发达国家和粮食净进口发展中国家可能产生消极影响的措施的决定》范围内所规定的措施。

2.　　农业委员会应酌情监督该决定的后续行动。

第十一部分
第 17 条
农业委员会

特此设立农业委员会。

第 18 条
对承诺执行情况的审议

1.　　农业委员会应审议在乌拉圭回合改革计划下谈判达成承诺的执行方面的进展情况。

2.　　审议过程应以各成员就此类事项提交的通知为依据，按照待确定的时间间隔进行，还可根据为便利审议过程而请求秘书处准备的文件进行。

3.　　除根据第 2 款应提交的通知外，对于要求免除削减的任何新的国内支持措施或对现有措施的修改均应迅速作出通知。该通知应包含新措施或修改后措施的细节及与第 6 条或附件 2 所列议定标准相符的程度。

4.　　在审议过程中，各成员应适当考虑过高通货膨胀率对任何成员遵守其国内支持承诺能力的影响。

5.　　各成员同意每年在农业委员会中，在本协定项下出口补贴承诺的范围内，就各自参与世界农产品贸易的正常增长问题进行磋商。

6.　　审议过程应向各成员提供机会，以便提出与执行本协定所列改革计划下的承诺有关的任何事项。

7.　　任何成员均可提请农业委员会注意其认为另一成员应通知的任何措施。

第 19 条
磋商和争端解决

由《争端解决谅解》详述和适用的 GATT 1994 第 22 条和 23 条应适用于本协定项下的磋商和争端解决。

第十二部分
第 20 条
改革进程的继续

认识到导致根本性改革的实质性逐步削减支持和保护的长期目标是一个持续的过程，各成员同意将在实施期结束的前一年开始继续此进程的谈判，同时考虑：

(a)　　届时从实施削减承诺中获得的经验；

(b)　　削减承诺对世界农产品贸易的影响；

(c)　　非贸易关注，对发展中国家成员的特殊和差别待遇，建立一个公平的、以市场为导向的农产品贸易体制的目标，以及本协定序言所指的其他目标和关注；以及

(d)　　实现上述长期目标所需的进一步承诺。

第十三部分
第 21 条
最后条款

1.　　GATT 1994 年和《WTO 协定》附件 1A 所列其他多边贸易协定的规定应在遵守本协定规定的前提下适用。

2.　　本协定的附件为本协定的组成部分。

附件 1
产品范围

1.　　本协定适用于下列产品：

(i)　　协调制度第 1 章至第 24 章，鱼及鱼制品除外，另加*

(ii)

协调制度编码	2905.43	(甘露糖醇)
协调制度编码	2905.44	(山梨醇)
协调制度品目	33.01	(精油)
协调制度品目	35.01 至 35.05	(蛋白类物质、改性淀粉、胶)
协调制度编码	3809.10	(整理剂)
协调制度编码	3823.60	(2905.44 以外的山梨醇)
协调制度品目	41.01 至 41.03	(生皮)
协调制度品目	43.01	(生毛皮)
协调制度品目	50.01 至 50.03	(生丝和废丝)
协调制度品目	51.01 至 51.03	(羊毛和动物毛)
协调制度品目	52.01 至 52.03	(原棉、废棉和已梳棉)
协调制度品目	53.01	(生亚麻)
协调制度品目	53.02	(生大麻)

2.　　以上所列不限制《实施卫生与植物卫生措施协定》的产品范围。

*圆括号中的产品描述不一定完全。

附件 2
国内支持：免除削减承诺的基础

1. 要求免除削减承诺的国内支持措施应满足如下基本要求，即无贸易扭曲作用和对生产的作用，或此类作用非常小。因此，要求免除削减承诺的所有措施应符合下列基本标准：

(a) 所涉支持应通过公共基金供资的政府计划提供(包括放弃的政府税收)，而不涉及来自消费者的转让；且

(b) 所涉支持不得具有对生产者提供价格支持的作用；

另加下列特定政策标准和条件。

政府服务计划

2. 一般服务

此类政策涉及与向农业或农村提供服务或利益的计划有关的支出(或放弃的税收)。它们不得涉及对生产者或加工者的直接支付。此类计划包括但不仅限于下列清单，应符合以上第 1 款中的总体标准和下列特定政策条件：

(a) 研究，包括一般研究、与环境计划有关的研究以及与特定产品有关的研究计划；

(b) 病虫害控制，包括一般的和特定产品的病虫害控制措施，如早期预警制度、检疫和根除；

(c) 培训服务，包括一般和专门培训设施；

(d) 推广和咨询服务，包括提供可便利信息和研究结果向生产者和消费者传播的方法；

(e) 检验服务，包括一般检验服务和为健康、安全、分级或标准化为目的特定产品检验；

(f) 营销和促销服务，包括与特定产品有关的市场信息、咨询和促销，但不包括未列明目的的、销售者可用以降低售价或授予购买者直接经济利益的支出；以及

(g) 基础设施服务，包括：电力网络、道路和其他运输方式、市场和港口设施、供水设施、堤坝和排水系统以及与环境计划有关的基础设施工程。在所有情况下，支出应只直接用于基本工程的提供和建设，并且除可普遍获得的公用设施网络化建设外，不得包括提供补贴的农场设施。支出不得包括对投入或运营成本的补贴或优惠使用费。

3. 用于粮食安全目的的公共储备[5]

涉及积累和保持构成国内立法所确认的粮食安全计划组成部分的产品库存的支出(或放弃的税收)。可包括作为该计划一部分的对私营产品储备提供的政府援助。

此类库存的数量和积累应符合仅与粮食安全有关的预定指标。库存的积累和处置过程在财务方面应透明。政府的粮食采购应按现行市场价进行，粮食安全库存的销售应按不低于所涉产品和质量的现行国内市场价进行。

4. 国内粮食援助[6]

涉及向需要援助的部分人口提供国内粮食援助的开支(或放弃的税收)。

接受粮食援助的资格应符合与营养目标有关的明确规定的标准。此类援助的提供方式应为直接向有关人员提供粮食或提供可使合格受援者按市场价格或补贴价格购买粮食的方法。政府的粮食采购应按现行市场价进行，此类援助的供资和提供方式应透明。

5. 对生产者的直接支付

通过直接支付(或放弃的税收，包括实物支付)向生产者提供的、且要求免除削减承诺的支持应符合以上第 1 款所列的基本标准，此外还应符合

---

[5] 就本附件第 3 款而言，发展中国家中为粮食安全目的而实施的政府储备计划，如运营是透明的并依照正式公布的客观标准或准则实施，则应被视为符合本款的规定，包括按管理价格收购和投放的、用于粮食安全目的的粮食储备计划，只要收购价格与外部参考价格的差额在综合支持量中加以说明。

[5]和[6] 就本附件第 3 款和第 4 款而言，以定期和按合理价格满足发展中国家中城乡贫困人口的粮食需要为目标的按补贴价格提供的粮食，应被视为符合本款的规定。

以下第 6 款至第 13 款所列适用于各种直接支付形式的特定标准。如要求免除对第 6 款至第 13 款所列内容以外的任何现有类型或新型直接支付的削减，则该项免除除应符合第 1 款所列总体标准外，还应符合第 6 款(b)项至(e)项的标准。

6.　　不挂钩的收入支持

　　(a)　　获得此类支付的资格应由明确规定的标准确定，如收入、生产者或土地所有者的身份、规定和固定基期内生产要素利用或生产水平。

　　(b)　　在任何给定年度中此类支付的数量不得与生产者在基期后任何一年从事的生产的类型或产量(包括牲畜头数)有关，或以此种类型或数量为基础。

　　(c)　　在任何给定年度中此类支付的数量不得与适用于基期后任何一年所从事的生产的国际或国内价格有关，或以此种价格为基础。

　　(d)　　在任何给定年度中此类支付的数量不得与基期后任何一年使用的生产要素有关，或以此种要素为基础。

　　(e)　　不得为接受此类支付而要求进行生产。

7.　　收入保险和收入安全网计划中政府的资金参与

　　(a)　　获得此类支付的资格应由收入损失确定，仅考虑来源于农业的收入，此类收入损失应超过前 3 年期或通过去除前 5 年期最高和最低年收入确定的 3 年平均总收入或等量净收入的 30%(排除相同或类似方案中获得的任何支付)。符合此条件的任何生产者均应有资格接受此类支付。

　　(b)　　此类支付的数量应补偿生产者在其有资格获得该援助的当年收入损失的 70%以下。

　　(c)　　任何此类支付的数量仅应与收入有关；不得与生产者从事生产的类型或产量(包括牲畜头数)有关；不得与适用于此种生产的国内或国际价格有关；也不得与所使用的生产要素有关。

　　(d)　　如一生产者根据本款和第 8 款(自然灾害救济)在同一年接受两次支付，则此类支付的总额不得超过生产者总损失的 100%。

8.　　自然灾害救济支付(直接提供或以政府对农作物保险计划资金参与的方式提供)

(a) 只有在政府主管机关正式认可已发生或正在发生自然灾害或同类灾害(包括疾病暴发、虫害、核事故以及在有关成员领土内发生战争)后，方可产生获得此类支付的资格；该资格应由生产损失超过前 3 年期或通过去除前 5 年期最高和最低年收入确定的 3 年平均生产的 30%确定。

(b) 灾害发生后提供的支付仅适用于因所涉自然灾害造成的收入、牲畜(包括与兽医治疗有关的支付)、土地或其他生产要素的损失。

(c) 支付所作的补偿不得超过恢复此类损失所需的总成本，且不得要求或规定将来生产的类型或产量。

(d) 灾害期间提供的支付不得超过防止或减轻以上(b)项标准所定义的进一步损失所需的水平。

(e) 如一生产者根据本款和以上第 7 款(收入保险和收入安全网计划)在同一年接受两次支付，则此类支付的总额不得超过生产者总损失的 100%。

9. 通过生产者退休计划提供的结构调整援助

(a) 获得此类支付的资格应参照计划中明确规定的标准确定，该计划旨在便利从事适销农产品生产的人员退休或转入非农业生产活动。

(b) 支付应以接受支付者完全和永久地自适销农产品生产退休为条件。

10. 通过资源停用计划提供的结构调整援助

(a) 获得此类支付的资格应参照计划中明确规定的标准确定，该计划旨在从适销农产品生产中退出所有土地或包括牲畜在内的其他资源。

(b) 支付应以适销农产品生产所用土地停用至少 3 年为条件，对于牲畜而言，则以其被屠宰或最终永久处理为条件。

(c) 支付不得要求或规定及土地或其他资源用于任何涉及适销农产品生产的替代用途。

(d) 支付不得与生产类型或产量有关，也不得与适用于使用生产中余留土地或其他资源所从事的生产的国内或国际价格有关。

11. 通过投资援助提供的结构调整援助

(a) 获得此类支付的资格应参照政府计划中明确规定的标准确定，该计划旨在协助生产者针对客观地表现出的结构性缺陷进行经营方面的财政或有形结构调整。获得此类计划的资格也可根据明确规定的关于农用土地重新私有化的政府计划确定。

(b) 除按以下标准(e)规定的外，在任何给定年度中，此类支付的数量不得与生产者在基期后任何一年内从事生产的类型或产量(包括牲畜头数)有关，或以此种类型或产量为基础。

(c) 在任何给定年度中，此类支付的数量不得与适用于基期后任何一年从事的生产的国际或国内价格有关，或以此种价格为基础。

(d) 此类支付只能在实现它们提供的投资所必需的时间内给予。

(e) 除非要求接受者不得生产一特定产品，否则此种支付不得强制或以任何方式指定接受者生产某种农产品。

(f) 这种支付应限于为补偿结构性缺陷所需要的数额之内。

12. 环境计划下的支付

(a) 获得此类支付的资格应确定为明确规定的政府环境或保护计划的一部分，并应取决于对该政府计划下特定条件的满足，包括与生产方法或投入有关的条件。

(b) 此类支付的数量应限于为遵守政府计划而所涉及的额外费用或收入损失。

13. 地区援助计划下的支付

(a) 获得此类支付的资格应限于条件贫困地区的生产者。每一此类地区必须是一个明确指定的毗连地理区域、拥有可确定的经济和行政特性，根据法律或法规明确规定的中性和客观标准被视为贫困地区，此种特性表明该地区的困难并非是由于暂时的情况所造成的。

(b) 除减少生产外，在任何给定年度中，此类支付的数量不得与生产者在基期后任何一年内从事的生产的类型或产量(包括牲畜头数)有关，或以此种类型或产量为基础。

(c) 在任何给定年度中此类支付的数量不得与适用于基期后任何一年从事生产的国际或国内价格有关，或以此种价格为基础。

(d) 支付应仅可使合格地区的生产者获得，但应使此类地区内的所有生产者普遍获得。

(e) 如支付与生产要素有关，则支付应以高于有关要素最低水平的递减率给予。

(f) 此类支付应限于在规定地区从事农业生产所涉及的额外费用或收入损失。

附件 3
国内支持：综合支持量的计算

1. 在遵守第 6 条规定的前提下，综合支持量(AMS)应在特定产品基础上对每一种接受市场价格支持的、不可免除的直接支付或其他任何不属免除削减承诺范围的补贴("其他不可免除的政策")的基本农产品进行计算。非特定产品支持应按货币总值形式总计为一非特定产品综合支持量。

2. 第 1 款下的补贴应包括政府或其代理机构的预算支出和放弃的税收。

3. 国家一级和国家以下一级的支持均应包括在内。

4. 生产者支付的特别农业税费应自综合支持量中扣除。

5. 以下所计算的基期综合支持量应构成实施国内支持削减承诺的基期水平。

6. 对于每一种基本农产品，应确定具体的综合支持量，以货币总值形式表示。

7. 综合支持量的计算应尽可能接近该有关基本农产品的第一销售点。针对农产品加工者的措施应包括在内，只要此类措施可使基本农产品的生产者获益。

8. 市场价格支持：市场价格支持的计算应使用固定的外部参考价格与适用的管理价格之间的差额乘以有资格接受适用的管理价格的产量。为维持该差额的预算支出，如购进或储存费用等，不得计入综合支持量。

9. 固定外部参考价格应以 1986 年至 1988 年为基期，在净出口国一般应为有关基本农产品的平均离岸价,在净进口国一般应为有关基本农产品的平均到岸价。如必要，可按质量差异调整固定参考价格。

10. 不可免除的直接支付：取决于价差的不可免除的直接支付应使用固定参考价格与适用的管理价格之间的差额乘以有资格接受管理价格的产量计算，或使用预算支出计算。

11. 固定参考价格应以 1986 年至 1988 年为基期，一般应为用于确定支付率的实际价格。

12. 以除价格外的生产要素为基础的不可免除的直接支付应使用预算支出进行衡量。

13. 其他不可免除的措施，包括投入补贴和降低销售成本等其他措施：此类措施的价值应使用政府预算支出计算，或如果使用预算支出不能全面反映有关补贴的情况，则计算补贴的基础应为补贴货物或服务的价格与类似货物或服务的有代表性的市场价格之间的差额乘以货物或服务的数量。

附件 4
国内支持：支持等值的计算

1. 在遵守第 6 条规定的前提下，对于所有基本农产品，如存在按附件 3 定义的市场价格支持而综合支持量的此部分内容无法计算，则应计算支持等值。对于此类产品，实施国内支持削减承诺的基期水平应由按以下第 2 款规定的支持等值表示的市场价格支持组成，还应包括应根据以下第 3 款的规定评估的任何不可免除的直接支付或其他不可免除的支持。国家一级和国家以下一级的支持均应包括在内。

2. 第 1 款规定的支持等值应对尽可能接近接受市场价格的第一销售点、且 AMS 的市场价格支持部分无法计算的所有基本农产品在特定产品基础上计算。对于这些基本农产品，应使用适用的管理价格和有资格接受该价格的产量计算市场价格支持等值，在不可行的情况下，应使用维持生产者价格的预算支出计算。

3. 如属第 1 款范围的基本农产品为不可免除的直接支付或任何其他不可免除削减承诺的特定产品补贴的对象，则有关这些措施的支持等值的基础应为关于综合支持量相应部分的计算(如附件 3 第 10 款至第 13 款所列)。

4. 支持等值的计算应尽可能根据接近有关基本农产品的第一销售点的补贴的数量。针对农产品加工者的措施应包括在内，只要此类措施可使基本农产品的生产者获益。生产者支付的特定农业税费应削减支持等值中的相应部分。

附件 5
关于第 4 条第 2 款的特别处理
A 节

1. 自《WTO 协定》生效起，本协定第 4 条第 2 款的规定不得适用于符合下列条件的任何初级农产品及其加工产品和/或制备产品("指定产品")(下称"特别处理")：

(a) 指定产品的进口占 1986 年至 1988 年基期("基期")内相应国内消费量的 3%以下；

(b) 自基期开始起未对指定产品提供出口补贴；

(c) 对初级农产品实施有效限产措施；

(d) 此类产品在《马拉喀什议定书》所附一成员减让表第一部分第 1-B 节中用"ST-Annex 5"符号标明，表明这些产品需进行特别处理，以反映粮食安全和环境保护等非贸易关注因素；以及

(e) 有关成员减让表第一部分第 1-B 节中列明的指定产品的最低准入机会，自实施期第一年年初起占指定产品基期国内消费量的 4%，此后在实施期内其余各年，每年以基期内相应国内消费量的 0.8%比例增长。

2. 一成员在实施期内任何一年年初，均可停止对指定产品适用特别处理，改为遵守第 6 款的规定。在此种情况下，有关成员应维持届时已实施的最低准入机会，并在实施期内其余各年，每年以该产品基期相应国内消费量的 0.4%的比例增加最低准入机会。此后，按此公式产生的实施期最后

一年的最低准入水平应维持在有关成员减让表中。

3.　　就在实施期后是否继续适用第 1 款所列特别处理的问题所进行的任何谈判，应作为本协定第 20 条所列谈判的一部分，在实施期本身的时限内完成，同时考虑非贸易关注因素。

4.　　如作为第 3 款所指谈判的结果，各方同意一成员可继续适用特别处理，则该成员应给予谈判中确定的额外和可接受的减让。

5.　　如特别处理在实施期结束后不再继续适用，则有关成员应实施第 6 款的规定。在此种情况下，在实施期结束后指定产品的最低准入机会在有关成员减让表中应维持在基期内国内消费量8%的水平上。

6.　　对指定产品维持的除普通关税外的边境措施，自特别处理停止适用的当年年初起应遵守第 4 条第 2 款的规定。此类产品应适用普通关税，普通关税应约束在有关成员的减让表中，并自特别处理停止适用的当年年初起及以后适用，税率等于在实施期内以每年均等削减的方式削减 15%后的适用税率。这些关税应根据依照本附件附录规定的准则计算出的关税等值确定。

B 节

7.　　自《WTO 协定》生效后，第 4 条第 2 款的规定也不得适用于作为一发展中国家成员传统饮食中主要食品的初级农产品，且这些产品除应符合第 1 款(a)项至(d)项列明的对有关产品适用的条件外，还应遵守以下条件：

　　　(a)　　有关发展中国家成员减让表第一部分第 1-B 节列明的有关产品的最低准入机会自实施期第 1 年年初起占基期国内消费量的 1%，此后每年均等增长，实施期第 5 年年初达到相应基期国内消费量的 2%。自实施期第 6 年年初起，有关产品的最低准入机会占相应基期国内消费量的 2%，此后每年均等增长，实施期第 10 年年初达到相应基期国内消费量的 4%。此后按此公式产生的第 10 年的最低准入机会应维持在有关发展中国家成员的减让表中；

(b)　　已对本协定项下的其他产品提供适当的市场准入机会。

8.　　就自实施期开始起的第 10 年实施期结束后是否继续适用第 7 款规定的特别处理问题进行的任何谈判，应在实施期开始后第 10 年本身的时限内发起并完成。

9.　　如作为第 3 款所指谈判的结果，各方同意一成员可继续适用特别处理，则该成员应给予谈判中确定的额外和可接受的减让。

10.　　如自实施期开始起的第 10 年结束后不再继续适用第 7 款规定的特别处理，则有关产品应适用根据依照本附件附录规定的准则计算的关税等值确定的普通关税，并应约束在有关成员的减让表中。在其他方面，应适用经本协定项下给予发展中国家成员的有关特殊和差别待遇修改后的第 6 款的规定。

附件 5 的附件
关于为本附件第 6 款和第 10 款列明的
特定目的计算关税等值的准则

1.　　关税等值无论以从价税还是以从量税表示，均应以透明的方式使用国内价格与外部价格之间的实际差额计算。所使用的数据应为 1986 年至 1988 年的数据。关税等值：

(a)　　应主要以协调制度 4 位税目确定；

(b)　　只要适当，即应以协调制度 6 位税目或更详细的税目确定；

(c)　　对于加工产品和/或制备产品，一般应通过将一种或多种初级农产品的具体关税等值乘以该一种或多种初级农产品在加工产品和/或制备产品中所占的价值比例或实物比例(视情况而定)确定，必要时应考虑目前对该产业提供保护的其他额外因素。

2.　　外部价格一般应为进口国实际平均到岸价。如平均到岸价不能获得或不适用，则外部价格应为：

(a)　　　一邻近国家适当的平均到岸价；或

(b)　　　根据一个或多个适当的主要出口商的平均离岸价进行估计，并通过加上保险费、运费和进口国其他有关费用的估计值进行调整。

3.　　外部价格一般应使用与价格数据同期的年平均市场汇率兑换为本国货币。

4.　　国内价格一般应为国内市场上占主导地位的具有代表性的批发价格，或如果不能获得充分数据，则应为该价格的估计值。

5.　　必要时可对最初关税等值进行调整，以考虑使用一适当系数在质量或品种方面产生的差异。

6.　　如这些准则产生的关税等值为负数或低于现行约束税率，则最初关税等值可按现行约束税率确定或根据该国对该产品的出价税率确定。

7.　　如对上述准则可能产生的关税等值的水平进行调整，则应请求，有关成员应提供充分的磋商机会，以期谈判适当的解决方法。

实施卫生与植物卫生措施协定

各成员，

重申不应阻止各成员为保护人类、动物或植物的生命或健康而采用或实施必需的措施，但是这些措施的实施方式不得构成在情形相同的成员之间进行任意或不合理歧视的手段，或构成对国际贸易的变相限制；

期望改善各成员的人类健康、动物健康和植物卫生状况；

注意到卫生与植物卫生措施通常以双边协议或议定书为基础实施；

期望有关建立规则和纪律的多边框架，以指导卫生与植物卫生措施的制定、采用和实施，从而将其对贸易的消极影响减少到最低程度；

认识到国际标准、指南和建议可以在这方面作出重要贡献；

期望进一步推动各成员使用协调的、以有关国际组织制定的国际标准、指南和建议为基础的卫生与植物卫生措施，这些国际组织包括食品法典委员会、国际兽疫组织以及在《国际植物保护公约》范围内运作的有关国际和区域组织，但不要求各成员改变其对人类、动物或植物的生命或健康的适当保护水平；

认识到发展中国家成员在遵守进口成员的卫生与植物卫生措施方面可能遇到特殊困难，进而在市场准入及在其领土内制定和实施卫生与植物卫生措施方面也会遇到特殊困难，期望协助它们在这方面所做的努力；

因此期望对适用 GATT 1994 关于使用卫生与植物卫生措施的规定，特别是第 20 条(b)项[1]的规定详述具体规则；

特此协议如下：

第 1 条
总则

1.   本协定适用于所有可能直接或间接影响国际贸易的卫生与植物卫生措施。此类措施应依照本协定的规定制定和适用。

---

[1] 在本协定中，所指的第 20 条(b)项也包括该条的起首部分。

2.　就本协定而言，适用附件 A 中规定的定义。

3.　各附件为本协定的组成部分。

4.　对于不属本协定范围的措施，本协定的任何规定不得影响各成员在《技术性贸易壁垒协定》项下的权利。

第 2 条
基本权利和义务

1.　各成员有权采取为保护人类、动物或植物的生命或健康所必需的卫生与植物卫生措施，只要此类措施与本协定的规定不相抵触。

2.　各成员应保证任何卫生与植物卫生措施仅在为保护人类、动物或植物的生命或健康所必需的限度内实施，并根据科学原理，如无充分的科学证据则不再维持，但第 5 条第 7 款规定的情况除外。

3.　各成员应保证其卫生与植物卫生措施不在情形相同或相似的成员之间，包括在成员自己领土和其他成员的领土之间构成任意或不合理的歧视。卫生与植物卫生措施的实施方式不得构成对国际贸易的变相限制。

4.　符合本协定有关条款规定的卫生与植物卫生措施应被视为符合各成员根据 GATT 1994 有关使用卫生与植物卫生措施的规定所承担的义务，特别是第 20 条(b)项的规定。

第 3 条
协调

1.　为在尽可能广泛的基础上协调卫生与植物卫生措施，各成员的卫生与植物卫生措施应根据现有的国际标准、指南或建议制定，除非本协定、特别是第 3 款中另有规定。

2.　符合国际标准、指南或建议的卫生与植物卫生措施应被视为为保护人类、动物或植物的生命或健康所必需的措施，并被视为与本协定和 GATT 1994 的有关规定相一致。

3.　如存在科学理由，或一成员依照第 5 条第 1 款至第 8 款的有关规定确定动植物卫生的保护水平是适当的，则各成员可采用或维持比根据有关国际标准、指南或建议制定的措施所可能达到的保护水平更高的卫生与植物卫生措施。[2]尽管有以上规定，但是所产生的卫生与植物卫生保护水平与根据国际标准、指南或建议制定的措施所实现的保护水平不同的措施，均不得与本协定中任何其他规定相抵触。

4.   各成员应在力所能及的范围内充分参与有关国际组织及其附属机构，特别是食品法典委员会、国际兽疫组织以及在《国际植物保护公约》范围内运作的有关国际和区域组织，以促进在这些组织中制定和定期审议有关卫生与植物卫生措施所有方面的标准、指南和建议。

5.   第12条第1款和第4款规定的卫生与植物卫生措施委员会(本协定中称"委员会")应制定程序，以监控国际协调进程，并在这方面与有关国际组织协同努力。

第4条
等效

1.   如出口成员客观地向进口成员证明其卫生与植物卫生措施达到进口成员适当的卫生与植物卫生保护水平，则各成员应将其他成员的措施作为等效措施予以接受，即使这些措施不同于进口成员自己的措施，或不同于从事相同产品贸易的其他成员使用的措施。为此，应请求，应给予进口成员进行检查、检验及其他相关程序的合理机会。

2.   应请求，各成员应进行磋商，以便就承认具体卫生与植物卫生措施的等效性问题达成双边和多边协定。

第5条
风险评估和适当的卫生与植物卫生保护水平的确定

1.   各成员应保证其卫生与植物卫生措施的制定以对人类、动物或植物的生命或健康所进行的、适合有关情况的风险评估为基础，同时考虑有关国际组织制定的风险评估技术。

---

[2] 就第3条第3款而言，存在科学理由的情况是，一成员根据本协定的有关规定对现有科学信息进行审查和评估，确定有关国际标准、指南或建议不足以实现适当的动植物卫生保护水平。

2.   在进行风险评估时，各成员应考虑可获得的科学证据；有关工序和生产方法；有关检查、抽样和检验方法；特定病害或虫害的流行；病虫害非疫区的存在；有关生态和环境条件；以及检疫或其他处理方法。

3.   各成员在评估对动物或植物的生命或健康构成的风险并确定为实现适当的卫生与植物卫生保护水平以防止此类风险所采取的措施时，应考虑下列有关经济因素：由于虫害或病害的传入、定居或传播造成生产或销售损失的潜在损害；在进口成员领土内控制或根除病虫害的费用；以及采用替代方法控制风险的相对成本效益。

4.   各成员在确定适当的卫生与植物卫生保护水平时，应考虑将对贸易的消极影响减少到最低程度的目标。

5.   为实现在防止对人类生命或健康、动物和植物的生命或健康的风险方面运用适当的卫生与植物卫生保护水平的概念的一致性，每一成员应避免其认为适当的保护水平在不同的情况下存在任意或不合理的差异，如此类差异造成对国际贸易的歧视或变相限制。各成员应在委员会中进行合作，依照第12条第1款、第2款和第3款制定指南，以推动本规定的实际实施。委员会在制定指南时应考虑所有有关因素，包括人们自愿承受人身健康风险的例外特性。

6.   在不损害第3条第2款的情况下，在制定或维持卫生与植物卫生措施以实现适当的卫生与植物卫生保护水平时，各成员应保证此类措施对贸易的限制不超过为达到适当的卫生与植物卫生保护水平所要求的限度，同时考虑其技术和经济可行性。[3]

7.   在有关科学证据不充分的情况下，一成员可根据可获得的有关信息，包括来自有关国际组织以及其他成员实施的卫生与植物卫生措施的信息，临时采用卫生与植物卫生措施。在此种情况下，各成员应寻求获得更加客观地进行风险评估所必需的额外信息，并在合理期限内据此审议卫生与植物卫生措施。

8.   如一成员有理由认为另一成员采用或维持的特定卫生与植物卫生措施正在限制或可能限制其产品出口，且该措施不是根据有关国际标准、指

---

[3] 就第5条第6款而言，除非存在如下情况，否则一措施对贸易的限制不超过所要求的程度：存在从技术和经济可行性考虑可合理获得的另一措施，可实现适当的卫生与植物卫生保护水平，且对贸易的限制大大减少。

南或建议制定的，或不存在此类标准、指南或建议，则可请求说明此类卫生与植物卫生措施的理由，维持该措施的成员应提供此种说明。

第 6 条
适应地区条件，包括适应病虫害非疫区
和低度流行区的条件

1. 各成员应保证其卫生与植物卫生措施适应产品的产地和目的地的卫生与植物卫生特点，无论该地区是一国的全部或部分地区，或几个国家的全部或部分地区。在评估一地区的卫生与植物卫生特点时，各成员应特别考虑特定病害或虫害的流行程度、是否存在根除或控制计划以及有关国际组织可能制定的适当标准或指南。

2. 各成员应特别认识到病虫害非疫区和低度流行区的概念。对这些地区的确定应根据地理、生态系统、流行病监测以及卫生与植物卫生控制的有效性等因素。

3. 声明其领土内地区属病虫害非疫区或低度流行区的出口成员，应提供必要的证据，以便向进口成员客观地证明此类地区属、且有可能继续属病虫害非疫区或低度流行区。为此，应请求，应使进口成员获得进行检查、检验及其他有关程序的合理机会。

第 7 条
透明度

各成员应依照附件 B 的规定通知其卫生与植物卫生措施的变更，并提供有关其卫生与植物卫生措施的信息。

第 8 条
控制、检查和批准程序

各成员在实施控制、检查和批准程序时，包括关于批准食品、饮料或饲料中使用添加剂或确定污染物允许量的国家制度，应遵守附件 C 的规定，并在其他方面保证其程序与本协定规定不相抵触。

第 9 条
技术援助

1. 各成员同意以双边形式或通过适当的国际组织便利向其他成员、特别是发展中国家成员提供技术援助。此类援助可特别针对加工技术、研究和基础设施等领域，包括建立国家管理机构，并可采取咨询、信贷、捐赠和赠予等方式，包括为寻求技术专长的目的，为使此类国家适应并符合为实现其出口市场的适当卫生与植物卫生保护水平所必需的卫生与植物卫生措施而提供的培训和设备。

2. 当发展中国家出口成员为满足进口成员的卫生与植物卫生要求而需要大量投资时，后者应考虑提供此类可使发展中国家成员维持和扩大所涉及的产品市场准入机会的技术援助。

第 10 条
特殊和差别待遇

1. 在制定和实施卫生与植物卫生措施时，各成员应考虑发展中国家成员、特别是最不发达国家成员的特殊需要。

2. 如适当的卫生与植物卫生保护水平有余地允许分阶段采用新的卫生与植物卫生措施，则应给予发展中国家成员有利害关系产品更长的时限以符合该措施，从而维持其出口机会。

3. 为保证发展中国家成员能够遵守本协定的规定，应请求，委员会有权，给予这些国家对于本协定项下全部或部分义务的特定的和有时限的例外，同时考虑其财政、贸易和发展需要。

4. 各成员应鼓励和便利发展中国家成员积极参与有关国际组织。

第 11 条
磋商和争端解决

1. 由《争端解决谅解》详述和适用的 GATT 1994 第 22 条和第 23 条的规定适用于本协定项下的磋商和争端解决，除非本协定另有具体规定。

2. 在本协定项下涉及科学或技术问题的争端中，专家组应寻求专家组与争端各方磋商后选定的专家的意见。为此，在主动或应争端双方中任何一方请求下，专家组在其认为适当时，可设立一技术专家咨询小组，或咨询有关国际组织。

3. 本协定中的任何内容不得损害各成员在其他国际协定项下的权利，包括援用其他国际组织或根据任何国际协定设立的斡旋或争端解决机制的权利。

第 12 条
管理

1. 特此设立卫生与植物卫生措施委员会，为磋商提供经常性场所。委员会应履行为实施本协定规定并促进其目标实现所必需的职能，特别是关于协调的目标。委员会应经协商一致作出决定。

2. 委员会应鼓励和便利各成员之间就特定的卫生与植物卫生问题进行不定期的磋商或谈判。委员会应鼓励所有成员使用国际标准、指南和建议。在这方面，委员会应主办技术磋商和研究，以提高在批准使用食品添加剂或确定食品、饮料或饲料中污染物允许量的国际和国家制度或方法方面的协调性和一致性。

3. 委员会应同卫生与植物卫生保护领域的有关国际组织，特别是食品法典委员会、国际兽疫组织和《国际植物保护公约》秘书处保持密切联系，以获得用于管理本协定的可获得的最佳科学和技术意见，并保证避免不必要的重复工作。

4. 委员会应制定程序，以监测国际协调进程及国际标准、指南或建议的使用。为此，委员会应与有关国际组织一起，制定一份委员会认为对贸易有较大影响的与卫生与植物卫生措施有关的国际标准、指南或建议清单。在该清单中各成员应说明那些被用作进口条件或在此基础上进口产品符合这些标准即可享有对其市场准入的国际标准、指南或建议。在一成员不将国际标准、指南或建议作为进口条件的情况下，该成员应说明其中的理由，特别是它是否认为该标准不够严格，而无法提供适当的卫生与植物卫生保护水平。如一成员在其说明标准、指南或建议的使用为进口条件后改变其立场，则该成员应对其立场的改变提供说明，并通知秘书处以及有关国际组织，除非此类通知和说明已根据附件 B 中的程序作出。

5. 为避免不必要的重复，委员会可酌情决定使用通过有关国际组织实行的程序、特别是通知程序所产生的信息。

6. 委员会可根据一成员的倡议，通过适当渠道邀请有关国际组织或其附属机构审查有关特定标准、指南或建议的具体问题，包括根据第 4 款对不使用所作说明的依据。

7. 委员会应在《WTO 协定》生效之日后 3 年后，并在此后有需要时，对本协定的运用和实施情况进行审议。在适当时，委员会应特别考虑在本协定实施过程中所获得的经验，向货物贸易理事会提交修正本协定文本的建议。

第 13 条
实施

各成员对在本协定项下遵守其中所列所有义务负有全责。各成员应制定和实施积极的措施和机制，以支持中央政府机构以外的机构遵守本协定的规定。各成员应采取所能采取的合理措施，以保证其领土内的非政府实体以及其领土内相关实体为其成员的区域机构，符合本协定的相关规定。此外，各成员不得采取其效果具有直接或间接要求或鼓励此类区域或非政府实体、或地方政府机构以与本协定规定不一致的方式行事作用的措施。各成员应保证只有在非政府实体遵守本协定规定的前提下，方可依靠这些实体提供的服务实施卫生与植物卫生措施。

第 14 条
最后条款

对于最不发达国家成员影响进口或进口产品的卫生与植物卫生措施，这些国家可自《WTO 协定》生效之日起推迟 5 年实施本协定的规定。对于其他发展中国家成员影响进口或进口产品的现有卫生与植物卫生措施，如由于缺乏技术专长、技术基础设施或资源而妨碍实施，则这些国家可自《WTO 协定》生效之日起推迟 2 年实施本协定的规定，但第 5 条第 8 款和第 7 条的规定除外。

附件 A
定义[4]

1.　**卫生与植物卫生措施**—用于下列目的的任何措施：

　　(a)　保护成员领土内的动物或植物的生命或健康免受虫害、病害、带病有机体或致病有机体的传入、定居或传播所产生的风险；

　　(b)　保护成员领土内的人类或动物的生命或健康免受食品、饮料或饲料中的添加剂、污染物、毒素或致病有机体所产生的风险；

　　(c)　保护成员领土内的人类的生命或健康免受动物、植物或动植物产品携带的病害，或虫害的传入、定居或传播所产生的风险；或

　　(d)　防止或控制成员领土内因虫害的传入、定居或传播所产生的其他损害。

卫生与植物卫生措施包括所有相关法律、法令、法规、要求和程序，特别包括：最终产品标准；工序和生产方法；检验、检查、认证和批准程序；检疫处理，包括与动物或植物运输有关的或与在运输过程中为维持动植物生存所需物质有关的要求；有关统计方法、抽样程序和风险评估方法的规定；以及与粮食安全直接有关的包装和标签要求。

2.　**协调**—不同成员制定、承认和实施共同的卫生与植物卫生措施。

3.　**国际标准、指南和建议**

　　(a)　对于粮食安全，指食品法典委员会制定的与食品添加剂、兽药和除虫剂残余物、污染物、分析和抽样方法有关的标准、指南和建议，及卫生惯例的守则和指南；

　　(b)　对于动物健康和寄生虫病，指国际兽疫组织主持制定的标准、指南和建议；

　　(c)　对于植物健康，指在《国际植物保护公约》秘书处主持下与在《国际植物保护公约》范围内运作的区域组织合作制定的国际标准、指南和建议；以及

---

[4] 就这些定义而言，"动物"包括鱼和野生动物；"植物"包括森林和野生植物；"虫害"包括杂草；"污染物"包括杀虫剂、兽药残余物和其他杂质。

(d) 对于上述组织未涵盖的事项，指经委员会确认的、由其成员资格向所有 WTO 成员开放的其他有关国际组织公布的有关标准、指南和建议。

4. **风险评估**—根据可能适用的卫生与植物卫生措施评价虫害或病害在进口成员领土内传入、定居或传播的可能性，及评价相关潜在的生物学后果和经济后果；或评价食品、饮料或饲料中存在的添加剂、污染物、毒素或致病有机体对人类或动物的健康所产生的潜在不利影响。

5. **适当的卫生与植物卫生保护水平**—制定卫生与植物卫生措施以保护其领土内的人类、动物或植物的生命或健康的成员所认为适当的保护水平。

注：许多成员也称此概念为"可接受的风险水平"。

6. **病虫害非疫区**—由主管机关确认的未发生特定虫害或病害的地区，无论是一国的全部或部分地区，还是几个国家的全部或部分地区。

注：病虫害非疫区可以包围一地区、被一地区包围或毗连一地区，可在一国的部分地区内，或在包括几个国家的部分或全部地理区域内，在该地区内已知发生特定虫害或病害，但已采取区域控制措施，如建立可限制或根除所涉虫害或病害的保护区、监测区和缓冲区。

7. **病虫害低度流行区**—由主管机关确认的特定虫害或病害发生水平低、且已采取有效监测、控制或根除措施的地区，该地区可以是一国的全部或部分地区，也可以是几个国家的全部或部分地区。

附件 B
卫生与植物卫生法规的透明度
法规的公布

1. 各成员应保证迅速公布所有已采用的卫生与植物卫生法规[5]，以使有利害关系的成员知晓。

2. 除紧急情况外，各成员应在卫生与植物卫生法规的公布和生效之间留出合理时间间隔，使出口成员、特别是发展中国家成员的生产者有时间使其产品和生产方法适应进口成员的要求。

---

[5] 卫生与植物卫生措施包括普遍适用的法律、法令或命令。

咨询点

3.　　每一成员应保证设立一咨询点，负责对有利害关系的成员提出的所有合理问题作出答复，并提供有关下列内容的文件：

(a)　在其领土内已采用或提议的任何卫生与植物卫生法规；

(b)　在其领土内实施的任何控制和检查程序、生产和检疫处理方法、杀虫剂允许量和食品添加剂批准程序；

(c)　风险评估程序、考虑的因素以及适当的卫生与植物卫生保护水平的确定；

(d)　成员或其领土内相关机构在国际和区域卫生与植物卫生组织和体系内，及在本协定范围内的双边和多边协定和安排中的成员资格和参与情况，及此类协定和安排的文本。

4.　　各成员应保证在如有利害关系的成员索取文件副本，除递送费用外，应按向有关成员本国国民[6]提供的相同价格(如有定价)提供。

通知程序

5.　　只要国际标准、指南或建议不存在或拟议的卫生与植物卫生法规的内容与国际标准、指南或建议的内容实质上不同，且如果该法规对其他成员的贸易有重大影响，则各成员即应：

(a)　提早发布通知，以使有利害关系的成员知晓采用特定法规的建议；

(b)　通过秘书处通知其他成员法规所涵盖的产品，并对拟议法规的目的和理由作出简要说明。此类通知应在仍可进行修正和考虑提出的意见时提早作出；

(c)　应请求，向其他成员提供拟议法规的副本，只要可能，应标明与国际标准、指南或建议有实质性偏离的部分；

---

[6] 本协定中所指的"国民"一词，对于 WTO 的单独关税区成员，应被视为在该关税区内定居或拥有真实有效的工业或商业机构的自然人或法人。

(d)　　无歧视地给予其他成员合理的时间以提出书面意见，应请求讨论这些意见，并对这些书面意见和讨论的结果予以考虑。

6.　　但是，如一成员面临健康保护的紧急问题或面临发生此种问题的威胁，则该成员可省略本附件第 5 款所列步骤中其认为有必要省略的步骤，只要该成员：

(a)　　立即通过秘书处通知其他成员所涵盖的特定法规和产品，并对该法规的目标和理由作出简要说明，包括紧急问题的性质；

(b)　　应请求，向其他成员提供法规的副本；

(c)　　允许其他成员提出书面意见，应请求讨论这些意见，并对这些书面意见和讨论的结果予以考虑。

7.　　提交秘书处的通知应使用英文、法文或西班牙文。

8.　　如其他成员请求，发达国家成员应以英文、法文或西班牙文提供特定通知所涵盖的文件，如文件篇幅较长，则应提供此类文件的摘要。

9.　　秘书处应迅速向所有成员和有利害关系的国际组织散发通知的副本，并提请发展中国家成员注意任何有关其特殊利益产品的通知。

10.　　各成员应指定一中央政府机构，负责在国家一级依据本附件第 5 款、第 6 款、第 7 款和第 8 款实施有关通知程序的规定。

一般保留

11.　　本协定的任何规定不得解释为要求：

(a)　　使用成员语文以外的语文提供草案细节或副本或公布文本内容，但本附件第 8 款规定的除外；或

(b)　　各成员披露会阻碍卫生与植物卫生立法的执行或会损害特定企业合法商业利益的机密信息。

附件 C
控制、检查和批准程序[7]

1.　　对于检查和保证实施卫生与植物卫生措施的任何程序，各成员应保证：

(a)　此类程序的实施和完成不受到不适当的迟延，且对进口产品实施的方式不严于国内同类产品；

(b)　公布每一程序的标准处理期限，或应请求，告知申请人预期的处理期限；主管机构在接到申请后迅速审查文件是否齐全，并以准确和完整的方式通知申请人所有不足之处；主管机构尽快以准确和完整的方式向申请人传达程序的结果，以便在必要时采取纠正措施；即使在申请存在不足之处时，如申请人提出请求，主管机构也应尽可能继续进行该程序；以及应请求，将程序所进行的阶段通知申请人，并对任何迟延作出说明；

(c)　有关信息的要求仅限于控制、检查和批准程序所必需的限度，包括批准使用添加剂或为确定食品、饮料或饲料中污染物的允许量所必需的限度；

(d)　在控制、检查和批准过程中产生的或提供的有关进口产品的信息，其机密性受到不低于本国产品的遵守，并使合法商业利益得到保护；

(e)　控制、检查和批准一产品的单个样品的任何要求仅限于合理和必要的限度；

(f)　因对进口产品实施上述程序而征收的任何费用与对国内同类产品或来自任何其他成员的产品所征收的费用相比是公平的，且不高于服务的实际费用；

(g)　程序中所用设备的设置地点和进口产品样品的选择应使用与国内产品相同的标准，以便将申请人、进口商、出口商或其代理人的不便减少到最低程度；

---

[7] 控制、检查和批准程序特别包括抽样、检查和认证程序。

(h) 只要由于根据适用的法规进行控制和检查而改变产品规格，则对改变规格产品实施的程序仅限于为确定是否有足够的信心相信该产品仍符合有关规定所必需的限度；以及

(i) 建立审议有关运用此类程序的投诉的程序，且当投诉合理时采取纠正措施。

如一进口成员实行批准使用食品添加剂或制定食品、饮料或饲料中污染物允许量的制度，以禁止或限制未获批准的产品进入其国内市场，则进口成员应考虑使用有关国际标准作为进入市场的依据，直到作出最后确定为止。

2. 如一卫生与植物卫生措施规定在生产阶段进行控制，则在其领土内进行有关生产的成员应提供必要协助，以便利此类控制及控制机构的工作。

3. 本协定的内容不得阻止各成员在各自领土内实施合理检查。

纺织品与服装协定

各成员，

　　忆及部长们在埃斯特角城同意，"纺织品和服装领域的谈判应旨在制定有关模式，以使该部门在加强的 GATT 规则和纪律基础上最终纳入 GATT，从而也对贸易进一步自由化的目标作出贡献"；

　　还忆及在贸易谈判委员会 1989 年 4 月的决定中各方同意，一体化进程应自乌拉圭回合多边贸易谈判结束后开始，并应以渐进性为特点；

　　进一步忆及各方同意应对最不发达国家成员给予特殊待遇；

　　特此协议如下：

第 1 条

1.　　本协定列出各成员在纺织品和服装部门纳入 GATT 1994 的过渡期内适用的规定。

2.　　各成员同意以如下方式使用本协定第 2 条第 18 款和第 6 条第 6 款(b)项的规定：即在纺织品和服装贸易领域使小供应方的市场准入获得有意义的增长，并为新参加方创造有商业意义的贸易机会。[1]

3.　　各成员对于那些 1986 年以来未接受《国际纺织品贸易协议延长议定书》(本协定中称"MFA")的成员的情况应给予适当注意，并在可能的限度内，应在适用本协定规定时给予它们特殊待遇。

4.　　各成员同意，产棉出口成员的特殊利益应通过经与其进行磋商在实施本协定的规定过程中予以反映。

5.　　为便利纺织品和服装部门纳入 GATT 1994，各成员应允许进行持续的自主产业调整，并增加其市场内的竞争。

6.　　除非本协定另有规定，否则本协定的规定不得影响各成员在《WTO 协定》和多边贸易协定项下的权利和义务。

7.　　本协定适用的纺织品和服装产品列在本协定附件中。

---

[1] 在可能的限度内，自最不发达国家成员的出口也可从本规定中获益。

第 2 条

1. 　　在《WTO 协定》生效前一日已生效的、根据 MFA 第 4 条维持的或根据第 7 条或第 8 条作出通知的双边协定范围内的所有数量限制，应在《WTO 协定》生效起 60 天内由维持此类限制的成员向本协定第 8 条规定的纺织品监督机构(本协定中称"TMB")作出详细通知，包括限制水平、增长率和灵活条款。各成员同意，自《WTO 协定》生效之日起，GATT 1947 缔约方之间维持的、并在《WTO 协定》生效前一日已生效的所有此类限制应适用本协定的规定。

2. 　　TMB 应将这些通知散发所有成员供其参考。任何成员在通知散发后 60 天内，可提请 TMB 注意其认为适当的关于此类通知的任何意见。此类意见应散发其他成员供其参考。TMB 可酌情向有关成员提出建议。

3. 　　如根据第 1 款进行通知的 12 个月限制期与《WTO 协定》生效之日前的 12 个月不一致，则有关成员应共同议定关于使限制期与协定年度[2]相一致的安排，以及关于确定此类限制的概念性基础水平以便实施本条规定的安排。有关成员同意，应请求，迅速进行磋商，以期达成此类共同协议。任何此类安排应特别考虑近年装运货物的季节特点。这些磋商的结果应通知 TMB，该机构应向有关成员提出其认为适当的建议。

4. 　　根据第 1 款进行通知的限制应被视为构成各成员在《WTO 协定》生效前一日实施的全部此类限制。除根据本协定规定或 GATT 1994 的有关规定外，不得针对产品或成员采取新的限制[3]。在《WTO 协定》生效之日起 60 天内未进行通知的限制应立即终止。

5. 　　在《WTO 协定》生效之日前根据 MFA 第 3 条采取的任何单边措施，如已经根据 MFA 设立的纺织品监督机构(本协定中称"TSB")审议，则可以在其列明的期限内继续有效，但不得超过 12 个月。如 TSB 未能有机会对这些单方面措施进行审议，则该措施应由 TMB 依照 MFA 项下适用于第

---

[2] "协定年份"指自《WTO 协定》生效之日起的 12 个月时间和随后每 12 个月的时间间隔。

[3] GATT 1994 的有关规定不包括第 19 条关于尚未纳入 GATT 1994 产品的规定，除非本协定附件第 3 款另有专门规定。

3 条措施的规则和程序进行审议。在《WTO 协定》生效之日前根据 MFA 第 4 条协议实施的任何措施，如产生争端且 TSB 未能有机会进行审议，则也应由 TMB 依照 MFA 中适用于此种审议的规则和程序进行审议。

6.   在《WTO 协定》生效之日，每一成员应将不低于占该成员附件所列产品 1990 年总进口量 16%的产品纳入 GATT 1994，按协调制度税号或类别计算。纳入的产品应包括下列 4 组产品中的每一组：毛条和纱线、织物、纺织制成品和服装。

7.   按照第 6 款采取行动的全部细节应由有关成员根据以下规定进行通知：

(a)   维持属第 1 款范围内的限制的成员承诺在不迟于 1994 年 4 月 15 日部长决定确定的日期，将此类细节通知 GATT 秘书处，无论《WTO 协定》于何日生效。GATT 秘书处应迅速将这些通知散发其他参加方供参考。就第 21 款而言，在 TMB 设立后，应使该机构可获得这些通知；

(b)   按照第 6 条第 1 款保留使用第 6 条权利的成员，应在《WTO 协定》生效之日起 60 天内将此类细节通知 TMB，或对于第 1 条第 3 款涵盖的成员，应不迟于《WTO 协定》生效后第 12 个月月末作出通知。TMB 应将这些通知散发其他成员供参考，并按第 21 款的规定对其进行审议。

8.   剩余产品，即未根据第 6 款纳入 GATT 1994 的产品，应按照协调制度税号或类别计算分下列三个阶段纳入：

(a)   在《WTO 协定》生效后第 37 个月的第一天，纳入不低于占一成员附件所列产品 1990 年总进口量 17%的产品。各成员纳入的产品应包括下列 4 组产品中的每一组：毛条和纱线、织物、纺织制成品和服装；

(b)   在《WTO 协定》生效后第 85 个月的第一天，纳入不低于占一成员附件所列产品 1990 年总进口量 18%的产品。各成员纳入的产品应包括下列 4 组产品中的每一组：毛条和纱线、织物、纺织制成品和服装；

　　(c)　在《WTO 协定》生效后第 121 个月的第一天，纺织品和服装部门应全部纳入 GATT 1994，本协定项下的所有限制均应取消。

9.　　已按照第 6 条第 1 款通知其不保留使用第 6 条权利的意向的成员，就本协定而言，应视为已将其纺织品和服装产品纳入 GATT 1994。因此，此类成员应免于遵守第 6 款至第 8 款和第 11 款的规定。

10.　　本协定的任何规定不得阻止已按照第 6 款至第 8 款提交纳入计划的一成员在该计划规定的时间之前将产品纳入 GATT 1994。但是，任何此种产品的纳入均应在每一协定年度开始时生效，且有关细节应至少提前 3 个月通知 TMB，供散发所有成员。

11.　　根据第 8 款规定的各纳入计划应至少在生效前 12 个月详细通知 TMB，并由该机构散发所有成员。

12.　　第 8 款所述剩余产品的基础限制水平应为第 1 款所指的限制水平。

13.　　在本协定第一阶段(自《WTO 协定》生效之日起至其生效后第 36 个月止，含该月)，在《WTO 协定》生效之日前 12 个月实施的 MFA 项下双边协议中每一项限制的水平，每年应以不低于原为每一项限制确定的增长率再增长 16%的比例增长。

14.　　除非货物贸易理事会或争端解决机构根据第 8 条第 12 款另有决定，否则每一项剩余限制的水平应在本协定随后各阶段每年以不低于下列水平的比例增长：

　　(a)　在第二阶段(自《WTO 协定》生效后第 37 个月起至第 84 个月止，含该月)，第一阶段各限制水平的增长率再分别增长 25%;

　　(b)　在第三阶段(自《WTO 协定》生效后第 85 个月起至第 120 个月止，含该月)，第二阶段各限制水平的增长率再分别增长 27%。

15.　　本协定的任何规定不得阻止一成员在过渡期内任何协定年度开始时，取消根据本条维持的任何限制，只要在取消限制生效至少 3 个月前向有关出口成员和 TMB 作出通知。如受限成员同意，则预先通知的期限可缩短至 30 天。TMB 应将此类通知散发所有成员。在考虑本款设想的取消限制时，有关成员应考虑对自其他成员的类似出口产品的待遇。

16. 　对根据本条维持的所有限制适用的灵活条款，即调用、留用和借用，应与在《WTO 协定》生效前 12 个月时间内 MFA 项下双边协议中的条款相同。对于调用、留用和借用的组合使用不得设置或维持任何数量限制。

17. 　被视为对实施本条的任何规定所必需的行政安排，应由各有关成员议定。任何此类安排应通知 TMB。

18. 　对于在《WTO 协定》生效前一日出口产品受限的成员，如有关限制占一进口成员截至 1991 年 12 月 31 日实施的限制总量的 1.2%或以下，并已根据本条作出通知，则在《WTO 协定》生效时和本协定有效期内，应对此类成员出口产品的市场准入作出有意义的改善，改善可通过将第 13 款和第 14 款所列增长率提前一个阶段实施，或可通过按双方同意的对基础水平、增长率和灵活条款不同形式的混合使用而给予至少相等的调整实现。此类改善应通知 TMB。

19. 　在任何情况下，在本协定有效期内，如一成员根据 GATT 1994 第 19 条对一特定产品在该产品依照本条的规定纳入 GATT 1994 后一年内即采取保障措施，则将适用由《保障措施协定》解释的第 19 条的规定，但第 20 款所列规定除外。

20. 　如此种措施通过非关税手段实施，则有关进口成员应此类产品的出口在采取保障措施前一年内的任何时候曾受本协定项下限制约束的任何出口成员的请求，应按 GATT 1994 第 13 条第 2 款(d)项所列方式实施该措施。有关出口成员应管理此种措施。适用水平不得将有关出口减少到低于最近代表期的水平，该水平通常为可获得统计数字的有代表性的最近 3 年自有关成员的平均出口量。此外，如保障措施实施超过 1 年，则适用水平应在实施期内定期逐步放宽。在此类情况下，有关出口成员不得根据 GATT 1994 第 19 条第 3 款(a)项行使中止实质相等的减让或其他义务的权利。

21. 　TMB 应审议本条的实施。在任何成员请求下，该机构应审议与本条规定的实施有关的任何具体事项。在邀请有关成员参加后，监督机构应在 30 天内向有关成员作出结论或提出适当建议。

第 3 条

1.　　在《WTO 协定》生效之日起 60 天内，对纺织品和服装产品维持限制[4]的成员(根据 MFA 维持的、且第 2 条规定涵盖的限制除外)，无论是否与 GATT 1994 相一致，均应(a)向 TMB 作出详细通知，或(b)向 TMB 提供已向 WTO 任何其他机构提交的关于此类限制的通知。只要适用，通知应提供关于实施限制的任何 GATT 1994 的正当理由，包括所根据的 GATT 1994 的条款。

2.　　维持属第 1 款范围内限制的成员，除根据一 GATT 1994 的条款证明合理的限制外应：

　　(a)　　在《WTO 协定》生效起 1 年内，使这些限制符合 GATT 1994，并将该行动通知 TMB 供其参考；或

　　(b)　　根据维持此类限制的成员在不迟于《WTO 协定》生效之日后 6 个月内向 TMB 提交的计划，逐步取消这些限制。该计划应规定在不超过本协定有效期的期限内逐步取消所有限制。TMB 可就此种计划向有关成员提出建议。

3.　　在本协定有效期内，各成员应将已向 WTO 任何其他机构作出的、关于根据 GATT 1994 的任何规定而对纺织品和服装产品采取的任何新的限制或对现有限制变更的通知，在这些新的限制或变更生后 60 天内通知 TMB 供其参考。

4.　　任何成员均有权就 GATT 1994 的正当理由或就可能未根据本条规定进行通知的任何限制向 TMB 作出反向通知，供其参考。任何成员可根据 GATT 1994 的有关规定或 WTO 有关机构的程序对此类通知采取行动。

5.　　TMB 应将根据本条作出的通知散发所有成员供其参考。

第 4 条

1.　　第 2 条所指的限制和根据第 6 条实施的限制，应由出口成员管理。进口成员无义务接受超过根据第 2 条通知的或根据第 6 条实施的限制水平的装运货物。

---

[4] 限制指所有的单边数量限制、双边安排和其它具有类似作用的措施。

2.　　各成员同意，在执行或管理根据本协定进行通知或实施的限制时所进行的改变，如在做法、规则、程序以及纺织品和服装产品分类方面的改变，包括与协调制度有关的改变，不得打破本协定项下有关成员之间权利和义务的平衡；不得对一成员可获得的准入造成不利影响；不得阻碍充分利用此类准入或干扰本协定项下的贸易。

3.　　如就仅构成一项限制一部分的一产品根据第 2 条的规定作出纳入通知，则各成员同意该限制水平的任何改变不得打破本协定项下有关成员之间权利和义务的平衡。

4.　　但是，如第 2 款和第 3 款所述的改变属必要，则各成员同意进行此类改变的成员，只要可能，应在实施此类改变之前通知受影响的一个或多个成员，并与其进行磋商，以期就适当和公正的调整达成双方接受的解决办法。各成员进一步同意，如在实施前进行磋商不可行，则在受影响成员请求下，进行此类改变的成员将与有关成员进行磋商，以期就适当和公正的调整达成双方满意的解决办法，如可能，磋商应在 60 天内进行。如未能达成双方满意的解决办法，则所涉及的任何成员可按第 8 条的规定将此事项提交 TMB，请其提出建议。如 TSB 未能有机会审议因在《WTO 协定》生效之前所进行的改变而产生的争端，则 TMB 应依照 MFA 中适用于此种审议的规则和程序进行审议。

第 5 条

1.　　各成员同意，转运、改道、谎报原产国或原产地、伪造公文等规避行为可阻挠为将纺织品和服装部门纳入 GATT 1994 而实施本协定。因此，各成员应制定必要的法律规定和/或行政程序，以处理此类规避行为并对其采取行动。各成员进　步同意，在与其国内法律和程序相一致的情况下，将进行充分合作，以处理规避行为所产生的问题。

2.　　如任何成员认为，本协定由于转运、改道、谎报原产国或原产地、或伪造公文而受到规避，并认为在处理规避行为和/或对其采取行动方面未采取措施或采取的措施不适当，则该成员应与有关成员进行磋商，以期寻求双方满意的解决办法。此类磋商应迅速进行，如可能，应在 30 天内进行。如未能达成双方满意的解决办法，则所涉及的任何成员可将此事项提交 TMB，请其提出建议。

3.　　各成员同意采取与其国内法律和程序相一致的必要行动，以防止和调查其领土内的规避行为，在适当时，对其采取法律和/或行政行为。各成员同意，在与其国内法律和程序相一致的情况下，在出现规避本协定的行为或被指控规避本协定的行为时进行充分合作，以便在进口地、出口地以及如适用在转运地确定有关事实。各方同意，此类与国内法律和程序相一致的合作将包括：调查增加对维持此类限制成员受限出口产品的规避行为；在可获得的限度内交换文件、信件、报告和其他有关信息；以及应请求并在逐案基础上便利访问有关工厂和进行接触。各成员应努力澄清任何此类规避和被指控的规避行为，包括所涉及的出口商或进口商各自的作用。

4.　　如作为调查结果，有足够证据表明已发生规避行为(例如，可获得关于真实原产国或原产地的证据和该规避行为的情况)，则各成员同意应采取处理该事项所必需的适当行动。该行动可包括拒绝货物入境，或如果货物已入境，则在适当注意实际情况和所涉及的真实原产国或原产地的情况下，调整配额的限制水平以反映真实的原产国或原产地。此外，如有证据表明涉及货物借此转运的成员领土，则该行动可包括对此类成员采取的限制。任何此类行动及其时间和范围，可在有关成员之间为达成双方满意的解决办法而进行磋商后采取，且应通知 TMB，并附完整的正当理由。有关成员在磋商中可议定其他补救。任何此类协议也应通知 TMB，且该机构可向有关成员提出其认为适当的建议。如未能达成双方满意的解决办法，则任何有关成员可将此事项提交 TMB 处理，供其进行迅速审议并提出建议。

5.　　各成员注意到，一些规避案件可能涉及虽经某些国家或地区过境、但其中包含的货物未在过境地发生变化或改变的装运货物。它们注意到，此类转运地对此类装运货物实行控制通常并不实际。

6.　　各成员同意，谎报商品的纤维成分、数量、描述或归类也会阻碍本协定目标的实现。如有证据表明任何此种谎报是以规避为目的而进行的，则各成员同意应对所涉及的出口商或进口商采取与其国内法律和程序相一致的适当措施。如任何成员认为本协定由于此种谎报而受到规避，并认为在处理规避行为和/或对其采取行动方面未采取措施或采取的措施不适当，则该成员应迅速与有关成员进行磋商，以期寻求双方满意的解决办法。如未能达成解决办法，则所涉及的任何成员可将此事项提交 TMB，请其提出建议。本规定无意阻止各成员在申报由于疏忽而出现错误时而进行的技术性调整。

第 6 条

1. 各成员认识到，在过渡期内可能有必要实施特定的过渡性保障机制(本协定中称"过渡性保障措施")。任何成员均可对附件所涵盖产品实施过渡性保障措施，根据第 2 条的规定已纳入 GATT 1994 的产品除外。未维持属第 2 条范围内限制的成员应在《WTO 协定》生效之日起 60 天内通知 TMB 是否希望保留使用本条规定的权利。自 1986 年以来未接受 MFA 延长议定书的成员应在《WTO 协定》生效后 6 个月内作出通知。过渡性保障措施应尽可能少用，且应与本条的规定和本协定项下一体化进程的有效实施相一致。

2. 如根据一成员[5]作出的确定，表明一特定产品进口至其领土内的数量增加，对生产同类和/或直接竞争产品的国内产业造成严重损害或严重损害的实际威胁，则可根据本条采取保障措施。必须能够证明严重损害或严重损害的实际威胁是由于该产品进口量中此类增加的数量造成的，而不是由于如技术改革或消费者偏好的变化等其他因素造成的。

3. 在确定第 2 款所指的严重损害或严重损害的实际威胁时，有关成员应审查这些进口对特定产业状况的影响，此种影响可反映在下列有关经济变量的变化中：产量、生产率、开工率、库存、市场份额、出口、工资、就业、国内价格、利润和投资；任何变量，无论单独还是与其他因素相结合，均未必能够给予决定性的指导。

4. 根据本条的规定援引的任何措施应在成员对成员的基础上实施。第 2 款和第 3 款所指的严重损害或严重损害的实际威胁是否归因于一个成员或多个成员，应在以下基础上确定：自该成员或多个成员中的每一个成员的进口急剧和实质性增加，无论是实际的还是迫近的[6]，以及与其他来源的

---

[5] 一关税同盟可作为一单独整体或代表一成员国实施保障措施。如关税同盟作为一单独整体实施保障措施，则本协定项下确定严重损害或严重损害实际威胁的所有要求，应以整个关税同盟中存在的条件为基础。如代表一成员国实施保障措施，则确定严重损害或严重损害实际威胁的所有要求，应以该成员国中存在的条件为基础，且保障措施应仅限于该成员国。

[6] 此种迫近的增加应是可衡量的，不应根据指控、猜测或仅仅是由于出口成员拥有生产能力而产生的可能性确定。

进口、市场份额以及在商业交易的可比阶段进口和国内价格相比的进口水平；这些因素中的任何一个，无论单独还是与其他因素相结合，均未必能够给予决定性的指导。该保障措施不得对特定产品的出口已根据本协定受限的任何成员的出口实施。

5.　　为援引保障措施的目的，而对严重损害或严重损害的实际威胁所作确定的有效期不得超过第 7 款所列作出最初通知之日起 90 天。

6.　　在实施过渡性保障措施时，应对下列出口成员的利益给予特殊考虑：

(a)　应给予最不发达国家成员大大优于给予本款所指的其他成员组的待遇，最好体现在所有要素中，但至少应体现在整体条件上；

(b)　对于纺织品和服装总出口量小于其他成员的总出口量，且只占进入进口成员该产品总进口量中很小比例的成员，在确定第 8 款、第 13 款和第 14 款规定的经济条件方面应被给予差别和更优惠的待遇。对于这些供应者，应按照第 1 条第 2 款和第 3 款适当考虑其未来贸易发展的可能性和自它们进口商业数量产品的需要；

(c)　对于来自生产羊毛的发展中国家成员的羊毛产品，如该国的经济及纺织品和服装贸易依赖羊毛部门，其纺织品和服装出口几乎全部为羊毛产品，并且其纺织品和服装贸易总量在进口成员市场中的份额相对较小，则在考虑配额水平、增长率和灵活性时，应对此类成员的出口需要给予特殊考虑；

(d)　在按照进口成员的法律和做法的规定并实行满意的管理和认证程序的情况下，对于一成员已出口至另一成员进行加工、并随后再进口的纺织品和服装产品，如这些产品自此种贸易占其全部纺织品和服装出口重要比例的一成员进口，则应被给予更优惠的待遇。

7.　　提议采取保障措施的成员应寻求与可能受该行动影响的一个或多个成员进行磋商。磋商请求应附尽可能最新的、具体的和有关的事实信息，特别是关于：(a)第 3 款所指的、援引保障措施的成员据以确定存在严重损害或严重损害的实际威胁的因素；及(b)第 4 款所指的、该成员据以对一个或多个有关成员提议援引保障措施的因素。对于根据本款提出的请求，有关信息应尽可能与可确认的生产部门和第 8 款所列的参考期密切相关。援引该行动的成员还应表明对自有关成员进口的所涉产品提议限制的具体水平；该水平不得低于第 8 款所指的水平。寻求进行磋商的成员应同时将磋商请求，包括第 3 款和第 4 款略述的所有有关的真实数据连同拟议的限制水平告知 TMB 主席。主席应将磋商请求通知 TMB 成员，并指明提出请求的成员、所涉产品以及已收到该请求的成员。一个或多个有关成员应对请求作出迅速答复，并应立刻进行磋商，且通常应在收到磋商请求之日起 60 天内完成。

8. 如在磋商中双方达成共同谅解，认为有关情况要求对自有关成员特定产品的出口实施限制，则该限制的水平应确定在不低于提出磋商请求当月的 2 个月前结束的 12 个月期间有关成员出口或进口的实际水平。

9. 议定限制措施的细节应在达成协议之日起 60 天内告知 TMB。TMB 应确定可否依照本条的规定证明该协议属合理。为作出其确定，TMB 应获得第 7 款所指的、向 TMB 主席提供的真实数据及有关成员提供的任何其他有关信息。TMB 可向有关成员提出其认为适当的建议。

10. 但是如在收到磋商请求之日起 60 天期满后，有关成员之间仍未能达成协议，则提议采取保障措施的成员可依照本条的规定，在 60 天磋商期后的 30 天内，自进口之日或出口之日起实施该限制，并同时将此事项提交 TMB。在 60 天期满之前，两成员中的任何一成员均可将此事项提交 TMB。在以上两种情况下，TMB 均应迅速对此事项进行审查，包括严重损害、严重损害的实际威胁及其原因的确定，并在 30 天内向有关成员提出适当建议。为进行该审查，TMB 应可获得第 7 款所指的、向 TMB 主席提供的真实数据及有关成员提供的任何其他有关信息。

11. 　　在迟延会造成难以弥补的损害的极不寻常和紧急的情况下，可临时采取第 10 款下的措施，但条件是在采取措施后 5 个工作日内应提出磋商请求并通知 TMB。如磋商未能达成协议，则应在磋商结束时通知 TMB，但绝不能迟于采取措施之日起 60 天。TMB 应迅速对此事项进行审查，并在 30 天内向有关成员提出适当建议。如磋商确实达成协议，则有关成员应在磋商结束时通知 TMB，但绝不能迟于采取措施之日起 90 天。TMB 可向有关成员提出其认为适当的建议。

12. 　　一成员可将根据本条的规定援引的限制维持：(a)最长达 3 年而无延长期；或(b)直至该产品纳入 GATT 1994，两者以在前者为准。

13. 　　如限制措施的实施时间超过 1 年，则随后各年的限制水平应在第一年所确定水平基础上每年至少增长 6%，除非向 TMB 提出其他理由。有关产品的限制水平可在随后 2 年中的任何 1 年借用和/或留用 10%，其中借用不得超过 5%。不得对留用、借用和第 14 款规定的组合使用设立数量限制。

14. 　　如一成员对自另一成员的一项以上产品设置本条下的限制，则根据本条规定议定的对这些产品中每一项产品的限制水平可以超过 7%，只要在议定的共同单位基础上，受限的全部出口产品不超过在本条下受限的所有产品的总限制水平。如对这些产品实施限制的期限互不一致，则本规定应按比例适用于任何重叠的期限。

15. 　　如根据本条的规定对一产品实施保障措施，而在《WTO 协定》生效前 12 个月内该产品曾受 MFA 项下的限制，或根据第 2 条或第 6 条的规定实施保障措施，则新的限制水平应为第 8 款中规定的水平，除非新的限制在下列日期起 1 年内实施：

(a) 　第 2 条第 15 款所指的取消以往限制的通知日期；或

(b) 　取消根据本条或 MFA 的规定实施的以往限制的日期

在以上两种情况下，限制水平不得低于以下两者中的较高者：(i)该产品受限的最近 12 个月的限制水平；或(ii)第 8 款中规定的限制水平。

16. 如未根据第 2 条维持限制的成员决定按照本条的规定实施限制措施，则该成员应制定适当的安排，以便：(a)就纤维成分并依据其国内市场的相同部分进行竞争，充分考虑按照进出口交易中通常商业做法确定的税则归类和数量单位等因素；及(b)避免过度分类。第 7 款或第 11 款所指的磋商请求应包括有关此类安排的全部信息。

第 7 条

1. 作为一体化进程的一部分和对于各成员作为乌拉圭回合结果作出的具体承诺，所有成员应采取为遵守 GATT 1994 的规则和纪律所必要的行动，以便：

    (a)   通过削减和约束关税、削减或取消非关税壁垒、海关便利、行政和许可手续等措施，实现纺织品和服装产品市场准入的改善；

    (b)   在倾销和反倾销的规则和程序、补贴和反补贴措施以及知识产权保护等领域，保证实施与纺织品和服装公平和公正的贸易条件有关的政策；以及

    (c)   在因总体贸易政策原因而采取措施时，避免对纺织品和服装部门的进口产品造成歧视。

此类措施不得损害各成员在 GATT 1994 项下的权利和义务。

2. 各成员应将第 1 款所指的、对本协定的执行有影响的措施通知 TMB。如此类措施已向 WTO 其他机构作出通知，则提供关于原通知的概要即可满足本款的要求。任何成员均可向 TMB 作出反向通知。

3. 如任何成员认为另一成员未采取第 1 款所指的措施，且本协定项下的权利和义务的平衡已被打破，则该成员可将此事项提交 WTO 有关机构，并通知 TMB。WTO 有关机构随后的调查结果或结论应作为 TMB 全面报告的一部分。

第 8 条

1. 为监督本协定的实施，审查根据本协定采取的所有措施及其与本协定的一致性，并采取本协定具体要求的行动，特此设立纺织品监督机构(本协定中称"TMB")。TMB 由 1 名主席和 10 名成员组成。其成员资格应平衡，并广泛代表各成员，并应规定其成员每隔适当时间进行轮换。成员

应由货物贸易理事会指定的成员任命，并以个人身份履行职责。

2. TMB 应制定自己的工作程序。但是各方理解，TMB 内的协商一致不要求其审议的未决问题所涉及的成员任命的成员同意或赞成。

3. TMB 应被视为常设机构，并应在必要时召开会议，履行本协定项下要求其履行的职能。该机构应依靠各成员根据本协定有关条款提供的通知和信息，并以各成员可能提交或其可能决定向各成员寻求的任何额外信息或必要细节作为补充。该机构还可依靠提交 WTO 其他机构的通知及这些机构和 TMB 认为适当的其他来源所提供的报告。

4. 各成员应就影响本协定运用的任何事项互相提供进行磋商的充分机会。

5. 如本协定规定的双边磋商未能达成双方同意的解决办法，则 TMB 在两成员中任何一成员请求下，并在对有关事项进行全面和迅速的审议后，应向有关成员提出建议。

6. 在任何成员请求下，TMB 应迅速审议该成员认为损害其在本协定项下利益的任何具体事项，且其与有关成员的磋商未能达成双方满意的解决办法。就为第 11 款规定的审议的目的，TMB 应就此类事项向有关成员提出其认为适当的意见。

7. 在形成其建议或意见之前，TMB 应邀请可能会直接受所涉事项影响的成员参加。

8. 只要 TMB 被要求提出建议或调查结果，则该机构即应提出建议或调查结果，并最好在 30 天内，除非本协定规定不同的期限。所有此类建议或调查结果应告知直接有关的成员。所有此类建议或调查结果也应告知货物贸易理事会供其参考。

9. 各成员应努力全面接受 TMB 的建议，该机构应对此类建议的执行进行适当的监督。

10. 如一成员认为自己不能遵守 TMB 的建议，则应在收到此类建议后不迟于 1 个月向 TMB 提供理由。在对提供的理由进行全面审议后，TMB 应立刻提出其认为适当的进一步建议。如在提出此类进一步建议后问题仍未解决，则两成员中任何一个成员均可将此事项提交争端解决机构，并援引 GATT 1994 第 23 条第 2 款及《争端解决谅解》的有关规定。

11. 为监督本协定的实施，货物贸易理事会应在一体化进程的每一阶段结束前进行一次主要审议。为协助该审议，TMB 应在每一阶段结束前至少 5 个月，向货物贸易理事会提交一份关于在被审议阶段本协定实施情况的全面报告，特别是关于一体化进程的事项、过渡性保障机制的实施以及分别按第 2 条、第 3 条、第 6 条、第 7 条规定的与实施 GATT 1994 的规则和纪律有关的情况。TMB 的全面报告可包括该机构认为适当的、向货物贸易理事会提出的任何建议。

12. 根据审议情况，货物贸易理事会应经协商一致作出其认为适当的决定，以保证本协定中所包含的权利和义务的平衡不受到减损。为解决第 7 条所指事项可能引起的任何争端，在不损害第 9 条下所列最后日期的情况下，争端解决机构可授权在审议后下一阶段，就被确定不符合本协定项下义务的任何成员，对第 2 条第 14 款作出调整。

第 9 条

本协定及本协定项下的所有限制应于《WTO 协定》生效后第 121 个月的第一天终止。届时纺织品和服装部门应全面纳入 GATT 1994。本协定不得延长。

附件
本协定适用的产品清单

1. 本附件列出按《商品名称及编码协调制度》HS 6 位编码表示的纺织品和服装产品。

2. 根据第 6 条保障措施条款采取的行动将针对特定的纺织品和服装产品实施，并非针对协调制度税号本身。

3. 根据本协定第 6 条保障措施条款采取的行动不得适用于：

   (a) 发展中国家成员家庭手工业制作的手工织物，或由此类手工织物手工制作的家庭手工业产品，或传统民间手工纺织品和服装产品的出口，只要此类产品根据有关成员之间制定的安排进行适当认证；

   (b) 1982 年以前在国际贸易中大量交易的传统贸易纺织品，如以黄麻、椰子纤维、西沙尔麻、马尼拉麻、龙舌兰纤维和黑纳

金纤维等制成的包、袋、地毯背衬、绳索、行李箱、垫、编
织品和地毯；

 (c) 纯丝产品。

对于此类产品，应适用由《保障措施协定》解释的 GATT 1994 第 19 条的
规定。

商品名称及编码协调制度(HS)税则
第十一类(纺织原料及纺织制品)所含产品

HS编码	产品描述
第50章	**蚕丝**
5004.00	丝纱线(绢纺纱线除外)，非供零售用
5005.00	绢纺纱线，非供零售用
5006.00	丝纱线及绢纺纱线，供零售用；蚕胶丝
5007.10	丝落绵机织物
5007.20	丝落绵除外的丝/废丝机织物，按重量计丝或绢丝含量在 85% 及以上
5007.90	其他丝或绢丝机织物
第51章	**羊毛、动物细毛或粗毛；马毛纱线及其机织物**
5105.10	粗梳羊毛
5105.21	精梳片毛
5105.29	羊毛条及其他已梳羊毛(精梳片毛除外)
5105.30	已梳动物细毛
5106.10	粗梳羊毛纱线，非供零售用，按重量计羊毛含量在85%及以上
5106.20	粗梳羊毛纱线，非供零售用，按重量计羊毛含量在85%以下
5107.10	精梳羊毛纱线，非供零售用，按重量计羊毛含量在85%及以上
5107.20	精梳羊毛纱线，非供零售用，按重量计羊毛含量在85%以下
5108.10	粗梳动物细毛纱线，非供零售用
5108.20	精梳动物细毛纱线，非供零售用
5109.10	羊毛或动物细毛的纱线，按重量计羊毛或动物细毛含量在85%及以上，供零售用
5109.90	羊毛或动物细毛的纱线，按重量计羊毛或动物细毛含量在85%以下，供零售用
5110.00	动物粗毛或马毛的纱线
5111.11	粗梳羊毛或粗梳动物细毛的机织物，按重量计羊毛或动物细毛含量在85%以上，每平方米重量不超过300克

5111.19　粗梳羊毛或粗梳动物细毛的机织物，按重量计羊毛或动物细毛含量在85%以上，每平方米重量超过 300 克

5111.20　粗梳羊毛或粗梳动物细毛的机织物，按重量计羊毛或动物细毛含量在85%以下，主要与或仅与化学纤维长丝混纺

5111.30　粗梳羊毛或粗梳动物细毛的机织物，按重量计羊毛或动物细毛含量在85%以下，主要与或仅与化学纤维短纤混纺

5111.90　粗梳羊毛或粗梳动物细毛的机织物，按重量计羊毛或动物细毛含量在85%以下，其他

5112.11　精梳羊毛或精梳动物细毛的机织物，按重量计羊毛或动物细毛含量不低于85%，每平方米重量不超过 200 克

5112.19　精梳羊毛或精梳动物细毛的机织物，按重量计羊毛或动物细毛含量不低于85%，每平方米重量超过 200 克

5112.20　精梳羊毛或精梳动物细毛的机织物，按重量计羊毛或动物细毛含量低于85%，主要与或仅与化学纤维长丝混纺

5112.30　精梳羊毛或精梳动物细毛的机织物，按重量计羊毛或动物细毛含量低于85%，主要与或仅与化学纤维短纤混纺

5112.90　精梳羊毛或精梳动物细毛的机织物，按重量计羊毛或动物细毛含量低于85%，其他

5113.00　动物粗毛或马毛的机织物

第52章　棉花

5204.11　棉制缝纫线，非供零售用，按重量计含棉量在85%及以上

5204.19　棉制缝纫线，非供零售用，按重量计含棉量在85%以下

5204.20　棉制缝纫线，供零售用

5205.11　棉纱线(缝纫线除外)，按重量计含棉量在 85%及以上，非供零售用，未精梳纤维纺制的单纱，细度在714.29 分特及以上

5205.12　棉纱线(缝纫线除外)，按重量计含棉量在 85%及以上，非供零售用，未精梳纤维纺制的单纱，细度在714.29 分特以下，但不细于232.56 分特

5205.13　棉纱线(缝纫线除外)，按重量计含棉量在 85%及以上，非供零售用，未精梳纤维纺制的单纱，细度在232.56 分特以下，但不细于192.31 分特

5205.14　棉纱线(缝纫线除外)，按重量计含棉量在 85%及以上，非供零售用，未精梳纤维纺制的单纱，细度在192.31 分特以下，但不细于125 分特

5205.15　棉纱线(缝纫线除外)，按重量计含棉量在 85%及以上，非供零售用，未精梳纤维纺制的单纱，细度在125 分特以下

5205.21　棉纱线(缝纫线除外)，按重量计含棉量在 85%及以上，非供零售用，精梳纤维纺织的单纱，细度在 714.29 分特及以上

5205.22　棉纱线(缝纫线除外)，按重量计含棉量在 85%及以上，非供零售用，精梳纤维纺制的单纱，细度在 714.29 分特以下，但不细于 232.56 分特

5205.23　棉纱线(缝纫线除外)，按重量计含棉量在 85%及以上，非供零售用，精梳纤维纺制的单纱，细度在 232.56 分特以下，但不细于 192.31 分特

5205.24　棉纱线(缝纫线除外)，按重量计含棉量在 85%及以上，非供零售用，精梳纤维纺制的单纱，细度在 192.31 分特以下，但不细于 125 分特

5205.25　棉纱线(缝纫线除外)，按重量计含棉量在 85%及以上，非供零售用，精梳纤维纺制的单纱，细度在 125 分特以下

5205.31　棉纱线(缝纫线除外)，按重量计含棉量在 85%及以上，非供零售用，未精梳纤维纺制的多股纱线或缆线，每根单纱细度在 714.29 分特及以上

5205.32　棉纱线(缝纫线除外)，按重量计含棉量在 85%及以上，非供零售用，未精梳纤维纺制的多股纱线或缆线，每根单纱细度在 714.29 分特以下，但不细于 232.56 分特

5205.33　棉纱线(缝纫线除外)，按重量计含棉量在 85%及以上，非供零售用，未精梳纤维纺制的多股纱线或缆线，每根单纱细度在 232.56 分特以下，但不细于 192.31 分特

5205.34　棉纱线(缝纫线除外)，按重量计含棉量在 85%及以上，非供零售用，未精梳纤维纺制的多股纱线或缆线，每根单纱细度在 192.31 分特以下，但不细于 125 分特

5205.35　棉纱线(缝纫线除外)，按重量计含棉量在 85%及以上，非供零售用，未精梳纤维纺制的多股纱线或缆线，每根单纱细度在 125 分特以下

5205.41　棉纱线(缝纫线除外)，按重量计含棉量在 85%及以上，非供零售用，精梳纤维纺制的多股纱线或缆线，每根单纱细度在 714.29 分特及以上

5205.42　棉纱线(缝纫线除外)，按重量计含棉量在 85%及以上，非供零售用，精梳纤维纺制的多股纱线或缆线，每根单纱细度在 714.29 分特以下，但不细于 232.56 分特

5205.43	棉纱线(缝纫线除外)，按重量计含棉量在 85%及以上，非供零售用，精梳纤维纺制的多股纱线或缆线，每根单纱细度在 232.56 分特以下，但不细于 192.31 分特
5205.44	棉纱线(缝纫线除外)，按重量计含棉量在 85%及以上，非供零售用，精梳纤维纺制的多股纱线或缆线，每根单纱细度在 192.31 分特以下，但不细于 125 分特
5205.45	棉纱线(缝纫线除外)，按重量计含棉量在 85%及以上，非供零售用，精梳纤维纺制的多股纱线或缆线，每根单纱细度在 125 分特以下
5206.11	棉纱线(缝纫线除外)，按重量计含棉量在 85%以下，非供零售用，未精梳纤维纺制的单纱，细度在 714.29 分特及以上
5206.12	棉纱线(缝纫线除外)，按重量计含棉量在 85%以下，非供零售用，未精梳纤维纺制的单纱，细度在 714.29 分特以下，但不细于 232.56 分特
5206.13	棉纱线(缝纫线除外)，按重量计含棉量在 85%以下，非供零售用，未精梳纤维纺制的单纱，细度在 232.56 分特以下，但不细于 192.31 分特
5206.14	棉纱线(缝纫线除外)，按重量计含棉量在 85%以下，非供零售用，未精梳纤维纺制的单纱，细度在 192.31 分特以下，但不细于 125 分特
5206.15	棉纱线(缝纫线除外)，按重量计含棉量在 85%以下，非供零售用，未精梳纤维纺制的单纱，细度在 125 分特以下
5206.21	棉纱线(缝纫线除外)，按重量计含棉量在 85%以下，非供零售用，精梳纤维纺制的单纱，细度在 714.29 分特及以上
5206.22	棉纱线(缝纫线除外)，按重量计含棉量在 85%以下，非供零售用，精梳纤维纺制的单纱，细度在 714.29 分特以下，但不细于 232.56 分特
5206.23	棉纱线(缝纫线除外)，按重量计含棉量在 85%以下，非供零售用，精梳纤维纺制的单纱，细度在 232.56 分特以下，但不细于 192.31 分特
5206.24	棉纱线(缝纫线除外)，按重量计含棉量在 85%以下，非供零售用，精梳纤维纺制的单纱，细度在 192.31 分特以下，但不细于 125 分特
5206.25	棉纱线(缝纫线除外)，按重量计含棉量在 85%以下，非供零售用，精梳纤维纺制的单纱，细度在 125 分特以下

5206.31　棉纱线(缝纫线除外)，按重量计含棉量在 85%以下，非供零售用，未精梳纤维纺制的多股纱线或缆线，每根单纱细度在 714.29 分特及以上

5206.32　棉纱线(缝纫线除外)，按重量计含棉量在 85%以下，非供零售用，未精梳纤维纺制的多股纱线或缆线，每根单纱细度在 714.29 分特以下，但不细于 232.56 分特

5206.33　棉纱线(缝纫线除外)，按重量计含棉量在 85%以下，非供零售用，未精梳纤维纺制的多股纱线或缆线，每根单纱细度在 232.56 分特以下，但不细于 192.31 分特

5206.34　棉纱线(缝纫线除外)，按重量计含棉量在 85%以下，非供零售用，未精梳纤维纺制的多股纱线或缆线，每根单纱细度在 192.31 分特以下，但不细于 125 分特

5206.35　棉纱线(缝纫线除外)，按重量计含棉量在 85%以下，非供零售用，未精梳纤维纺制的多股纱线或缆线，每根单纱细度在 125 分特以下

5206.41　棉纱线(缝纫线除外)，按重量计含棉量在 85%以下，非供零售用，精梳纤维纺制的多股纱线或缆线，每根单纱细度在 714.29 分特及以上

5206.42　棉纱线(缝纫线除外)，按重量计含棉量在 85%以下，非供零售用，精梳纤维纺制的多股纱线或缆线，每根单纱细度在 714.29 分特以下，但不细于 232.56 分特

5206.43　棉纱线(缝纫线除外)，按重量计含棉量在 85%以下，非供零售用，精梳纤维纺制的多股纱线或缆线，每根单纱细度在 232.56 分特以下，但不细于 192.31 分特

5206.44　棉纱线(缝纫线除外)，按重量计含棉量在 85%以下，非供零售用，精梳纤维纺制的多股纱线或缆线，每根单纱细度在 192.31 分特以下，但不细于 125 分特

5206.45　棉纱线(缝纫线除外)，按重量计含棉量在 85%以下，非供零售用，精梳纤维纺制的多股纱线或缆线，每根单纱细度在 125 分特以下

5207.10　棉纱线(缝纫线除外)，供零售用，按重量计含棉量在 85%及以上

5207.90　棉纱线(缝纫线除外)，供零售用，按重量计含棉量在85%以下

5208.11　棉机织物，按重量计含棉量在 85%及以上，未漂白，平纹机织物，每平方米重量不超过 100 克

5208.12	棉机织物，按重量计含棉量在 85%及以上，未漂白，平纹机织物，每平方米重量超过 100 克，不超过 200 克
5208.13	棉机织物，按重量计含棉量在 85%及以上，未漂白，三线或四线斜纹机织物，包括双面斜纹机织，每平方米重量不超过 200 克
5208.19	棉机织物，按重量计含棉量在 85%及以上，未漂白，其他机织物，每平方米重量不超过 200 克
5208.21	棉机织物，按重量计含棉量在 85%及以上，漂白，平纹机织物，每平方米重量不超过 100 克
5208.22	棉机织物，按重量计含棉量在 85%及以上，漂白，平纹机织物，每平方米重量超过 100 克，不超过 200 克
5208.23	棉机织物，按重量计含棉量在 85%及以上，漂白，三线或四线斜纹机织物，包括双面斜纹机织物
5208.29	棉机织物，按重量计含棉量在 85%及以上，漂白，其他机织物，每平方米重量不超过 200 克
5208.31	棉机织物，按重量计含棉量在 85%及以上，染色，平纹机织物，每平方米重量不超过 100 克
5208.32	棉机织物，按重量计含棉量在 85%及以上，染色，平纹机织物，每平方米重量超过 100 克，不超过 200 克
5208.33	棉机织物，按重量计含棉量在 85%及以上，染色，三线或四线斜纹机织物，包括双面斜纹机织物
5208.39	棉机织物，按重量计含棉量在 85%及以上，染色，其他机织物，每平方米重量不超过 200 克
5208.41	棉机织物，按重量计含棉量在 85%及以上，色织，平纹机织物，每平方米重量不超过 100 克
5208.42	棉机织物，按重量计含棉量在 85%及以上，色织，平纹机织物，每平方米重量超过 100 克，不超过 200 克
5208.43	棉机织物，按重量计含棉量在 85%及以上，色织，三线或四线斜纹机织物，包括双面斜纹机织物
5208.49	棉机织物，按重量计含棉量在 85%及以上，色织，其他机织物，每平方米重量不超过 200 克
5208.51	棉机织物，按重量计含棉量在 85%及以上，印花，平纹机织物，每平方米重量不超过 100 克
5208.52	棉机织物，按重量计含棉量在 85%及以上，印花，平纹机织物，每平方米重量超过 100 克，不超过 200 克

5208.53　棉机织物，按重量计含棉量在 85%及以上，印花，三线或四线斜纹机织物，包括双面斜纹机织物

5208.59　棉机织物，按重量计含棉量在 85%及以上，印花，其他机织物，每平方米重量不超过 200 克

5209.11　棉机织物，按重量计含棉量在 85%及以上，每平方米重量超过 200 克，未漂白，平纹机织物

5209.12　棉机织物，按重量计含棉量在 85%及以上，每平方米重量超过 200 克，未漂白，三线或四线斜纹机织物，包括双面斜纹机织物

5209.19　棉机织物，按重量计含棉量在 85%及以上，每平方米重量超过 200 克，未漂白，其他机织物

5209.21　棉机织物，按重量计含棉量在 85%及以上，每平方米重量超过 200 克，漂白，平纹机织物

5209.22　棉机织物，按重量计含棉量在 85%及以上，每平方米重量超过 200 克，漂白，　三线或四线斜纹机织物，包括双面斜纹机织物

5209.29　棉机织物，按重量计含棉量在 85%及以上，每平方米重量超过 200 克，漂白，其他机织物

5209.31　棉机织物，按重量计含棉量在 85%及以上，每平方米重量超过 200 克，染色，平纹机织物

5209.32　棉机织物，按重量计含棉量在 85%及以上，每平方米重量超过 200 克，染色，三线或四线斜纹机织物，包括双面斜纹机织物

5209.39　棉机织物，按重量计含棉量在 85%及以上，每平方米重量超过 200 克，染色，其他机织物

5209.41　棉机织物，按重量计含棉量在 85%及以上，每平方米重量超过 200 克，色织，平纹机织物

5209.42　棉机织物，按重量计含棉量在 85%及以上，每平方米重量超过 200 克，色织，粗斜纹布(劳动布)

5209.43　棉机织物，按重量计含棉量在 85%及以上，每平方米重量超过 200 克，色织，三线或四线斜纹机织物，包括双面斜纹机织物

5209.49　棉机织物，按重量计含棉量在 85%及以上，每平方米重量超过 200 克，色织，其他机织物

5209.51　棉机织物，按重量计含棉量在 85%及以上，每平方米重量超过 200 克，印花，平纹机织物

5209.52　棉机织物，按重量计含棉量在 85%及以上，每平方米重量超过 200 克，印花，三线或四线斜纹机织物，包括双面斜纹机织物

5209.59	棉机织物，按重量计含棉量在 85%及以上，每平方米重量超过 200 克，印花，其他机织物
5210.11	棉机织物，按重量计含棉量在 85%以下，主要与或仅与化学纤维混纺，每平方米重量不超过 200 克，未漂白，平纹机织物
5210.12	棉机织物，按重量计含棉量在 85%以下，主要与或仅与化学纤维混纺，每平方米重量不超过 200 克，未漂白，三线或四线斜纹机织物，包括双面斜纹机织物
5210.19	棉机织物，按重量计含棉量在 85%以下，主要与或仅与化学纤维混纺，每平方米重量不超过 200 克，未漂白，其他机织物
5210.21	棉机织物，按重量计含棉量在 85%以下，主要与或仅与化学纤维混纺，每平方米重量不超过 200 克，漂白，平纹机织物
5210.22	棉机织物，按重量计含棉量在 85%以下，主要与或仅与化学纤维混纺，每平方米重量不超过 200 克，漂白三线或四线斜纹机织物，包括双面斜纹机织物
5210.29	棉机织物，按重量计含棉量在 85%以下，主要与或仅与化学纤维混纺，每平方米重量不超过 200 克，漂白，其他机织物
5210.31	棉机织物，按重量计含棉量在 85%以下，主要与或仅与化学纤维混纺，每平方米重量不超过 200 克，染色，平纹机织物
5210.32	棉机织物，按重量计含棉量在 85%以下，主要与或仅与化学纤维混纺，每平方米重量不超过 200 克，染色，三线或四线斜纹机织物，包括双面斜纹机织物
5210.39	棉机织物，按重量计含棉量在 85%以下，主要与或仅与化学纤维混纺，每平方米重量不超过 200 克，染色，其他机织物
5210.41	棉机织物，按重量计含棉量在 85%以下，主要与或仅与化学纤维混纺，每平方米重量不超过 200 克，色织，平纹机织物
5210.42	棉机织物，按重量计含棉量在 85%以下，主要与或仅与化学纤维混纺，每平方米重量不超过 200 克，色织，三线或四线斜纹机织物，包括双面斜纹机织物
5210.49	棉机织物，按重量计含棉量在 85%以下，主要与或仅与化学纤维混纺，每平方米重量不超过 200 克，色织，其他机织物
5210.51	棉机织物，按重量计含棉量在 85%以下，主要与或仅与化学纤维混纺，每平方米重量不超过 200 克，印花，平纹机织物
5210.52	棉机织物，按重量计含棉量在 85%以下，主要与或仅与化学纤维混纺，每平方米重量不超过 200 克，印花，三线或四线斜纹机织物，包括双面斜纹机织物

5210.59　棉机织物，按重量计含棉量在 85%以下，主要与或仅与化学纤维混纺，每平方米重量不超过 200 克，印花，其他机织物

5211.11　棉机织物，按重量计含棉量在 85%以下，主要与或仅与化学纤维混纺，每平方米重量超过 200 克，未漂白，平纹机织物

5211.12　棉机织物，按重量计含棉量在 85%以下，主要与或仅与化学纤维混纺，每平方米重量超过 200 克，未漂白，三线或四线斜纹机织物，包括双面斜纹机织物

5211.19　棉机织物，按重量计含棉量在 85%以下，主要与或仅与化学纤维混纺，每平方米重量超过 200 克，未漂白，其他机织物

5211.21　棉机织物，按重量计含棉量在 85%以下，主要与或仅与化学纤维混纺，每平方米重量超过 200 克，漂白，平纹机织物

5211.22　棉机织物，按重量计含棉量在 85%以下，主要与或仅与化学纤维混纺，每平方米重量超过 200 克，漂白，三线或四线斜纹机织物，包括双面斜纹机织物

5211.29　棉机织物，按重量计含棉量在 85%以下，主要与或仅与化学纤维混纺，每平方米重量超过 200 克，漂白，其他机织物

5211.31　棉机织物，按重量计含棉量在 85%以下，主要与或仅与化学纤维混纺，每平方米重量超过 200 克，染色，平纹机织物

5211.32　棉机织物，按重量计含棉量在 85%以下，主要与或仅与化学纤维混纺，每平方米重量超过 200 克，染色，三线或四线斜纹机织物，包括双面斜纹机织物

5211.39　棉机织物，按重量计含棉量在 85%以下，主要与或仅与化学纤维混纺，每平方米重量超过 200 克，染色，其他机织物

5211.41　棉机织物，按重量计含棉量在 85%以下，主要与或仅与化学纤维混纺，每平方米重量超过 200 克，色织，平纹机织物

5211.42　棉机织物，按重量计含棉量在 85%以下，主要与或仅与化学纤维混纺，每平方米重量超过 200 克，色织，粗斜纹布(劳动布)

5211.43　棉机织物，按重量计含棉量在 85%以下，主要与或仅与化学纤维混纺，每平方米重量超过 200 克，色织，三线或四线斜纹机织物，包括双面斜纹机织物

5211.49　棉机织物，按重量计含棉量在 85%以下，主要与或仅与化学纤维混纺，每平方米重量超过 200 克，色织，其他机织物

5211.51　棉机织物，按重量计含棉量在 85%以下，主要与或仅与化学纤维混纺，每平方米重量超过 200 克，印花，平纹机织物

5211.52　棉机织物，按重量计含棉量在 85%以下，主要与或仅与化学纤维混纺，每平方米重量超过 200 克，印花，三线或四线斜纹机织物，包括双面斜纹机织物

5211.59	棉机织物，按重量计含棉量在 85%以下，主要与或仅与化学纤维混纺，每平方米重量超过 200 克，印花，其他机织物
5212.11	其他棉机织物，每平方米重量不超过 200 克，未漂白
5212.12	其他棉机织物，每平方米重量不超过 200 克，漂白
5212.13	其他棉机织物，每平方米重量不超过 200 克，染色
5212.14	其他棉机织物，每平方米重量不超过 200 克，色织
5212.15	其他棉机织物，每平方米重量不超过 200 克，印花
5212.21	其他棉机织物，每平方米重量超过 200 克，未漂白
5212.22	其他棉机织物，每平方米重量超过 200 克，漂白
5212.23	其他棉机织物，每平方米重量超过 200 克，染色
5212.24	其他棉机织物，每平方米重量超过 200 克，色织
5212.25	其他棉机织物，每平方米重量超过 200 克，印花
第53章	**其他植物纺织纤维纱线；纸纱线及其机织物**
5306.10	亚麻纱线，单纱
5306.20	亚麻纱线，多股纱线或缆线
5307.10	黄麻纱线或其他纺织用韧皮纤维纱线，单纱
5307.20	黄麻纱线或其他纺织用韧皮纤维纱线，多股纱线或缆线
5308.20	大麻纱线
5308.90	其他植物纺织纤维纱线
5309.11	亚麻机织物，按重量计亚麻含量在85%及以上，未漂白或漂白
5309.19	亚麻机织物，按重量计亚麻含量在85%及以上，其他
5309.21	亚麻机织物，按重量计亚麻含量在85%以下，未漂白或漂白
5309.29	亚麻机织物，按重量计亚麻含量在85%以下，其他
5310.10	黄麻或其他纺织用韧皮纤维机织物，未漂白
5310.90	黄麻或其他纺织用韧皮纤维机织物，其他
5311.00	其他纺织用植物纤维机织物；纸纱线机织物
第54章	**化学纤维长丝**
5401.10	合成纤维长丝纺制的缝纫线
5401.20	人造纤维长丝纺制的缝纫线
5402.10	高强力纱(缝纫线除外)，尼龙或其他聚酰胺长丝纺制，非供零售用

5402.20	高强力纱(缝纫线除外)，聚酯长丝纺制，非供零售用
5402.31	变形纱线，尼龙或其他聚酰胺长丝纺制，每根单纱细度不超过50特，非供零售用
5402.32	变形纱线，尼龙或其他聚酰胺长丝纺制，每根单纱细度超过50特，非供零售用
5402.33	变形纱线，聚酯长丝纺制，非供零售用
5402.39	变形纱线，其他合成纤维长丝纺制，非供零售用
5402.41	其他单纱，尼龙或其他聚酰胺长丝制，未加捻，非供零售用
5402.42	其他单纱，聚酯长丝制，部分定向，非供零售用
5402.43	其他单纱，聚酯长丝制，非供零售用
5402.49	其他单纱，其他合成纤维长丝制，非供零售用
5402.51	其他单纱，捻度每米超过50转，尼龙或其他聚酰胺长丝制，非供零售用
5402.52	其他单纱，捻度每米超过50转，聚酯长丝制，非供零售用
5402.59	其他单纱，捻度每米超过50转，其他合成纤维长丝制，非供零售用
5402.61	其他纱线(多股纱线或缆线)，尼龙或其他聚酰胺长丝纺制，非供零售用
5402.62	其他纱线(多股纱线或缆线)，聚酯长丝纺制，非供零售用
5402.69	其他纱线(多股纱线或缆线)，其他合成纤维长丝纺制，非供零售用
5403.10	高强力纱(缝纫线除外)，粘胶纤维长丝纺制，非供零售用
5403.20	其他变形纱线，人造纤维长丝纺制，非供零售用
5403.31	其他单纱，粘胶纤维长丝纺制，未加捻，非供零售用
5403.32	其他单纱，粘胶纤维长丝纺制，捻度每米超过120转，非供零售用
5403.33	其他单纱，醋酸纤维长丝纺制，非供零售用
5403.39	其他单纱，其他人造纤维长丝纺制，非供零售用
5403.41	其他纱线(多股纱线或缆线)，粘胶纤维长丝纺制，非供零售用
5403.42	其他纱线(多股纱线或缆线)，醋酸纤维长丝纺制，非供零售用
5403.49	其他纱线(多股纱线或缆线)，其他人造纤维长丝纺制，非供零售用
5404.10	截面尺寸不超过1毫米，细度在67分特及以上的合成纤维单丝
5404.90	表观宽度不超过5毫米的合成纤维纺织材料制扁条及类似品
5405.00	截面尺寸不超过1毫米，细度67分特及以上的人造纤维单丝；表观宽度不超过5毫米的人造纤维纺织材料制扁条及类似品

5406.10	合成纤维长丝纱线(缝纫线除外)，供零售用
5406.20	人造纤维长丝纱线(缝纫线除外)，供零售用
5407.10	尼龙或其他聚酰胺长丝制高强力纱、聚酯长丝制高强力纱纺制的机织物
5407.20	合成纤维纺织材料制扁条及类似品的机织物
5407.30	第十一类注释九所列的机织物(平行合成纤维纱线层叠织物)
5407.41	其他机织物，按重量计尼龙或其他聚酰胺长丝含量在 85%及以上，未漂白或漂白
5407.42	其他机织物，按重量计尼龙或其他聚酰胺长丝含量在 85%及以上，染色
5407.43	其他机织物，按重量计尼龙或其他聚酰胺长丝含量在 85%及以上，色织
5407.44	其他机织物，按重量计尼龙或其他聚酰胺长丝含量在 85%及以上，印花
5407.51	其他机织物，按重量计聚酯变形长丝含量在 85%及以上，未漂白或漂白
5407.52	其他机织物，按重量计聚酯变形长丝含量在 85%及以上，染色
5407.53	其他机织物，按重量计聚酯变形长丝含量在 85%及以上，色织
5407.54	其他机织物，按重量计聚酯变形长丝含量在 85%及以上，印花
5407.60	其他机织物，按重量计聚酯非变形长丝含量在 85%及以上
5407.71	其他机织物，按重量计其他合成纤维长丝含量在 85%及以上，未漂白或漂白
5407.72	其他机织物，按重量计其他合成纤维长丝含量在 85%及以上，染色
5407.73	其他机织物，按重量计其他合成纤维长丝含量在 85%及以上，色织
5407.74	其他机织物，按重量计其他合成纤维长丝含量在 85%及以上，印花
5407.81	其他机织物，按重量计其他合成纤维长丝含量在 85%以下，主要或仅与棉混纺，未漂白或漂白
5407.82	其他机织物，按重量计其他合成纤维长丝含量在 85%以下，主要或仅与棉混纺，染色
5407.83	其他机织物，按重量计其他合成纤维长丝含量在 85%以下，主要或仅与棉混纺，色织
5407.84	其他机织物，按重量计其他合成纤维长丝含量在 85%以下，主要或仅与棉混纺，印花

5407.91	其他合成纤维长丝机织物，未漂白或漂白
5407.92	其他合成纤维长丝机织物，染色
5407.93	其他合成纤维长丝机织物，色织
5407.94	其他合成纤维长丝机织物，印花
5408.10	粘胶纤维高强力纱的机织物
5408.21	其他人造纤维长丝纱线的机织物，按重量计人造纤维长丝、扁条或类似品含量在85%及以上，未漂白或漂白
5408.22	其他人造纤维长丝纱线的机织物，按重量计人造纤维长丝、扁条或类似品含量在85%及以上，染色
5408.23	其他人造纤维长丝纱线的机织物，按重量计人造纤维长丝、扁条或类似品含量在85%及以上，色织
5408.24	其他人造纤维长丝纱线的机织物，按重量计人造纤维长丝、扁条或类似品含量在85%及以上，印花
5408.31	其他人造纤维长丝纱线的机织物，未漂白或漂白
5408.32	人造纤维长丝纱线的，染色
5408.33	人造纤维长丝纱线的，色织
5408.34	人造纤维长丝纱线的，印花
第55章	**化学纤维短纤**
5501.10	尼龙或其他聚酰胺长丝丝束
5501.20	聚酯长丝丝束
5501.30	聚丙烯腈纤维或变性聚丙烯腈纤维长丝丝束
5501.90	其他合成纤维长丝丝束
5502.00	人造纤维长丝丝束
5503.10	尼龙或其他聚酰胺短纤，未梳或未经其他纺前加工
5503.20	聚酯短纤，未梳或未经其他纺前加工
5503.30	聚丙烯腈或变性聚丙烯腈短纤，未梳或未经其他纺前加工
5503.40	聚丙烯短纤，未梳或未经其他纺前加工
5503.90	其他合成纤维短纤，未梳或未经其他纺前加工
5504.10	粘胶纤维短纤，未梳或未经其他纺前加工
5504.90	人造纤维短纤(粘胶纤维除外)，未梳或未经其他纺前加工
5505.10	合成纤维的废料
5505.20	人造纤维的废料
5506.10	尼龙或其他聚酰胺短纤，已梳或经其他纺前加工
5506.20	聚酯短纤，已梳或经其他纺前加工
5506.30	聚丙烯腈或变性聚丙烯腈短纤，已梳或经其他纺前加工
5506.90	其他合成纤维短纤，已梳或经其他纺前加工

5507.00	人造纤维短纤，已梳或经其他纺前加工
5508.10	合成纤维短纤纺制的缝纫线
5508.20	人造纤维短纤纺制的缝纫线
5509.11	单纱，按重量计尼龙或其他聚酰胺短纤含量在 85%及以上，非供零售用
5509.12	多股纱线或缆线，按重量计尼龙或其他聚酰胺短纤含量在 85%及以上，非供零售用
5509.21	单纱，按重量计聚酯短纤含量在 85%及以上，非供零售用
5509.22	多股纱线或缆线 ，按重量计聚酯短纤含量在 85%及以上，非供零售用
5509.31	单纱，按重量计聚丙烯腈或变性聚丙烯腈短纤含量在 85%及以上，非供零售用
5509.32	多股纱线或缆线，按重量计聚丙烯腈或变性聚丙烯腈短纤含量在 85%及以上，非供零售用
5509.41	单纱，按重量计其他合成纤维短纤含量在 85%及以上，非供零售用
5509.42	多股纱线或缆线，按重量计其他合成纤维短纤含量在 85%及以上，非供零售用
5509.51	其他聚酯短纤纺制的纱线，与人造纤维短纤混纺，非供零售用
5509.52	其他聚酯短纤纺制的纱线，与羊毛或动物细毛混纺，非供零售用
5509.53	其他聚酯短纤纺制的纱线，与棉混纺，非供零售用
5509.59	其他聚酯短纤纺制的纱线，非供零售用
5509.61	其他聚丙烯腈短纤纺制的纱线，主要或仅与羊毛或动物细毛混纺，非供零售用
5509.62	其他聚丙烯腈短纤纺制的纱线，与棉混纺，非供零售用
5509.69	其他聚丙烯腈短纤纺制的纱线，非供零售用
5509.91	其他合成纤维短纤纱线，与羊毛或动物细毛混纺
5509.92	其他合成纤维短纤纱线，与棉混纺，非供零售用
5509.99	其他合成纤维短纤纱线，非供零售用
5510.11	人造纤维短纤纺制的纱线，按重量计人造纤维短纤含量在 85%及以上，单纱，非供零售用
5510.12	人造纤维短纤纺制的纱线，按重量计人造纤维短纤含量在 85%及以上，多股纱线或缆线，非供零售用
5510.20	人造纤维短纤纺制的其他纱线，与羊毛或动物细毛混纺，非供零售用

5510.30　　人造纤维短纤纺制的其他纱线，与棉混纺，非供零售用

5510.90　　人造纤维短纤纺制的其他纱线，非供零售用

5511.10　　化学纤维短纤纺制的纱线(缝纫线除外)，按重量计合成纤维短
　　　　　　纤含量在 85%及以上，供零售用

5511.20　　化学纤维短纤纺制的纱线，按重量计合成纤维短纤含量在 85%
　　　　　　以下，供零售用

5511.30　　人造纤维短纤纺制的纱线(缝纫线除外)，供零售用

5512.11　　合成纤维短纤纺制的机织物，按重量计聚酯短纤含量在 85%
　　　　　　及以上，未漂白或漂白

5512.19　　合成纤维短纤纺制的机织物，按重量计聚酯短纤含量在 85%
　　　　　　及以上，未漂白或漂白的除外

5512.21　　合成纤维短纤纺制的机织物，按重量计聚丙烯腈短纤含量在
　　　　　　85%及以上，未漂白或漂白

5512.29　　合成纤维短纤纺制的机织物，按重量计聚丙烯腈短纤含量在
　　　　　　85%及以上，未漂白或漂白的除外

5512.91　　其他合成纤维短纤机织物，按重量计合成纤维短纤含量在 85%
　　　　　　及以上，未漂白或漂白

5512.99　　其他合成纤维短纤机织物，按重量计合成纤维短纤含量在 85%
　　　　　　及以上，未漂白或漂白的除外

5513.11　　聚酯短纤纺制的平纹机织物，按重量计合成纤维短纤含量在
　　　　　　85%以下，与棉混纺，每平方米重量不超过 170 克，未漂白
　　　　　　或漂白

5513.12　　聚酯短纤纺制的斜纹机织物，按重量计合成纤维短纤含量在
　　　　　　85%以下，与棉混纺，每平方米重量不超过 170 克，未漂白
　　　　　　或漂白

5513.13　　聚酯短纤纺制的其他机织物，按重量计合成纤维短纤含量在
　　　　　　85%以下，与棉混纺，每平方米重量不超过 170 克，未漂白
　　　　　　或漂白

5513.19　　其他合成纤维短纤机织物，按重量计合成纤维短纤含量在 85%
　　　　　　以下，与棉混纺，每平方米重量不超过 170 克，未漂白或漂白

5513.21　　聚酯短纤纺制的平纹机织物，按重量计合成纤维短纤含量在
　　　　　　85%以下，与棉混纺，每平方米重量不超过 170 克，染色

5513.22　　聚酯短纤纺制的斜纹机织物，按重量计合成纤维短纤含量在
　　　　　　85%以下，与棉混纺，每平方米重量不超过 170 克，染色

5513.23　　聚酯短纤纺制的其他机织物，按重量计合成纤维短纤含量在
　　　　　　85%以下，与棉混纺，每平方米重量不超过 170 克，染色

5513.29	其他合成纤维短纤纺制的机织物，按重量计合成纤维短纤含量在85%以下，与棉混纺，每平方米重量不超过170克，染色
5513.31	聚酯短纤纺制的平纹机织物，按重量计合成纤维短纤含量在85%以下，与棉混纺，每平方米重量不超过170克，色织
5513.32	聚酯短纤纺制的斜纹机织物，按重量计合成纤维短纤含量在85%以下，与棉混纺，每平方米重量不超过170克，色织
5513.33	聚酯短纤纺制的其他机织物，按重量计合成纤维短纤含量在85%以下，与棉混纺，每平方米重量不超过170克，色织
5513.39	其他合成纤维短纤纺制的机织物，按重量计合成纤维短纤含量在85%以下，与棉混纺，每平方米重量不超过170克，色织
5513.41	聚酯短纤纺制的平纹机织物，按重量计合成纤维短纤含量在85%以下，与棉混纺，每平方米重量不超过170克，印花
5513.42	聚酯短纤纺制的斜纹机织物，按重量计合成纤维短纤含量在85%以下，与棉混纺，每平方米重量不超过170克，印花
5513.43	聚酯短纤纺制的其他机织物，按重量计合成纤维短纤含量在85%以下，与棉混纺，每平方米重量不超过170克，印花
5513.49	其他合成纤维短纤纺制的机织物，按重量计合成纤维短纤含量在85%以下，与棉混纺，每平方米重量不超过170克，印花
5514.11	聚酯短纤纺制的平纹机织物，按重量计合成纤维短纤含量在85%以下，与棉混纺，每平方米重量超过170克，未漂白或漂白
5514.12	聚酯短纤纺制的斜纹机织物，按重量计合成纤维短纤含量在85%以下，与棉混纺，每平方米重量超过170克，未漂白或漂白
5514.13	聚酯短纤纺制的其他机织物，按重量计合成纤维短纤含量在85%以下，与棉混纺，每平方米重量超过170克，未漂白或漂白
5514.19	其他合成纤维短纤纺制的机织物，按重量计合成纤维短纤含量在85%以下，与棉混纺，每平方米重量超过170克，未漂白或漂白
5514.21	聚酯短纤纺制的平纹机织物，按重量计合成纤维短纤含量在85%以下，与棉混纺，每平方米重量超过170克，染色
5514.22	聚酯短纤纺制的斜纹机织物，按重量计合成纤维短纤含量在85%以下，与棉混纺，每平方米重量超过170克，染色
5514.23	聚酯短纤纺制的其他机织物，按重量计合成纤维短纤含量在85%以下，与棉混纺，每平方米重量超过170克，染色

5514.29　其他合成纤维短纤纺制的机织物，按重量计合成纤维短纤含量在85%以下，与棉混纺，每平方米重量超过170克，染色

5514.31　聚酯短纤纺制的平纹机织物，按重量计合成纤维短纤含量在85%以下，与棉混纺，每平方米重量超过170克，色织

5514.32　聚酯短纤纺制的斜纹机织物，按重量计合成纤维短纤含量在85%以下，与棉混纺，每平方米重量超过170克，色织

5514.33　聚酯短纤纺制的其他机织物，按重量计合成纤维短纤含量在85%以下，与棉混纺，每平方米重量超过170克，色织

5514.39　其他合成纤维短纤纺制的机织物，按重量计合成纤维短纤含量在85%以下，与棉混纺，每平方米重量超过170克，色织

5514.41　聚酯短纤纺制的平纹机织物，按重量计合成纤维短纤含量在85%以下，与棉混纺，每平方米重量超过170克，印花

5514.42　聚酯短纤纺制的斜纹机织物　按重量计合成纤维短纤含量在85%以下，与棉混纺，每平方米重量超过170克，印花

5514.43　聚酯短纤纺制的其他机织物，按重量计合成纤维短纤含量在85%以下，与棉混纺，每平方米重量超过170克，印花

5514.49　其他合成纤维短纤纺制的机织物，按重量计合成纤维短纤含量在85%以下，与棉混纺，每平方米重量超过170克，印花

5515.11　聚酯短纤纺制的其他机织物，与粘胶纤维短纤混纺

5515.12　聚酯短纤纺制的其他机织物，与化学纤维长丝混纺

5515.13　聚酯短纤纺制的其他机织物，与羊毛或动物细毛混纺

5515.19　聚酯短纤纺制的其他机织物

5515.21　聚丙烯腈短纤纺制的其他机织物，与化学纤维长丝混纺

5515.22　聚丙烯腈短纤纺制的其他机织物，与羊毛或动物细毛混纺

5515.29　聚丙烯腈或变性聚丙烯腈短纤纺制的其他机织物

5515.91　其他合成纤维短纤纺制的其他机织物，与化学纤维长丝混纺

5515.92　其他合成纤维短纤纺制的其他机织物，与羊毛或动物细毛混纺

5515.99　其他合成纤维短纤纺制的其他机织物

5516.11	人造纤维短纤纺制的机织物，按重量计人造纤维短纤含量在85%及以上，未漂白或漂白
5516.12	人造纤维短纤纺制的机织物，按重量计人造纤维短纤含量在85%及以上，染色
5516.13	人造纤维短纤纺制的机织物，按重量计人造纤维短纤含量在85%及以上，色织
5516.14	人造纤维短纤纺制的机织物，按重量计人造纤维短纤含量在85%及以上，印花
5516.21	人造纤维短纤纺制的机织物，按重量计人造纤维短纤含量在85%以下，与化学纤维长丝混纺，未漂白或漂白
5516.22	人造纤维短纤纺制的机织物，按重量计人造纤维短纤含量在85%以下，与化学纤维长丝混纺，染色
5516.23	人造纤维短纤纺制的机织物，按重量计人造纤维短纤含量在85%以下，与化学纤维长丝混纺，色织
5516.24	人造纤维短纤纺制的机织物，按重量计人造纤维短纤含量在85%以下，与化学纤维长丝混纺，印花
5516.31	人造纤维短纤纺制的机织物，按重量计人造纤维短纤含量在85%以下，与羊毛或动物细毛混纺，未漂白或漂白
5516.32	人造纤维短纤纺制的机织物，按重量计人造纤维短纤含量在85%以下，与羊毛或动物细毛混纺，染色
5516.33	人造纤维短纤纺制的机织物，按重量计人造纤维短纤含量在85%以下，与羊毛或动物细毛混纺，色织
5516.34	人造纤维短纤纺制的机织物，按重量计人造纤维短纤含量在85%以下，与羊毛或动物细毛混纺，印花
5516.41	人造纤维短纤纺制的机织物，按重量计人造纤维短纤含量在85%以下，与棉混纺，未漂白或漂白
5516.42	人造纤维短纤纺制的机织物，按重量计人造纤维短纤含量在85%以下，与棉混纺，染色
5516.43	人造纤维短纤纺制的机织物，按重量计人造纤维短纤含量在85%以下，与棉混纺，色织
5516.44	人造纤维短纤纺制的机织物，按重量计人造纤维短纤含量在85%以下，与棉混纺，印花

5516.91	其他人造纤维短纤机织机物，未漂白或漂白
5516.92	其他人造纤维短纤机织机物，染色
5516.93	其他人造纤维短纤机织机物，色织
5516.94	其他人造纤维短纤机织机物，印花
第56章	**絮胎、毡呢及无纺织物；特种纱线，线、绳、索、缆及其制品**
5601.10	纺织材料絮胎制的卫生用品，如卫生巾及止血塞
5601.21	棉制絮胎及其制品，卫生用品除外
5601.22	化学纤维制絮胎及其制品，卫生用品除外
5601.29	其他纺织纤维制絮胎及其制品，卫生用品除外
5601.30	纤维屑、纤维粉末及球结
5602.10	针刺机制毡呢及纤维缝编织物
5602.21	毡呢(针刺机制毡呢除外)，羊毛或动物细毛制，未浸渍、涂布、包覆等
5602.29	毡呢(针刺机制毡呢除外)，其他纺织材料制，未浸渍、涂布、包覆等
5602.90	其他毡呢
5603.00	无纺织物，不论是否浸渍、涂布、包覆或层压
5604.10	用纺织材料包覆的橡胶线及绳
5604.20	用橡胶或塑料浸渍或涂布的聚酯、尼龙、其他聚酰胺或粘胶纤维制的高强力纱
5604.90	用橡胶或塑料浸渍或涂布的其他纺织纱线、扁条或类似品
5605.00	由纺织纱线与金属的线、扁条或粉末混合制得的含金属纱线
5606.00	其他粗松螺旋花线；绳绒线；纵行起圈纱线
5607.10	线、绳、索、缆，黄麻或其他韧皮纺织纤维纺制
5607.21	西纱尔麻或其他纺织用龙舌兰类纤维纺制的包扎用绳
5607.29	西纱尔麻纺制的其他线、绳、索、缆
5607.30	蕉麻或其他硬质(叶)纤维纺制线、绳、索、缆
5607.41	聚乙烯或聚丙烯纺制的包扎用绳
5607.49	聚乙烯或聚丙烯纺制的其他线、绳、索、缆

5607.50	其他合成纤维纺制的线、绳、索、缆
5607.90	其他材料纺制的线、绳、索、缆
5608.11	化学纤维材料制的制成的渔网
5608.19	化学纤维材料制的网料及制成的其他网
5608.90	其他材料制的网料及制成的网
5609.00	用纱线、扁条、线、绳、索、缆制成的其他税号未列名物品

第57章　地毯及其他纺织材料的铺地制品

5701.10	结织栽绒地毯，羊毛或动物细毛制
5701.90	结织栽绒地毯，其他纺织材料制
5702.10	"开来姆"、"苏麦克"、"卡拉马尼"及类似的手织地毯
5702.20	椰壳纤维制的铺地制品
5702.31	其他机织地毯，羊毛或动物细毛制，起绒结构，未制成的
5702.32	其他机织地毯，化学纤维制，起绒结构，未制成的
5702.39	其他机织地毯，其他纺织材料制，起绒结构，未制成的
5702.41	其他机织地毯，羊毛或动物细毛制，起绒结构，制成的
5702.42	其他机织地毯，化学纤维制，起绒结构，制成的
5702.49	其他机织地毯，化学纤维制，起绒结构，制成的
5702.51	其他机织地毯，羊毛或动物细毛制，未制成的
5702.52	其他机织地毯，化学纤维制，未制成的
5702.59	其他机织地毯，其他纺织材料制，未制成的
5702.91	其他机织地毯，羊毛或动物细毛制，制成的
5702.92	其他机织地毯，化学纤维制，制成的
5702.99	其他机织地毯，其他纺织材料制，制成的
5703.10	簇绒地毯，羊毛或动物细毛制
5703.20	簇绒地毯，尼龙或其他聚酰胺制
5703.30	簇绒地毯，其他化学纤维制
5703.90	簇绒地毯，其他纺织材料制
5704.10	纺织材料毡呢地毯，最大表面面积不超过 0.3 平方米
5704.90	其他纺织材料毡呢地毯
5705.00	其他地毯及纺织材料的其他铺地产品

第58章	特种机织物、簇绒织物、花边、壁毯、装饰带、刺绣品
5801.10	羊毛或动物细毛制起绒机织物，毛圈机织物及狭幅机织物除外
5801.21	棉制，不割绒的纬起绒织物，毛圈机织物及狭幅机织物除外
5801.22	棉制，割绒的灯芯绒，狭幅机织物除外
5801.23	棉制，其他纬起绒织物
5801.24	棉制，不割绒的经起绒织物(棱纹绸)，毛圈机织物及狭幅机织物除外
5801.25	棉制，割绒的经起绒织物，毛圈机织物及狭幅机织物除外
5801.26	棉制，绳绒织物，狭幅机织物除外
5801.31	化学纤维制，不割绒的纬起绒织物，毛圈机织物及狭幅机织物除外
5801.32	化学纤维制，割绒的灯芯绒，狭幅机织物除外
5801.33	化学纤维制，其他纬起绒织物
5801.34	化学纤维制，不割绒的经起绒织物(棱纹绸)，毛圈机织物及狭幅机织物除外
5801.35	化学纤维制，割绒的经起绒织物，毛圈机织物及狭幅机织物除外
5801.36	化学纤维制，绳绒织物，狭幅机织物除外
5801.90	其他纺织材料制，起绒机织物及绳绒机织物，毛圈机织物及狭幅机织物除外
5802.11	棉制毛巾织物及类似毛圈机织物，狭幅机织物除外，未漂白
5802.19	棉制毛巾织物及类似毛圈机织物，狭幅机织物及未漂白的除外
5802.20	其他纺织材料制的毛巾织物及类似的毛圈机织物，狭幅机织物除外
5802.30	簇绒织物，税号5703的产品除外
5803.10	棉制纱罗，狭幅机织物除外
5803.90	其他纺织材料制纱罗，狭幅机织物除外
5804.10	网眼薄纱及其他网眼织物，但不包括机织物、针织物或钩编织物
5804.21	机制花边，化学纤维制，成卷、成条或成小块图案的
5804.29	机制花边，其他纺织材料制，成卷、成条或成小块图案的
5804.30	手工制花边，成卷、成条或成小块图案的
5805.00	手织装饰毯以及手工针绣嵌花装饰毯，不论是否制成的
5806.10	狭幅起绒机织物及绳绒织物

5806.20	按重量计弹性纱线或橡胶线含量在 5%及以上的其他狭幅机织物
5806.31	其他狭幅机织物，棉制
5806.32	其他狭幅机织物，化学纤维制
5806.39	其他狭幅机织物，其他纺织材料制
5806.40	用粘合剂粘合制成有经纱而无纬纱的织物
5807.10	纺织材料制的标签、徽章及类似品，机织的
5807.90	纺织材料制的标签、徽章及类似品，非机织的
5808.10	成匹的编带
5808.90	非绣制的成匹装饰带，但针织的除外；流苏、绒球及类似品
5809.00	其他税号未列名的金属丝机织物，用于衣着装饰及类似用途
5810.10	成匹、成条或成小块图案的刺绣品，不见底布的
5810.91	成匹、成条或成小块图案的其他刺绣品，棉制
5810.92	成匹、成条或成小块图案的其他刺绣品，化学纤维制
5810.99	成匹、成条或成小块图案的其他刺绣品，其他纺织材料制
5811.00	被褥状纺织产品
第59章	**浸渍、涂布、包覆或层压的纺织物**
5901.10	用胶或淀粉物质涂布的纺织物，作书籍封面及类似用途的
5901.90	描图布；制成的油书布；作帽里的硬衬布等
5902.10	尼龙或其他聚酰胺高强力纱制的帘子布
5902.20	聚酯高强力纱制的帘子布
5902.90	粘胶纤维高强力纱制的帘子布
5903.10	用聚氯乙烯浸渍、涂布、包覆或层压的其他纺织物
5903.20	用聚氨基甲酸酯浸渍、涂布、包覆或层压的其他纺织物
5903.90	用其他塑料浸渍、涂布、包覆或层压的其他纺织物
5904.10	列诺伦(亚麻油地毡)，不论是否剪切成形
5904.91	铺地制品(列诺伦除外)，以针刺机制毡呢或无纺织物为底布
5904.92	铺地制品(列诺伦除外)，以其他纺织物为底布的
5905.00	糊墙织物
5906.10	用橡胶处理的宽度不超过 20 厘米的胶粘带
5906.91	用橡胶处理的其他针织或钩编织物
5906.99	用橡胶处理的其他纺织物

5907.00	用其他材料浸渍、涂布或包覆的纺织物；已绘制画布(如，舞台布景等)
5908.00	纺织材料制的灯芯、炉芯等；煤气灯纱筒及纱罩
5909.00	纺织材料制的水龙软管及类似的管子
5910.00	纺织材料制的传动带或输送带
5911.10	作针布用的纺织物，以及作专门技术用途的类似织物
5911.20	筛布，不论是否制成的
5911.31	用于造纸机器或类似机器纺织物，每平方米重量在 650 克以下
5911.32	用于造纸机器或类似机器纺织物，每平方米重量在 650 克及以上
5911.40	用于榨油机器或类似机器的滤布，包括人发制滤布
5911.90	其他作专门技术用途的纺织产品及制品
第60章	**针织物及钩编织物**
6001.10	针织或钩编的"长毛绒"织物
6001.21	针织或钩编的毛圈绒头织物，棉制
6001.22	针织或钩编的毛圈绒头织物，化学纤维制
6001.29	针织或钩编的毛圈绒头织物，其他纺织材料制
6001.91	针织或钩编的其他起绒织物，棉制
6001.92	针织或钩编的其他起绒织物，化学纤维制
6001.99	针织或钩编的其他起绒织物，其他纺织材料制
6002.10	其他针织物或钩编织物，宽度不超过 30 厘米，按重量计弹性纱线或橡胶线含量在 5%及以上
6002.20	其他针织物或钩编织物，宽度不超过 30 厘米
6002.30	其他针织物或钩编织物，宽度超过 30 厘米，按重量计弹性纱线或橡胶线含量在 5%及以上
6002.41	其他经编织物，羊毛或动物细毛制
6002.42	其他经编织物，棉制
6002.43	其他经编织物，化学纤维制
6002.49	其他经编织物，其他纺织材料制
6002.91	其他针织或钩编织物，羊毛或动物细毛制
6002.92	其他针织或钩编织物，棉制
6002.93	其他针织或钩编织物，化学纤维制
6002.99	其他针织或钩编织物，其他
第61章	**针织或钩编的服装及衣着附件**
6101.10	针织的男式大衣、带风帽的防寒短上衣等，羊毛或动物细毛制
6101.20	针织的男式大衣、带风帽的防寒短上衣等，棉制
6101.30	针织的男式大衣、带风帽的防寒短上衣等，化学纤维制

6101.90	针织的男式大衣、带风帽的防寒短上衣等，其他纺织材料制
6102.10	针织的女式大衣、带风帽的防寒短上衣等，羊毛或动物细毛制
6102.20	针织的女式大衣、带风帽的防寒短上衣等，棉制
6102.30	针织的女式大衣、带风帽的防寒短上衣等，化学纤维制
6102.90	针织的女式大衣、带风帽的防寒短上衣等，其他纺织材料制
6103.11	针织或钩编的男式西服套装，羊毛或动物细毛制
6103.12	针织的男式西服套装，合成纤维制
6103.19	针织的男式西服套装，其他纺织材料制
6103.21	针织的便服套装，羊毛或动物细毛制
6103.22	针织的便服套装，棉制
6103.23	针织的便服套装，合成纤维制
6103.29	针织的便服套装，其他纺织材料制
6103.31	针织的上衣，羊毛或动物细毛制
6103.32	针织的上衣，棉制
6103.33	针织的上衣，合成纤维制
6103.39	针织的上衣，其他纺织材料制
6103.41	针织的长裤及短裤，羊毛或动物细毛制
6103.42	针织的长裤及短裤，棉制
6103.43	针织的长裤及短裤，合成纤维制
6103.49	针织的长裤及短裤，其他纺织材料制
6104.11	针织的女式西服套装，羊毛或动物细毛制
6104.12	针织的女式西服套装，棉制
6104.13	针织的女式西服套装，合成纤维制
6104.19	针织的女式西服套装，其他纺织材料制
6104.21	针织的女式便服套装，羊毛或动物细毛制
6104.22	针织的女式便服套装，棉制
6104.23	针织的女式便服套装，合成纤维制
6104.29	针织的女式便服套装，其他纺织材料制
6104.31	针织的女式上衣，羊毛或动物细毛制
6104.32	针织的女式上衣，棉制
6104.33	针织的女式上衣，合成纤维制
6104.39	针织的女式上衣，其他纺织材料制

6104.41	针织的连衣裙，羊毛或动物细毛制
6104.42	针织的连衣裙，棉制
6104.43	针织的连衣裙，合成纤维制
6104.44	针织的连衣裙，人造纤维制
6104.49	针织的连衣裙，其他纺织材料制
6104.51	针织的裙子及裙裤，羊毛或动物细毛制
6104.52	针织的裙子及裙裤，棉制
6104.53	针织的裙子及裙裤，合成纤维制
6104.59	针织的裙子及裙裤，其他纺织材料制
6104.61	针织的女式长裤及短裤，羊毛或动物细毛制
6104.62	针织的女式长裤及短裤，棉制
6104.63	针织的女式长裤及短裤，合成纤维制
6104.69	针织的女式长裤及短裤，其他纺织材料制
6105.10	针织的男衬衣，棉制
6105.20	针织的男衬衣，化学纤维制
6105.90	针织的男衬衣，其他纺织材料制
6106.10	针织的女衬衫，棉制
6106.20	针织的女衬衫，化学纤维制
6106.90	针织的女衬衫，其他纺织材料制
6107.11	针织的男式内裤及三角裤，棉制
6107.12	针织的男式内裤及三角裤，化学纤维制
6107.19	针织的男式内裤及三角裤，其他纺织材料制
6107.21	针织的男式长睡衣及睡衣裤，棉制
6107.22	针织的男式长睡衣及睡衣裤，化学纤维制
6107.29	针织的男式长睡衣及睡衣裤，其他纺织材料制
6107.91	针织的男式浴衣、晨衣等，棉制
6107.92	针织的男式浴衣、晨衣等，化学纤维制
6107.99	针织的男式浴衣、晨衣等，其他纺织材料制
6108.11	针织的女式长衬裙及衬裙，化学纤维制
6108.19	针织的女式长衬裙及衬裙，其他纺织材料制
6108.21	针织的女式三角裤及短衬裤，棉制
6108.22	针织的女式三角裤及短衬裤，化学纤维制
6108.29	针织的女式三角裤及短衬裤，其他纺织材料制

6108.31	针织的女士睡衣及睡衣裤，棉制
6108.32	针织的女士睡衣及睡衣裤，化学纤维制
6108.39	针织的女士睡衣及睡衣裤，其他纺织材料制
6108.91	针织的女式浴衣、晨衣等，棉制
6108.92	针织的女式浴衣、晨衣等，化学纤维制
6108.99	针织的女式浴衣、晨衣等，其他纺织材料制
6109.10	针织的 T 恤衫、汗衫及其他背心，棉制
6109.90	针织的 T 恤衫、汗衫及其他背心，其他纺织材料制
6110.10	针织的开襟衫、背心及类似品，羊毛或动物细毛制
6110.20	针织的开襟衫、背心及类似品，棉制
6110.30	针织的开襟衫、背心及类似品，化学纤维制
6110.90	针织的开襟衫、背心及类似品，其他纺织材料制
6111.10	针织的婴儿服装及衣着附件，羊毛或动物细毛制
6111.20	针织的婴儿服装及衣着附件，棉制
6111.30	针织的婴儿服装及衣着附件，合成纤维制
6111.90	针织的婴儿服装及衣着附件，其他纺织材料制
6112.11	针织的运动服，棉制
6112.12	针织的运动服，合成纤维制
6112.19	针织的运动服，其他纺织材料制
6112.20	针织的滑雪服
6112.31	针织的男式游泳服，合成纤维制
6112.39	针织的男式游泳服，其他纺织材料制
6112.41	针织的女式游泳服，合成纤维制
6112.49	针织的女式游泳服，其他纺织材料制
6113.00	浸渍、涂布、包覆或层压针织物制成的服装
6114.10	针织的其他服装，羊毛或动物细毛制
6114.20	针织的其他服装，棉制
6114.30	针织的其他服装，化学纤维制
6114.90	针织的其他服装，其他纺织材料制

6115.11	针织的连裤袜及紧身裤袜，每根单丝细度在 67 分特以下的合成纤维制
6115.12	针织的连裤袜及紧身裤袜，每根单丝细度在 67 分特及以上的合成纤维制
6115.19	针织的连裤袜及紧身裤袜，其他纺织材料制
6115.20	针织的女式长统袜及中统袜，每根单丝细度在 67 分特以下
6115.91	其他针织袜类，羊毛或动物细毛制
6115.92	其他针织袜类，棉制
6115.93	其他针织袜类，合成纤维制
6115.99	其他针织袜类，其他纺织材料制
6116.10	用塑料或橡胶浸渍、涂布或包覆的针织手套
6116.91	其他的针织分指手套、连指手套及露指手套，羊毛或动物细毛制
6116.92	其他的针织分指手套、连指手套及露指手套，棉制
6116.93	其他的针织分指手套、连指手套及露指手套，合成纤维制
6116.99	其他的针织分指手套、连指手套及露指手套，其他纺织材料制
6117.10	针织的披巾、头巾、面纱及类似品
6117.20	针织的领带及领结
6117.80	针织的衣着附件
6117.90	服装或衣着附件的针织的零件
第62章	**非针织或非钩编的服装及衣着附件**
6201.11	非针织的男式大衣及类似品，羊毛或动物细毛制
6201.12	非针织的男式大衣及类似品，棉制
6201.13	非针织的男式大衣及类似品，化学纤维制
6201.19	非针织的男式大衣及类似品，其他纺织材料制
6201.91	非针织的男式带风帽的防寒短上衣及类似品，羊毛或动物细毛制
6201.92	非针织的男式带风帽的防寒短上衣及类似品，棉制
6201.93	非针织的男式带风帽的防寒短上衣及类似品，化学纤维制
6201.99	非针织的男式带风帽的防寒短上衣及类似品，其他纺织材料制
6202.11	非针织的女式大衣及类似品，羊毛或动物细毛制
6202.12	非针织的女式大衣及类似品，棉制
6202.13	非针织的女式大衣及类似品，化学纤维制
6202.19	非针织的女式大衣及类似品，其他纺织材料制

6202.91	非针织的女式带风帽的防寒短上衣及类似品，羊毛或动物细毛制
6202.92	非针织的女式带风帽的防寒短上衣及类似品，棉制
6202.93	非针织的女式带风帽的防寒短上衣及类似品，化学纤维制
6202.99	非针织的女式带风帽的防寒短上衣及类似品，其他纺织材料制
6203.11	非针织的男式西服套装，羊毛或动物细毛制
6203.12	非针织的男式西服套装，合成纤维制
6203.19	非针织的男式西服套装，其他纺织材料制
6203.21	非针织的男式便服套装，羊毛或动物细毛制
6203.22	非针织的男式便服套装，棉制
6203.23	非针织的男式便服套装，合成纤维制
6203.29	非针织的男式便服套装，其他纺织材料制
6203.31	非针织的男式上衣，羊毛或动物细毛制
6203.32	非针织的男式上衣，棉制
6203.33	非针织的男式上衣，合成纤维制
6203.39	非针织的男式上衣，其他纺织材料制
6203.41	非针织的男式长裤及短裤，羊毛或动物细毛制
6203.42	非针织的男式长裤及短裤，棉制
6203.43	非针织的男式长裤及短裤，合成纤维制
6203.49	非针织的男式长裤及短裤，其他纺织材料制
6204.11	非针织的女式西服套装，羊毛或动物细毛制
6204.12	非针织的女式西服套装，棉制
6204.13	非针织的女式西服套装，合成纤维制
6204.19	非针织的女式西服套装，其他纺织材料制
6204.21	非针织的女式便服套装，羊毛或动物细毛制
6204.22	非针织的女式便服套装，棉制
6204.23	非针织的女式便服套装，合成纤维制
6204.29	非针织的女式便服套装，其他纺织材料制
6204.31	非针织的女式上衣，羊毛或动物细毛制
6204.32	非针织的女式上衣，棉制
6204.33	非针织的女式上衣，合成纤维制
6204.39	非针织的女式上衣，其他纺织材料制
6204.41	非针织的连衣裙，羊毛或动物细毛制
6204.42	非针织的连衣裙，棉制
6204.43	非针织的连衣裙，合成纤维制

6204.44	非针织的连衣裙，人造纤维制
6204.49	非针织的连衣裙，其他纺织材料制
6204.51	非针织的裙子及裙裤，羊毛或动物细毛制
6204.52	非针织的裙子及裙裤，棉制
6204.53	非针织的裙子及裙裤，合成纤维制
6204.59	非针织的裙子及裙裤，其他纺织材料制
6204.61	非针织的女式长裤及短裤，羊毛或动物细毛制
6204.62	非针织的女式长裤及短裤，棉制
6204.63	非针织的女式长裤及短裤，合成纤维制
6204.69	非针织的女式长裤及短裤，其他纺织材料制
6205.10	非针织的男衬衫，羊毛或动物细毛制
6205.20	非针织的男衬衫，棉制
6205.30	非针织的男衬衫，化学纤维制
6205.90	非针织的男衬衫，其他纺织材料制
6206.10	非针织的女衬衫，丝或绢丝制
6206.20	非针织的女衬衫，羊毛或动物细毛制
6206.30	非针织的女衬衫，棉制
6206.40	非针织的女衬衫，化学纤维制
6206.90	非针织的女衬衫，其他纺织材料制
6207.11	非针织的男式内裤及三角裤，棉制
6207.19	非针织的男式内裤及三角裤，其他纺织材料制
6207.21	非针织的男式长睡衣及睡衣裤，棉制
6207.22	非针织的男式长睡衣及睡衣裤，化学纤维制
6207.29	非针织的男式长睡衣及睡衣裤，其他纺织材料制
6207.91	非针织的男式浴衣、晨衣等，棉制
6207.92	非针织的男式浴衣、晨衣等，化学纤维制
6207.99	非针织的男式浴衣、晨衣等，其他纺织材料制
6208.11	非针织的女式长衬裙及衬裙，化学纤维制
6208.19	非针织的女式长衬裙及衬裙，其他纺织材料制
6208.21	非针织的女式睡衣及睡衣裤，棉制
6208.22	非针织的女式睡衣及睡衣裤，化学纤维制
6208.29	非针织的女式睡衣及睡衣裤，其他纺织材料制

6208.91	非针织的女式浴衣、晨衣等，棉制
6208.92	非针织的女式浴衣、晨衣等，化学纤维制
6208.99	非针织的女式浴衣、晨衣等，其他纺织材料制
6209.10	非针织的婴儿服装及衣着附件，羊毛或动物细毛制
6209.20	非针织的婴儿服装及衣着附件，棉制
6209.30	非针织的婴儿服装及衣着附件，合成纤维制
6209.90	非针织的婴儿服装及衣着附件，其他纺织材料制
6210.10	用毡呢或无纺织物制成的服装
6210.20	浸渍、涂布、包覆等机织物制成的男式大衣及类似品
6210.30	浸渍、涂布、包覆等机织物制成的女式大衣及类似品
6210.40	浸渍、涂布、包覆等机织物制成的其他男式服装
6210.50	浸渍、涂布、包覆等机织物制成的其他女式服装
6211.11	非针织的男式游泳服
6211.12	非针织的女式游泳服
6211.20	非针织的滑雪服
6211.31	非针织的其他男式服装，羊毛或动物细毛制
6211.32	非针织的其他男式服装，棉制
6211.33	非针织的其他男式服装，化学纤维制
6211.39	非针织的其他男式服装，其他纺织材料制
6211.41	非针织的其他女式服装，羊毛或动物细毛制
6211.42	非针织的其他女式服装，棉制
6211.43	非针织的其他女式服装，化学纤维制
6211.49	非针织的其他女式服装，其他纺织材料制
6212.10	胸罩及其零件
6212.20	束腰带及腹带及其零件
6212.30	紧身胸衣及其零件
6212.90	吊裤带、吊袜带、束袜带及类似品及其零件
6213.10	非针织的手帕，丝或绢丝制
6213.20	非针织的手帕，棉制
6213.90	非针织的手帕，其他纺织材料制

6214.10	非针织的披巾、头巾、面纱及类似品，丝或绢丝制
6214.20	非针织的披巾、头巾、面纱及类似品，羊毛或动物细毛制
6214.30	非针织的披巾、头巾、面纱及类似品，合成纤维制
6214.40	非针织的披巾、头巾、面纱及类似品，人造纤维制
6214.90	非针织的披巾、头巾、面纱及类似品，其他纺织材料制
6215.10	非针织的领带及领结，丝或绢丝制
6215.20	非针织的领带及领结，化学纤维制
6215.90	非针织的领带及领结，其他纺织材料制
6216.00	非针织的分指手套、连指手套及露指手套
6217.10	非针织的其他衣着附件
6217.90	非针织的服装或衣着附件的零件
第63章	**其他纺织制成品、成套物品、旧衣着及旧纺织品、碎织物**
6301.10	电暖毯
6301.20	羊毛或动物细毛制的毯子(电暖毯除外)及旅行毯
6301.30	棉制的毯子(电暖毯除外)及旅行毯
6301.40	合成纤维制的毯子(电暖毯除外)及旅行毯
6301.90	其他纺织材料制的毯子及旅行毯
6302.10	针织或钩编的床上用织物制品
6302.21	非针织的棉制印花床上用织物制品
6302.22	非针织的化学纤维制印花床上用织物制品
6302.29	非针织的其他纺织材料制印花床上用织物制品
6302.31	非针织的棉制其他床上用织物制品
6302.32	非针织的化学纤维制其他床上用织物制品
6302.39	非针织的其他纺织材料制其他床上用织物制品
6302.40	针织或钩编的餐桌用织物制品
6302.51	非针织的棉制餐桌用织物制品
6302.52	非针织的亚麻制餐桌用织物制品
6302.53	非针织的化学纤维制餐桌用织物制品
6302.59	非针织的其他纺织材料制餐桌用织物制品
6302.60	盥洗及厨房用棉制毛巾织物或类似的毛圈织物的制品
6302.91	盥洗及厨房用其他织物制品，棉制
6302.92	盥洗及厨房用其他织物制品，亚麻制
6302.93	盥洗及厨房用其他织物制品，化学纤维制
6302.99	盥洗及厨房用其他织物制品，其他纺织材料制
6303.11	针织的窗帘、帷帘、帐幔、帘帷或床帷，棉制

6303.12	针织的窗帘、帷帘、帐幔、帘帷或床帷，合成纤维制
6303.19	针织的窗帘、帷帘、帐幔、帘帷或床帷，其他纺织材料制
6303.91	非针织的窗帘、帷帘、帐幔、帘帷或床帷，棉制
6303.92	非针织的窗帘、帷帘、帐幔、帘帷或床帷，合成纤维制
6303.99	非针织的窗帘、帷帘、帐幔、帘帷或床帷，其他纺织材料制
6304.11	针织或钩编的床罩
6304.19	非针织或钩编的床罩
6304.91	针织或钩编的其他装饰用织物制品
6304.92	非针织或钩编的其他装饰用织物制品，棉制
6304.93	非针织或钩编的其他装饰用织物制品，合成纤维制
6304.99	非针织或钩编的其他装饰用织物制品，其他纺织材料制
6305.10	货物包装用袋，黄麻或其他韧皮纺织纤维制
6305.20	货物包装用袋，棉制
6305.31	货物包装用袋，聚乙烯或聚丙烯扁条制
6305.39	货物包装用袋，其他化学纤维材料制
6305.90	货物包装用袋，其他纺织材料制
6306.11	油苫布、天篷及遮阳篷，棉制
6306.12	油苫布、天篷及遮阳篷，合成纤维制
6306.19	油苫布、天篷及遮阳篷，其他纺织材料制
6306.21	帐篷，棉制
6306.22	帐篷，合成纤维制
6306.29	帐篷，其他纺织材料制
6306.31	风帆，合成纤维制
6306.39	风帆，其他纺织材料制
6306.41	充气褥垫，棉制
6306.49	充气褥垫，其他纺织材料制
6306.91	野营用品，棉制
6306.99	野营用品，其他纺织材料制
6307.10	擦地布、擦碗布、抹布及类似擦拭用布，纺织材料制
6307.20	救生衣及安全带，纺织材料制
6307.90	其他纺织材料制成品，包括服装裁剪样
6308.00	由机织物及纱线构成的零售包装成套物品，用以制作小地毯、装饰毯等
6309.00	旧衣物

第30至49章、第64至96章的纺织品和服装产品

3005.90	软填料、纱布、绷带及类似物品
ex 3921.12}	{用塑料涂布、包覆或层压的机织、针织
ex 3921.13}	{或无纺织物
ex 3921.90}	{
ex 4202.12}	{
ex 4202.22}	{以纺织材料作面的行李箱、
ex 4202.32}	{手提包等
ex 4202.92}	{
ex 6405.20	羊毛毡呢制鞋底及鞋面的鞋靴
ex 6406.10	鞋面及其零件，50%及以上是用纺织材料制的
ex 6406.99	纺织材料制的护腿、裹腿及类似品
6501.00	毡呢制的帽坯、帽身及帽兜；毡呢制的圆帽片及制帽用的毡呢筒
6502.00	编结的帽坯或用任何材料的条带拼制而成的帽坯
6503.00	毡呢帽类
6504.00	编结帽或用任何材料的条带拼制而成的帽类
6505.90	针织的帽类，用花边或其他纺织物制成的帽类
6601.10	庭园用伞
6601.91	折叠伞
6601.99	其他雨伞及阳伞
ex 7019.10	玻璃纤维纱线
ex 7019.20	玻璃纤维机织物
8708.21	机动车辆座椅安全带
8804.00	降落伞及其零件、附件
9113.90	纺织材料制的表带
ex 9404.90	棉制枕头及靠垫；棉被；羽绒被；褥垫、坐垫
9502.91	玩偶服装
ex 9612.10	机织的色带，化学纤维制，但宽度小于 30mm 并已永久装于色盒里的除外

技术性贸易壁垒协定

各成员，

注意到乌拉圭回合多边贸易谈判；

期望促进 GATT 1994 目标的实现：

认识到国际标准和合格评定体系可以通过提高生产效率和便利国际贸易的进行而在这方面作出重要贡献；

因此期望鼓励制定此类国际标准和合格评定体系；

但是期望保证技术法规和标准，包括对包装、标志和标签的要求，以及对技术法规和标准的合格评定程序不给国际贸易制造不必要的障碍；

认识到不应阻止任何国家在其认为适当的程度内采取必要措施，保证其出口产品的质量，或保护人类、动物或植物的生命或健康及保护环境，或防止欺诈行为，但是这些措施的实施方式不得构成在情形相同的国家之间进行任意或不合理歧视的手段，或构成对国际贸易的变相限制，并应在其他方面与本协定的规定相一致；

认识到不应阻止任何国家采取必要措施以保护其基本安全利益；

认识到国际标准化在发达国家向发展中国家转让技术方面可以作出的贡献；

认识到发展中国家在制定和实施技术法规、标准及对技术法规和标准的合格评定程序方面可能遇到特殊困难，并期望对它们在这方面所作的努力给予协助；

特此协议如下：

第 1 条
总则

1.1　标准化和合格评定程序通用术语的含义通常应根据联合国系统和国际标准化机构所采用的定义，同时考虑其上下文并按照本协定的目的和宗旨确定。

1.2　但就本协定而言，应适用附件 1 中所列术语的含义。

1.3　所有产品，包括工业品和农产品，均应遵守本协定的规定。

1.4　政府机构为其生产或消费要求所制定的采购规格不受本协定规定的约束，而应根据《政府采购协定》的范围由该协定处理。

1.5　本协定的规定不适用于《实施卫生与植物卫生措施协定》附件 A 定义的卫生与植物卫生措施。

1.6　本协定中所指的所有技术法规、标准和合格评定程序，应理解为包括对其规则的任何修正或产品范围的任何补充，但无实质意义的修正和补充除外。

技术法规和标准

第 2 条
中央政府机构制定、采用和实施的技术法规

对于各自的中央政府机构：

2.1　各成员应保证在技术法规方面，给予源自任何成员领土进口的产品不低于其给予本国同类产品或来自任何其他国家同类产品的待遇。

2.2　各成员应保证技术法规的制定、采用或实施在目的或效果上均不对国际贸易造成不必要的障碍。为此目的，技术法规对贸易的限制不得超过为实现合法目标所必需的限度，同时考虑合法目标未能实现可能造成的风险。此类合法目标特别包括：国家安全要求；防止欺诈行为；保护人类健康或安全、保护动物或植物的生命或健康及保护环境。在评估此类风险时，应考虑的相关因素特别包括：可获得的科学和技术信息、有关的加工技术或产品的预期最终用途。

2.3　如与技术法规采用有关的情况或目标已不复存在，或改变的情况或目标可采用对贸易限制较少的方式加以处理，则不得维持此类技术法规。

2.4　如需制定技术法规，而有关国际标准已经存在或即将拟就，则各成员应使用这些国际标准或其中的相关部分作为其技术法规的基础，除非这些国际标准或其中的相关部分对达到其追求的合法目标无效或不适当，例如由于基本气候因素或地理因素或基本技术问题。

2.5　应另一成员请求，一成员在制定、采用或实施可能对其他成员的贸易有重大影响的技术法规时应按照第 2 款到第 4 款的规定对其技术法规

的合理性进行说明。只要出于第 2 款明确提及的合法目标之一并依照有关国际标准制定、采用和实施的技术法规，即均应予以作出未对国际贸易造成不必要障碍的可予驳回的推定。

2.6　　为在尽可能广泛的基础上协调技术法规，各成员应在其力所能及的范围内充分参与有关国际标准化机构就各自已采用或准备采用的技术法规所涵盖的产品制定国际标准的工作。

2.7　　各成员应积极考虑将其他成员的技术法规作为等效法规加以接受，即使这些法规不同于自己的法规，只要它们确信这些法规足以实现与自己的法规相同的目标。

2.8　　只要适当，各成员即应按照产品的性能而不是按照其设计或描述特征来制定技术法规。

2.9　　只要不存在有关国际标准或拟议的技术法规中的技术内容与有关国际标准中的技术内容不一致，且如果该技术法规可能对其他成员的贸易有重大影响，则各成员即应：

　　　2.9.1　在早期适当阶段，以能够使其他成员中的利害关系方知晓的方式，在出版物上发布有关提议采用某一特定技术法规的通知；

　　　2.9.2　通过秘书处通知其他成员拟议的法规所涵盖的产品，并对拟议的法规的目的和理由作出简要说明。此类通知应在早期适当阶段作出，以便进行修正和考虑提出的意见；

　　　2.9.3　应请求，向其他成员提供拟议的技术法规的细节或副本，只要可能，即应确认与有关国际标准有实质性偏离的部分；

　　　2.9.4　无歧视地给予其他成员合理的时间以提出书面意见，应请求讨论这些意见，并对这些书面意见和讨论的结果予以考虑。

2.10　　在遵守第 9 款引言部分规定的前提下，如一成员面临涉及安全、健康、环境保护或国家安全等紧急问题或面临发生此类问题的威胁，则该成员可省略第 9 款所列步骤中其认为有必要省略的步骤，但是该成员在采用技术法规时应：

　　　2.10.1　立即通过秘书处将特定技术法规及其涵盖的产品通知其他成员，并对该技术法规的目的和理由作出简要说明，包括紧急问题的性质；

2.10.2 应请求，向其他成员提供该技术法规的副本；

2.10.3 无歧视地给予其他成员合理的时间以提出书面意见，应请求讨论这些意见，并对这些书面意见和讨论的结果予以考虑。

2.11 各成员应保证迅速公布已采用的所有技术法规，或以可使其他成员中的利害关系方知晓的其他方式提供。

2.12 除第 10 款所指的紧急情况外，各成员应在技术法规的公布和生效之间留出合理时间间隔，使出口成员，特别是发展中国家成员的生产者有时间使其产品和生产方法适应进口成员的要求。

第 3 条

地方政府机构和非政府机构制定、采用和实施的技术法规

对于各自领土内的地方政府和非政府机构：

3.1 各成员应采取其所能采取的合理措施，保证此类机构遵守第 2 条的规定，但第 2 条第 9.2 款和第 10.1 款所指的通知义务除外。

3.2 各成员应保证依照第 2 条第 9.2 款和第 10.1 款的规定对直属中央政府的地方政府的技术法规作出通知，同时注意到内容与有关成员中央政府以往通知的技术法规的技术内容实质相同的地方技术法规不需作出通知。

3.3 各成员可要求与其他成员的联系通过中央政府进行，包括第 2 条第 9 款和第 10 款所指的通知、提供信息、提出意见和进行讨论。

3.4 各成员不得采取要求或鼓励其领土内的地方政府机构或非政府机构以与第 2 条规定不一致的方式行事的措施。

3.5 在本协定项下，各成员对遵守第 2 条的所有规定负有全责。各成员应制定和实施积极的措施和机制，以支持中央政府机构以外的机构遵守第 2 条的规定。

第 4 条
标准的制定、采用和实施

4.1 各成员应保证其中央政府标准化机构接受并遵守本协定附件 3 中的《关于制定、采用和实施标准的良好行为规范》(本协定中称"《良好行为规范》")。它们应采取其所能采取的合理措施，保证其领土内的地方政府和非政府标准化机构，以及它们参加的或其领土内一个或多个机构参加的区域标准化组织接受并遵守该《良好行为规范》。此外，成员不得采取直接或间接要求或鼓励此类标准化机构以与《良好行为规范》不一致的方式行事的措施。各成员关于标准化机构遵守《良好行为规范》规定的义务应予履行，无论一标准化组织是否已接受《良好行为规范》。

4.2 对于已接受并遵守《良好行为规范》的标准化机构，各成员应承认其遵守本协定的原则。

符合技术法规和标准

第 5 条
中央政府机构的合格评定程序

5.1 各成员应保证，在需要切实保证符合技术法规或标准时，其中央政府机构对源自其他成员领土内的产品适用下列规定：

5.1.1. 合格评定程序的制定、采用和实施，应在可比的情况下以不低于给予本国同类产品的供应商或源自任何其他国家同类产品的供应商的条件，使源自其他成员领土内产品的供应商获得准入；此准入使产品供应商有权根据该程序的规则获得合格评定，包括在该程序可预见时，在设备现场进行合格评定并能得到该合格评定体系的标志；

5.1.2. 合格评定程序的制定、采用或实施在目的和效果上不应对国际贸易造成不必要的障碍。此点特别意味着：合格评定程序或其实施方式不得比给予进口成员对产品符合适用的技术法规或标准所必需的足够信任更为严格，同时考虑不符合技术法规或标准可能造成的风险。

5.2 在实施第 1 款的规定时，各成员应保证：

5.2.1 合格评定程序尽可能迅速的进行和完成，并在顺序上给予源自其他成员领土内的产品不低于本国同类产品的待遇；

5.2.2 公布每一合格评定程序的标准处理时限，或应请求，告知申请人预期的处理时限；主管机构在收到申请后迅速审查文件是否齐全，并以准确和完整的方式通知申请人所有不足之处；主管机构尽快以准确和完整的方式向申请人传达评定结果，以便申请人在必要时采取纠正措施；即使在申请存在不足之处时，如申请人提出请求，主管机构也应尽可能继续进行合格评定；以及应请求，通知申请人程序进行的阶段，并对任何迟延进行说明；

5.2.3 对信息的要求仅限于合格评定和确定费用所必需的限度；

5.2.4 由此类合格评定程序产生或提供的与其有关的源自其他成员领土内产品的信息，其机密性受到与本国产品同样的遵守，其合法商业利益得到与本国产品相同的保护；

5.2.5 对源自其他成员领土内的产品进行合格评定所征收的任何费用与对本国或源自任何其他国家的同类产品所征收的费用相比是公平的，同时考虑因申请人与评定机构所在地不同而产生的通讯、运输及其他费用；

5.2.6 合格评定程序所用设备的设置地点及样品的提取不致给申请人或其代理人造成不必要的不便；

5.2.7 只要在对一产品是否符合适用的技术法规或标准作出确定后改变其规格，则对改变规格产品的合格评定程序即仅限于为确定对该产品仍符合有关技术法规或标准是否有足够的信任所必需的限度；

5.2.8　建立一程序，以审查有关实施合格评定程序的投诉，且当一投诉被证明属合理时采取纠正措施。

5.3　第 1 款和第 2 款的任何规定均不得阻止各成员在其领土内进行合理的现场检查。

5.4　如需切实保证产品符合技术法规或标准、且国际标准化机构发布的相关指南或建议已经存在或即将拟就，则各成员应保证中央政府机构使用这些指南或建议或其中的相关部分，作为其合格评定程序的基础，除非应请求作出适当说明，指出此类指南、建议或其中的相关部分特别由于如下原因而不适合于有关成员：国家安全要求；防止欺诈行为；保护人类健康或安全、保护动物或植物生命或健康及保护环境；基本气候因素或其他地理因素；基本技术问题或基础设施问题。

5.5　为在尽可能广泛的基础上协调合格评定程序，各成员应在力所能及的范围内充分参与有关国际标准化机构制定合格评定程序指南和建议的工作。

5.6　只要不存在国际标准化机构发布的相关指南或建议，或拟议的合格评定程序的技术内容与国际标准化机构发布的相关指南或建议不一致，并且此合格评定程序可能对其他成员的贸易产生重大影响，则各成员即应：

5.6.1　在早期适当阶段，以能够使其他成员中的利害关系方知晓的方式，在出版物上发布有关提议采用的特定合格评定程序的通知；

5.6.2　通过秘书处通知其他成员拟议的合格评定程序所涵盖的产品，并对该程序的目的和理由作出简要说明。此类通知应在早期适当阶段作出，以便仍可进行修正和考虑提出的意见；

5.6.3　应请求，向其他成员提供拟议的程序的细节或副本，只要可能，即应确认与有关国际标准化机构发布的指南或建议有实质性偏离的部分；

5.6.4　无歧视地给予其他成员合理的时间以提出书面意见，应请求讨论这些意见，并对这些书面意见和讨论的结果予以考虑。

5.7　在遵守第 6 款引言部分规定的前提下，如一成员面临涉及安全、健康、环境保护或国家安全等紧急问题或面临发生此类问题的威胁，则该成员可省略第 6 款所列步骤中其认为有必要省略的步骤，但该成员在采用该程序时应：

> 5.7.1. 立即通过秘书处将特定程序及其涵盖的产品通知其他成员，并对该程序的目的和理由作出简要说明，包括紧急问题的性质；
>
> 5.7.2. 应请求，向其他成员提供该程序规则的副本；
>
> 5.7.3. 无歧视地给予其他成员合理的时间以提出书面意见，应请求讨论这些意见，并对这些书面意见和讨论的结果予以考虑。

5.8   各成员应保证迅速公布已采用的所有合格评定程序，或以可使其他成员中的利害关系方知晓的其他方式提供。

5.9   除第 7 款提及的紧急情况外，各成员应在有关合格评定程序要求的公布和生效之间留出合理时间间隔，使出口成员，特别是发展中国家成员的生产者有时间使其产品和生产方法适应进口成员的要求。

第 6 条
中央政府机构对合格评定的承认

对于各自的中央政府机构：

6.1   在不损害第 3 款和第 4 款规定的情况下，各成员应保证，只要可能，即接受其他成员合格评定程序的结果，即使这些程序不同于它们自己的程序，只要它们确信这些程序与其自己的程序相比同样可以保证产品符合有关技术法规或标准。各方认识到可能需要进行事先磋商，以便就有关事项达成相互满意的谅解，特别是关于：

> 6.1.1   出口成员的有关合格评定机构的适当和持久的技术资格，以保证其合格评定结果的持续可靠性得到信任；在这方面，应考虑通过认可等方法核实其遵守国际标准化机构发布的相关指南或建议，作为拥有适当技术资格的一种表示；
>
> 6.1.2   关于接受该出口成员指定机构出具的合格评定结果的限制。

6.2   各成员应保证其合格评定程序尽可能允许第 1 款的规定得到实施。

6.3 　鼓励各成员应其他成员请求，就达成相互承认合格评定程序结果的协议进行谈判。成员可要求此类协议满足第 1 款的标准，并在便利有关产品贸易的可能性方面使双方满意。

6.4 　鼓励各成员以不低于给予自己领土内或任何其他国家领土内合格评定机构的条件，允许其他成员领土内的合格评定机构参加其合格评定程序。

第 7 条
地方政府机构的合格评定程序

对于各自领土内的地方政府机构：

7.1 　各成员应采取其所能采取的合理措施，保证此类机构符合第 5 条和第 6 条的规定，但第 5 条第 6.2 款和第 7.1 款所指的通知义务除外。

7.2 　各成员应保证依照第 5 条第 6.2 款和第 7.1 款的规定对直属中央政府的地方政府的合格评定程序作出通知，同时注意到内容与有关成员中央政府以往通知的合格评定程序的技术内容实质相同的合格评定程序不需作出通知。

7.3 　各成员可要求与其他成员联系通过中央政府进行，包括第 5 条第 6 款和第 7 款所指的通知、提供信息、提出意见和进行讨论。

7.4 　各成员不得采取要求或鼓励其领土内的地方政府机构以与第 5 条和第 6 条规定不一致的方式行事的措施。

7.5 　在本协定项下,各成员对遵守第 5 条和第 6 条的所有规定负有全责。各成员应制定和实施积极的措施和机制，以支持中央政府机构以外的机构遵守第 5 条和第 6 条的规定。

第 8 条
非政府机构的合格评定程序

8.1 　各成员应采取其所能采取的合理措施，保证其领土内实施合格评定程序的非政府机构遵守第 5 条和第 6 条的规定，但关于通知拟议的合格评定程序的义务除外。此外，各成员不得采取具有直接或间接要求或鼓励此类机构以与第 5 条和第 6 条规定不一致的方式行事的效果的措施。

8.2   各成员应保证只有在非政府机构遵守第 5 条和第 6 条规定的情况下，其中央政府机构方可依靠这些机构实施的合格评定程序，但关于通知拟议的合格评定程序的义务除外。

第 9 条
国际和区域体系

9.1   如需要切实保证符合技术法规或标准，只要可行，各成员即应制定和采用国际合格评定体系并作为该体系成员或参与该体系。

9.2   各成员应采取其所能采取的合理措施，保证其领土内的相关机构加入或参与的国际和区域合格评定体系遵守第 5 条和第 6 条的规定。此外，各成员不得采取任何具有直接或间接要求或鼓励此类体系以与第 5 条和第 6 条规定不一致的方式行事的效果的措施。

9.3   各成员应保证只有在国际或区域合格评定体系遵守适用的第 5 条和第 6 条规定的情况下，其中央政府机构方可依靠这些体系。

信息和援助

第 10 条
关于技术法规、标准和合格评定程序的信息

10.1   每一成员应保证设立咨询点，能够回答其他成员和其他成员中的利害关系方提出的所有合理询问，并提供有关下列内容的文件：

  10.1.1 中央或地方政府机构、有执行技术法规法定权力的非政府机构、或此类机构加入或参与的区域标准化机构在其领土内采用或拟议的任何技术法规；

  10.1.2 中央或地方政府机构、此类机构加入或参与的区域标准化机构在其领土内采用或拟议的任何标准；

  10.1.3 中央或地方政府机构、或有执行技术法规法定权力的非政府机构，或此类机构加入或参与的区域机构在其领土内实施的

　　　　任何或拟议的合格评定程序；

　　10.1.4 成员或其领土内中央或地方政府机构加入或参与国际和区域标准化机构和合格评定体系的情况，及参加本协定范围内的双边和多边安排的情况；并应能提供关于此类体系和安排的规定的合理信息；

　　10.1.5 按照本协定发布通知的地点，或提供关于何处可获得此类信息的信息；以及

　　10.1.6 第3款所述咨询点的地点。

10.2　　但是如一成员因法律或行政原因设立一个以上的咨询点，则该成员应向其他成员提供关于每一咨询点职责范围的完整和明确的信息。此外，该成员应保证送错咨询点的任何询问应迅速转交正确的咨询点。

10.3　　每一成员均应采取其所能采取的合理措施，保证设立一个或一个以上的咨询点，能够回答其他成员和其他成员中的利害关系方提出的所有合理询问，并提供有关下列内容的文件或关于从何处获得这些文件的信息：

　　10.3.1 非政府标准化机构或此类机构加入或参与的区域标准化机构在其领土内采取或拟议的任何标准；及

　　10.3.2 非政府机构或此类机构加入或参与的区域机构在其领土内实施的任何合格评定程序或拟议的合格评定程序；

　　10.3.3 其领土内非政府机构加入或参与国际和区域标准化机构和合格评定体系的情况，以及参加在本协定范围内的双边和多边安排的情况；并应能提供关于此类体系和安排的规定的合理信息。

10.4　　各成员应采取其所能采取的合理措施，保证如其他成员或其他成员中的利害关系方依照本协定的规定索取文件副本，除递送费用外，应按向

有关成员本国或任何其他成员国民[1]提供的相同价格(如有定价)提供。

10.5　如其他成员请求，发达国家成员应以英文、法文或西班牙文提供特定通知所涵盖的文件，如文件篇幅较长，则应提供此类文件的摘要。

10.6　秘书处在依照本协定的规定收到通知后，应迅速向所有成员和有利害关系的国际标准化和合格评定机构散发通知的副本，并提请发展中国家成员注意任何有关其特殊利益产品的通知。

10.7　只要一成员与一个或多个任何其他国家就与技术法规、标准或合格评定程序有关的问题达成可能对贸易有重大影响的协议，则至少一名属该协议参加方的成员即应通过秘书处通知其他成员该协议所涵盖的产品，包括对该协议的简要说明。鼓励有关成员应请求与其他成员进行磋商，以达成类似的协议或为参加此类协议作出安排。

10.8　本协定的任何内容不得解释为要求：

　　　10.8.1 使用成员语文以外的语文出版文本；

　　　10.8.2 使用成员语文以外的语文提供草案细节或草案的副本，但第 5
　　　　　　 款规定的除外；或

　　　10.8.3 各成员提供它们认为披露后会违背其基本安全利益的任何信
　　　　　　 息。

10.9　提交秘书处的通知应使用英文、法文或西班牙文。

10.10 各成员应指定一中央政府机构，负责在国家一级实施本协定关于通知程序的规定，但附件 3 中的规定除外。

10.11 但是如由于法律或行政原因，通知程序由中央政府的两个或两个以上主管机关共同负责，则有关成员应向其他成员提供关于每一机关职责范围的完整和明确的信息。

第 11 条
对其他成员的技术援助

11.1　如收到请求，各成员应就技术法规的制定向其他成员、特别是发展中国家成员提供建议。

---

[1] 本协定中所指的"国民"一词，对于 WTO 的单独关税区成员，应被视为在该关税区内定居或拥有真实有效的工业或商业机构的自然人或法人。

11.2　如收到请求，各成员应就建立国家标准化机构和参加国际标准化机构的问题向其他成员、特别是发展中国家成员提供建议，并按双方同意的条款和条件给予它们技术援助，还应鼓励本国标准化机构采取同样的做法。

11.3　如收到请求，各成员应采取其所能采取的合理措施，安排其领土内的管理机构向其他成员、特别是发展中国家成员提供建议，并按双方同意的条款和条件就下列内容给予它们技术援助：

11.3.1　建立管理机构或技术法规的合格评定机构；及

11.3.2　能够最好地满足其技术法规的方法。

11.4　如收到请求，各成员应采取其所能采取的合理措施，安排向其他成员、特别是发展中国家成员提供建议，并就在提出请求的成员领土内建立已采用标准的合格评定机构的问题，按双方同意的条款和条件给予它们技术援助。

11.5　如收到请求，各成员应向其他成员、特别是发展中国家成员提供建议，并就这些成员的生产者如希望利用收到请求的成员领土内的政府机构或非政府机构实施的合格评定体系所应采取步骤的问题，按双方同意的条款和条件给予它们技术援助。

11.6　如收到请求，加入或参与国际或区域合格评定体系的成员应向其他成员、特别是发展中国家成员提供建议，并就建立机构和法律体制以便能够履行因加入或参与此类体系而承担义务的问题，按双方同意的条款和条件给予它们技术援助。

11.7　如收到请求，各成员应鼓励其领土内加入或参与国际或区域合格评定体系的机构向其他成员、特别是发展中国家成员提供建议，并就建立机构以使其领土内的有关机构能够履行因加入或参与而承担义务的问题，考虑它们提出的关于提供技术援助的请求。

11.8　在根据第1款向其他成员提供建议和技术援助时，各成员应优先考虑最不发达国家成员的需要。

第 12 条

对发展中国家成员的特殊和差别待遇

12.1 各成员应通过下列规定和本协定其他条款的相关规定，对参加本协定的发展中国家成员提供差别和更优惠待遇。

12.2 各成员应特别注意本协定有关发展中国家成员的权利和义务的规定，并应在执行本协定时，包括在国内和在运用本协定的机构安排时，考虑发展中国家成员特殊的发展、财政和贸易需要。

12.3 各成员在制定和实施技术法规、标准和合格评定程序时，应考虑各发展中国家成员特殊的发展、财政和贸易需要，以保证此类技术法规、标准和合格评定程序不对发展中国家成员的出口造成不必要的障碍。

12.4 各成员认识到，虽然可能存在国际标准、指南和建议，但是在其特殊的技术和社会经济条件下，发展中国家成员可采用某些技术法规、标准或合格评定程序，旨在保护与其发展需要相适应的本国技术、生产方法和工艺。因此，各成员认识到不应期望发展中国家成员使用不适合其发展、财政和贸易需要的国际标准作为其技术法规或标准、包括试验方法的依据。

12.5 各成员应采取其所能采取的合理措施，以保证国际标准化机构和国际合格评定体系的组织和运作方式便利所有成员的有关机构积极和有代表性地参与，同时考虑发展中国家的特殊问题。

12.6 各成员应采取其所能采取的合理措施，以保证国际标准化机构应发展中国家成员的请求，审查对发展中国家成员有特殊利益产品制定国际标准的可能性，并在可行时制定这些标准。

12.7 各成员应依照第 11 条的规定，向发展中国家成员提供技术援助，以保证技术法规、标准和合格评定程序的制定和实施不对发展中国家成员出口的扩大和多样化造成不必要的障碍。在确定技术援助的条款和条件时，应考虑提出请求的成员、特别是最不发达国家成员所处的发展阶段。

12.8 各方认识到发展中国家成员在制定和实施技术法规、标准和合格评定程序方面可能面临特殊问题，包括机构和基础设施问题。各方进一步认识到发展中国家成员特殊的发展和贸易需要以及它们所处的技术发展阶段可能会妨碍它们充分履行本协定项下义务的能力。因此，各成员应充分考虑此事实。为此，为保证发展中国家成员能够遵守本协定，授权根据本协定第 13 条设立的技术性贸易壁垒委员会(本协定中称"委员会")，应请求，就本协定项下全部或部分义务给予特定的、有时限的例外。在审议此类请求时，委员会应考虑发展中国家成员在技术法规、标准和合格评定程序的制定和实施方面的特殊问题、它们特殊的发展和贸易需要以及所处的技术发展阶段，这些均可妨碍它们充分履行本协定项下义务的能力。委员会应特别考虑最不发达国家成员的特殊问题。

12.9 在磋商过程中，发达国家成员应记住发展中国家成员在制定和实施标准、技术法规和合格评定程序过程中遇到的特殊困难，为帮助发展中国家成员在这方面的努力，发达国家成员应考虑前者特殊的财政、贸易和发展需要。

12.10 委员会应定期审议本协定制定的在国家和国际各级给予发展中国家的特殊和差别待遇。

机构、磋商和争端解决

第 13 条
技术性贸易壁垒委员会

13.1 特此设立技术性贸易壁垒委员会，由每一成员的代表组成。委员会应选举自己的主席，并应在必要时召开会议，但每年应至少召开一次会议，为各成员提供机会，就与本协定的运用或促进其目的的实现有关的事项进行磋商，委员会应履行本协定或各成员所指定的职责。

13.2 委员会设立工作组或其他适当机构，以履行委员会依照本协定相关规定指定的职责。

13.3 各方理解，应避免本协定项下的工作与政府在其他技术机构中的工作造成不必要的重复。委员会应审查此问题，以期将此种重复减少到最低限度。

第 14 条

磋商和争端解决

14.1　就影响本协定运用的任何事项的磋商和争端解决应在争端解决机构的主持下进行，并应遵循由《争端解决谅解》详述和适用的 GATT 1994 第22 条和第 23 条的规定，但应在细节上作必要修改。

14.2　专家组可自行或应一争端方请求，设立技术专家小组，就需要由专家详细研究的技术性问题提供协助。

14.3　技术专家小组应按附件 2 的程序管理。

14.4　如一成员认为另一成员未能根据第 3 条、第 4 条、第 7 条、第 8 条和第 9 条取得令人满意的结果，且其贸易利益受到严重影响，则可援引上述争端解决的规定。在这方面，此类结果应等同于如同在所涉机构为一成员时达成的结果。

最后条款

第 15 条

最后条款

保留

15.1　未经其他成员同意，不得对本协定的任何条款提出保留。

审议

15.2　每一成员应在《WTO 协定》对其生效之日后，迅速通知委员会已有或已采取的保证本协定实施和管理的措施。此后，此类措施的任何变更也应通知委员会。

15.3　委员会应每年对本协定实施和运用的情况进行审议，同时考虑本协定的目标。

15.4　在不迟于《WTO 协定》生效之日起的第 3 年年末及此后每 3 年期期末，委员会应审议本协定的运用和实施情况，包括与透明度有关的规定，以期在不损害第 12 条规定及为保证相互经济利益和权利与义务的平衡所必要的情况下，提出调整本协定项下权利和义务的建议。委员会应特别注意在实施本协定过程中所取得的经验，酌情向货物贸易理事会提出修正本协定文本的建议。

附件

15.5 本协定的附件构成本协定的组成部分。

附件 1
本协定中的术语及其定义

国际标准化组织/国际电工委员会(ISO/IEC)指南 2 第 6 版：1991 年，《关于标准化及相关活动的一般术语及其定义》中列出的术语，如在本协定中使用，其含义应与上述指南中给出的定义相同，但应考虑服务业不属于本协定的范围。

但是就本协定而言，应适用下列定义：

1. 技术法规

规定强制执行的产品特性或其相关工艺和生产方法、包括适用的管理规定在内的文件。该文件还可包括或专门关于适用于产品、工艺或生产方法的专门术语、符号、包装、标志或标签要求。

解释性说明

ISO/IEC 指南 2 中的定义未采用完整定义方式，而是建立在所谓"板块"系统之上的。

2. 标准

经公认机构批准的、规定非强制执行的、供通用或重复使用的产品或相关工艺和生产方法的规则、指南或特性的文件。该文件还可包括或专门关于适用于产品、工艺或生产方法的专门术语、符号、包装、标志或标签要求。

解释性说明

ISO/IEC 指南 2 中定义的术语涵盖产品、工艺和服务。本协定只涉及与产品或工艺和生产方法有关的技术法规、标准和合格评定程序。ISO/IEC 指南 2 中定义的标准可以是强制性的，也可以是自愿的。就本协定而言，标准被定义为自愿的，技术法规被定义为强制性文件。国际标准化团体制定的标准是建立在协商一致基础之上的。本协定还涵盖不是建立在协商一致基础之上的文件。

3.　　合格评定程序

任何直接或间接用以确定是否满足技术法规或标准中的相关要求的程序。

解释性说明

合格评定程序特别包括：抽样、检验和检查；评估、验证和合格保证；注册、认可和批准以及各项的组合。

4.　　国际机构或体系

成员资格至少对所有成员的有关机构开放的机构或体系。

5.　　区域机构或体系

成员资格仅对部分成员的有关机构开放的机构或体系。

6.　　中央政府机构

中央政府、中央政府各部和各部门或所涉活动受中央政府控制的任何机构。

解释性说明

对于欧洲共同体，适用有关中央政府机构的规定。但是，欧洲共同体内部可建立区域机构或合格评定体系，在此种情况下，应遵守本协定关于区域机构或合格评定体系的规定。

7.　　地方政府机构

中央政府机构以外的政府机构(如州、省、地、郡、县、市等)，其各部或各部门或所涉活动受此类政府控制的任何机构。

8.　　非政府机构

中央政府机构和地方政府机构以外的机构，包括有执行技术法规的法定权力的非政府机构。

附件 2
技术专家小组

下列程序适用于依照第 14 条的规定设立的技术专家小组。

1. 技术专家小组受专家组的管辖。其职权范围和具体工作程序应由专家组决定，并应向专家组报告。

2. 参加技术专家小组的人员仅限于在所设领域具有专业名望和经验的个人。

3. 未经争端各方一致同意，争端各方的公民不得在技术专家小组中任职，除非在例外情况下专家组认为非其参加不能满足在特定科学知识方面的需要。争端各方的政府官员不得在技术专家小组中任职。技术专家小组成员应以个人身份任职，不得作为政府代表，也不得作为任何组织的代表。因此，政府或组织不得就技术专家小组处理的事项向其成员发出指示。

4. 技术专家小组可向其认为适当的任何来源进行咨询及寻求信息和技术建议。在技术专家小组向在一成员管辖范围内的来源寻求此类信息或建议之前，应通知该成员政府。任何成员应迅速和全面地答复技术专家小组提出的提供其认为必要和适当信息的任何请求。

5. 争端各方应可获得提供给技术专家小组的所有有关信息，除非信息属机密性质。对于向技术专家小组提供的机密信息，未经提供该信息的政府、组织或个人的正式授权不得发布。如要求从技术专家小组处获得此类信息，而技术专家小组未获准发布此类信息，则提供该信息的政府、组织或个人将提供该信息的非机密摘要。

6. 技术专家小组应向有关成员提供报告草案，以期征求它们的意见，并酌情在最终报告中考虑这些意见，最终报告在提交专家组时也应散发有关成员。

附件 3
关于制定、采用和实施标准的良好行为规范
总则

A. 就本规范而言，应适用本协定附件 1 中的定义。

B. 本规范对下列机构开放供接受：WTO 一成员领土内的任何标准化机构，无论是中央政府机构、地方政府机构，还是非政府机构；一个或多个成员为 WTO 成员的任何政府区域标准化机构；以及一个或多个成员位于

WTO 一成员领土内的任何非政府区域标准化机构(本规范中称"标准化机构")。

C. 接受和退出本规范的标准化机构,应将该事实通知设在日内瓦的 ISO/IEC 信息中心。通知应包括有关机构的名称和地址及现在和预期的标准化活动的范围。通知可直接送交 ISO/IEC 信息中心,或酌情通过 ISO/IEC 的国家成员机构,或最好通过 ISONET 的相关国家成员或国际分支机构。

实质性规定

D. 在标准方面,标准化机构给予源自 WTO 任何其他成员领土产品的待遇不得低于给予本国同类产品和源自任何其他国家同类产品的待遇。

E. 标准化机构应保证不制定、不采用或不实施在目的或效果上给国际贸易制造不必要障碍的标准。

F. 如国际标准已经存在或即将拟就,标准化机构应使用这些标准或其中的相关部分作为其制定标准的基础,除非此类国际标准或其中的相关部分无效或不适当,例如由于保护程度不足,或基本气候或地理因素或基本技术问题。

G. 为在尽可能广泛的基础上协调标准,标准化机构应以适当方式,在力所能及的范围内,充分参与有关国际标准化机构就其已采用或预期采用标准的主题制定国际标准的工作。对于一成员领土内的标准化机构,只要可能,即应通过一代表团参与一特定国际标准化活动,该代表团代表已采用或预期采用主题与国际标准化活动有关的标准的该成员领土内所有标准化机构。

H. 一成员领土内的标准化机构应尽一切努力,避免与领土内其他标准化机构的工作或与有关国际或区域标准化机构的工作发生重复或重叠。它们还应尽一切努力就其制定的标准在国内形成协商一致。同样,区域标准化机构也应尽一切努力避免与有关国际标准化机构的工作发生重复或重叠。

I. 只要适当,标准化机构即应按产品的性能而不是设计或描述特征制定以产品要求为基础的标准。

J.　　标准化机构应至少每 6 个月公布一次工作计划，包括其名称和地址、正在制定的标准及前一时期已采用的标准。标准的制定过程自作出制定标准的决定时起至标准被采用时止。应请求，应以英文、法文或西班牙文提供具体标准草案的标题。有关工作计划建立的通知应在国家或在区域(视情况而定)标准化活动出版物上予以公布。

应依照国际标准化组织信息网的任何规则，在工作计划中标明每一标准与主题相关的分类、标准制定过程已达到的阶段以及引以为据的国际标准。各标准化机构应至迟于公布其工作计划时，向设在日内瓦的 ISO/IEC 信息中心通知该工作计划的建立。

通知应包括标准化机构的名称和地址、公布工作计划的出版物的名称和期号、工作计划适用的期限、出版物的价格(如有定价)以及获得出版物的方法和地点。通知可直接送交 ISO/IEC 信息中心，或最好酌情通过国际标准化组织信息网的相关国家成员或国际分支机构。

K.　　ISO/IEC 的国家成员应尽一切努力成为 ISONET 的成员或指定另一机构成为其成员，并争取获得 ISONET 成员所能获得的最高级类型的成员资格。其他标准化机构应尽一切努力与 ISONET 成员建立联系。

L.　　在采用一标准前，标准化机构应给予至少 60 天的时间供 WTO 一成员领土内的利害关系方就标准草案提出意见。但在出现有关安全、健康或环境的紧急问题或出现此种威胁的情况下，上述期限可以缩短。标准化机构应不迟于征求意见期开始时，在 J 款提及的出版物上发布关于征求意见期的通知。该通知应尽可能说明标准草案是否偏离有关国际标准。

M.　　应 WTO 一成员领土内任何利害关系方请求，标准化机构应迅速提供或安排提供一份供征求意见的标准草案副本。除实际递送费用外，此项服务的收费对国内外各方应相同。

N.　　标准化机构在进一步制定标准时，应考虑在征求意见期内收到的意见。如收到请求，应尽可能迅速地对通过已接受本《良好行为规范》的标准化机构收到的意见予以答复。答复应包括对该标准偏离有关国际标准必要性的说明。

O.　　标准一经采用，即应迅速予以公布。

P.　　　应 WTO 一成员领土内任何利害关系方请求，标准化机构应迅速提供或安排提供一份最近工作计划或其制定标准的副本。除实际递送费用外，此项服务的收费对国内外各方应相同。

Q.　　　标准化机构对已接受本《良好行为规范》的标准化机构就本规范的实施提出的交涉，应给予积极考虑并提供充分的机会就此进行磋商。并应为解决任何投诉作出客观努力。

与贸易有关的投资措施协定

各成员，

考虑到部长们在《埃斯特角城宣言》中同意"在审查与投资措施的贸易限制作用和扭曲作用有关的 GATT 条款的运用情况之后，谈判应酌情详述为避免此类对贸易的不利影响而可能需要的进一步规定"；

期望促进世界贸易的扩大和逐步自由化，便利跨国投资，以便提高所有贸易伙伴、特别是发展中国家成员的经济增长，同时保证自由竞争；

考虑到发展中国家成员、特别是最不发达国家成员特殊的贸易、发展和财政需要；

认识到某些投资措施可能产生贸易限制作用和扭曲作用；

特此协议如下：

第 1 条
范围

本协定仅适用于与货物贸易有关的投资措施(本协定中称"TRIMs")。

第 2 条
国民待遇和数量限制

1．在不损害 GATT 1994 项下其他权利和义务的情况下，各成员不得实施任何与 GATT 1994 第 3 条或第 11 条规定不一致的 TRIM。

2．本协定附件列出一份与 GATT 1994 第 3 条第 4 款规定的国民待遇义务和 GATT 1994 第 11 条第 1 款规定的普遍取消数量限制义务不一致的 TRIMs 例示清单。

第 3 条
例外

GATT 1994 项下的所有例外均应酌情适用于本协定的规定。

第 4 条
发展中国家成员

发展中国家成员有权以 GATT 1994 第 18 条、《关于 1994 年关税与贸易总协定国际收支条款的谅解》和 1979 年 11 月 28 日通过的《关于为国际收支目的而采取贸易措施的宣言》(BISD 26 册 205 至 209 页)允许该成员偏离 GATT 1994 第 3 条和第 11 条规定的程度和方式，暂时偏离第 2 条的规定。

第 5 条
通知和过渡性安排

1.   各成员应在《WTO 协定》生效之日起 90 天内，将其正在实施的、与本协定规定不一致的所有 TRIMs 通知货物贸易理事会。在通知这些普遍或具体适用的 TRIMs 时，应同时说明其主要特征。[1]

2.   每一成员均应取消根据第 1 款进行通知的所有 TRIMs，发达国家成员应在《WTO 协定》生效之日起 2 年内取消，发展中国家成员应在 5 年内取消，最不发达国家成员应在 7 年内取消。

3.   如一发展中国家成员，包括一最不发达国家成员可证明其在实施本协定规定方面存在特殊困难，则货物贸易理事会可应请求延长其取消根据第 1 款进行通知的 TRIMs 的过渡期。在考虑该请求时，货物贸易理事会应考虑所涉成员特殊的发展、财政和贸易需要。

4.   在过渡期内，一成员不得修改根据第 1 款进行通知的任何 TRIM 的条件，使之不同于《WTO 协定》生效之日通行的条件，从而增加其与第 2 条规定不一致的程度。在《WTO 协定》生效之日前 180 天内采用的 TRIMs 不能获得第 2 款规定的过渡期安排的利益。

5.   尽管有第 2 条的规定，但是一成员为不使受根据第 1 款进行通知的一项 TRIM 约束的已建企业处于不利地位，在(i)该新投资的产品与已建企业的产品属同类产品，且(ii)在有必要避免扭曲新投资与现有企业之间竞争条件的情况下，仍可在过渡期内对新投资实施相同的 TRIM。任何如此对新投资实施的 TRIM 均应通知货物贸易理事会。该 TRIM 的条件在竞争效果上应与适用于已建企业的 TRIM 的条件相同，并应同时终止。

---

[1]   如 TRIMs 是根据酌定权实施的，则其每一次具体适用均应通知。但可能损害特定企业合法商业利益的信息不必披露。

第 6 条

透明度

1.　　对于 TRIMs，各成员重申它们在 GATT 1994 第 10 条中、在 1979 年 11 月 28 日通过的《关于通知、磋商、争端解决和监督的谅解》包含的关于"通知"的承诺中以及在 1994 年 4 月 15 日通过的《关于通知程序的部长决定》中，就透明度和通知所承诺的义务。

2.　　每一成员均应通知秘书处刊载 TRIMs 的出版物，包括其领土内地区及地方政府和主管机关实施的 TRIMs。

3.　　每一成员应对另一成员就与本协定有关的任何事项提出的提供信息的请求给予积极考虑，并提供充分的磋商机会。根据 GATT 1994 第 10 条，不要求任何成员披露会妨碍执法或违背公共利益或损害特定公私企业合法商业利益的信息。

第 7 条

与贸易有关的投资措施委员会

1.　　特此设立与贸易有关的投资措施委员会(本协定中称"委员会")，对所有成员开放。委员会应选举自己的主席和副主席，每年应至少召开一次会议，或在任何成员请求下召开会议。

2.　　委员会应履行货物贸易理事会所指定的职责，并为各成员就与本协定运用和执行有关的任何事项进行磋商提供机会。

3.　　委员会监督本协定的运用和执行，并每年就此向货物贸易理事会报告。

第 8 条

磋商和争端解决

　　由《争端解决谅解》详述和适用的 GATT 1994 第 22 条和第 23 条的规定适用于本协定项下的磋商和争端解决。

第 9 条

货物贸易理事会的审议

　　在不迟于《WTO 协定》生效之日后 5 年，货物贸易理事会应审议本协定的运用情况，并酌情建议部长级会议修正本协定的文本。在审议过程中，货物贸易理事会应考虑本协定是否应补充有关投资政策和竞争政策的规定。

附件
例示清单

1.　　与 GATT 1994 第 3 条第 4 款规定的国民待遇义务不一致的 TRIMs 包括根据国内法律或根据行政裁定属强制性或可执行的措施，或为获得一项利益而必须遵守的措施，且该措施：

(a)　要求企业购买或使用国产品或自任何国内来源的产品，无论按照特定产品、产品数量或价值规定，还是按照其当地生产在数量或价值上所占比例规定；或

(b)　要求企业购买或使用的进口产品限制在与其出口的当地产品的数量或价值相关的水平。

2.　　与 GATT 1994 第 11 条第 1 款规定的普遍取消数量限制义务不一致的 TRIMs 包括根据国内法律或行政裁定属强制性或可执行的措施，或为获得一项利益而必须遵守的措施，且该措施：

(a)　普遍限制企业对用于当地生产或与当地生产相关产品的进口，或将进口限制在与其出口的当地产品的数量或价值相关的水平；

(b)　通过将企业可使用的外汇限制在与可归因于该企业外汇流入相关的水平，从而限制该企业对用于当地生产或与当地生产相关产品的进口；或

(c)　限制企业产品出口或供出口产品的销售，无论是按照特定产品、产品数量或价值规定，还是按照当地产品在数量或价值上所占比例规定。

关于实施 1994 年关税与贸易总协定
第 6 条的协定

各成员特此协议如下:

第一部分
第 1 条
原则

反倾销措施仅应适用于 GATT 1994 第 6 条所规定的情况,并应根据符合本协定规定发起[1]和进行的调查实施。GATT 1994 第 6 条的适用按下列规定执行,但仅限于根据反倾销立法或法规所采取的行动。

第 2 条
倾销的确定

2.1　就本协定而言,如一产品自一国出口至另一国的出口价格低于在正常贸易过程中出口国供消费的同类产品的可比价格,即以低于正常价值的价格进入另一国的商业,则该产品被视为倾销。

2.2　如在出口国国内市场的正常贸易过程中不存在该同类产品的销售,或由于出口国国内市场的特殊市场情况或销售量较低[2],不允许对此类销售进行适当比较,则倾销幅度应通过比较同类产品出口至一适当第三国的可比价格确定,只要该价格具有代表性,或通过比较原产国的生产成本加合理金额的管理、销售和一般费用及利润确定。

  2.2.1　同类产品以低于单位(固定和可变)生产成本加管理、销售和一般费用的价格在出口国国内市场的销售或对一第三国的销

---

[1] 本协定中使用的"发起"一词指正式开始第 5 条规定调查的一成员的程序性行动。

[2] 出口国国内市场中供消费的同类产品的销售如占被调查的产品销往进口成员销售的 5%或 5%以上,则此类销售通常应被视为确定正常价值的足够数量,但是如有证据表明较低比例的国内销售仍属进行适当比较的足够数量,则可接受该较低比例。

售，只有在主管机关[3]确定此类销售属在一持续时间内[4]以实质数量[5]、且以不能在一段合理时间内收回成本的价格进行时，方可以价格原因将其视为未在正常贸易过程中进行的销售，且可在确定正常价值时不予考虑。如在进行销售时低于单位成本的价格高于调查期间的加权平均单位成本，则此类价格应被视为能在一段合理时间内收回成本。

2.2.1.1 就第 2 款而言，成本通常应以被调查的出口商或生产者保存的记录为基础进行计算，只要此类记录符合出口国的公认会计原则并合理反映与被调查的产品有关的生产和销售成本。主管机关应考虑关于成本适当分摊的所有可获得的证据，包括出口商或生产者在调查过程中提供的证据，只要此类分摊方法是出口商或生产者一贯延续使用的，特别是关于确定资本支出和其他开发成本的适当摊销和折旧期限及备抵的证据。除非根据本项已在成本分摊中得以反映，否则应对那些有利于将来和/或当前生产的非经常性项目支出或在调查期间支出受投产[6]影响的情况作出适当调整。

2.2.2 就第 2 款而言，管理、销售和一般费用以及利润的金额应依据被调查的出口商或生产者在正常贸易过程中生产和销售同类产品的实际数据。如此类金额不能在此基础上确定，则该金额可在下列基础上确定：

(i) 所涉出口商或生产者在原产国国内市场中生产和销售同

---

[3] 本协定中使用的"主管机关"一词应解释为适当高级别的主管机关。

[4] 该持续时间通常应为 1 年，但决不能少于 6 个月。

[5] 如主管机关证实为确定正常价值而被调查的交易的加权平均销售价格低于加权平均单位成本，或低于单位成本的销售量不少于为确定正常价值而被调查交易的销售量的 20%，则此类以低于单位成本的销售属以实质数量进行。

[6] 对投产所作调整应体现投产期结束时的成本，或如果该期限超过调查的期限，则应体现主管机关在调查中可合理考虑的最近成本。

一大类产品所产生和实现的实际金额；

    (ii)   被调查的其他出口商或生产者在原产国国内市场中生产和销售同类产品所产生的加权平均实际金额；

    (iii)   任何其他合理方法，但是如此确定的利润额不得超过其他出口商或生产者在原产国国内市场中销售同一大类产品所通常实现的利润额。

2.3　　如不存在出口价格或据有关主管机关看来，由于出口商与进口商或第三者之间的联合或补偿性安排，而使出口价格不可靠，则出口价格可在进口产品首次转售给一独立购买者的价格基础上推定，或如果该产品未转售给一独立购买者或未按进口时的状态转售，则可在主管机关确定的合理基础上推定。

2.4　　对出口价格和正常价值应进行公平比较。此比较应在相同贸易水平上进行，通常在出厂前的水平上进行，且应尽可能针对在相同时间进行的销售。应根据每一案件的具体情况，适当考虑影响价格可比性的差异，包括在销售条件和条款、税收、贸易水平、数量、物理特征方面的差异，以及其他能够证明影响价格可比性的差异。[7]在第 3 款所指的情况下，还应对进口和转售之间产生的费用(包括捐税)及所产生的利润进行减免。如在这些情况下价格的可比性已经受到影响，则主管机关应在与推定的出口价格相同的贸易水平上确定正常价值，或应根据本款进行适当减免。主管机关应向所涉各方指明为保证进行公平比较所必需的信息，并不得对这些当事方强加不合理的举证责任。

    2.4.1　如第 4 款下的比较需要进行货币换算，则该换算应使用销售之日[8]的汇率进行，但是如期货市场上外汇的销售与所涉及的出口销售有直接联系，则应使用期货销售的汇率。汇率波动应不予考虑，且在调查中，主管机关应给予出口商至少 60 天

---

[7]　各方理解，以上部分因素可能重叠，主管机关应保证不重复根据本条已经进行的调整。

[8]　销售之日通常为订立合同、购买订单、确认订单或发票日期中任何一个可确定实质销售条件的日期。

的时间调整其出口价格，以反映调查期间汇率的持续变化。

2.4.2 在遵守适用于第 4 款中公平比较规定的前提下，调查阶段倾销幅度的存在通常应在对加权平均正常价值与全部可比出口交易的加权平均价格进行比较的基础上确定，或在逐笔交易的基础上对正常价值与出口价格进行比较而确定。如主管机关认为一种出口价格在不同购买者、地区或时间之间差异很大，且如果就为何不能通过使用加权平均对加权平均或交易对交易进行比较而适当考虑此类差异作出说明，则在加权平均基础上确定的正常价值可以与单笔出口交易的价格进行比较。

2.5 在产品不直接从原产国进口、而自一中间国出口至进口成员的情况下，该产品自出口国向进口成员销售的价格通常应与出口国中的可比价格进行比较。但是如产品仅为通过出口国转运，或此类产品在出口国无生产，或在出口国中不存在此类产品的可比价格，则也可以与原产国的价格进行比较。

2.6 本协定所用"同类产品"一词应解释为指相同的产品，即与考虑中的产品在各方面都相同的产品，或如果无此种产品，则为尽管并非在各方面都相同，但具有与考虑中的产品极为相似特点的另一种产品。

2.7 本条不损害 GATT 1994 附件 I 中对第 6 条第 1 款的第 2 项补充规定。

第 3 条
损害的确定[9]

3.1 就 GATT 1994 第 6 条而言，对损害的确定应依据肯定性证据，并应包括对下述内容的客观审查：(a)倾销进口产品的数量和倾销进口产品对国内市场同类产品价格的影响，及(b)这些进口产品随之对此类产品国内生产者产生的影响。

3.2 关于倾销进口产品的数量，调查主管机关应考虑倾销进口产品的绝对数量或相对于进口成员中生产或消费的数量是否大幅增加。关于倾销产

---

[9] 在本协定项下，"损害"一词，除非另有规定，否则应理解为指对一国内产业的实质损害、对一国内产业的实质损害威胁或对此类产业建立的实质阻碍，并应依照本条的规定予以解释。

品进口对价格的影响，调查主管机关应考虑与进口成员同类产品的价格相比，倾销进口产品是否大幅削低价格，或此类进口产品的影响是否是大幅压低价格，或是否是在很大程度上抑制在其他情况下本应发生的价格增加。这些因素中的一个或多个均未必能够给予决定性的指导。

3.3　　如来自一个以上国家的一产品的进口同时接受反倾销调查，则调查主管机关只有在确定以下内容后，方可累积评估此类进口产品的影响：(a)对来自每一国家的进口产品确定的倾销幅度大于第 5 条第 8 款定义的微量倾销幅度，且自每一国家的进口量并非可忽略不计；及(b)根据进口产品之间的竞争条件和进口产品与国内同类产品之间的竞争条件，对进口产品的影响所作的累积评估是适当的。

3.4　　关于倾销进口产品对国内产业影响的审查应包括对影响产业状况的所有有关经济因素和指标的评估，包括销售、利润、产量、市场份额、生产力、投资收益或设备利用率实际和潜在的下降；影响国内价格的因素；倾销幅度大小；对现金流动、库存、就业、工资、增长、筹措资金或投资能力的实际和潜在的消极影响。该清单不是详尽无遗的，这些因素中的一个或多个均未必能够给予决定性的指导。

3.5　　必须证明通过按第 2 款和第 4 款所列的影响，倾销进口产品正在造成属本协定范围内的损害。证明倾销进口产品与对国内产业损害之间存在因果关系应以审查主管机关得到的所有有关证据为依据。主管机关还应审查除倾销进口产品外的、同时正在损害国内产业的任何已知因素，且这些其他因素造成的损害不得归因于倾销进口产品。在这方面可能有关的因素特别包括未以倾销价格销售的进口产品的数量和价格、需求的减少或消费模式的变化、外国与国内生产者的限制贸易的做法及它们之间的竞争、技术发展以及国内产业的出口实绩和生产率。

3.6　　如可获得的数据允许以工序、生产者的销售和利润等标准为基础单独确认同类产品的国内生产，则倾销进口产品的影响应与该生产相比较进行评估。如不能单独确认该生产，则倾销进口产品的影响应通过审查包含同类产品的最小产品组或产品类别的生产而进行评估，而这些产品能够提供必要的信息。

3.7　　对实质损害威胁的确定应依据事实，而不是仅依据指控、推测或极小的可能性。倾销将造成损害发生的情形变化必须是能够明显预见且迫近的。[10] 在作出有关存在实质损害威胁的确定时，主管机关应特别考虑下列因素：

(i)   倾销进口产品进入国内市场的大幅增长率，表明进口实质增加的可能性；

(ii)   出口商可充分自由使用的、或即将实质增加的能力，表明倾销出口产品进入进口成员市场实质增加的可能性，同时考虑吸收任何额外出口的其他出口市场的可获性；

(iii) 进口产品是否以将对国内价格产生大幅度抑制或压低影响的价格进入，是否会增加对更多进口产品的需求；以及

(iv)   被调查产品的库存情况。

这些因素中的任何一个本身都未必能够给予决定性的指导，但被考虑因素作为整体必须得出如下结论，即更多的倾销出口产品是迫近的，且除非采取保护性行动，否则实质损害将会发生。

3.8   对于倾销进口产品造成损害威胁的情况，实施反倾销措施的考虑和决定应特别慎重。

第 4 条
国内产业的定义

4.1   就本协定而言，"国内产业"一词应解释为指同类产品的国内生产者全体，或指总产量构成同类产品国内总产量主要部分的国内生产者，除非：

(i)   如生产者与出口商或进口商有关联[11]，或他们本身为被指控的倾销产品的进口商，则"国内产业"一词可解释为指除他们外的其他生产者；

(ii)   在特殊情况下，对所涉生产，一成员的领土可分成两个或两个以上的竞争市场，在下述条件下，每一市场中的生产者均可被视为一独立产业：(a)该市场中的生产者在该市场中出售他们生产的全部或几乎全部所涉产品，且(b)该市场中的需求在很

---

[10]   例如，但并不是只有此例，具备使人信服的理由相信在不久的将来，该产品以倾销价格的进口将会实质增加。

[11]   就本款而言，只有在下列情况下，生产者方可被视为与出口商或进口商有关联：(a)他们中的一方直接或间接控制另一方；或(b)他们直接或间接被一第三者控制；或(c)他们直接或间接共同控制一第三者，但应有理由相信或怀疑此种关系的后果是使有关生产者的行为不同于无关联的生产者。就本款而言，如一方在法律上或经营上处于限制或指导另一方的地位，即前者应被视为控制后者。

大程度上不是由位于该领土内其他地方的所涉产品生产者供应的。在此种情况下，则可认为存在损害，即使全部国内产业的主要部分未受损害，只要倾销进口产品集中进入该孤立市场，且只要倾销产品正在对该市场中全部或几乎全部产品的生产者造成损害。

4.2 如国内产业被解释为指某一地区的生产者，即按第 1 款(ii)项规定的市场，则反倾销税只能对供该地区最终消费的所涉产品征收[12]。如进口成员的宪法性法律不允许以此为基础征收反倾销税，则进口成员只能在下列条件下方可征收反倾销税而不受限制：(a)应给予出口商停止以倾销价格向有关地区出口的机会或按照第 8 条作出保证，而出口商未能迅速在此方面作出保证，且(b)此类反倾销税不能仅对供应所涉地区的特定生产者的产品征收。

4.3 如两个或两个以上国家已根据 GATT 1994 第 24 条第 8 款(a)项达到具有单一统一市场特征的一体化水平，则整个一体化地区的产业应被视为第 1 款所指的国内产业。

4.4 第 3 条第 6 款的规定应适用于本条。

第 5 条
发起和随后进行调查

5.1 除第 6 款的规定外，确定任何被指控的倾销的存在、程度和影响的调查应在收到由国内产业或代表国内产业提出的书面申请后发起。

5.2 第 1 款下的申请应包括以下证据：(a)倾销，(b)属由本协定解释的 GATT 1994 第 6 条范围内的损害，以及(c)倾销进口产品与被指控的损害之间的一种因果关系。缺乏有关证据的简单断言不能被视为足以满足本款的要求。申请应包括申请人可合理获得的关于下列内容的信息：

(i) 申请人的身份和申请人提供的对国内同类产品生产的数量和价值的说明。如代表国内产业提出书面申请，则申请应通过一份列出同类产品的所有已知国内生产者的清单(或同类产品的国

---

[12] 本协定所使用的"征收"应指最终或最后的合法课税或征收关税或国内税。

内生产者协会),确认其代表提出申请的产业,并在可能的限度内,提供此类生产者所占国内同类产品生产的数量和价值的说明;

(ii)   对被指控的倾销产品的完整说明、所涉一个或多个原产国或出口国名称、每一已知出口商或国外生产者的身份以及已知的进口所涉产品的人员名单;

(iii)   所涉产品销售供一个或多个原产国或出口国国内市场消费时的价格信息(或在适当时,关于该产品自一个或多个原产国或出口国向一个或多个第三国销售价格的信息,或关于该产品推定价格的信息),出口价格信息,或在适当时,该产品首次转售给进口成员领土内一独立购买者的价格信息;

(iv)   被指控的补贴进口产品数量变化的信息,这些进口产品对国内市场同类产品价格的影响,以及由影响国内产业状况的有关因素和指标所证明的这些产品对国内产业造成的影响,例如第 3 条第 2 款和第 4 款中所列的因素和指标。

5.3   主管机关应审查申请中提供的证据的准确性和充分性,以确定是否有足够的证据证明发起调查是正当的。

5.4   除非主管机关根据对国内同类产品生产者对申请表示的支持或反对程度[13]的审查确定申请是由国内产业或代表国内产业提出的,否则不得按照第 1 款发起调查。[14]如申请得到总产量构成国内产业中表示支持或反对申请的国内同类产品生产者生产的同类产品总产量的 50%以上,则该申请应被视为"由国内产业或代表国内产业提出"。但是,如表示支持申请的国内生产者的产量不足国内产业生产的同类产品总产量的 25%,则不得发起调查。

5.5   主管机关应避免公布关于发起调查的申请,除非已决定发起调查。但是,在收到一份附有适当证明文件的申请后和在开始发起调查之前,

---

[13] 在分割的产业涉及数量巨大的生产者的情况下,主管机关可通过统计上有效的抽样技术确定支持和反对程度。

[14] 各成员意识到,在某些成员的领土内同类产品,国内生产者的雇员或这些雇员的代表可提出或支持申请根据第 1 款进行调查。

主管机关应通知有关出口成员政府。

5.6　　在特殊情况下，如有关主管机关在未收到国内产业或代表国内产业提出的发起调查的书面申请的情况下决定发起调查，则只有在具备第2款所述关于倾销、损害和因果关系的充分证据证明发起调查是正当的情况下，方可发起调查。

5.7　　倾销和损害的证据应(a)在有关是否发起调查的决定中及(b)此后在调查过程中同时予以考虑，调查过程自不迟于依照本协定规定可实施临时措施的最早日期开始。

5.8　　主管机关一经确信不存在有关倾销或损害的足够证据以证明继续进行该案是正当的，则根据第1款提出的申请即应予以拒绝，且调查应迅速终止。如主管机关确定倾销幅度属微量，或倾销进口产品的实际或潜在的数量或损害可忽略不计，则应立即终止调查。如倾销幅度按出口价格的百分比表示小于2%，则该幅度应被视为属微量。如来自一特定国家的倾销进口产品的数量被查明占进口成员中同类产品进口的不足3%，则该倾销进口产品的数量通常应被视为可忽略不计，除非占进口成员中同类产品进口不足3%的国家合计超过该进口成员中同类产品进口的7%。

5.9　　反倾销程序不得妨碍通关程序。

5.10　除特殊情况外，调查应在发起后1年内结束，且决不能超过18个月。

第6条

证据

6.1　　应将主管机关要求的信息通知反倾销调查中的所有利害关系方，并给予它们充分的机会以书面形式提出其认为与所涉调查有关的所有证据。

　　　6.1.1　应给予收到反倾销调查中所使用问卷的出口商或外国生产者至少30天时间作出答复。[15]对于延长该30天期限的任何请求

---

[15]　通常，出口商的时限应自收到问卷之日起计算，为此，该问卷应被视为在送往答卷者或转交出口成员的适当外交代表之日起一周内已经收到，如为WTO单独关税区成员，则为出口领土的官方代表。

应给予适当考虑，且根据所陈述的原因，只要可行即应予以延期。

6.1.2 在遵守保护机密信息要求的前提下，一利害关系方提出的书面证据应迅速向参与调查的其他利害关系方提供。

6.1.3 调查一经发起，主管机关即应将根据第5条第1款收到的书面申请的全文向已知出口商[16]和出口成员的主管机关提供，并应请求，应向其他涉及的利害关系方提供。应适当注意按第5款规定的保护机密信息的要求。

6.2 在整个反倾销调查期间，所有利害关系方均有为其利益进行辩护的充分机会。为此，应请求，主管机关应向所有利害关系方提供与具有相反利益的当事方会面的机会，以便陈述对立的观点和提出反驳的论据。提供此类机会必须考虑保护机密和方便有关当事方的需要。任何一方均无必须出席会议的义务，未能出席会议不得对该方的案件产生不利。利害关系方还有权在说明正当理由后口头提出其他信息。

6.3 只有在随后以书面形式再次提出并按照第1款第2项的规定向其他利害关系方提供的情况下，主管机关方可考虑根据第2款提供的口头信息。

6.4 只要可行，主管机关即应迅速向所有利害关系方提供机会，使其了解与其案件陈述有关的、不属第5款规定的机密性质、且主管机关在反倾销调查中使用的所有信息，并使其能以此信息为基础准备陈述。

6.5 任何属机密性质的信息(例如，由于信息的披露会给予一竞争者巨大的竞争优势，或由于信息的披露会给信息提供者或给向信息获得者提供信息的人士带来严重不利影响)，或由调查参加方在保密基础上提供的信息，

---

[16] 各方理解，如所涉及的出口商的数量特别多，书面申请的全文应改为只向出口成员的主管机关或向有关贸易协会提供。

主管机关应在对方说明正当原因后，按机密信息处理。此类信息未经提供方特别允许不得披露。[17]

　　6.5.1　主管机关应要求提供机密信息的利害关系方提供此类信息的非机密摘要。这些摘要应足够详细，以便能够合理了解以机密形式提交的信息的实质内容。在特殊情况下，此类利害关系方可表明此类信息无法摘要。在此类特殊情况下，必须提供一份关于为何不能进行摘要的原因的说明。

　　6.5.2　如主管机关认为关于保密的请求缺乏正当理由，且如果信息提供者不愿公布信息，或不愿授权以概括或摘要的形式披露信息，则主管机关可忽略此类信息，除非主管机关可从适当的来源满意地证明该信息是正确的。[18]

6.6　除第 8 款规定的情况外，在调查过程中，主管机关应设法使自己确信利害关系方提供的、其调查结果所依据的信息的准确性。

6.7　为核实提供的信息或获得进一步的细节，主管机关可根据需要在其他成员领土内进行调查，但它们应获得有关企业的同意并通知所涉成员的政府代表，但该成员反对调查时除外。附件 1 中所述程序应适用于在其他成员领土内进行的调查。在遵守保护机密信息要求的前提下，主管机关应使任何此类调查的结果可获得，或根据第 9 款向有关企业披露，并可使申请人可获得此类结果。

6.8　如任何利害关系方不允许使用或未在合理时间内提供必要的信息，或严重妨碍调查，则初步和最终裁定，无论是肯定的还是否定的，均可在可获得的事实基础上作出。在适用本款时应遵守附件 2 的规定。

6.9　主管机关在作出最终裁定之前，应将考虑中的、构成是否实施最终措施决定依据的基本事实通知所有利害关系方。此披露应使各方有充分的时间为其利益进行辩护。

6.10　主管机关通常应对被调查产品的每一已知出口商或生产者确定各自

---

[17] 各成员意识到，在某些成员领土内，可能需要根据周密制定的保护性法令披露信息。
[18] 各成员同意，不应任意拒绝关于保密的请求。

的倾销幅度。在出口商、生产者、进口商的数量或所涉及的产品种类特别多而使作出此种确定不实际的情况下，主管机关可通过在作出选择时可获得的信息基础上使用统计上有效的抽样方法，将其审查限制在合理数量的利害关系方或产品上，或限制在可进行合理调查的来自所涉国家出口量的最大百分比上。

  6.10.1 任何根据本款作出的对出口商、生产者、进口商或产品类别的选择，最好应与有关出口商、生产者或进口商进行磋商并取得他们的同意后作出。

  6.10.2 在主管机关按本款的规定限制其审查范围的情况下，它们仍应对及时提交在调查过程中将进行考虑的必要信息的、但最初未被选择的任何出口商或生产者单独确定倾销幅度，除非出口商或生产者的数目特别大，使单独审查给主管机关带来过分的负担并妨碍调查的及时完成。不得阻止自愿作出的答复。

6.11 就本协定而言，"利害关系方"应包括：

  (i) 被调查产品的出口商或外国生产者或进口商，或大多数成员为该产品的生产者、出口商或进口商的同业公会或商会；

  (ii) 出口成员的政府；以及

  (iii) 进口成员中同类产品的生产者，或大多数成员在进口成员领土内生产同类产品的同业公会和商会。

除上述各方外，本清单不排除各成员允许国内或国外其他各方被列为利害关系方。

6.12 主管机关应向被调查产品的工业用户，或在该产品通常为零售的情况下，向具有代表性的消费者组织提供机会，使其能够提供与关于倾销、损害和因果关系的调查有关的信息。

6.13 主管机关应适当考虑利害关系方、特别是小公司在提供所要求的信息方面遇到的任何困难，并应提供任何可行的帮助。

6.14 上述程序无意阻止一成员主管机关依照本协定的有关规定，迅速发起调查，作出无论是肯定还是否定的初步或最终裁定，也无意阻止实施临时或最终措施。

第 7 条
临时措施

7.1　临时措施只有在下列情况下方可实施：

(i)　已依照第 5 条的规定发起调查，已为此发出公告，且已给予利害关系方提交信息和提出意见的充分机会；

(ii)　已作出关于倾销和由此产生的对国内产业的损害的初步肯定裁定；以及

(iii)　有关主管机关判断此类措施对防止在调查期间造成损害是必要的。

7.2　临时措施可采取征收临时税的形式，或更可取的是，采取现金保证金或保函等担保形式，其金额等于临时估算的反倾销税的金额，但不高于临时估算的倾销幅度。预扣估算的反倾销税是一种适当的临时措施，但需表明正常反倾销税和反倾销税估算的金额，且预扣估算的反倾销税需与其他临时措施受相同条件的约束。

7.3　临时措施不得早于发起调查之日起 60 天实施。

7.4　临时措施的实施应限制在尽可能短的时间内，不超过 4 个月，或经有关主管机关决定，并应在所涉及的贸易中占很大百分比的出口商请求，可不超过 6 个月。在调查过程中，如主管机关审查低于倾销幅度的反倾销税是否足以消除损害，则这些时间可分别为 6 个月和 9 个月。

7.5　在实施临时措施时应遵循第 9 条的有关规定。

第 8 条
价格承诺

8.1　如收到任何出口商关于修改其价格或停止以倾销价格向所涉地区出口的令人满意的自愿承诺，从而使主管机关确信倾销的损害性影响已经消除，则调查程序可以[19]中止或终止，而不采取临时措施或征收反倾销税。根据此类承诺的提价不得超过抵消倾销幅度所必需的限度。如提价幅度小于倾销幅度即足以消除对国内产业的损害，则该提价幅度是可取的。

---

[19] "可以"一词不得解释为允许在执行价格承诺的同时继续进行调查程序，但第 4 款的规定除外。

8.2 除非进口成员的主管机关已就倾销和倾销所造成的损害作出初步肯定裁定，否则不得寻求或接受出口商的价格承诺。

8.3 如主管机关认为接受价格承诺不可行，则不必接受所提承诺，例如由于实际或潜在的出口商数量过大，或由于其他原因，包括一般政策原因。如发生此种情况且在可行的情况下，主管机关应向出口商提供其认为不宜接受承诺的理由，并应在可能的限度内给予出口商就此发表意见的机会。

8.4 如承诺被接受，且如果出口商希望或主管机关决定，则关于倾销和损害的调查仍应完成。在此种情况下，如作出关于倾销或损害的否定裁定，则承诺即自动失效，除非此种裁定主要是由于承诺的存在而作出的。在此类情况下，主管机关可要求在与本协定规定相一致的合理期限内维持承诺。如作出关于倾销和损害的肯定裁定，则承诺应按其条件和本协定的规定继续有效。

8.5 价格承诺可由进口成员的主管机关提出建议，但不得强迫出口商作出此类承诺。出口商不提出此类承诺或不接受这样做的邀请的事实，绝不能有损于对该案的审查。但是，如倾销进口产品继续发生，则主管机关有权确定损害威胁更有可能出现。

8.6 进口成员的主管机关可要求承诺已被接受的任何出口商定期提供有关履行该承诺的信息，并允许核实有关数据。如违反承诺，则进口成员的主管机关可根据本协定的相应规定采取迅速行动，包括使用可获得的最佳信息立即实施临时措施。在此类情况下，可依照本协定对在实施此类临时措施前 90 天内进口供消费的产品征收最终税，但此追溯课征不得适用于在违反承诺之前已入境的进口产品。

第 9 条
反倾销税的征收

9.1 在所有征收反倾销税的要求均已满足的情况下是否征税的决定，及征收的反倾销税金额是否应等于或小于倾销幅度的决定，均由进口成员的主管机关作出。宜允许在所有成员领土内征税，如反倾销税小于倾销幅度即足以消除对国内产业的损害，则该反倾销税是可取得。

9.2　　如对任何产品征收反倾销税，则应对已被认定倾销和造成损害的所有来源的进口产品根据每一案件的情况在非歧视基础上收取适当金额的反倾销税，来自根据本协定条款提出的价格承诺已被接受的来源的进口产品除外。主管机关应列出有关产品供应商的名称。但是，如涉及来自同一国家的多个供应商，且不能列出所有供应商的名称，则主管机关可列出有关供应国的名称。如涉及来自一个以上国家的多个供应商，则主管机关可列出所有供应商的名称，或如果这样做不可行，也可列出所有涉及的供应国的名称。

9.3　　反倾销税的金额不得超过根据第 2 条确定的倾销幅度。

  9.3.1　如反倾销税金额在追溯基础上课征，则应尽快作出最终支付反倾销税责任的确定，通常在提出对反倾销税金额作出最终课征的请求之日起 12 个月内作出，决不能超过 18 个月。[20]任何退还应迅速作出，通常应在根据本项作出最终责任确定后 90 天内。在任何情况下，如退还未能在 90 天内作出，则主管机关如被请求应提供说明。

  9.3.2　如反倾销税金额在预期基础上课征，则应请求，应对超过倾销幅度的任何已付反倾销税的迅速退还作出规定。对于超过实际倾销幅度的任何此种已付反倾销税的退还，通常应在被征收反倾销税产品的进口商提出以适当证据支持的退还请求之日起 12 个月内作出，决不能超过 18 个月。批准的退还通常应在作出上述决定后 90 天内完成。

  9.3.3　如出口价格依照第 2 条第 3 款推定，则主管机关在作出是否偿付和偿付限度的确定时，应考虑正常价值的任何变化、进口与转售之间发生的成本的变化以及适当反映在随后售价中的转售价格的任何变化，且如果提出对上述情况的确凿证据，出口价格的计算不应扣除已付反倾销税的金额。

---

[20]　各方理解，如所涉产品需进行司法审查程序，则不太可能遵守本项和 3 项 2 目的时限。

9.4   如主管机关已依照第 6 条第 10 款第 2 句限制其审查，则对来自审查未包括的出口商或生产者的进口产品征收的反倾销税：

(i)   不得超过对选定出口商或生产者确定的加权平均倾销幅度或，

(ii)   如反倾销税的支付责任以预期正常价值为基础计算，则不得超过选定出口商或生产者的加权平均正常价值与未经单独审查的出口商或生产者的出口价格之间的差额，

但是主管机关就本款的而言，应忽略任何零幅度、微量幅度和在第 6 条第 8 款所指的情况下确定的幅度。主管机关应对来自审查未包括的、按第 6 条第 10.2 款的规定在调查期间已提供必要信息的任何出口商或生产者的进口产品适用单独反倾销税或正常价值。

9.5   如一产品在一进口成员中被征收反倾销税，则主管机关应迅速进行审查，以便确定所涉出口国中在调查期间未向进口成员出口该产品的任何出口商或生产者的单独倾销幅度，只要这些出口商或生产者能够证明他们与出口国中该产品被征收反倾销税的任何出口商或生产者无关联。此种审查进口成员正常的反倾销税课征和审查程序相比，应在加速的基础上开始和进行。在进行审查期间，不得对来自此类出口商或生产者的进口产品征收反倾销税。但是，主管机关可预扣估算和/或要求作出担保，以保证在该审查确定此类出口商或生产者存在倾销时，能够自该审查开始之日起追溯征收反倾销税。

第 10 条
追溯效力

10.1   临时措施和反倾销税仅对在分别根据第 7 条第 1 款和第 9 条第 1 款作出的决定生效之后进口供消费的产品适用，但需遵守本条所列例外。

10.2   如作出损害的最终裁定(而不是损害威胁或实质阻碍一产业建立的最终裁定)，或在虽已作出损害威胁的最终裁定，但如无临时措施，将会导致对倾销进口产品的影响作出损害裁定的情况下，则反倾销税可对已经实施临时措施(若有的话)的期间追溯征收。

10.3 如最终反倾销税高于已付或应付的临时税或为担保目的而估计的金额，则差额部分不得收取。如最终税低于已付或应付临时税或为担保目的而估计的金额，则差额部分应根据具体情况予以退还，或重新计算税额。

10.4 除第 2 款的规定外，如作出损害威胁或实质阻碍的裁定(但未发生损害)，则最终反倾销税只能自作出损害威胁或实质阻碍的裁定之日起征收，在实施临时措施期间所交纳的任何现金保证金应迅速予以退还，任何保函应迅速予以解除。

10.5 如最终裁定为否定的，则在实施临时措施期间所交纳的现金保证金应迅速予以退还，任何保函应迅速予以解除。

10.6 如主管机关对所涉倾销产品作出如下确定，则最终反倾销税可对在实施临时措施之日前 90 天内进口供消费的产品征收：

(i) 存在造成损害的倾销的历史记录，或进口商已经知道或理应知道出口商实行倾销，且此类倾销会造成损害，及

(ii) 损害是由在相对较短时期内倾销产品的大量进口造成的，根据倾销产品的时间和数量及其他情况(例如进口产品的库存快速增加)，该倾销产品可能会严重破坏即将实施的最终反倾销税的补救效果，只要已经给予有关进口商发表意见的机会。

10.7 主管机关在发起调查后，一旦掌握充分证据表明第 6 款所列条件已得到满足，即可采取该款规定的追溯征收反倾销税所必要的预扣估算或课征反倾销税的措施。

10.8 不得对调查发起之日前进口供消费的产品根据第 6 款追溯征税。

第 11 条
反倾销税和价格承诺的期限和复审

11.1 反倾销税应仅在抵消造成损害的倾销所必需的时间和限度内实施。

11.2 主管机关在有正当理由的情况下，自行复审或在最终反倾销税的征收已经过一段合理时间后，应提交证实复审必要性的肯定信息的任何利害

关系方请求，复审继续征税的必要性。[21]利害关系方有权请求主管机关复审是否需要继续征收反倾销税以抵消倾销，如取消或改变反倾销税，则损害是否有可能继续或再度发生，或同时复审两者。如作为根据本款复审的结果，主管机关确定反倾销税已无正当理由，则反倾销税应立即终止。

11.3　尽管有第 1 款和第 2 款的规定，但是任何最终反倾销税应在征收之日起(或在复审涉及倾销和损害两者的情况下，自根据第 2 款进行的最近一次复审之日起，或根据本款)5 年内的一日期终止，除非主管机关在该日期之前自行进行的复审或在该日期之前一段合理时间内由国内产业或代表国内产业提出的有充分证据请求下进行的复审确定，反倾销税的终止有可能导致倾销和损害的继续或再度发生。[22]在此种复审的结果产生之前，可继续征税。

11.4　第 6 条关于证据和程序的规定应适用于根据本条进行的任何复审。任何此类复审应迅速进行，且通常应在自复审开始之日起 12 个月内结束。

11.5　本条的规定在细节上作必要修改后应适用于根据第 8 条接受的价格承诺。

第 12 条
公告和裁定的说明

12.1　如主管机关确信有充分证据证明按照第 5 条发起的反倾销调查是正当的，则应通知其产品接受该调查的一个或多个成员和调查主管机关已知与该调查有利害关系的其他利害关系方，并应发布公告。

　　12.1.1 关于发起调查的公告应包括或通过单独报告[23]提供有关下列内容的充足信息：

　　　　(i)　　一个或多个出口国的名称和所涉及的产品名称；

　　　　(ii)　　发起调查的日期；

　　　　(iii)　申请中有关被指控倾销的依据；

---

[21]　按第 9 条第 3 款规定的关于反倾销税的最终支付责任的确定，其本身并不构成属本条含义范围内的审查。

[22]　如反补贴税的金额在追溯基础上征收，则在最近根据第 9 条第 3 款 1 项进行的征税过程中产生的关于不拟征税的调查结果本身不得要求主管机关终止征收最终税。

[23]　如主管机关根据本条规定在单独报告中提供信息和说明，则应保证该报告可使公众容易获得。

  (iv) 关于损害的指控所依据因素的摘要;

  (v) 利害关系方送交交涉的地址;

  (vi) 允许利害关系方公布其意见的时限。

12.2 对于任何初步或最终裁定,无论是肯定的还是否定的,按照第 8 条接受承诺的决定、此种承诺的终止以及最终反倾销税的终止均应作出公告。每一公告均应详细列出或通过单独报告详细提供调查主管机关就其认为重要的所有事实问题和法律问题所得出的调查结果和结论。所有此类公告和报告应转交其产品受该裁定或承诺约束的一个或多个成员,及已知与此有利害关系的其他利害关系方。

12.2.1 实施临时措施的公告应列出或通过单独报告提供关于倾销和损害的初步裁定的详细说明,并应提及导致有关论据被接受或被拒绝的事实问题和法律问题。该公告或报告应在适当考虑保护机密信息要求的同时,特别包含下列内容:

  (i) 供应商名称,如不可行,则为所涉及的供应国名称;

  (ii) 足以符合报关目的的产品描述;

  (iii) 根据第 2 条确定的倾销幅度及关于确定和比较出口价格和正常价值所使用方法的理由的完整说明;

  (iv) 按第 3 条所列与损害确定有关的考虑;

  (v) 导致作出裁定的主要理由。

12.2.2 在规定征收最终反倾销税或接受价格承诺的肯定裁定的情况下,关于结束或中止调查的公告应包含或通过一份单独报告提供导致实施最终措施或接受价格承诺的所有有关的事实问题和法律问题及理由,同时应适当考虑保护机密信息的要求。特别是,公告或报告应包含 2.1 项所述的信息,以及接受或拒绝出口商和进口商所提有关论据或请求事项的理由,及根据第 6 条第 10.2 款作出任何决定的依据。

12.2.3 关于在根据第 8 条接受承诺后终止或中止调查的公告应包含或
通过一份单独报告提供该承诺的非机密部分。

12.3 本条的规定在细节上作必要修改后应适用于根据第 11 条进行和完成
的审查，并适用于根据第 10 条追溯征税的决定。

第 13 条
司法审查

国内立法包含反倾销措施规定的每一成员均应设有司法、仲裁或行
政庭或程序，其目的特别包括迅速审查与最终裁定的行政行为有关、且属
第 11 条范围内的对裁定的审查。此类法庭或程序应独立于负责所涉裁定
或审查的主管机关。

第 14 条
代表第三国的反倾销行动

14.1 代表一第三国实施反倾销行动的申请应由请求采取行动的该第三国
的主管机关提出。

14.2 此种申请应得到证明进口产品正在倾销的价格信息及证明被指控的
倾销正在对第三国的有关国内产业造成损害的详细信息支持。第三国的政
府应向进口国的主管机关提供所有帮助，以便使后者获得其可能要求的任
何进一步信息。

14.3 在考虑此种申请时，进口国的主管机关应考虑被指控的倾销对第三
国有关产业的整体影响；意即，对损害的评估不应仅限于被指控的倾销对
该产业向进口国的出口的影响或甚至对该产业全部出口的影响。

14.4 关于是否继续进行一案件的决定应取决于进口国。如进口国决定准
备采取行动，则与货物贸易理事会开始进行接触以寻求其对采取此类行动
的批准取决于进口国。

第 15 条
发展中国家成员

各方认识到，在考虑实施本协定项下的反倾销措施时，发达国家成

员应对发展中国家成员的特殊情况给予特别注意。在实施会影响发展中国家成员根本利益的反倾销税之前，应探讨本协定规定的建设性补救的可能性。

第二部分

第 16 条

反倾销措施委员会

16.1　特此设立反倾销措施委员会(本协定中称"委员会")，由每一成员的代表组成。委员会应选举自己的主席，每年应至少召开 2 次会议，或按本协定有关规定所设想的在任何成员请求下召开会议。委员会应履行本协定项下或各成员指定的职责，并应向各成员提供机会，就有关本协定的运用或促进其目标实现的任何事项进行磋商。WTO 秘书处担任委员会的秘书处。

16.2　委员会可酌情设立附属机构。

16.3　委员会和任何附属机构在履行其职能时，可向其认为适当的任何来源进行咨询和寻求信息。但是，委员会或附属机构在向一成员管辖范围内的一来源寻求此类信息之前，应通知所涉及的成员。委员会应获得该成员和将进行协商的任何企业的同意。

16.4　各成员应立刻通知委员会其采取的所有初步或最终反倾销行动。此类报告应可从秘书处获得，供其他成员审查。各成员还应每半年提交关于在过去 6 个月内采取的任何反倾销行动的报告。半年期报告应以议定的标准格式提交。

16.5　每一成员应通知委员会：(a)哪一个主管机关负责发起和进行第 5 条所指的调查，及(b)适用于发起和进行此类调查的国内程序。

第 17 条

磋商和争端解决

17.1　除本协定另有规定外，《争端解决谅解》适用于本协定项下的磋商和争端解决。

17.2　每一成员应对另一成员提出的有关影响本协定运用的任何事项的交涉给予积极考虑，并应提供充分的磋商机会。

17.3　如任何成员认为其在本协定项下直接或间接获得的利益正在受到另

一成员或其他成员的丧失或减损，或任何目标的实现正在受到阻碍，则该成员为就该事项达成双方满意的解决办法，可以书面形式请求与所涉一个或多个成员进行磋商。每一成员应对另一成员提出的磋商请求给予积极考虑。

17.4   如请求磋商的成员认为按照第 3 款进行的磋商未能达成双方同意的解决办法，且如果进口成员的行政主管机关已经采取征收最终反倾销税或接受价格承诺的最终行动，则该成员可将此事项提交争端解决机构(下称"DSB")。如一临时措施具有重大影响，且请求磋商的成员认为该措施的采取违反第 7 条第 1 款的规定，则该成员也可将此事项提交 DSB。

17.5   在起诉方请求下，DSB 应设立一专家组以依据以下内容审查该事项：

    (i)   提出请求成员的书面陈述，其中表明该成员在本协定项下直接或间接获得的利益如何丧失或减损，或本协定目标的实现如何受到阻碍，及

    (ii)   根据适当国内程序的使进口国的主管机关可获得的事实。

17.6   在审查第 5 款所指的事项时：

    (i)   在评估该事项的事实时，专家组应确定主管机关对事实的确定是否适当，及他们对事实的评估是否无偏见和客观的。如事实的确定是适当的，且评估是无偏见和客观的，则即使专家组可能得出不同的结论，而该评估也不得被推翻；

    (ii)   专家组应依照关于解释国际公法的习惯规则，解释本协定的有关规定。在专家组认为本协定的有关规定可以作出一种以上允许的解释时，如主管机关的措施符合其中一种允许的解释，则专家组应认定该措施符合本协定。

17.7   未经提供此类信息的个人、机构或主管机关正式授权，向专家组提供的机密信息不得披露。如该信息为专家组要求提供，但未授权专家组完公布该信息，则经提供该信息的个人、机构或主管机关授权，应提供该信息的非机密摘要。

第三部分
第 18 条
最后条款

18.1 除依照由本协定解释的 GATT 1994 的条款外，不得针对来自另一成员的倾销出口产品采取特定行动。[24]

18.2 未经其他成员同意，不得对本协定的任何规定提出保留。

18.3 在遵守第 3 条第 1 款和第 3 条第 2 款规定的前提下，本协定的规定应适用于根据在《WTO 协定》对一成员生效之日或之后提出的申请而发起的调查和对现有措施的审查。

18.3.1 对于在第 9 条第 3 款下退还程序中有关倾销幅度的计算，应适用在最近倾销确定或复审中使用的规则。

18.3.2 就第 11 条第 3 款而言，现有反倾销措施应被视为在不迟于《WTO 协定》对一成员生效之日起的一日期实施，除非一成员在该日有效的国内立法中已包括该款规定类型的条款。

18.4 每一成员应采取所有必要的一般或特殊步骤，以保证在不迟于《WTO协定》对其生效之日，使其法律、法规和行政程序符合可能对所涉成员适用的本协定的规定。

18.5 每一成员应将与本协定有关的法律和法规的任何变更情况及此类法律和法规管理方面的变更情况通知委员会。

18.6 委员会应每年审议本协定的执行和运用情况，同时考虑本协定的目标。委员会应每年将此类审议所涉期间的发展情况通知货物贸易理事会。

18.7 本协定的附件为本协定的组成部分。

附件 1
根据第 6 条第 7 款进行实地调查的程序

1. 在发起调查后，应将进行实地调查的意向通知出口成员的主管机关和已知的有关公司。

---

[24] 此点无意排除根据 GATT 1994 的其他有关条款而酌情采取的行动。

2.　如在特殊情况下，有意在调查组中包含非政府专家，则应将此通知出口成员的公司和主管机关。此类非政府专家如违反保密要求，应受到有效处罚。

3.　标准做法应为，在访问最终确定之前，应获得出口成员中有关公司的明确同意。

4.　一经获得有关公司的同意，调查主管机关即应将准备访问的公司名称和地址以及商定的日期通知出口成员的主管机关。

5.　在进行访问之前，应向所涉公司作出充分的预先通知。

6.　对于解释问卷的访问，只应在出口公司提出请求后进行。此种访问只有在(a)进口成员的主管机关通知所涉成员的代表和(b)后者不反对该访问的情况下进行。

7.　由于实地调查的主要目的是核实所提供的信息或获得进一步的细节，因此应在收到对问卷的答复之后进行，除非该公司同意相反的做法，且调查主管机关已将预期的访问通知出口成员政府，而后者不持异议；此外，实地调查的标准做法应为，在访问之前告知有关公司需要核实信息的一般性质和需要提供的任何进一步信息，但是此点不应排除根据所获信息当场提出提供进一步细节的要求。

8.　出口成员的主管机关或公司提出的对成功进行实地调查所必要的询问或问题，只要可能，均应在访问前作出答复。

附件2
按照第6条第8款可获得的最佳信息

1.　调查一经发起，调查主管机关即应尽快详细列明要求任何利害关系方提供的信息，及利害关系方在其答复中组织此类信息的方式。主管机关还应保证该方意识到，如信息未能在合理时间内提供，调查机关将有权以可获得的事实为基础作出裁定，包括在国内产业提出的发起调查的申请中包含的事实。

2.　主管机关还可要求利害关系方以一种特殊介质(如计算机用磁带)或计算机语言提供答复。如提出此类要求，则主管机关应考虑该利害关系方以选择的介质或计算机语言作出答复的合理能力，且不应要求利害关系方使用不同于该方使用的计算机系统作出答复。如利害关系方不建立计算机化账目，且如果按要求提交的答复会给利害关系方造成不合理的额外负担，例如需承担不合理的额外费用和麻烦，则调查机关不应坚持要求作出计算机化的答复。如利害关系方未以特殊介质或计算机语言建立计算机化账目，且如果按要求提交的答复会给利害关系方造成不合理的额外负担，例如需承担不合理的额外费用和麻烦，则调查机关不应坚持要求以此种介质或计算机语言作出答复。

3.　　在作出裁定时应考虑所有可核实的、适当提交的可用于调查而无不当困难的、及时提供的信息，如适用，还应考虑按主管机关要求以一种介质或计算机语言提供的信息。如一方未以选择的介质或计算机语言作出答复，但主管机关认为第 2 款所列情况已得到满足，则未以该选择介质或计算机语言作出答复不应被视为严重阻碍调查。

4.　　如主管机关无能力处理以特殊介质提供的信息(如计算机用磁带)，则信息应以书面材料方式或主管机关可接受的任何其他方式提供。

5.　　即使提供的信息并非在各方面都理想，但是此点并不能使主管机关有理由忽略该信息，只要利害关系方已经尽其所能。

6.　　如证据或信息未被接受，则应将有关理由通知提供方，并应提供在合理时间内作出进一步说明的机会，同时适当考虑调查的时限。如主管机关认为该说明不令人满意，则应在任何公布的裁定中列出拒绝该证据或信息的理由。

7.　　如主管机关的调查结果，包括对正常价值的调查结果，只能依据第二来源的信息，包括在发起调查的申请中提供的信息，则应特别慎重。在此类情况下，如可行，主管机关应自行核对来自其他独立来源的信息，例如公布的价格表、官方进口统计、海关报表以及调查期间自其他利害关系方获得的信息。但是很显然，如一利害关系方不予合作，而使调查机关不能获得有关信息，则此情况可导致比该方进行合作时更为不利的结果。

关于实施 1994 年关税与贸易总协定
第 7 条的协定

一般介绍性说明

1.　　本协定项下完税价格的首要依据是第 1 条所定义的"成交价格"。第 1 条应与第 8 条一起理解，第 8 条特别规定，如被视为构成完税价格组成部分的某些特定要素由买方负担，但未包括在进口货物的实付或应付价格中，则应对实付或应付价格作出调整。第 8 条还规定，在成交价格中应包括以特定货物或服务的形式而非以货币的形式由买方转给卖方的某些因素。第 2 条至第 7 条规定了在根据第 1 条的规定不能确定完税价格时确定完税价格的方法。

2.　　如根据第 1 条的规定不能确定完税价格，则在海关和进口商之间通常应进行磋商，以期根据第 2 条或第 3 条的规定得到确定价格的依据。例如，可能发生的情况是，进口商可能掌握关于相同或类似进口货物完税价格的信息，而进口港的海关却不能立即获得此类信息。另一方面，海关可能掌握相同或类似进口货物完税价格的信息，而进口商却不能容易获得此类信息。双方之间的磋商过程在遵守商业机密的要求前提下，可使信息得到交流，以期确定海关估价的适当依据。

3.　　第 5 条和第 6 条规定了在不能依据进口货物或相同或类似进口货物的成交价格确定完税价格时用以确定完税价格的两个依据。根据第 5 条第 1 款，完税价格根据货物以进口时的状态向进口国中无特殊关系的买方销售的价格确定。如进口商提出请求，进口商还有权要求对进口后经进一步加工的货物根据第 5 条的规定进行估价。根据第 6 条，完税价格根据计算价格确定。这两种方法都会带来某些困难，因此，应根据第 4 条的规定给予进口商选择这两种方法适用顺序的权利。

4.　　第 7 条列出了在不能根据前述各条的规定确定完税价格时，如何确定完税价格。

各成员，

　　　　注意到多边贸易谈判；

　　　　期望促进 GATT 1994 目标的实现，并使发展中国家的国际贸易获得更多的利益；

认识到 GATT 1994 第 7 条规定的重要性，并期望详述适用这些规定的规则，以便在执行中提供更大的统一性和确定性；

认识到需要一个公平、统一和中性的海关对货物估价的制度，以防止使用任意或虚构的完税价格；

认识到海关对货物估价的依据在最大限度内应为被估价货物的成交价格；

认识到完税价格应依据商业惯例的简单和公正的标准，且估价程序应不区分供货来源而普遍适用；

认识到估价程序不应用于反倾销；

特此协议如下：

第一部分
海关估价规则
第 1 条

1.　　进口货物的完税价格应为成交价格，即为该货物出口销售至进口国时依照第 8 条的规定进行调整后的实付或应付的价格，只要：

　　(a)　　不对买方处置或使用该货物设置限制，但下列限制除外：

　　　　(i)　　进口国法律或政府主管机关强制执行或要求的限制；

　　　　(ii)　　对该货物转售地域的限制；或

　　　　(iii)　　对货物价格无实质影响的限制；

　　(b)　　销售或价格不受某些使被估价货物的价值无法确定的条件或因素的影响；

　　(c)　　卖方不得直接或间接得到买方随后对该货物转售、处置或使用后的任何收入，除非能够依照第 8 条的规定进行适当调整；以及

　　(d)　　买方和卖方无特殊关系，或在买方和卖方有特殊关系的情况下，根据第 2 款的规定为完税目的的成交价格是可接受的。

2.　　(a)　　在确定成交价格是否就第 1 款而言可接受时，买卖双方之间存在属第 15 条范围内的特殊关系的事实本身不得构成将该成交价格视为不能接受的理由。在此种情况下，应审查围绕该项销售的情况，只要此种关系并未影响价格，则即应接受该成交价格。如按照进口商或其他方面提供的信息，海关有理

由认为此种关系影响价格，则海关应将其理由告知进口商，并给予进口商作出反应的合理机会。如进口商提出请求，则海关应以书面形式将其理由通知进口商。

(b) 在有特殊关系的人之间的销售中，只要进口商证明成交价格非常接近于下列同时或大约同时发生的价格之一，则该成交价格即应被接受，并依照第 1 款的规定对该货物进行估价：

    (i) 供出口至相同进口国的相同或类似货物售予无特殊关系的买方的成交价格；

    (ii) 根据第 5 条的规定确定的相同或类似货物的完税价格；

    (iii) 根据第 6 条的规定确定的相同或类似货物的完税价格；

    在适用上述测试价格时，应适当考虑在商业水平、数量水平、第 8 条包含要素以及在买卖双方无特殊关系的销售中卖方承担的费用与在买卖双方有特殊关系的销售中卖方不予承担的费用方面的已证实的差异。

(c) 第 2 款(b)项所列测试价格应在进口商自行提出后使用，且仅用于进行比较的目的。不得根据第 2 款(b)项的规定确定替代价格。

第 2 条

1. (a) 如进口货物的完税价格不能根据第 1 条的规定确定，则完税价格应为与被估价货物同时或大约同时出口销售至相同进口国的相同货物的成交价格。

  (b) 在适用本条时，应使用以与被估价货物相同的商业水平销售的、数量实质相同的相同货物的成交价格确定完税价格。如不能认定此种销售，则应使用以不同商业水平销售的和/或数量不同的相同货物的成交价格，并应对可归因于不同商业水平和/或不同数量的差异作出调整，只要此类调整能够依据清楚地确定调整的合理性和准确性的明确证据作出，而无论调整是否导致价格的提高或降低。

2.   如成交价格包括第 8 条第 2 款所指的成本和费用，则应作出调整，以考虑进口货物与所涉相同货物之间由于距离和运输方式的不同而在此类成本和费用方面产生的巨大差异。

3.   在适用本条时，如可认定相同货物具有一个以上的成交价格，则应使用最低的成交价格确定进口货物的完税价格。

第 3 条

1.   (a)   如进口货物的完税价格不能根据第 1 条和第 2 条的规定确定，则完税价格应为与被估价货物同时或大约同时出口销售至相同进口国的类似货物的成交价格。

(b)   在适用本条时，应使用以与被估价货物相同的商业水平销售的、数量实质相同的类似货物的成交价格确定完税价格。如不能认定此种销售，则应使用以不同商业水平销售的和/或数量不同的类似货物的成交价格，并应对可归因于不同商业水平和/或不同数量的差异作出调整，只要此类调整能够根据清楚地确定调整的合理性和准确性的明确的证据作出，而无论调整是否导致价格的提高或降低。

2.   如成交价格包括第 8 条第 2 款所指的成本和费用，则应作出调整，以考虑进口货物与所涉类似货物之间由于距离和运输方式的不同而在此类成本和费用方面产生的巨大差异。

3.   在适用本条时，如可认定类似货物具有一个以上的成交价格，则应使用最低的成交价格确定进口货物的完税价格。

第 4 条

如进口货物的完税价格不能根据第 1 条、第 2 条和第 3 条的规定确定，则完税价格应根据第 5 条的规定确定，或如果完税价格不能根据该条的规定确定，则应根据第 6 条的规定确定，除非在进口商请求下，应将第 5 条和第 6 条适用顺序进行颠倒。

第 5 条

1.   (a)   如进口货物或相同或类似进口货物在进口国按进口时的状态销售，则根据本条的规定，进口货物的完税价格应依据与被估价货物同时或大约同时进行的售予与销售此类货物无特殊关系买方的最大总量的进口货物或相同或类似进口货物的单位价格确定，但需扣除下列内容：

      (i)   与在进口国销售同级别或同种类货物有关的通常支付或同意支付的佣金，或通常作为利润和一般费用的附加额；

      (ii)   运输和保险的通常费用及在进口国内发生的相关费用；

      (iii)   在适当时，第 8 条第 2 款所指的成本和费用；以及

      (iv)   在进口国因进口或销售货物而应付的关税和其他国内税。

  (b)   如进口货物或相同或类似进口货物均未在与被估价货物进口的同时或大约同时销售，则完税价格除需遵守第 1 款(a)项的规定外，应依据进口货物或相同或类似进口货物在被估价货物进口后的最早日期、但在该项进口起 90 天期满前，在进口国以进口时的状态销售的单位价格确定。

2.   如进口货物或相同或类似进口货物均非以进口时的状态在进口国销售，则在进口商请求下，完税价格应依据进口货物经进一步加工后售予与销售此类货物无特殊关系的进口国中买方的最大总量的单位价格确定，同时应考虑加工后的增值部分和第 1 款(a)项规定的扣除内容。

第 6 条

1.   根据本条的规定，进口货物的完税价格应依据计算价格确定。计算价格应由下列金额组成：

  (a)   生产进口货物所使用的原料和制作或其他加工的成本或价值；

  (b)   利润额和一般费用，等于通常反映在由出口国生产者制造供向进口国出口的、与被估价货物同级别或同种类的货物的销

售中的利润额和一般费用；

(c) 反映该成员根据第 8 条第 2 款所作估价选择所必需的所有其他费用的成本或价值。

2. 就确定计算价格而言，任何成员不得要求或强迫不居住在其领土内的任何人呈验或允许其查阅任何账目或其他记录。但是，经生产者同意，并在充分提前通知所涉国家政府且后者不反对调查的条件下，货物的生产者为根据本条的规定确定完税价格的目的所提供的信息可由进口国主管机关在另一国进行核实。

第 7 条

1. 如进口货物的完税价格不能根据第 1 条至第 6 条的规定确定，则应使用与本协定和 GATT 1994 第 7 条相一致的原则和总则的合理方法，并依据在进口国中的可获得的数据确定完税价格。

2. 完税价格不得根据本条的规定以下列内容为依据确定：

(a) 进口国中生产的货物在该国的销售价格；

(b) 规定为估价目的而采用两种备选价格中的较高价格的制度；

(c) 出口国国内市场上的货物价格；

(d) 依照第 6 条的规定为相同或类似货物确定的计算价格以外的生产成本；

(e) 出口至进口国以外国家的货物的价格；

(f) 海关最低限价；或

(g) 任意或虚构的价格。

3. 如进口商提出请求，应将根据本条规定确定的完税价格和确定该价格所使用的方法以书面形式通知进口商。

第 8 条

1. 在根据第 1 条的规定确定完税价格时，应在进口货物的实付或应付价格中加入：

(a) 下列各项，只要由买方负担但未包括在货物实付或应付的价格中：

    (i) 佣金和经纪费用，购买佣金除外；

    (ii) 为完税目的而与所涉货物被视为一体的容器费用；

    (iii) 包装费用，无论是人工费用还是材料费用；

(b) 与进口货物的生产和销售供出口有关的、由买方以免费或降低使用成本的方式直接或间接供应的酌情按比例分摊的下列货物和服务的价值，只要该价值未包括在实付或应付的价格中：

    (i) 进口货物包含的材料、部件、零件和类似货物；

    (ii) 在生产进口货物过程中使用的工具、冲模、铸模和类似货物；

    (iii) 在生产进口货物过程中消耗的材料；

    (iv) 生产进口货物所必需的、在进口国以外的其他地方所从事的工程、开发、工艺、设计工作以及计划和规划；

(c) 作为被估价货物销售的条件，买方必须直接或间接支付与被估价货物有关的特许权使用费和许可费，只要此类该特许权使用费和许可费未包括在实付或应付的价格中；

(d) 进口货物任何随后进行的转售、处置或使用而使卖方直接或间接获得的收入的任何部分的价值。

2. 每一成员在制定法规时，应对将下列各项内容全部或部分地包括或不包括在完税价格之中作出规定：

(a) 进口货物运至进口港或进口地的费用；

(b) 与进口货物运至进口港或进口地相关的装卸费和处理费；及

(c) 保险费。

3. 根据本条规定加入实付和应付价格中的费用应以客观和可量化的数据为依据。

4. 除本条所规定的内容外，在确定完税价格时，不得将其他内容计入实付或应付价格。

第9条

1. 如确定完税价格需要进行货币换算，则使用的汇率应为有关进口国的主管机关正式公布的汇率，并且就此类公布的文件所涉期限而言，汇率应尽可能有效地反映在商业交易中以进口国货币表示的该种货币的现值。

2.　　所使用的汇率应为按各成员规定的在出口或进口时实行的汇率。

第 10 条

对于所有属机密性质的信息，或为海关估价的目的而在保密基础上提供的信息，有关主管机关应严格按机密信息处理，未经提供信息的个人或政府的特别允许，有关主管机关不得披露，除非在进行司法程序时要求予以披露。

第 11 条

1.　　每一成员的立法应规定在确定完税价格方面，进口商或其他纳税义务人有进行上诉而不受处罚的权利。

2.　　可向海关内部一部门或向一独立机构行使上诉而不受处罚的最初权利，但是每一成员的立法应规定可向司法机关提出上诉而不受处罚的权利。

3.　　关于上诉决定的通知应送达上诉人，作出该决定的理由应以书面形式提供。并应将进一步上诉的任何权利通知上诉人。

第 12 条

实施本协定的普遍适用的法律、法规、司法决定和行政裁决应由有关进口国以符合 GATT 1994 第 10 条的方式予以公布。

第 13 条

如在确定进口货物的完税价格的过程中，需要推迟作出完税价格的最终确定，则货物的进口商仍应能够从海关提取货物，如有此要求，则进口商以涵盖该货物可能最后支付的关税的保证金、存款或其他一些适当工具提供充分的保证。每一成员的立法应为此种情况作出规定。

第 14 条

本协定附件 1 中的注释为本协定的组成部分，本协定各条应与各自的注释一起理解和适用。附件 2 和附件 3 也属本协定的组成部分。

第 15 条

1.　　在本协定中：

(a)　"进口货物的完税价格"指海关为征收进口货物的从价关税目的所使用的货物的价格；

(b)　"进口国"指进口的国家或进口的关税领土；

(c)　"生产的"包括种植的、制造的和开采的。

2.　　在本协定中：

(a)　"相同货物"指在所有方面都相同的货物，包括物理特性、质量和声誉。外观上的微小差别不妨碍在其他方面符合定义的货物被视为相同货物；

(b)　"类似货物"指虽然不是在所有方面都相同，但具有相似的特性、相似的组成材料，从而使其具有相同功能，在商业上可以互换的货物。在确定货物是否类似时，待考虑的因素包括货物的质量、声誉和商标的存在等；

(c)　"相同货物"和"类似货物"两词不包括(视情况而定)包含或反映工程、开发、工艺、设计工作以及计划和规划、且未根据第 8 条第 1 款(b)项(iv)目进行调整的货物，因为此类因素均在进口国中进行；

(d)　除非货物与被估价货物在相同国家生产，否则不应视其为"相同货物"或"类似货物"；

(e)　只有生产被估价货物的人不生产相同货物或类似货物(视情况而定)时，方可考虑由不同的人生产的货物。

3.　　在本协定中"同级别或同种类货物"指属由特定产业或产业部门生产的一组或一系列货物中的货物，包括相同或类似货物。

4.　　就本协定而言，只有在下列情况下，方可被视为有特殊关系的人：

(a)　他们互为商业上的高级职员或董事；

(b)　他们是法律承认的商业上的合伙人；

(c)　他们是雇主和雇员；

(d)　直接或间接拥有、控制或持有双方 5%或 5%以上有表决权的发行在外的股票的任何人；

(e)　　　其中一人直接或间接控制另一人；

(f)　　　双方直接或间接被一第三人控制；

(g)　　　双方共同直接或间接控制一第三人；或

(h)　　　双方属同一家族成员。

5.　　对于在商业上彼此有联系的人，一人是另一人的独家代理人、独家经销人或独家受让人，无论如何称呼，如他们符合第 4 款的标准，则就本协定而言应被视为有特殊关系的人。

第 16 条

应书面请求，进口商有权获得进口国海关关于其货物的完税价格如何确定的书面说明。

第 17 条

本协定的任何规定不得解释为限制或怀疑海关确信为估价目的所提交的任何陈述、单证或申报的真实性或准确性的权利。

第二部分
管理、磋商和争端解决
第 18 条
机构

1.　　特此设立海关估价委员会(本协议中称"委员会")，由每一成员的代表组成。委员会应选举自己的主席，通常每年应召开一次会议，或按本协定有关规定所设想的其他情况召开会议，目的在于为各成员提供机会，就任何成员可能影响本协定运用或其目标实现的与海关估价体制管理有关的事项进行磋商，并履行各成员所指定的其他职责。WTO 秘书处应担任委员会的秘书处。

2.　　应设立海关估价技术委员会(本协定中称"技术委员会")，在海关合作理事会(本协定中称"CCC")主持下，技术委员会应履行本协定附件 2 中所述的职责，并依照其中所含议事规则运作。

第 19 条
磋商和争端解决

1.　　除非本协定另有规定，否则《争端解决谅解》适用于本协定项下的磋商和争端解决。

2.　　如任何成员认为，由于另一成员或其他成员的行动而使其在本协定项下直接或间接获得的利益丧失或减损，或阻碍本协定任何目标的实现，则该成员为就此事项达成双方满意的解决办法，可请求与所涉成员进行磋商。每一成员应对另一成员提出的磋商请求给予积极考虑。

3.　　应请求，技术委员会应向进行磋商的成员提供建议和协助。

4.　　为审查与本协定规定有关的争端而设立的专家组，可在争端一方请求下或自行请求技术委员会对任何需要作技术性审议的任何问题进行审查。专家组应确定技术委员会对特定争端的职权范围，并设定接受技术委员会报告的时间。专家组应考虑技术委员会的报告。如技术委员会无法就按照本款规定提交其处理的事项协商一致，则专家组应向争端各方提供就争端向专家组提出其意见的机会。

5.　　未经提供机密信息的个人、机构或主管机关的正式授权，向专家组提供的信息不得披露。如要求专家组提供此类信息，但专家组未获得发布此类信息的授权，则经提供该信息的个人、机构或主管机关授权，可提供此类信息的非机密摘要。

第三部分
特殊和差别待遇
第 20 条

1.　　不属 1979 年 4 月 12 日订立的《关于实施关税与贸易总协定第 7 条的协定》参加方的发展中国家成员可推迟适用本协定的规定，时间不超过自《WTO 协定》对其生效之日起 5 年。选择推迟适用本协定的发展中国家成员应据此通知 WTO 总干事。

2.　　除第 1 款之外，不属 1979 年 4 月 12 日订立的《关于实施关税与贸易总协定第 7 条的协定》参加方的发展中国家成员，可推迟适用第 1 条第

2 款(b)项(iii)目和第 6 条，时间不超过它们适用本协定所有其他规定起 3 年。选择推迟适用本款所列明的条款的发展中国家成员应据此通知 WTO 总干事。

3.　　发达国家成员应按双方同意的条件，向提出请求的发展中国家成员提供技术援助。在此基础上，发达国家成员应拟定技术援助计划，其中可特别包括人员培训、在制定实施措施过程中的援助、关于海关估价方法信息的提供以及关于适用本协定规定的建议等。

第四部分
最后条款
第 21 条
保留

未经其他成员同意，不得对本协定的任何规定提出保留。

第 22 条
国家立法

1.　　每一成员应保证，在不迟于对其适用本协定规定之日，使其法律、法规和行政程序符合本协定的规定。

2.　　每一成员应将其与本协定有关的本国法律和法规的变更及这些法律和法规管理方面的任何变更通知委员会。

第 23 条
审议

委员会应每年审议本协定的执行和运用情况，同时考虑本协定的目标。委员会应每年将审议所涉期间的进展情况通知货物贸易理事会。

第 24 条
秘书处

本协定由 WTO 秘书处提供服务，具体指定由海关合作理事会秘书处提供服务的技术委员会的职责除外。

附件 1
解释性说明
总体说明
估价方法的适用顺序

1.   第 1 条至第 7 条规定了如何根据本协定的规定确定进口货物的完税价格。估价方法按适用的顺序列出。第 1 条规定了海关估价的首要方法，只要满足该条规定的条件，即依照该条的规定对进口货物进行估价。

2.   如不能根据第 1 条的规定确定完税价格，则应按顺序使用随后各条中最先能够确定完税价格的条款确定完税价格。除第 4 条规定外，只有在完税价格无法根据一特定条款确定时，方可按顺序使用下一条款的规定。

3.   如进口商未请求颠倒第 5 条和第 6 条的顺序，则应遵循正常顺序。如进口商虽未提出此种请求，但随后证明不能根据第 6 条的规定确定完税价格，而根据第 5 条能够确定完税价格，则应根据该条的规定予以确定。

4.   如完税价格无法根据第 1 条至第 6 条的规定确定，则应根据第 7 条的规定确定。

公认会计原则的使用

1.   "公认会计原则"指在一特定时间内一国关于下列内容的公认的一致意见或实质性权威支持：何种经济资源和债务应记为资产和债务、资产和债务的何种变化应予记录、如何衡量资产和债务及其变化、何种信息应予披露及如何披露，以及应编制何种财务报表等。这些标准可以是普遍适用的概括性的准则，也可以是详细的做法和程序。

2.   就本协定而言，每一成员的海关应使用与适合所涉条款的该国公认会计原则相一致的方式准备的信息。例如，根据第 5 条的规定对通常的利润和一般费用的确定应使用与进口国公认会计原则相一致的方式准备的信息。另一方面，根据第 6 条的规定对通常的利润和一般费用的确定应使用与生产国公认会计原则相一致的方式准备的信息。又如，在进口国中对第

8 条第 1 款(b)项(ii)目所规定的某一要素的确定应使用与该国公认会计原则相一致的方式准备的信息。

关于第 1 条的注释
实付或应付价格

1.　　实付或应付价格指买方为进口货物向卖方或为卖方利益而已付或应付的支付总额。支付未必采取资金转移的形式。支付可采取信用证或可转让信用工具的形式。支付可以是直接的，也可以是间接的。间接支付的一个例子是买方全部或部分偿付卖方所欠债务。

2.　　买方自负责任所从事的活动，除第 8 条规定的进行调整的活动外，即使可能被视为对卖方有利，也不被视为对卖方的间接支付。因此，在确定完税价格时，此类活动的费用不得计入实付或应付价格。

3.　　完税价格不得包括下列费用或成本，只要这些费用或成本可与进口货物的实付或应付价格相区别：

(a)　　如工厂、机械或设备等进口货物进口后发生的建设、安装、装配、维修或技术援助费用；

(b)　　进口后的运输费用；

(c)　　进口国的关税和国内税。

4.　　实付或应付价格指对进口货物支付的价格。因此，买方向卖方支付的、与进口货物无关的股息或其他支付不属完税价格的一部分。

第 1 款(a)项(iii)目

在各项限制中，不会致使实付或应付价格不可接受的限制是对货物价格无实质影响的限制。此类限制的一个例子是：卖方要求汽车的购买者在代表新产品年度开始的一固定日期前不出售或展览这些汽车。

第 1 款(b)项

1.　　如销售或价格受某些条件或因素的约束，从而使被估价货物的完税价格无法确定，则该成交价格不得为完税目的而被接受。这方面的例子包括：

(a)　　卖方以买方也将购买指定数量的其他货物为条件而确定进口货物的价格；

(b) 进口货物的价格取决于进口货物的买方向进口货物的卖方销售其他货物的价格;

(c) 依据与进口货物无关的支付形式确定的价格。例如，进口货物是以卖方将收到一定数量的制成品为条件而提供的半制成品。

2. 但是，与进口货物的生产和销售有关的条件或因素不得导致成交价格被拒绝。例如，买方向卖方提供在进口国进行的工程和设计的事实不得导致就第 1 条而言的成交价格被拒绝。同样，如买方自负责任从事与进口货物的销售有关的活动，即使经卖方同意，这些活动的价值既不是完税价格的一部分，也不应导致成交价格被拒绝。

第 2 款

1. 第 2 款(a)项和(b)项规定了确定成交价格的可接受性的不同方法。

2. 第 2 款(a)项规定，如买方和卖方有特殊关系，则应审查围绕销售的情况，只要此种关系未曾影响价格，即应将成交价格按完税价格接受。这并不意味着在买卖双方有特殊关系的所有情况下均对有关情况进行审查。只有在怀疑价格的可接受性时方要求进行此种审查。如海关不怀疑价格的可接受性，则应接受该价格而不再要求进口商提供进一步的信息。例如，海关以往已对此种关系进行审查，或海关可能已经获得买卖双方的详细信息，并且可能已经通过此种审查或信息确信此种关系并未影响价格。

3. 如海关不进行进一步调查即不能接受成交价格，则海关应给予进口商提供海关审查围绕销售的情况所必需的进一步详细信息的机会。在这方面，海关应准备好审查交易的有关方面，包括买卖双方组织其商业关系的方式和制定所涉价格的方法，以便确定此种关系是否影响价格。如审查表明，虽然根据第 15 条的规定买卖双方有特殊关系，但双方之间的相互买卖如同无特殊关系一样，则此点可证明价格并未受到此种关系的影响。例如，如定价方式与所涉产业的正常定价做法相一致或与卖方制定售予与其无特殊关系的买方的价格的方法相一致，则此点可证明该价格未受此种关系的影响。又如，如证明价格足以收回全部成本加利润，该利润代表该公司在一代表期内(如按年度计)销售同级别或同种类货物所实现的总利润，则可表明该价格未受影响。

4.　　第 2 款(b)项向进口商提供机会，使其能够证明成交价格与海关以往接受的"测试"价格非常接近，因此根据第 1 条的规定是可接受的。如符合第 2 款(b)项规定的测试价格，则不必根据第 2 款(a)项审查影响的问题。如海关已获得充分信息，而不需进行进一步详细调查即可确信第 2 款(b)项中规定的测试价格之一已经符合，则海关即无理由要求进口商证明可符合该测试价格。在第 2 款(b)项中，"无特殊关系的买方"指在任何特定情况下与卖方均无特殊关系的买方。

第 2 款(b)项

　　　　在确定一价格是否"非常接近"另一价格时，必须考虑许多因素。这些因素包括进口货物的性质、产业本身的性质、货物进口的季节、以及价格上的差异是否具有商业意义。由于这些因素可因情况不同而不同，无法对每种情况适用一个统一标准，如一固定的百分比。例如，在确定成交价格是否非常接近第 1 条第 2 款(b)项中规定的"测试"价格时，在涉及一种货物的情况下价格上的较小差异可能是不可以接受的，而在涉及另一种货物的情况下价格上的较大差异却可能是可以接受的。

关于第 2 条的注释

1.　　在适用第 2 条时，海关只要可能即应使用以与被估价货物相同的商业水平销售的、数量实质相同的相同货物的销售。如不能认定此种销售，则可使用在下列三条件中任何一条件下发生的相同货物的销售：

　　　(a)　　相同商业水平但数量不同的销售；

　　　(b)　　不同商业水平但数量实质相同的销售；或

　　　(c)　　不同商业水平和数量不同的销售。

2.　　在认定根据三条件中任何一条件下的销售后，应视情况对下列因素作出调整：

　　　(a)　　仅对数量因素；

　　　(b)　　仅对商业水平因素；或

　　　(c)　　商业水平和数量因素。

3.　　"和/或"的措辞允许在上述三条件中任何一条件下在使用销售和作出必要调整方面可以有灵活性。

4.　　就第 2 条而言，相同进口货物的成交价格指按第 1 款(b)项和第 2 款的规定作出调整的、已根据第 1 条接受的完税价格。

5.　　由于不同商业水平或不同数量而作出调整的一个条件是：无论此种调整导致价格提高还是降低，只能依据清楚地确定调整的合理性和准确性的明确证据作出，例如包含涉及不同商业水平或不同数量价格的有效价格清单。例如，如被估价进口货物由 10 个单位的一单货物组成，而惟一存在成交价格的相同进口货物包含 500 个单位的销售，并且已知卖方给予数量折扣，则可通过采用卖方的价格清单并使用适用于 10 个单位的销售的价格完成要求作出的调整。此点并不要求销售必须是按 10 个单位进行的，只要该价格清单是按其他数量销售的真实情况制定的即可。但是，如无此种客观标准，则根据第 2 条的规定确定完税价格是不适当的。

关于第 3 条的注释

1.　　在适用第 3 条时，只要可能，海关即应使用与被估价货物相同的商业水平销售的、数量实质相同的类似货物的销售。如不能认定此种销售，则可使用在下列三条件中任何一条件下发生的类似货物的销售：

　　　　(a)　　相同商业水平但数量不同的销售；

　　　　(b)　　不同商业水平但数量实质相同的销售；或

　　　　(c)　　不同商业水平和数量不同的销售。

2.　　在认定在三条件中任何一条件下的销售后，应视情况对下列因素作出调整：

　　　　(a)　　仅对数量因素；

　　　　(b)　　仅对商业水平因素；或

　　　　(c)　　商业水平和数量因素。

3.　　"和/或"的措辞允许在上述三条件中任何一条件下在使用销售和作出必要调整方面可以有灵活性。

4.　　就第 3 条而言，类似进口货物的成交价格指按第 1 款(b)项和第 2 款的规定作出调整的、已根据第 1 条接受的完税价格。

5.　　由于不同商业水平或不同数量而作出调整的一个条件是：无论此种调整导致价格提高还是降低，只能依据清楚地确定调整的合理性和准确性的明确证据作出，例如包含涉及不同商业水平或不同数量价格的有效价格清单。例如，如被估价进口货物由 10 个单位的一单货物组成，而惟一存在成交价格的类似进口货物涉及 500 个单位的销售，并且已知卖方给予数量折扣，则可通过采用卖方的价格清单并使用适用于 10 个单位的销售的价格完成要求作出的调整。这并不要求销售必须是按 10 个单位进行的，只要该价格清单是按其他数量销售的真实情况制定的即可。但是，如无此种客观标准，则根据第 3 条的规定确定完税价格是不适当的。

关于第 5 条的注释

1.　　"售予……最大总量货物的单位价格"的措辞指在发生此类销售的进口后的第一级商业水平，售予与销售此类货物无特殊关系的人的最大总量单位的价格。

2.　　例如，货物按照可对较大数量的购买给予优惠单位价格的价格清单销售。

销售量	单位价格	销售笔数	每一价格总销售量
1—10 个单位	100	5 个单位的 10 笔	65
		3 个单位的 5 笔	
11—25 个单位	95	11 个单位的 5 笔	55
25 个单位以上	90	30 个单位的 1 笔	80
		50 个单位的 1 笔	

　　按一价格销售的最大单位总量是 80；因此，最大总量的单位价格是 90。

3.　　又如，发生两笔销售。在第一笔销售中按 95 个货币单位的单位价格出售了 500 个单位的货物。在第二笔销售中按 90 个货币单位的单位价格出售了 400 个单位的货物。在此例中，按一特定价格出售的最大单位数量是 500；因此，最大总量的单位价格是 95。

4.　　再如，下列按不同价格销售的不同数量的情况。

(a) 销售

销售量	单位价格
40 个单位	100
30 个单位	90
15 个单位	100
50 个单位	95
25 个单位	105
35 个单位	90
5 个单位	100

(b) 总计

总销售量	单位价格
65	90
50	95
60	100
25	105

在此例中，按一特定价格销售的最大单位总量是 65；因此，最大总量的单位价格是 90。

5.　　按以上第 1 款所述，对于在进口国中直接或间接免费或以降低使用成本供应用于进口货物的生产和销售供出口的、第 8 条第 1 款(b)项所列任何要素的人的销售，在确定就第 5 条而言的单位价格时不应予以考虑。

6.　　应注意的是，第 5 条第 1 款中所指的"利润和一般费用"应作为一个整体对待。用于此种扣除的数字应依据进口商或代表进口商提供的信息确定，除非进口商提供的数字与在进口国销售同级别或同种类进口货物所获得的数字不一致。如进口商的数字与此类数字不一致，则利润和一般费用的金额可依据除进口商或代表进口商提供的有关信息以外的有关信息确定。

7.　　"一般费用"包括销售所涉货物的直接或间接费用。

8.　　因销售货物而应付的地方税，如未根据第 5 条第 1 款(a)项(iv)目的规定予以扣除，则应根据第 5 条第 1 款(a)项(i)目的规定予以扣除。

9.　　在根据第 5 条第 1 款的规定确定佣金或通常的利润和一般费用时，某些货物是否与其他货物属"同级别或同种类"的问题必须参考所涉及的情况逐案予以确定。应审查包括被估价货物的、能够提供必要信息的进口国中范围最窄的一组或一系列同级别或同种类进口货物的销售情况。就第5条而言，"同级别或同种类货物"既包括自与被估货物相同国家进口的货物也包括自其他国家进口的货物。

10.　　就第5条第1款(b)项而言，"最早日期"应为进口货物或相同或类似进口货物的销售数量达到足以确定单位价格的水平的日期。

11.　　如使用第5条第2款规定的方法，则对进一步加工增值所作的扣除应根据与此项工作费用有关的客观和可量化的数据。公认的行业准则、制法、施工方法及其他行业惯例可构成计算的依据。

12.　　各方理解，如作为进一步加工的结果，进口货物失去其特性，则第5条第2款中规定的估价方法通常不再适用。但是，可能出现的情况是，虽然进口货物失去特性，但是通过加工而增加的价格可以在没有不合理困难的情况下准确确定。另一方面，还有可能出现的情况是，虽然进口货物在加工后保持其特性，但在进口国所销售的货物中构成很小的要素，而使这种估价方法的运用不合理。鉴于以上情况，此类情况中的每一种均应逐案考虑。

关于第6条的注释

1.　　通常，完税价格根据本协定的规定并依据在进口国中可容易获得的信息予以确定。但是，为确定计算价格，可能需要审查被估价货物的生产成本和需要自进口国外获得的其他信息。此外，在大多数情况下，货物的生产商不属进口国主管机关的管辖范围。计算价格方法的使用一般限于买卖双方有特殊关系、且生产商准备向进口国的主管机关提供必要的概算以及为随后可能需要进行的核实创造条件。

2.　　第6条第1款(a)项所指的"成本或价值"应依据生产商或代表生产商提供的有关被估价货物生产方面的信息予以确定。应以生产商的商业往来账目为依据，只要此类账目与生产该货物的国家中适用的公认会计原则相一致。

3.　　"成本或价值"应包括第8条第1款(a)项(ii)目和(iii)目中所列要素的费用。还应包括根据第8条有关注释的规定酌情按比例分摊的、由买方直接或间接供应用于生产进口货物的、第 8 条第 1 款(b)项所列任何要素。在进口国中进行的第 8 条第 1 款(b)项(iv)目所列要素的价值,只有在记入生产商账目时方可包括在内。各方理解,本款中所指要素的费用或价值在确定计算价格时不得重复计算。

4. 第 6 条第 1 款(b)项所指的"利润和一般费用的金额"应依据生产商或代表生产商提供的信息确定,除非生产商的数字与出口国中生产商制造供向进口国出口的、与被估价货物同级别或同种类的货物中通常反映的数字不一致。

5. 在这方面应当注意的是,"利润和一般费用的金额"必须作为一个整体对待。因此,在任何特定情况下,虽然生产商的利润数字低而生产商的一般费用高,但是生产商的利润和一般费用加在一起仍然与同级别或同种类货物销售中通常反映的数字相一致。例如,如一产品在进口国中投放市场,生产商接受零利润或低利润,以抵消与投放市场有关的高额一般费用,则可能发生此种情况。如生产商能够证明由于特殊商业情况而使销售进口货物利润低,则应考虑生产商的实际利润数字,只要生产商有可证明低利润是合理的正当商业理由,且生产商的定价政策可反映有关产业部门通常的定价政策。例如,如由于不可预见的需求减少而使生产商被迫临时降低价格,或如果他们销售货物是为补充在进口国生产的一系列货物,接受低利润以保持竞争力,则可能发生此种情况。如生产商自己的利润和一般费用的数字与出口国中生产商制造供向进口国出口的与被估价货物同级别或同种类货物的销售中通常反映的数字不一致,则利润和一般费用金额可依据除生产商或代表生产商提供的信息以外的有关信息。

6. 在使用除生产商或代表生产商提供的信息以外的信息确定计算价格的情况下,如进口商提出请求,则进口国主管机关应在遵守第 10 条规定的前提下,将该信息的来源、使用的数据以及依据该数据所进行的计算通知进口商。

7. 第 6 条第 1 款(b)项所指的"一般费用"涵盖根据第 6 条第 1 款(a)项所未包括的生产和销售供出口货物的直接或间接费用。

8. 某些货物是否与其他货物属"同级别或同种类"必须参考所涉及的情况逐案予以确定。在确定第 6 条规定的通常利润和一般费用时,应审查包括被估价货物的、能够提供必要信息的进口国中范围最窄的一组或一系列同级别或同种类进口货物的销售情况。就第 6 条而言，"同级别或同种类货物"必须来自与被估价货物相同的国家。

关于第 7 条的注释

1. 根据第 7 条的规定确定的完税价格应在最大限度内依据以往确定的完税价格。

2. 根据第 7 条使用的估价方法应为第 1 条至第 6 条规定的方法，但是在适用此类方法时采取合理的灵活性符合第 7 条的目的和规定。

3. 合理灵活性的部分例子如下：

(a) 相同货物—关于相同货物应与被估价货物同时或大致同时出口的要求可以灵活解释；在与被估价货物出口国以外的国家生产的相同进口货物可以作为海关估价的依据；可以使用已根据第 5 条和第 6 条的规定确定的相同进口货物的完税价格。

(b) 类似货物—关于类似货物应与被估价货物同时或大致同时出口的要求可以灵活解释；在与被估价货物出口国以外的国家生产的类似进口货物可以作为海关估价的依据；可以使用已根据第 5 条和第 6 条的规定确定的类似进口货物的完税价格。

(c) 扣除法—第 5 条第 1 款(a)项中关于货物应按"进口时的状态"销售的要求可以灵活解释；"90 天"的要求可以灵活管理。

关于第 8 条的注释
第 1 款(a)项(i)目

"购买佣金"一词指进口商向其代理人为代表其在国外购买被估价货物中所提供的服务而支付的费用。

第 1 款(b)项(ii)目

1. 第 8 条第 1 款(b)项(ii)目所列要素分摊到进口货物的问题涉及两个因素—即要素本身的价值和价值分摊到进口货物的方式。这些要素的分摊应以适合有关情况的合理方式并依照公认的会计原则进行。

2. 关于要素的价值，如进口商以一特定成本自与其无特殊关系的卖方获得该要素，则该要素的价值即为该成本。如该要素由进口商生产或由与其有特殊关系的人生产，则该价值为生产该要素的成本。如该要素以往被进口商使用过，则无论是由进口商获得的还是由其生产的，为获得该要素的价值，需将最初获得或生产该要素的成本向下调整以反映其曾被使用的事实。

3． 有关要素的价值一经确定，即有必要将该价值分摊到进口货物中。这方面存在多种可能性。例如，如进口商希望一次性支付全部价值的税款，则该价值可分摊到第一批装运货物中。又如，进口商可要求将该价值分摊到直至第一批装运货物发运时已生产的单位数量中。再如，如进口商可要求将价值分摊到对生产订有合同或有确切承诺的全部预计生产中。所使用的分摊方法将取决于进口商所提供的单证。

4． 作为上述内容的例子，一进口商向生产商提供了一件用于生产进口货物的模具，并与生产商订立了购买 10,000 个单位进口货物的合同。到第一批 1,000 个单位的装运物货物到货时，生产商已生产了 4,000 个单位的产品。进口商可要求海关将该模具的价值分摊到 1,000 个单位、4,000 个单位或 10,000 个单位中。

第 1 款(b)项(iv)目

1． 第 8 条第 1 款(b)项(iv)目中所列增加要素应以客观和可量化的数据为依据。为将进口商和海关在确定应增加价值方面的负担减少到最小程度，应尽可能使用买方商业记录系统中的可容易获得的数据。

2． 对于由买方提供的、买方购买或租赁的要素，增加的要素即为购买或租赁的成本。对于在公共范围内可获得的要素均不得增加，但获得这些要素复制品的费用除外。

3． 计算应加入价值的难易程度取决于一特定公司的体制、管理惯例以及其会计方法。

4． 例如，自几个国家进口多种产品的一公司可能保存其在进口国以外的设计中心的记录，从而可以准确表明可归因于一特定产品的费用。在此类情况下，可根据第 8 条的规定适当作出直接调整。

5． 在另一种情况下，一公司可将进口国以外的设计中心的费用作为公司一般管理费用记账，而不分摊到具体产品。在这种情况下，可根据第 8 条的规定，通过将设计中心总费用分摊到从该设计中心获益的全部生产并按单位基数将所分摊的费用加入进口产品中，从而对进口产品作出调整。

6.　　当然，以上情况的变化在确定适当分摊方法时需要考虑不同的因素。

7.　　如所涉要素的生产涉及许多国家并发生在一段时间内，则调整应限于在进口国以外实际增加至该项要素中的价值。

第 1 款(c)项

1.　　第 8 条第 1 款(c)项所指的特许权使用费和许可费，可特别包括对专利、商标和版权所支付的费用。但是，在进口国内复制进口货物的权利所需的费用不得计入进口货物的实付或应付价格。

2.　　买方为获得进口货物分销或转售权利而支付的费用不得计入进口货物实付或应付价格，如此类支付不构成进口货物向进口国销售供出口的条件。

第 3 款

如对于根据第 8 条的规定需要增加的要素不存在客观和可量化的数据，则成交价格不能根据第 1 条的规定确定。例如，一特许权使用费是按一特定产品在进口国以升为单位销售的价格支付的，而该产品是按公斤进口的，进口后被制成溶液。如特许权使用费部分依据进口货物，部分依据与进口货无关的其他因素(例如，进口货与国产成分混合而无法分辨，或特许权费无法与买卖双方之间的特殊财务安排区分开来)，则试图增加特许权使用费是不适当的。但是，如该项特许权使用费的金额仅依据进口货物，并且容易量化，则可计入实付或应付价格。

关于第 9 条的注释

就第 9 条而言，"进口时间"可包括为申报进口的时间。

关于第 11 条的注释

1.　　第 11 条规定进口商有权就海关对被估价货物所作的估价确定进行上诉。上诉可首先向上一级海关提出，但进口商最后有权向司法机关起诉。

2.　　"不受处罚"指不得仅因为进口商选择行使上诉权而对其罚款或威胁进行罚款。支付正常的诉讼费用和律师费用不得视为罚款。

3.　　但是，第 11 条的任何规定不得阻止一成员要求在上诉前全额缴纳海关已估定的税款。

关于第 15 条的注释
第 4 款

就第 15 条而言，"人"一词，在适当时，包括法人。

第 4 款(e)项

就本协定而言，如一人在法律上或经营上处于限制和指导另一方的地位，则前者应被视为控制后者。

附件 2
海关估价技术委员会

1.　　依照本协定第 18 条的规定，应在 CCC 主持下设立技术委员会，以期在技术级保证统一解释和适用本协定。

2.　　技术委员会的职责应包括下列内容：

(a)　　审查各成员在海关估价制度的日常管理中产生的具体技术问题，并依据提出的事实就适当的解决办法提供咨询意见；

(b)　　按请求，研究与本协定有关的估价法律、程序和做法，并就此类研究的结果准备报告；

(c)　　就本协定的运用和法律地位的技术方面制定和散发年度报告；

(d)　　就任何成员或委员会可能要求的、就有关进口货物海关估价的任何事项提供信息和建议。此类信息和建议可采取咨询意见、评论或解释性说明的形式；

(e)　　按请求，便利对各成员的技术援助，以期促进本协定的国际接受；

(f)　　对专家组根据本协定第 19 条向其提交的事项进行审查；以及

(g)　　行使委员会可能指定的其他职责。

总则

3.　　技术委员会应努力尝试在合理的较短时间内完成有关具体问题的工

作，特别是各成员、委员会或专家组向其提交的工作。按第 19 条第 4 款的规定，专家组应规定接收技术委员会报告的具体时限，技术委员会应在此时限内提交其报告。

4. 技术委员会的活动应酌情得到 CCC 会秘书处的协助。

代表

5. 每一成员均应有权派代表参加技术委员会。每一成员可指派一名代表和一名或多名副代表作为其在技术委员会的代表。在技术委员会被如此代表的成员在本附件中称为"技术委员会成员"。技术委员会成员的代表可由顾问协助工作。WTO 秘书处也可以观察员身份参加此类会议。

6. 非 WTO 成员的 CCC 成员在技术委员会会议上可由一名代表和一名或多名副代表代表。此类代表应以观察员身份参加技术委员会的会议。

7. 在需经技术委员会主席同意的前提下，CCC 秘书长(在本附件中称"秘书长")可邀请既不是 WTO 成员也不是 CCC 成员的政府以及政府间国际组织和贸易组织的代表以观察员身份出席技术委员会会议。

8. 技术委员会会议的代表、副代表和顾问的提名应通知秘书长。

技术委员会会议

9. 技术委员会应视需要召开会议，但每年至少 2 次。每次会议的日期应由技术委员会在上次会议上决定。在技术委员会任何成员提出请求下并经技术委员会成员以简单多数通过，或在需要紧急关注的情况下经主席请求，可以改变会议日期。尽管有本款第 1 句的规定，但是技术委员会应在需要时召开会议，以审议由专家组根据本协定第 19 条的规定向其提交的事项。

10. 技术委员会的会议应在 CCC 总部召开，除非另有决定。

11. 秘书长应至少提前 30 天将技术委员会的每届会议的召开日期通知技术委员会全体成员及第 6 款和第 7 款下包括的成员，紧急情况除外。

议程

12. 每届会议的临时议程应由秘书长制定，并至少在每届会议前 30 天通知技术委员会全体成员及第 6 款和第 7 款下包括的成员，紧急情况除外。

议程应包括已经上届会议中技术委员会批准包括在内的所有议题、主席自行提出包括在内的所有议题以及秘书长、委员会或技术委员会的任何成员要求包括在内的所有议题。

13.　　技术委员会应在每届会议召开时确定其议程。在会议期间，技术委员会可随时改变议程。

官员和议事规则

14.　　技术委员会应自其成员代表中选举一名主席、一名或多名副主席。主席和副主席的任期为 1 年。任期届满的主席和副主席有资格再次参选。不再代表技术委员会一成员的主席或副主席的授权应自行终止。

15.　　如主席未出席任何会议或其中的一部分，则会议应由一副主席主持。在此种情况下，后者应拥有与主席相同的权力和职责。

16.　　会议主席应以主席身份而不以技术委员会一成员代表的身份参加技术委员会的会议议事。

17.　　除行使这些规则所授予主席的其他权力外，主席还应宣布每次会议的开幕和闭幕、指导讨论、给予发言权，并按照这些规则控制会议议事。如一发言人的评论与所议事项无关，则主席也可要求其遵守秩序。

18.　　在任何事项的讨论中，一代表可提出关于议事程序的问题。在这种情况下，主席应立即宣布裁决。如该裁决受到质疑，则主席应将其提交会议作出决定，除非被否决，否则裁决有效。

19.　　秘书长或由秘书长指定的 CCC 秘书处官员应履行技术委员会会议的秘书工作。

法定人数和投票

20.　　技术委员会成员简单多数的代表构成法定人数。

21.　　技术委员会的每一成员拥有一票。技术委员会的决定应经出席会议成员的至少三分之二多数作出。无论就一特定事项的表决结果如何，技术委员会有权向委员会和 CCC 就该事项作出全面报告，表明在有关讨论中表达的不同意见。尽管有本款的以上规定，但是对于专家组提交的事项，技术委员会应经协商一致作出决定。如技术委员会未能就专家组提交的事项达成一致，则技术委员会应提交一份报告，详述该事项的事实，并表明各成员的意见。

语文和记录

22．　技术委员会的正式语文为英文、法文和西班牙文。使用三种语文中的任何一种所作的发言或声明应立即译成其他正式语文，除非所有代表团均同意无需进行翻译。使用任何其他语文所作的发言或声明均应在遵守相同条件的前提下，译成英文、法文和西班牙文，但在这种情况下，有关代表团应提供英文、法文或西班牙文的译文。技术委员会的正式文件只使用英文、法文和西班牙文。供技术委员会审议的备忘录和信函必须以正式语文之一提交。

23．　技术委员会对所有会议均应起草报告，且如果主席认为必要，还应起草会议的记录或简要记录。主席或主席指定人员应在委员会和 CCC 的每次会议上就技术委员会的工作进行报告。

附件 3

1．　第 20 条第 1 款关于发展中国家成员推迟 5 年适用本协定的规定在实践中对某些发展中国家成员可能是不够的。在此类情况下，发展中国家成员可以在第 20 条第 1 款所指的期限结束之前提出延长该期限的请求，各方理解，在所涉发展中国家成员能够提出正当理由的情况下，各成员将对此种请求给予积极考虑。

2．　目前根据官方最低限价对货物进行估价的发展中国家可能希望提出保留，以使其能够按各成员议定的条款和条件在有限和过渡性的基础上保留此类价格。

3．　认为本协定第 4 条关于应进口商请求颠倒顺序的规定可能带来真正困难的发展中国家，可能希望按下列条件对第 4 条提出保留：

"……政府保留作出如下规定的权利：即只有在海关同意关于颠倒第 5 条和第 6 条顺序的请求时，本协定第 4 条的有关规定方可适用。"

如发展中国家提出此种保留，各成员应根据本协定第 21 条的规定予以同意。

4.　　发展中国家可能希望按下列条件对本协定第 5 条第 2 款提出保留：

　　　"……政府保留作出如下规定的权利：即无论进口商是否提出请求，本协定第 5 条第 2 款的规定应依照该款有关注释的规定适用。"

　　　如发展中国家提出此种保留，各成员应根据本协定第 21 条的规定予以同意。

5.　　某些发展中国家在实施本协定第 1 条的过程中在独家代理人、独家经销人和独家受让人对其国家进口方面可能出现问题。如适用本协定的发展中国家成员在实践中出现此类问题，则在此类成员请求下，应对该问题进行研究，以期找到适当的解决办法。

6.　　第 17 条认可，在适用本协定时，海关可能需要对为海关估价目的而向其呈验的任何陈述、单证或申报的真实性和准确性进行调查。该条因此认可可以进行调查，例如，为核实与确定完税价格有关的申报或呈验的价格要素是否完整和正确而进行调查。各成员在遵守各自国家的法律和程序的前提下，有权期望进口商在这些调查中进行全面合作。

7.　　实付或应付价格包括作为销售进口货物的条件由买方向卖方、或为履行卖方的义务而由买方向第三方实付或应付的全部款项。

装运前检验协定

各成员，

注意到部长们于 1986 年 9 月 20 日同意，乌拉圭回合多边贸易谈判旨在"进一步放宽和扩大世界贸易"、"加强 GATT 的作用"以及"增加 GATT 体制对不断演变的国际经济环境的反应能力"；

注意到一些发展中国家成员求助于装运前检验；

认识到发展中国家需要在核实进口货物的质量、数量或价格所必需的时间和限度内采取该做法；

注意到此类程序的实施不得造成不必要的迟延或不公平的待遇；

注意到此种检验根据定义是在出口成员的领土内实施的；

认识到需要制定有关用户成员和出口成员权利和义务的议定的国际框架；

认识到 GATT 1994 的原则和义务适用于 WTO 成员政府授权的装运前检验实体的活动；

认识到宜使装运前检验实体的经营及与装运前检验相关的法律、法规具有透明度；

期望迅速、有效和公正地解决出口商和装运前检验实体之间在本协定项下产生的争端；

特此协议如下：

第 1 条
范围—定义

1.   本协定适用于在各成员领土内实施的所有装运前检验活动，无论此类活动是由一成员的政府还是由任何政府机构签约或授权的。

2.   "用户成员"指政府或任何政府机构签约或授权使用装运前检验活动的成员。

3.   装运前检验活动指与对将出口至用户成员领土的货物的质量、数量、价格，包括汇率和融资条件，和/或海关归类进行核实有关的所有活动。

4.　　"装运前检验实体"指由一成员签约或授权实施装运前检验活动的任何实体。[1]

第 2 条
用户成员的义务
非歧视

1.　　用户成员应保证装运前检验活动以非歧视的方式实施、在实施这些活动中使用的程序和标准是客观的，且对受此类活动影响的所有出口商平等适用。用户成员应保证其签约或授权的装运前检验实体的所有检验人员统一执行检验。

政府要求

2.　　用户成员应保证在进行与其法律、法规和要求相关的装运前检验活动的过程中，在 GATT 1994 第 3 条第 4 款的规定与此有关的情况下，应遵守这些规定。

检验地点

3.　　用户成员应保证所有装运前检验活动，包括签发检验结果清洁报告书或不予签发的通知书，均应在货物出口的关税领土内进行，如因所涉及的产品性质复杂而无法在该关税领土内实施检验，或如果双方同意，则可在制造该货物的关税领土内进行。

标准

4.　　用户成员应保证关于数量和质量的检验应依照买卖双方在购货合同中规定的标准实施，如无此类标准，则适用有关国际标准[2]。

透明度

5.　　用户成员应保证装运前检验活动以透明的方式实施。

6.　　用户成员应保证在出口商最初接洽装运前检验实体时，该实体向出口商提供一份出口商遵守检验要求所必需的全部信息的清单。如出口商提

---

[1]　　各方理解，本规定并不要求各成员有义务允许其他成员的政府实体在其领土内实施装运前检验活动。

[2]　　国际标准指成员资格对所有 WTO 成员开放的政府或非政府机构采用的标准，其公认的活动之一是在标准化领域。

出请求，则装运前检验实体应提供实际信息。该信息应包括用户成员与装运前检验活动有关的法律和法规，还应包括用于检验及价格和汇率核实目的的程序和标准、出口商相对于检验实体的权利以及根据第 21 款制定的上诉程序。现有程序的额外程序性要求或变更不得适用于装运货物，除非在安排检验日期时已将这些变更通知有关出口商。但是，在 GATT 1994 第 20 条和第 21 条所处理类型的紧急情况下，此类额外要求或变更可在通知出口商之前对装运货物实施。但是此援助并不免除出口商在遵守用户成员的进口法规方面的义务。

7.　　用户成员应保证本条第 6 款所指的信息应以方便的方式使出口商获得，装运前检验实体设立的检验办公室应作为信息点，在其中可获得此信息。

8.　　用户成员应以能够使其他政府和贸易商知晓的方式，迅速公布与装运前检验活动有关的所有适用法律和法规。

机密商业信息的保护

9.　　用户成员应保证装运前检验实体应将在实施装运前检验过程中收到的所有未经公布、第三方不能普遍获得或在公共领域不能普遍获得的信息视为商业机密。用户成员应保证其装运前检验实体为此保留程序。

10.　　应请求，用户成员应向各成员提供其为实施第 9 款而采取措施的信息。本款规定不得要求任何成员披露会危害装运前检验计划的有效性或损害特定公私企业的合法商业利益的机密信息。

11.　　用户成员应保证装运前检验实体不对任何第三方泄露机密商业信息，但是装运前检验实体同与其签约或其授权进行检验的政府实体分享该信息的情况除外。用户成员应保证它们自与其签约或向其授权进行检验的装运前检验实体收到的机密商业信息得到充分保护。装运前检验实体只有在机密信息为信用证或其他支付方式或由于通关、进口许可或外汇管制的目的而通常需要的情况下，方可同与其签约或其授权进行检验的政府实体分享此类信息。

12.　　用户成员应保证装运前检验实体不要求出口商提供有关下列内容的信息：

　　(a)　　与已获专利、已获许可或未披露的方法有关、或与正在申请专利的方法有关的制造数据；

(b) 未公布的技术数据，但为证明符合技术法规或标准所必需的数据除外；

(c) 内部定价，包括生产成本；

(d) 利润水平；

(e) 出口商与其供应商之间的合同条款，除非其他方法无法使实体进行所涉检验。在此种情况下，实体应只要求为此目的所必需的信息。

13. 对于第 12 款所指的信息，装运前检验实体不得另行要求提供，但出口商为说明一特定情况可自愿发布。

利益冲突

14. 用户成员应保证装运前检验实体保留程序以避免以下各方之间的利益冲突，同时记住第 9 款至第 13 款有关保护机密商业信息的规定：

(a) 在装运前检验实体与任何与所涉装运前检验实体有关的实体之间，包括装运前检验实体在其中有财务或商业利益的任何实体，或在所涉装运前检验实体中有财务利益且其装运货物将由该装运前检验实体进行检验的任何实体；

(b) 在装运前检验实体与其他任何实体之间，包括需进行装运前检验的其他实体，但是签约或授权进行检验的政府实体除外；

(c) 在装运前检验实体内部从事除要求实施检验程序之外的其他活动的各部门之间。

迟延

15. 用户成员应保证装运前检验实体在检验装运货物时避免无理迟延。用户成员应保证，一旦装运前检验实体与出口商商定检验日期，装运前检验实体即应在该日期进行检验，除非在出口商和装运前检验实体双方同意的基础上重新安排日期，或装运前检验实体被出口商或不可抗力[3]妨碍无法实施检验。

16. 用户成员应保证，在收到最终单证和完成检验后，装运前检验实体在 5 个工作日内签发检验结果清洁报告书，或提供详细书面说明列明不

---

[3] 各方理解，就本协定而言，"不可抗力"指"使合同无法履行的不可抗拒的强制或强迫、无法预料的事物的趋势"。

予签发的理由。用户成员应保证，在后一种情况下，装运前检验实体应给予出口商提交书面意见的机会，如出口商提出请求，应在双方方便的最早日期安排复验。

17. 用户成员应保证，只要出口商提出请求，装运前检验实体承诺在实际检验日期前，根据出口商和进口商之间的合同、形式发票以及适用的关于进口授权的申请，对价格和在适用的情况下对汇率进行初步核实。用户成员应保证，只要货物与进口单证和/或进口许可证相符，即不撤消装运前检验实体在该初步核实基础上已接受的价格或汇率。它们应保证，在进行初步核实后，装运前检验实体应立即以书面形式通知出口商它们接受价格和/或汇率或不予接受的详细原因。

18. 用户成员应保证，为避免支付的迟延，装运前检验实体应尽快将检验结果清洁报告书送交出口商或出口商的指定代表。

19. 用户成员应保证，如检验结果清洁报告出现笔误，则装运前检验实体应尽快更正错误，并将更正的信息送交有关方。

价格核实

20. 用户成员应保证，为防止高报价、低报价和欺诈，装运前检验实体应根据下列准则实施价格核实[4]：

(a) 装运前检验实体只有在它们能够证明其关于价格不符合要求的调查结果是根据符合(b)至(e)项所列标准的核实程序作出的，方可拒绝出口商和进口商之间议定的合同价格；

(b) 装运前检验实体为核实出口价格而进行的价格比较应根据在相同或大致相同时间、根据竞争和可比的销售条件、符合商业惯例的自同一出口国供出口的相同或类似货物的一个或多个价格进行，并扣除任何适用的标准折扣。该比较应根据下列规定：

(i) 仅使用可提供有效比较基础的价格，同时考虑与进口国

---

[4] 在装运前检验实体与海关估价有关的服务方面，用户成员的义务应为它们在《WTO协定》附件 1A 所列 GATT 1994 和其他多边贸易协定中所接受的义务。

和用以进行价格比较的一个或多个国家有关的经济因素；

(ii) 装运前检验实体不得依靠供出口到不同进口国的货物的价格而对装运货物任意强加最低价格；

(iii) 装运前检验实体应考虑(c)项所列的特定因素；

(iv) 在上述程序的任何阶段，装运前检验实体应向出口商提供对价格进行说明的机会；

(c) 在实施价格核实时，装运前检验实体应适当考虑销售合同的条款和与交易有关的普遍适用的调整因素；这些因素应包括但不仅限于：销售的商业水平和销售数量、交货期和交货条件、价格升级条款、质量标准、特殊设计特征、特殊装运或包装规格、订货数量、现货销售、季节影响、许可费或其他知识产权费以及作为合同一部分提供的、但未按通常做法单独开列发票的服务；还应包括与出口商价格有关的某些因素，如出口商与进口商之间的合同关系等；

(d) 运输费用的核实应仅与销售合同中列明的、出口国中运输方式的议定价格有关；

(e) 下列因素不得用于价格核实目的：

(i) 进口国生产的货物在该国的销售价格；

(ii) 来自出口国以外一国供出口货物的价格；

(iii) 生产成本；

(iv) 任意的或虚构的价格或价值。

上诉程序

21. 用户成员应保证装运前检验实体制定程序以接受和考虑出口商提出的不满意见并对此作出决定，用户成员还应依照第 6 款和第 7 款的规定使出口商可获得有关此类程序的信息。用户成员应保证依据下列准则制订和保留此类程序：

(a) 装运前检验实体应指定一名或多名官员，在正常的营业时间内，在设立装运前检验管理办公室的每一城市或每一港口接收、考虑出口商的申诉或不满意见，并对此作出决定；

(b) 出口商应以书面形式向指定的一名或多名官员提供所涉具体交易的事实、不满意见的性质以及建议的解决办法；

(c) 指定的一名或多名官员对出口商的不满意见应给予积极考虑，并应在收到(b)项所指的文件后尽快作出决定。

背离

22. 作为对第 2 条规定的背离，用户成员应规定，除分批装运外，如装运货物的价值低于用户成员规定的适用于该批货物的最低价值，则不得对其进行检验，但特殊情况除外。此最低价值应成为根据第 6 款规定向出口商提供信息的一部分。

第 3 条
出口成员的义务
非歧视

1. 出口成员应保证其与装运前检验活动有关的法律和法规以非歧视的方式实施。

透明度

2. 出口成员应以能够使其他政府和贸易商知晓的方式，迅速公布所有与装运前检验活动有关的适用法律和法规。

技术援助

3. 如收到请求，出口商应按双方同意的条件向用户成员提供旨在实现本协定目标的技术援助。[5]

第 4 条
独立审查程序

各成员应鼓励装运前检验实体和出口商共同解决双方的争端。但是，在依照第 2 条第 21 款的规定提交不满意见 2 个工作日后，双方中每一方均可将争端提交进行独立审查。各成员应采取其所能采取的合理措施以保证为此制定和保留下列程序：

---

[5] 各方理解，该技术援助可在双边、诸边或多边基础上提供。

(a) 就本协定而言，这些程序应由一代表装运前检验实体的组织和一代表出口商的组织联合组成的独立实体管理；

(b) (a)项所指的独立实体应制定下列专家名单：

(i) 由一代表装运前检验实体的组织提名的一组成员；

(ii) 由一代表出口商的组织提名的一组成员；

(iii) 由(a)项所指的独立实体提名的一组独立贸易专家。

此名单中专家的地理分布应能使任何根据此程序提出的争端得到迅速处理。该名单应在《WTO 协定》生效起 2 个月内制定并每年进行更新。该名单应可公开获得，并应通知秘书处，并散发所有成员；

(c) 希望提出争端的一出口商或一装运前检验实体应与(a)项所指的独立实体联系，并要求组成专家组。独立实体应负责设立专家组。专家组应由 3 名成员组成。专家组成员的选择应避免不必要的费用和迟延。第一名成员应由有关装运前检验实体自上述名单的(i)组中选出，只要该成员不附属于该实体。第二名成员应由有关出口商自上述名单的(ii)组中选出，只要该成员不附属于该出口商。第三名成员应由(a)项所指的独立实体自上述名单的(iii)组中选出。不得对自上述名单的(iii)组中选出的任何独立贸易专家提出异议；

(d) 自上述名单的(iii)组中选出的独立贸易专家应担任专家组主席。独立贸易专家应作出必要的决定，以保证专家组迅速解决争端，例如决定案件的事实是否要求专家组成员召开会议，如要求召开会议，决定在哪里召开会议，同时考虑实施所涉检验的地点；

(e) 如争端各方同意，则也可由(a)项所指的独立实体自上述名单的(iii)组中选出一独立贸易专家审查所涉争端。该专家应作出必要的决定，以保证迅速解决争端，例如考虑实施所涉检验的地点；

(f) 审查的对象应为确定在进行产生争端的检验过程中，争端各方是否遵守本协定的规定。程序应迅速，并为双方提供机会以便亲自或以书面形式提出意见；

(g) 3 人专家组的决定应以多数票作出。关于争端的决定应在提出独立审查的请求后的 8 个工作日内作出，并告知争端各方。时限可经争端各方同意而予以延长。专家组或独立贸易专家应根据案件的是非曲直分配费用；

(h) 专家组的决定对属争端方的装运前检验实体和出口商具有约束力。

第 5 条
通知

各成员应在《WTO 协定》对其生效时，向秘书处提交其实施本协定的法律和法规的副本，以及与装运前检验有关的其他法律和法规的副本。对于与装运前检验有关的法律和法规的变更，在未正式公布前不得实施。这些变更在公布后应立即通知秘书处。秘书处应将该信息的可获性通知各成员。

第 6 条
审议

在《WTO 协定》生效之日起第 2 年年底及此后每 3 年，部长级会议应审议本协定的条款及实施和运用情况，同时考虑本协定的目标及其运用过程中取得的经验。作为此类审议的结果，部长级会议可修正本协定的条款。

第 7 条
磋商

应请求，各成员应就影响本协定实施的任何事项与其他成员进行磋商。在此种情况下，应适用由《争端解决谅解》详述和适用的 GATT 1994 第 22 条的规定。

第 8 条

争端解决

成员间有关本协定运用的任何争端应遵守由《争端解决谅解》详述和适用的 GATT 1994 第 23 条的规定。

第 9 条

最后条款

1.　各成员应为实施本协定而采取必要措施。

2.　各成员应保证其法律和法规不违反本协定的条款。

原产地规则协定

各成员，

注意到部长们于 1986 年 9 月 20 日同意，乌拉圭回合多边贸易谈判旨在"进一步放宽和扩大世界贸易"、"加强 GATT 的作用"以及"增加 GATT 体制对不断演变的国际经济环境的反应能力"；

期望促进 GATT 1994 目标的实现；

认识到明确和可预测的原产地规则及其实施可便利国际贸易的流动；

期望保证原产地规则本身不对贸易造成不必要的障碍；

期望保证原产地规则不使各成员在 GATT 1994 项下的权利丧失或减损；

认识到宜使与原产地规则有关的法律、法规和做法具有透明度；

期望保证原产地规则以公正、透明、可预测、一致和中性的方式制定和实施；

认识到可使用磋商机制和程序以迅速、有效和公正地解决本协定项下产生的争端；

期望协调和澄清原产地规则；

特此协议如下：

第一部分
定义和范围
第 1 条
原产地规则

1.　　就本协定第一部分至第四部分而言，原产地规则应定义为任何成员为确定货物原产地而实施的普遍适用的法律、法规和行政裁决，只要此类原产地规则与导致给予超出 GATT 1994 第 1 条第 1 款适用范围的关税优惠的契约式或自主贸易制度无关。

2.　　第 1 款所指的原产地规则应包括用于非优惠商业政策工具的所有原产地规则，例如在适用下列条款中：GATT 1994 第 1 条、第 2 条、第 3 条、第 11 条和第 13 条下的最惠国待遇；GATT 1994 第 6 条下的反倾销税和反补贴税；GATT 1994 第 19 条下的保障措施；GATT 1994 第 9 条下的原产地标记要求；以及任何歧视性数量限制或关税配额等。还应包括用于政府采购和贸易统计的原产地规则。[1]

第二部分
实施原产地规则的纪律
第 2 条
过渡期内的纪律

在第四部分所列原产地规则协调工作计划完成之前，各成员应保证：

(a)　当其发布普遍适用的行政裁决时，明确规定需满足的要求。特别是：

　　(i)　在适用税则归类改变标准的情况下，此种原产地规则及其任何例外必须明确列明税则目录中该规则所针对的子目或品目；

　　(ii)　在适用从价百分比标准的情况下，原产地规则中也应标明计算百分比的方法；

　　(iii)　在适用制造或加工工序标准的情况下，应准确列明授予有关货物原产地的工序；

(b)　尽管存在与其原产地规则相联系的商业政策措施或工具，但是其原产地规则不得用作直接或间接实现贸易目标的工具；

(c)　原产地规则本身不得对国际贸易产生限制、扭曲或破坏作用。原产地规则不得提出过于严格的要求或要求满足与制造或加工无关的某一条件，作为确定原产国的先决条件。但是，就适用与(a)项相一致的从价百分比标准而言，可包括与制作或加工无直接关系的费用；

(d)　适用于进出口货物的原产地规则不得严于用于确定货物是否属国产货物的原产地规则，且不得在其他成员之间造成歧视，无论有关货物生产者的从属关系如何[2]；

---

[1] 各方理解，本规定不损害为定义"国内产业"或"国内产业的同类产品"或其他类似措辞所作的确定。

[2] 对于用于政府采购目的的原产地规则，本规定不得在各成员在 GATT 1994 项下已承担的义务之外增加义务。

(e) 它们的原产地规则应以一致、统一、公平和合理的方式进行管理;

(f) 它们的原产地规则应以肯定标准为依据。作为对肯定标准的部分澄清或在不需使用肯定标准确定原产地的个别情况下,可允许使用说明什么情况不授予原产地的原产地规则(否定标准);

(g) 它们与原产地规则有关的普遍适用的法律、法规、司法判决和行政裁决应予以公布,如同已遵守并符合 GATT 1994 第 10 条第 1 款的规定;

(h) 应有正当理由的出口商、进口商或任何人请求,各成员应尽快但不迟于提出评定请求后 150 天[3],公布对有关货物原产地的评定意见,只要已提交所有必要要素。此类评定请求应在有关货物交易开始前予以接受,也可以在随后任何时间予以接受。此类评定意见的有效期为 3 年,只要据以作出原产地规则评定的事实和条件,包括原产地规则本身仍然可以进行比较。只要提前通知各有关方,如在(j)项所指的审查中作出与评定意见相反的决定,则此类评定意见将不再有效。此类评定应可公开获得,但需遵守(k)项的规定;

(i) 如对其原产地规则进行修改或采用新的原产地规则,则此类修改不得按其法律或法规规定追溯实施,也不得损害其法律或法规;

(j) 它们所采取的有关原产地确定的任何行政行为均可由独立于发布确定的主管机关的司法、仲裁或行政庭或程序迅速进行审查,该审查可修改或撤销该确定;

(k) 对于属机密性质的所有信息或为适用原产地规则而在保密基础上提供的信息,有关主管机关应严格按机密信息处理,未经提供该信息的个人或政府的特别允许不得披露,除非在进行司法程序时要求予以披露。

---

[3] 对于《WTO 协定》生效之日起 1 年内提出的请求,仅要求各成员尽快发布评定意见。

第 3 条

过渡期后的纪律

考虑到所有成员的目标为，作为第四部分所列协调工作计划的结果，制定协调的原产地规则，在开始实施该协调工作计划的结果时，各成员应保证：

(a) 为第 1 条所列所有目的而平等实施原产地规则；

(b) 根据各自的原产地规则，确定为一特定货物原产地的国家应为货物完全获得的国家，或如果该货物的生产涉及一个以上国家，则为进行最后实质性改变的国家；

(c) 适用于进出口货物的原产地规则不得严于用于确定一货物是否属国产货物的原产地规则，且不得在其他成员之间造成歧视，无论有关货物生产者的从属关系如何；

(d) 原产地规则应以一致、统一、公平和合理的方式进行管理；

(e) 它们与原产地规则有关的普遍适用的法律、法规、司法判决和行政裁决应予以公布，如同已遵守并符合 GATT 1994 第 10 条第 1 款的规定；

(f) 应有正当理由的出口商、进口商或任何人的请求，各成员应尽快但不迟于提出评定请求后 150 天，公布对有关货物原产地的评定意见，只要已提交所有必要要素。此类评定请求应在有关货物交易开始前予以接受，也可以在随后任何时间予以接受。评定意见的有效期为 3 年，只要据以作出评定的原产地规则的事实和条件，包括原产地规则本身仍然可以进行比较。只要提前通知各有关方，如在(h)项所指的审查中作出与评定意见相反的决定，则此类评定意见将不再有效。此类评定意见应可公开获得，但需遵守(i)项的规定；

(g) 如对其原产地规则进行修改或采用新的原产地规则，则此类修改不得按其法律或法规规定追溯实施，也不得损害其法律或法规；

(h) 它们所采取的有关原产地确定的任何行政行为均可由独立于发布确定的主管机关的司法、仲裁或行政庭或程序进行迅速审查，该审查可修改或撤销该确定；

(i)　对于属机密性质的所有信息或为适用原产地规则而在保密基础上提供的信息，有关主管机关应严格按机密信息处理，未经提供该信息的个人或政府的特别允许不得披露，除非在进行司法程序时要求予以披露。

第三部分
通知、审议、磋商和争端解决的程序安排
第 4 条
机构

1.　特此设立原产地规则委员会(本协定中称"委员会")，由每一成员的代表组成。委员会应选举自己的主席，并应视需要召开会议，但每年应至少召开一次会议，以便为各成员提供机会，就与本协定第一部分、第二部分、第三部分和第四部分的运用有关的事项或促进这些部分所列目标的实现进行磋商，并履行本协定项下和货物贸易理事会指定的其他职责。在适当时，委员会应请求本条第 2 款所指的技术委员会就与本协定有关的事项提供信息和建议。委员会还可要求技术委员会提供其对促进本协定上述目标的实现适当的其他工作。WTO 秘书处应担任委员会的秘书处。

2.　应设立由海关合作理事会(CCC)主持的、本协定附件 1 所列的原产地规则技术委员会(本协定中称"技术委员会")。技术委员会应承担本协定第四部分要求的和附件 1 规定的技术工作。在适当时，技术委员会应请求委员会就与本协定有关的事项提供信息和建议。委员会还可请求技术委员会提供其对促进本协定上述目标的实现适当的其他工作。CCC 秘书处应担任委员会的秘书处。

第 5 条
修改和采用新的原产地规则的信息和程序

1.　每一成员应在《WTO 协定》对其生效之日后 90 天内向秘书处提交其在该日期已实施的与原产地规则有关的、普遍适用的司法判决和行政裁

决。如一原产地规则因疏忽未予提供，则有关成员应在认识到此事实后立即提交。秘书处应将其收到的和可获得的信息清单向各成员散发。

2. 在第 2 条所指的过渡期内，对其原产地规则进行修改的成员，除微小修改外，或采用新的原产地规则的成员，就本条而言，应包括第 1 款所指的、且未向秘书处提供的任何原产地规则，并应为此在修改的或新的原产地规则生效前至少 60 天作出通知，以使利害关系方知晓修改或采用新的原产地规则的意图，除非一成员出现例外情况或受到出现意外情况的威胁。在这些例外情况下，该成员应尽早公布其修改的或新的原产地规则。

第 6 条
审议

1. 委员会应每年审议本协定第二部分和第三部分的执行和运用情况，同时考虑本协定的目标。委员会应每年将此类审议所涉期间的发展情况通知货物贸易理事会。

2. 委员会应审议第一部分、第二部分和第三部分的规定，并提出必要的修正建议以反映协调工作计划的结果。

3. 委员会应与技术委员会合作，建立一机制，以审议协调工作计划的结果，并对此提出修正建议，同时考虑第 9 条所列目标和原则。这方面可能包括的情况是，需要使原产地规则更具操作性，或需要进行更新以考虑受任何技术变化所影响新的工序。

第 7 条
磋商

由《争端解决谅解》详述和适用的 GATT 1994 第 22 条的规定适用于本协定。

第 8 条
争端解决

由《争端解决谅解》详述和适用的 GATT 1994 第 23 条的规定适用于本协定。

第四部分
原产地规则的协调
第 9 条
目标和原则

1.　　为协调原产地规则，特别是为进行国际贸易提供更大的确定性，部长级会议应与 CCC 一起依据如下原则实施下列工作计划：

(a)　　原产地规则应平等适用于第 1 条所列所有目的；

(b)　　原产地规则应规定，一特定货物的原产地应为完全获得该货物的国家；或如果该货物的生产涉及一个以上的国家，则为进行最后实质性改变的国家；

(c)　　原产地规则应是客观的、可理解的和可预测的；

(d)　　尽管存在可能与原产地规则相联系的措施或工具，但是原产地规则不得用作直接或间接实现贸易目标的工具。原产地规则本身不得对国际贸易产生限制、扭曲或破坏作用。原产地规则不得提出过分严格的要求或要求满足与制造或加工无关的条件，作为确定原产国的先决条件。但是，就适用从价百分比标准而言，可包括与制作或加工无直接关系的成本；

(e)　　原产地规则应以一致、统一、公平和合理的方式进行管理；

(f)　　原产地规则应具有一致性；

(g)　　原产地规则应依据肯定标准。否定标准可用以澄清肯定标准。

工作计划

2.　　(a)　　工作计划应在《WTO 协定》生效后尽早开始，并在开始后 3 年内完成。

(b)　　第 4 条规定的委员会和技术委员会应为进行此工作的适当机构。

(c)　　为使 CCC 提供详细的投入，委员会应要求技术委员会依据第 1 款所列原则提供下述工作所产生的解释和意见。为保证协调工作计划及时完成，该项工作应在协调制度(HS)税则目录的不同的章或类所代表的产品部门基础上进行。

(i)　完全获得和最小操作或工序

技术委员会应制定关于下列内容的协调定义：

- 被视为在一国完全获得的货物。此工作应尽可能详细；

- 本身不能授予一货物原产地的最小操作或工序。

此工作的结果应在收到委员会请求后 3 个月内提交委员会。

(ii)　实质性改变—税则归类改变

- 技术委员会应依据实质性改变标准，在确定特定产品或产品部门的原产地规则时，考虑并详述如何使用关税子目或品目变化，在适当时，税则目录中符合此标准的最小变化。

- 技术委员会应将以上工作按产品划分，同时考虑协调制度税则目录的章或类，以便至少每季度向委员会提交其工作结果。技术委员会应在收到委员会请求后的 1 年零 3 个月内完成上述工作。

(iii)　实质性改变—补充标准

在根据(ii)目规定完成每一产品部门或各产品类别的工作时，如仅使用协调制度税则目录无法表示实质性改变，则技术委员会：

- 应依据实质性改变标准，在制定特定产品或一产品部门的原产地规则时，考虑并详述如何以补充或专有的方式使用其他要求，包括从价百分比[4]和/或制造或加工工序[5]；

- 可对其建议提供说明；

---

[4] 如规定从价标准，则原产地规则中也应表明此百分比的计算方法。

[5] 如规定制造或加工工序标准，则应准确列明授予有关产品原产地的工序。

应将以上工作按产品划分，同时考虑协调制度税则目录的章或类，以便至少每季度向委员会提交其工作结果。技术委员会应在收到委员会请求后的 2 年零 3 个月内完成上述工作。

委员会的作用

3. 依据第 1 款所列原则：

(a) 委员会应依照第 2 款(c)项(i)目、(ii)目和(iii)目所规定的时间框架，定期审议技术委员会的解释和意见，以期采纳此类解释和意见。委员会可要求技术委员会改进或细化其工作和/或开发新的方法。为协助技术委员会，委员会应提供要求进行额外工作的理由，并酌情提出备选方法；

(b) 待第 2 款(c)项(i)目、(ii)目和(iii)目确认的所有工作完成后，委员会应考虑结果的总体一致性。

协调工作计划的结果和后续工作

4. 部长级会议应将协调工作计划的结果列入一附件作为本协定的组成部分，[6]并制定该附件生效的时限。

附件 1
原产地规则技术委员会
职责

1. 技术委员会的现有职责包括：

(a) 在技术委员会任何成员请求下，审查在各成员对原产地规则的日常管理中出现的具体技术性问题，并根据所提供的事实提出关于适当解决办法的咨询意见；

(b) 提供任何成员或委员会可能请求获得的有关确定货物原产地的任何事项的信息和建议；

(c) 就本协定运用和法律地位的技术方面的问题定期准备和散发报告；及

---

[6] 同时应考虑与海关归类有关的关于争端解决的安排。

(d)　　对执行和运用第二部分和第三部分的技术问题进行年度审议。

2.　　技术委员会应履行委员会可能要求的其他职责。

3.　　技术委员会应努力尝试在合理的较短时间内完成关于具体事项的工作，特别是各成员或委员会向其提交的事项。

代表

4.　　每一成员有权派代表参加技术委员会。每一成员可指定一名代表和一名或多名副代表作为其在技术委员会的代表。在技术委员会被如此代表的成员下称技术委员会"成员"。在技术委员会会议上，技术委员会成员的代表可接受顾问的协助。WTO 秘书处也可以观察员身份出席此类会议。

5.　　不属 WTO 成员的 CCC 成员可指定一名代表和一名或多名副代表出席技术委员会会议。此类代表应以观察员身份出席技术委员会的会议。

6.　　在经技术委员会主席批准的前提下，CCC 秘书长(本附件中称"秘书长")可邀请既不属 WTO 成员也不属 CCC 成员的政府的代表，以及政府间国际组织和贸易组织的代表以观察员身份出席技术委员会会议。

7.　　出席技术委员会会议的代表、副代表和顾问的提名应向秘书长提出。

会议

8.　　技术委员会视需要召开会议，但每年不得少于一次。

程序

9.　　技术委员会应选举自己的主席，并制定其工作程序。

附件 2
关于优惠原产地规则的共同宣言

1.　　认识到一些成员实施不同于非优惠原产地规则的优惠原产地规则，各成员特此协议如下。

2.　　就本共同宣言而言，优惠原产地规则应定义为任何成员为确定货物是否有资格根据导致给予超出适用 GATT 1994 第 1 条第 1 款的关税优惠的契约性或自主贸易制度而实施的普遍适用的法律、法规和行政裁决。

3.　　各成员同意保证：

(a)　在发布普遍适用的行政裁决时，明确规定应满足的要求，特别是：

(i)　在适用税则归类改变标准的情况下，此种优惠原产地规则及其任何例外必须明确列明税则目录中该规则所针对的子目或品目；

(ii)　在适用从价百分比标准的情况下，优惠原产地规则中也应标明计算百分比的方法；

(iii)　在适用制造或加工工序标准的情况下，应准确列明授予有关优惠原产地的工序；

(b)　它们的原产地规则应以肯定标准为依据。作为对肯定标准的部分澄清或在不需使用肯定标准确定原产地的个别情况下，可允许使用说明什么情况不授予原产地的原产地规则(否定标准)；

(c)　它们与优惠原产地规则有关的普遍适用的法律、法规、司法判决和行政裁决应予以公布，如同已遵守并符合 GATT 1994 第 10 条第 1 款的规定；

(d)　应有正当理由的出口商、进口商或任何人的请求，各成员应尽快但不迟于提出评定请求后 150 天[7]，公布对有关优惠原产地的评定意见，只要已提交所有必要要素。此类评定请求应在有关货物交易开始前予以接受，也可以在随后任何时间予以接受。此类评定意见的有效期为 3 年，只要据以作出优惠原产地规则评定的事实和条件，包括原产地规则本身仍然可以进行比较。只要提前通知各有关方，如在(f)项所指的审查中作出与评定意见相反的决定，则此类评定意见将不再有效。此类评定应可公开获得，但需遵守(g)项的规定；

(e)　如对其优惠原产地规则进行修改或采用新的优惠原产地规则，则此类修改不得按其法律或法规规定追溯实施，也不得损害其法律或法规；

---

[7]　对于《WTO 协定》生效之日起 1 年内提出的请求，各成员仅需要尽快发布评定意见。

(f)　　它们所采取的有关优惠原产地确定的任何行政行为均可由独立于发布确定的主管机关的司法、仲裁或行政庭或程序进行迅速审查，该审查可修改或撤销该确定；

(g)　　对于属机密性质的所有信息或为适用优惠原产地规则而在保密基础上提供的信息，有关主管机关应严格按机密信息处理，未经提供该信息的个人或政府的特别允许不得披露，除非在进行司法程序时要求予以披露。

4.　　各成员同意，向秘书处迅速提交在《WTO 协定》对其生效之日已实施的与优惠原产地规则有关的、普遍适用的司法判决和行政裁决。此外，各成员同意，向秘书处尽早提供对优惠原产地规则所作的任何修改或新的优惠原产地规则。秘书处应将其收到的和可获得的信息清单向各成员散发。

进口许可程序协定

各成员，

注意到多边贸易谈判；

期望促进 GATT 1994 目标的实现；

考虑到发展中国家成员特殊的贸易、发展和财政需要；

认识到用于某些目的的自动进口许可的有用性，且此种许可不应用以限制贸易；

认识到进口许可可用以管理根据 GATT 1994 的有关规定采取的措施；

认识到 GATT 1994 的规定可适用于进口许可程序；

期望保证进口许可的使用方式不违背 GATT 1994 的原则和义务；

认识到进口许可的不适当使用可以阻碍国际贸易的流动；

确信进口许可、特别是非自动进口许可，应以透明和可预测的方式实施；

认识到非自动进口许可程序的行政负担不应超过为管理有关措施所绝对必需的限度；

期望简化国际贸易中使用的行政程序和做法，并使之具有透明度，并保证公平、公正地实施和管理此类程序和做法；

期望规定一磋商机制，并迅速、有效和公正地解决本协定项下产生的争端；

特此协议如下：

第 1 条
总则

1. 就本协定而言，进口许可定义为用以实施进口许可制度的行政程序[1]，该制度要求向有关行政机关提交申请或其他文件(报关所需文件除外)，作为货物进入进口成员关税领土的先决条件。

2. 各成员应保证用以实施进口许可制度的行政程序符合本协定解释的 GATT 1994 的有关规定，包括其附件和议定书，以期防止因不适当实施这

---

[1] 包括被称为"许可"的程序及其他类似行政程序。

些程序而产生的贸易扭曲，同时考虑发展中国家成员的经济发展目的及财政和贸易需要。[2]

3.　　　进口许可程序规则的实施应保持中性，并以公平、公正的方式进行管理。

4.　　(a)　　与提交申请的程序有关的规则和所有信息，包括个人、公司和机构提出申请的资格、受理的一个或多个管理机关以及受许可要求限制的产品清单，均应在向第 4 条规定的进口许可程序委员会(本协定中称"委员会")作出通知的信息来源中予以公布，以使政府[3]和贸易商知晓。只要可行，此类公布应在该要求的生效日期前 21 天作出，但无论如何不得迟于该生效日期。对于有关许可程序的规则或受进口许可限制的产品清单的任何例外、减损或变更，也应以同样方式在上述相同时限内予以公布。这些出版物的副本应可使秘书处获得。

　　　　(b)　　应请求，应给予希望提出书面意见的成员讨论这些意见的机会。有关成员应对这些意见和讨论结果给予应有的考虑。

5.　　　申请表格和在适用情况下的展期申请表格应尽可能简单。凡被认为属许可制度的正常运行所绝对必要的文件和信息均可在申请时要求提供。

6.　　　申请程序和在适用情况下的展期申请程序应尽可能简单。应允许申请者有一段合理的期限提交许可证申请。如有截止日期，则该期限应至少为 21 天，并应规定如在此期限内未收到足够的申请，则该期限可以延长。申请者应只需接洽与申请有关的一个行政机关。如确实不可避免而需接洽一个以上的行政机关，则申请者应无需接洽三个以上的行政机关。

7.　　　任何申请不得由于文件中出现的未造成所含基本数据改变的微小错误而被拒绝。对于在文件或程序中出现的显然不是由于欺骗意图或重大过失而造成的任何遗漏或差错，所给予的处罚不得超过提出警告所必需的限度。

---

[2] 本协定的任何规定不得解释为意味着通过许可程序所实施措施的依据、范围或期限在本协定项下可受到质疑。

[3] 就本协定而言，"政府"一词被视为包括欧洲共同体的主管机关。

8.　　得到许可的进口产品不得由于运输过程中产生的差异、散装货装载时偶然产生的差异以及其他与正常商业做法一致的微小差异而导致货物的价值、数量或重量与许可证标明的数额有微小差异而被拒绝。

9.　　许可证持有者用以支付得到许可证的进口产品所必需的外汇，应与无需进口许可证货物的进口商在相同基础上获得。

10.　　对于安全例外，适用 GATT 1994 第 21 条的规定。

11.　　本协定的规定不得要求任何成员披露会妨碍执法或违背公共利益或损害特定公私企业合法商业利益的机密信息。

第 2 条
自动进口许可[4]

1.　　自动进口许可定义为在所有情况下均批准申请，且符合第 2 款(a)项规定的进口许可。

2.　　除第 1 条第 1 款至第 11 款和本条第 1 款的规定适用于自动进口许可程序外，下列规定[5]也适用于该程序：

(a)　　自动许可程序的管理方式不得对受自动许可管理的进口产品产生限制作用。除非符合下列条件，否则自动许可程序应被视为对贸易有限制作用：

(i)　　任何个人、公司或机构只要满足进口成员有关从事受自动许可管理产品的进口经营的法律要求，均有同等资格进行申请，并获得进口许可证；

(ii)　　许可证申请可在货物结关前任何一工作日提交；

(iii)　　以适当和完整的表格提交的许可证申请，在管理上可行的限度内，应在收到后立即批准，最多不超过 10 个工作日；

---

[4] 要求交纳对进口产品无限制作用的保证金的进口许可程序应被视为属第 1 款和第 2 款的范围。

[5] 不属 1979 年 4 月 12 日订立的《进口许可程序协定》参加方的一发展中国家成员，如对(a)项(ii)目和(a)项(iii)目的要求有具体困难，则在通知委员会后，可在不超过《WTO 协定》对其生效之日起 2 年内推迟适用以上两目的规定。

(b) 各成员认识到，只要不能获得其他适当程序，自动进口许可程序即可能是必要的。只要导致采用自动进口许可的情况存在，且只要其管理目的无法以更适当的方式实现，则自动许可程序即可予以维持。

第 3 条
非自动进口许可

1. 除第 1 条第 1 款至第 11 款的规定适用于非自动进口许可外，下列规定也适用于该程序。非自动进口许可程序定义为不属第 2 条第 1 款定义范围的进口许可。

2. 除实行限制所造成的贸易限制作用或贸易扭曲作用之外，非自动许可不得对进口产品产生此类作用。非自动许可程序在范围和期限上应符合使用该程序所实施的措施，且其行政负担不得超过为管理该措施所绝对必要的限度。

3. 在许可要求的目的不是实施数量限制的情况下，各成员应公布充分的信息，以使其他成员和贸易商了解发放和/或分配许可证的依据。

4. 如一成员规定个人、公司或机构可请求例外于或背离许可证要求，则该成员应将此事实包括在根据第 1 条第 4 款公布的信息中，还应包括如何提出该请求的信息，且在可能的情况下，应指出在何种情况下该请求可予以考虑。

5. (a) 应对有关产品的贸易有利害关系的任何成员请求，各成员应提供关于下列内容的所有有关信息：

    (i) 限制的管理情况；

    (ii) 近期发放的进口许可证；

    (iii) 许可证在供应国之间的分配情况；

    (iv) 如可行，有关受进口许可管理产品的进口统计数字(即价值和/或数量)。发展中国家成员不需因此承担额外的行政或财政负担；

(b) 通过许可管理配额的成员应在第 1 条第 4 款指定的期限内，并以使政府和贸易商知晓的方式，公布按数量和/或价值实施的配额总量、配额的发放和截止日期以及有关的任何变更；

(c) 对于配额在供应国之间进行分配的情况，实施限制的成员应将目前分配的配额中给予各供应国份额的数量或价值迅速通知对有关产品的供应有利害关系的所有其他成员，并应在第 1 条第 4 款指定的期限内，以使政府和贸易商知晓的方式公布此信息；

(d) 如出现有必要提前配额发放日期的情况，则第 1 条第 4 款所指的信息应在该条指定的期限内，以使政府和贸易商知晓的方式公布此信息；

(e) 任何满足进口成员的法律和管理要求的个人、公司或机构均有同等资格申请许可证并予以考虑。如许可证申请未获批准，则应请求，申请人应被告知其中的原因，且申请人有权依照进口成员的国内立法或程序进行上诉或进行审查；

(f) 除因该成员无法控制的原因而不能做到外，如收到申请即应予以考虑，即以先来先领的方式进行管理，则处理申请的期限不得超过 30 天，如所有申请同时予以考虑，则处理申请的期限不得超过 60 天。在后一种情况下，处理申请的期限应被视为自宣布的申请期限的截止日期的次日开始；

(g) 许可证的有效期应合理，不得过短而妨碍进口。许可证的有效期不得妨碍自远地来源的进口，但进口产品需满足无法预料的短期要求的情况除外；

(h) 在管理配额时，各成员不得阻止依照已发放的许可证实施进口，也不得阻碍对配额的充分使用；

(i) 在发放许可证时，各成员应考虑宜对达到经济数量的产品发放许可证；

(j) 分配许可证时，各成员应考虑申请人的进口实绩。在这方面，应考虑以往对申请人发放的许可证是否在最近一代表期内得到充分使用。如许可证未得到充分使用，则该成员应审查其中的原因，并在分配新的许可证时考虑这些原因。还应考虑保证许可证合理地分配给新的进口商，同时考虑宜对达到经济数量的产品发放许可证。在这方面，应特别考虑自发展中国家成员、特别是最不发达国家成员进口产品的进口商；

(k) 在配额通过不在供应国之间进行分配的许可管理的情况下，许可证持有者[6]有权选择进口产品的来源。对于配额在供应国之间分配的情况，许可证应明确规定国别(一国或多国)；

(l) 在适用第 1 条第 8 款的规定时，如进口超过前一许可证水平，则可在以后的许可证分配中做出补偿性调整。

第 4 条
机构

特此设立进口许可程序委员会，由每一成员的代表组成。委员会应选举自己的主席和副主席，并在必要时召开会议，为各成员提供就与本协定的运用或促进其目标的实现有关的任何事项进行磋商的机会。

第 5 条
通知

1. 制定许可程序或更改这些程序的成员应在公布后 60 天内就此通知委员会。

2. 关于制定进口许可程序的通知应包括下列信息：

(a) 受许可程序管理的产品清单；

(b) 有关资格信息的联络点；

(c) 申请书提交的一个或多个行政机关；

(d) 如公布许可程序，公布日期和出版物名称；

(e) 表明许可程序根据第 2 条和第 3 条所含定义属自动许可程序还是非自动许可程序；

(f) 对于自动进口许可程序，其管理目的；

(g) 对于非自动进口许可程序，表明通过许可程序所实施的措施；

(h) 许可程序的预计期限，如该期限可有一定可能性进行估计，如不能进行估计，则说明不能提供此信息的原因。

---

[6] 有时称为"配额持有者"。

3. 如上述要素发生变更，则应在关于进口许可程序变更的通知中予以说明。

4. 各成员应将公布第 1 条第 4 款所要求信息的一种或多种出版物通知委员会。

5. 任何利害关系成员，如认为另一成员未依照第 1 款至第 3 款的规定将制定许可程序或其变更的情况通知委员会，则可将此问题提请该另一成员注意。如此后通知未迅速作出，则该成员可自行将许可程序或其变更情况，包括所有有关和可获得的信息作出通知。

第 6 条
磋商和争端解决

有关影响本协定运用的任何事项的磋商和争端解决，应遵守由《争端解决谅解》详述和适用的 GATT 1994 第 22 条和第 23 条的规定。

第 7 条
审议

1. 委员会应在必要时，但至少每 2 年一次，对本协定的实施和运用进行审议，同时考虑本协定的目标及其中包含的权利和义务。

2. 作为委员会审议的依据，秘书处应根据第 5 条的规定提供的信息、对年度进口许可程序问卷[7]的答复以及可获得的其他有关可靠信息，准备一份事实报告。该报告应提供上述信息的提要，特别应表明审议所涉期间内的任何变更或情况发展，包括委员会同意的任何其他信息。

3. 各成员承诺迅速和全面地完成关于进口许可程序的年度问卷。

4. 委员会应向货物贸易理事会通知在此类审议所涉期间的发展情况。

第 8 条
最后条款
保留

1. 未获其他成员同意，不得对本协定的任何规定提出保留。

---

[7] 该文件最初于 1971 年 3 月 23 日以 GATT 1947 L/3515 号文件散发。

国内立法

2.　　(a)　每一成员应在不迟于《WTO 协定》对其生效之日，保证其法律、法规和行政程序符合本协定的规定。

　　　　(b)　每一成员应将与本协定有关的国内法律和法规及这些法律和法规管理方面的任何变更通知委员会。

补贴与反补贴措施协定

各成员特此协议如下：

第一部分：总则

第 1 条

补贴的定义

1.1　就本协定而言，如出现下列情况应视为存在补贴：

(a)(1)　　在一成员(本协定中称"政府")领土内，存在由政府或任何公共机构提供的财政资助，即如果：

(i)　　涉及资金的直接转移(如赠款、贷款和投股)、潜在的资金或债务的直接转移(如贷款担保)的政府做法；

(ii)　　放弃或未征收在其他情况下应征收的政府税收(如税收抵免之类的财政鼓励)[1]；

(iii)　　政府提供除一般基础设施外的货物或服务，或购买货物；

(iv)　　政府向一筹资机构付款，或委托或指示一私营机构履行以上(i)至(iii)列举的一种或多种通常应属于政府的职能，且此种做法与政府通常采用的做法并无实质差别；

或

(a)(2)　　存在 GATT 1994 第 16 条意义上的任何形式的收入或价格支持；

及

(b)　　则因此而授予一项利益。

1.2　对于按第 1 款定义的补贴，只有在其依照第 2 条的规定属专向性补贴时，此种补贴方受第二部分规定或受第三部分或第五部分规定的约束。

---

[1] 依照 GATT 1994 第 16 条(第 16 条的注释)和本协定附件 1 至附件 3 的规定，对一出口产品免征其同类产品供国内消费时所负担的关税或国内税，或免除此类关税或国内税的数量不超过增加的数量，不得视为一种补贴。

第 2 条
专向性

2.1　　为确定按第 1 条第 1 款规定的补贴是否属对授予机关管辖范围内的企业或产业、或一组企业或产业(本协定中称"某些企业")的专向性补贴,应适用下列原则:

  (a)　　如授予机关或其运作所根据的立法将补贴的获得明确限于某些企业,则此种补贴应属专向性补贴。

  (b)　　如授予机关或其运作所根据的立法制定适用于获得补贴资格和补贴数量的客观标准或条件[2],则不存在专向性,只要该资格为自动的,且此类标准和条件得到严格遵守。标准或条件必须在法律、法规或其他官方文件中明确说明,以便能够进行核实。

  (c)　　如尽管因为适用(a)项和(b)项规定的原则而表现为非专向性补贴,但是有理由认为补贴可能事实上属专向性补贴,则可考虑其他因素。此类因素为:有限数量的某些企业使用补贴计划、某些企业主要使用补贴、给予某些企业不成比例的大量补贴以及授予机关在作出给予补贴的决定时行使决定权的方式。[3]在适用本项时,应考虑授予机关管辖范围内经济活动的多样性程度,及已经实施补贴计划的持续时间。

2.2　　限于授予机关管辖范围内指定地理区域的某些企业的补贴属专向性补贴。各方理解,就本协定而言,不得将有资格的各级政府所采取的确定或改变普遍适用的税率的行动被视为专向性补贴。

2.3　　任何属第 3 条规定范围内的补贴应被视为专向性补贴。

2.4　　根据本条规定对专向性的确定应依据肯定性证据明确证明。

---

[2] 此处使用的客观标准或条件指中立的标准或条件,不仅仅优惠某些企业,且属经济性质,并水平适用,如雇员的数量或企业的大小。

[3] 在这方面,应特别考虑补贴申请被拒绝或获得批准的频率,及作出此类决定的理由。

第二部分：禁止性补贴

第 3 条

禁止

3.1　除《农业协定》的规定外，下列属第 1 条范围内的补贴应予禁止：

(a)　法律或事实上[4]视出口实绩为惟一条件或多种其他条件之一而给予的补贴，包括附件 1 列举的补贴[5]；

(b)　视使用国产货物而非进口货物的情况为惟一条件或多种其他条件之一而给予的补贴。

3.2　一成员不得给予或维持第 1 款所指的补贴。

第 4 条

补救

4.1　只要一成员有理由认为另一成员正在给予或维持一禁止性补贴，则该成员即可请求与该另一成员进行磋商。

4.2　根据第 1 款提出的磋商请求应包括一份说明，列出有关所涉补贴的存在和性质的可获得的证据。

4.3　应根据第 1 款提出的磋商请求，被视为给予或维持所涉补贴的成员应尽快进行此类磋商。磋商的目的应为澄清有关情况的事实并达成双方同意的解决办法。

4.4　如在提出磋商请求后 30 天内[6]未能达成双方同意的解决办法，则参加此类磋商的任何成员可将该事项提交争端解决机构("DSB")，以便立即设立专家组，除非 DSB 经协商一致决定不设立专家组。

4.5　专家组设立后，可就所涉措施是否属禁止性补贴而请求常设专家小组[7](本协定中称"PGE")予以协助。如提出请求，则 PGE 应立即审议关于所涉措施的存在和性质的证据，并向实施或维持所涉措施的成员提供证明该措施不属禁止性补贴的机会。PGE 应在专家组确定的时限内向专家组

---

[4] 如事实证明补贴的给予虽未在法律上视出口实绩而定，而事实上与实际或预期出口或出口收入联系在一起，则符合此标准。将补贴给予从事出口的企业这一事实本身不得成为被视为属本规定含义范围内的出口补贴的原因。

[5] 附件 1 所指的不构成出口补贴的措施不得根据本规定和本协定任何其他规定而被禁止。

[6] 本条提到的任何时限均可经双方同意而予以延长。

[7] 按第 24 条规定设立。

报告其结论。PGE 关于所涉措施是否属禁止性补贴问题的结论应由专家组接受而不得进行修改。

4.6 专家组应向争端各方提交其最终报告。该报告应在专家组组成和专家组职权范围确定之日起 90 天内散发全体成员。

4.7 如所涉措施被视为属禁止性补贴，则专家组应建议进行补贴的成员立刻撤销该补贴。在这方面，专家组应在其建议中列明必须撤销该措施的时限。

4.8 在专家组报告散发全体成员后30天内，DSB应通过该报告，除非一争端方正式将其上诉的决定通知DSB，或DSB经协商一致决定不通过该报告。

4.9 如专家组报告被上诉，则上诉机构应在争端方正式通知其上诉意向之日起30天内作出决定。如上诉机构认为不能在30天内提供报告，则应将迟延的原因和它将提交报告的估计期限以书面形式通知DSB。该程序决不能超过60天。上诉机构报告应由DSB通过，并由争端各方无条件接受，除非DSB在将报告散发各成员后20天内经协商一致决定不通过上诉机构报告。[8]

4.10 如在专家组指定的时限内DSB的建议未得到遵守，该时限自专家组报告或上诉机构报告获得通过之日起开始，则DSB应给予起诉方采取适当[9]反措施的授权，除非DSB经协商一致决定拒绝该请求。

4.11 如一争端方请求根据《争端解决谅解》("DSU")第22条第6款进行仲裁，则仲裁人应确定反措施是否适当。[10]

4.12 就按照本条处理的争端而言，除本条具体规定的时限外，DSU 项下适用于处理此类争端的时限应为该谅解中规定时间的一半。

---

[8] 如此期间未安排 DSB 会议，则应为此举行一次 DSB 会议。

[9] 此措辞并不意味着按照在这些条款下处理的补贴属禁止性补贴这一事实而允许实施不成比例的反措施。

[10] 此措辞并不意味着按照在这些条款下处理的补贴属禁止性补贴这一事实而允许实施不成比例的反措施。

第三部分：可诉补贴

第 5 条

不利影响

任何成员不得通过使用第 1 条第 1 款和第 2 款所指的任何补贴而对其他成员的利益造成不利影响，即：

(a)   损害另一成员的国内产业[11]；

(b)   使其他成员在 GATT 1994 项下直接或间接获得的利益丧失或减损，特别是在 GATT 1994 第 2 条下约束减让的利益[12]；

(c)   严重侵害另一成员的利益。[13]

本条不适用于按《农业协定》第 13 条规定的对农产品维持的补贴。

第 6 条

严重侵害

6.1   在下列情况下，应视为存在第 5 条(c)款意义上的严重侵害：

(a)   对一产品从价补贴的总额[14]超过 5%[15]；

(b)   用以弥补一产业承受的经营亏损的补贴；

(c)   用以弥补一企业承受的经营亏损的补贴，但仅为制定长期解决办法提供时间和避免严重社会问题而给予该企业的非经常性的和不能对该企业重复的一次性措施除外；

(d)   直接债务免除，即免除政府持有的债务，及用以偿债的赠款。[16]

6.2   尽管有第 1 款的规定，但是如提供补贴的成员证明所涉补贴未造成第 3 款列举的任何影响，则不得视为存在严重侵害。

---

[11] 此处使用的"损害国内产业"的措辞与第五部分使用的意义相同。

[12] 本协定使用的"丧失或减损"的措辞与 GATT 1994 相关条款使用的意义相同，此类丧失或减损的存在应根据实施这些条款的惯例确定。

[13] 本协定使用的"严重侵害另一成员利益"的措辞与 GATT 1994 第 16 条第 1 款使用的意义相同，且包括严重侵害的威胁。

[14] 从价补贴的总额应依照附件 4 的规定计算。

[15] 因预期民用航空器将受专门的多边规则的约束，此项中的最低限度不适用于民用航空器。

[16] 各方认识到，如因民用航空器的实际销售低于预测的销售，而使以专利权使用费为基础的民用航空器计划的筹资不能得到全部偿还，则此点本身不构成就本项而言的严重侵害。

6.3　　如下列一种或多种情况适用，则可产生第 5 条(c)款意义上的严重侵害：

(a)　　补贴的影响在于取代或阻碍另一成员同类产品进入提供补贴成员的市场；

(b)　　补贴的影响在于在第三国市场中取代或阻碍另一成员同类产品的出口；

(c)　　补贴的影响在于与同一市场中另一成员同类产品的价格相比，补贴产品造成大幅价格削低，或在同一市场中造成大幅价格抑制、价格压低或销售损失；

(d)　　补贴的影响在于与以往 3 年期间的平均市场份额相比，提供补贴成员的一特定补贴初级产品或商品[17]的世界市场份额增加，且此增加在给予补贴期间呈一贯的趋势。

6.4　　就第 3 款(b)项而言，对出口产品的取代或阻碍，在遵守第 7 款规定的前提下，应包括已被证明存在不利于未受补贴的同类产品相对市场份额变化的任何情况(经过一段足以证明有关产品明确市场发展趋势的适当代表期后，在通常情况下，该代表期应至少为 1 年)。"相对市场份额变化"应包括下列任何一种情况: (a)补贴产品的市场份额增加; (b)补贴产品的市场份额保持不变，但如果不存在该补贴，市场份额则会降低; (c)补贴产品的市场份额降低，但速度低于不存在该补贴的情况。

6.5　　就第 3 款(c)项而言，价格削低应包括通过对供应同一市场的补贴产品与未受补贴产品的价格进行比较所表明的此类价格削低的任何情况。此种比较应在同一贸易水平上和可比的时间内进行，同时适当考虑影响价格可比性的任何其他因素。但是，如不可能进行此类直接比较，则可依据出口单价证明存在价格削低。

6.6　　被指控出现严重侵害的市场中的每一成员，在遵守附件 5 第 3 款规定的前提下，应使第 7 条下产生争端的各方和根据第 7 条第 4 款设立的专

---

[17] 除非其他多边议定的具体规则适用于所涉产品或商品的贸易。

家组可获得，关于与争端各方市场份额变化以及关于所涉及的产品价格的所有有关信息。

6.7　如在有关期限内存在下列任何情况[18]，则不产生第 3 款下造成严重侵害的取代或阻碍：

(a)　禁止或限制来自起诉成员同类产品的出口，或禁止或限制起诉成员的产品进入有关第三国市场；

(b)　对有关产品实行贸易垄断或国营贸易的进口国政府出于非商业原因，决定将来自起诉成员的进口产品改为来自另一个或多个国家进口产品；

(c)　自然灾害、罢工、运输中断或其他不可抗力影响起诉成员可供出口产品的生产、质量、数量或价格；

(d)　存在限制来自起诉成员出口的安排；

(e)　起诉成员自愿减少可供出口的有关产品(特别包括起诉成员中公司自主将该产品的出口重新分配给新的市场的情况)；

(f)　未能符合进口国的标准或其他管理要求。

6.8　在未出现第 7 款所指的情况时，严重侵害的存在应依据提交专家组或专家组获得的信息确定，包括依照附件 5 的规定提交的信息。

6.9　本条不适用于按《农业协定》第 13 条规定对农产品维持的补贴。

第 7 条

补救

7.1　除《农业协定》第 13 条的规定外，只要一成员有理由认为另一成员给予或维持的第 1 条所指的任何补贴对其国内产业产生损害、使其利益丧失或减损或产生严重侵害，则该成员即可请求与另一成员进行磋商。

7.2　根据第 1 款提出的磋商请求应包括一份说明，列明关于以下内容的可获得的证据：(a)所涉补贴的存在和性质，及(b)对请求磋商的成员国内产

---

[18] 本款所指的某些情况这一事实本身，并未授予这些情况在 GATT 1994 或本协定范围内的任何法律地位。这些情况不得是无关联的、偶发的或在其他情况下无关紧要的。

业造成的损害、利益丧失或减损或严重侵害[19]。

7.3　　应根据第 1 款提出的磋商请求，被视为给予或维持所涉补贴做法的成员应尽快进行此类磋商。磋商的目的应为澄清有关情况的事实并达成双方同意的解决办法。

7.4　　如磋商未能在 60 天内[20]达成双方同意的解决办法，则参加此类磋商的任何成员可将该事项提交 DSB，以立即设立专家组，除非 DSB 经协商一致决定不设立专家组。专家组的组成及其职权范围应在专家组设立之日起 15 天内确定。

7.5　　专家组应审议该事项并向争端各方提交其最终报告。该报告应在专家组组成和职权范围确定之日起 120 天内散发全体成员。

7.6　　在专家组报告散发全体成员后 30 天内，DSB[21]应通过该报告，除非一争端方正式将其上诉的决定通知 DSB，或 DSB 经协商一致决定不通过该报告。

7.7　　如专家组报告被上诉，上诉机构应在争端方正式通知其上诉意向之日起60天内作出决定。如上诉机构认为不能在60天内提供报告，则应将延误的理由和它将提交报告的估计期限以书面形式通知DSB。该程序绝不能超过90天。上诉机构报告应由DSB通过，并由争端各方无条件接受，除非DSB在将报告散发各成员后20天内经协商一致决定不通过上诉机构报告。[22]

7.8　　如专家组报告或上诉机构报告获得通过，其中确定任何补贴对另一成员的利益导致第 5 条范围内的不利影响，则给予或维持该补贴的成员应采取适当步骤以消除不利影响或应撤销该补贴。

7.9　　如在 DSB 通过专家组报告或上诉机构报告之日起 6 个月内，该成员未采取适当步骤以消除补贴的不利影响或撤销该补贴，且未达成补偿协

---

[19] 如请求与被视为导致第 6 条第 1 款意义上的严重侵害的补贴有关时，关于严重侵害的可获得的证据可限于与第 6 条第 1 款的条件是否得到满足有关的可获得的证据。

[20] 本条所指的任何时限均可经双方同意而延长。

[21] 如此间未安排 DSB 会议，则应为此举行一次 DSB 会议。

[22] 如此间未安排 DSB 会议，则应为此举行一次 DSB 会议。

议，则 DSB 应授权起诉成员采取与被确定存在的不利影响的程度和性质相当的反措施，除非 DSB 经协商一致决定拒绝该请求。

7.10　如一争端方请求根据 DSU 第 22 条第 6 款进行仲裁，则仲裁人应确定反措施是否与被确定存在的不利影响的程度和性质相当。

第四部分：不可诉补贴
第 8 条
不可诉补贴的确认

8.1　下列补贴应被视为属不可诉补贴[23]：

(a)　不属第 2 条范围内的专向性补贴；

(b)　属第 2 条范围内的专向性补贴，但符合以下第 2 款(a)项、(b)项或(c)项规定的所有条件。

8.2　尽管有第三部分和第五部分的规定，但是下列补贴属不可诉补贴：

(a)　对公司进行研究活动的援助，或对高等教育机构或研究机构与公司签约进行研究活动的援助，如：[24,25,26]

---

[23] 各方认识到，各成员普遍提供用于各种目的的政府援助，此种援助可能不符合本条规定的不可诉待遇这一事实本身并不限制各成员提供此种援助的能力。

[24] 因预期民用航空器将受专门的多边规则的约束，本项的规定不适用于该产品。

[25] 在不迟于《WTO 协定》生效之日起 18 个月，第 24 条规定的补贴与反补贴措施委员会(本协定中称"委员会")应审议第 2 款(a)项规定的运用情况，以期进行所有必要的修改以改善这些规定的运用情况。在考虑进行可能的修改时，委员会应按照各成员在开展研究计划中的经验和在其他有关国际机构中的工作，认真审议本项所列类别的定义。

[26] 本协定的规定不适用于由高等教育机构或研究机构独立进行的基础研究活动。"基础研究"一词指与工业和商业目标无联系的一般科技知识的扩充。

援助涵盖[27]不超过工业研究[28]成本的 75%或竞争前开发活动[29,30]成本的 50%;

且只要此种援助仅限于:

(i) 人事成本(研究活动中专门雇佣的研究人员、技术人员和其他辅助人员);

(ii) 专门和永久(在商业基础上处理时除外)用于研究活动的仪器、设备、土地和建筑物的成本;

(iii) 专门用于研究活动的咨询和等效服务的费用,包括外购研究成果、技术知识、专利等费用;

(iv) 因研究活动而直接发生的额外间接成本;

(v) 因研究活动而直接发生的其他日常费用(如材料、供应品和同类物品的费用)。

(b) 按照地区发展总体框架[31]对一成员领土内落后地区的援助,且在符合条件的地区内属非专向性(属第 2 条范围内),但是:

(i) 每一落后地区必须是一个明确界定的毗连地理区域,具有可确定的经济或行政特征;

---

[27] 本项所指的不可诉援助的允许水平应参考在一独立项目实施期间发生的全部符合条件的费用而确定。

[28] "工业研究"一词指旨在发现新知识的有计划探求或关键性调查,目的在于此类知识可用于开发新产品、新工艺或新的服务,或对现有产品、工艺或服务进行重大改进。

[29] "竞争前开发活动"一词指将工业研究结果转化为新的、改型的或改进的产品、工艺或服务的计划、蓝图或设计,无论是否旨用于销售或使用,包括创造不能用于商业用途的第一个原型。还可以包括对产品、工艺或服务的备选方案、最初展示或试验项目的概念表述和设计,只要这些相同的项目不能转化为或用于工业应用或商业开发。不包括对现有产品、生产线、制造工艺、服务及其他正在进行的操作的常规或定期更改,尽管这些更改也可能代表着革新。

[30] 对于横跨工业研究和竞争前开发活动的项目,不可诉援助的允许水平不得超过根据本项(i)目至(v)目所列所有符合条件的费用计算的、对上述两类不可诉援助允许水平的简单平均数。

[31] "地区发展总体框架"指地区补贴计划是内部一致和普遍适用的地区发展政策的一部分,且地区发展补贴不给予对地区发展没有或实际上没有影响的孤立地点。

(ii) 该地区依据中性和客观的标准[32]被视为属落后地区，表明该地区的困难不是因临时情况产生的；此类标准必须在法律、法规或其他官方文件中明确说明，以便能够进行核实；

(iii) 标准应包括对经济发展的测算，此种测算应依据下列至少一个因素：

- 人均收入或人均家庭收入二者取其一，或人均国内生产总值，均不得高于有关地区平均水平的85%；

- 失业率，必须至少相当于有关地区平均水平的110%；

以上均按三年期测算；但是该测算可以是综合的并可包括其他因素。

(c) 为促进现有设施[33]适应法律和/或法规实行的新的环境要求而提供的援助，这些要求对公司产生更多的约束和财政负担，只要此种援助是：

(i) 一次性的临时措施；且

(ii) 限于适应所需费用的20%；且

(iii) 不包括替代和实施受援投资的费用，这些费用应全部由公司负担；且

(iv) 与公司计划减少废弃物和污染有直接联系且成比例，不包括任何可实现的对制造成本的节省；且

(v) 能够适应新设备和/或生产工艺的公司均可获得。

8.3 援引第 2 款规定的补贴计划应依照第七部分的规定在实施之前通知委员会。任何此种通知应足够准确，以便其他成员能够评估该计划与第 2 款有关条款规定的条件和标准的一致性。各成员还应向委员会提供此类通

---

[32] "中性和客观标准"指不优惠某些地区的标准，不仅是适合于在地区发展政策框架内消除或减少地区差异。在这方面，地区补贴计划应包括对每一补贴项目给予援助数量的最高限额。此类最高限额必须根据受援地区的不同发展水平而有所差别，且必须以投资成本或创造就业成本进行表述。在最高限额以内，援助的分配应足够广泛和平均，以避免使按第 2 条规定的某些企业主要使用补贴，或给予它们不成比例的大量补贴。

[33] "现有设施"一词指实行新的环境要求时已运行至少 2 年的设施。

知的年度更新，特别是通过提供关于每一计划的全球支出的信息，及关于对该计划任何修改的信息。其他成员有权请求提供已通知计划下个案的信息。[34]

8.4　应一成员请求，秘书处应审议按照第 3 款作出的通知，必要时，可要求提供补贴的成员提供有关审议中的已通知计划的额外信息。秘书处应将审议结果报告委员会。应请求，委员会应迅速审议秘书处的结果(或如果未请求秘书处进行审议，则审议通知本身)，以期确定第 2 款规定的条件和标准是否得到满足。本款规定的程序应至迟在就补贴计划作出通知后的委员会第一次例会上完成，但是作出通知与委员会例会之间应至少过去 2 个月。应请求，本款所述的审议程序也适用于第 3 款所指的在年度更新中作出通知的对计划的实质性修改。

8.5　应一成员请求，第 4 款所指的委员会作出的确定、或委员会未能作出此种确定以及在个案中违反已通知计划中所列条件的情况均应提交进行有约束力的仲裁。仲裁机构应在此事项提交之日起 120 天内将其结论提交各成员。除本款另有规定外，DSU 适用于根据本款进行的仲裁。

第 9 条
磋商和授权的补救

9.1　如在实施第 8 条第 2 款所指的补贴计划过程中，尽管存在该计划与该款规定的标准相一致的事实，但是一成员有理由认为该计划已导致对其国内产业的严重不利影响，例如造成难以补救的损害，则该成员可请求与给予或维持该补贴的成员进行磋商。

9.2　应根据第 1 款提出的磋商请求，给予或维持该补贴计划的成员应尽快进行此类磋商。磋商的目的应为澄清有关情况的事实并达成双方接受的解决办法。

9.3　如在提出磋商请求后 60 天内，根据第 2 款进行的磋商未能达成双方接受的解决办法，则提出磋商请求的成员可将此事项提交委员会。

---

[34] 各方认识到，此通知规定的任何一点不要求提供机密信息，包括机密商业信息。

9.4　如一事项提交委员会处理，委员会应立即审议所涉及的事实和第 1款所指的关于影响的证据。如委员会确定存在此类影响，则可建议提供补贴的成员修改该计划，以消除这些影响。委员会应在此事项根据第 3 条提交其之日起 120 天内作出结论。如建议在 6 个月内未得到遵守，则委员会应授权提出请求的成员采取与确定存在的不利影响的程度和性质相当的反措施。

第五部分：反补贴措施

第 10 条

GATT 1994 第 6 条的适用[35]

各成员应采取所有必要步骤以保证对任何成员领土的任何产品进口至另一成员领土征收反补贴税[36]符合 GATT 1994 第 6 条的规定和本协定的规定。反补贴税仅可根据依照本协定和《农业协定》的规定发起[37]和进行的调查征收。

第 11 条

发起和随后进行调查

11.1　除第 6 款的规定外，确定任何被指控的补贴的存在、程度和影响的调查应在收到国内产业或代表国内产业提出的书面申请后发起。

11.2　第 1 款下的申请应包括充足证据以证明存在(a)补贴，如可能，及其金额，(b)属由本协定所解释的 GATT 1994 第 6 条范围内的损害，以及(c)补贴进口产品与被指控损害之间的一种因果关系。缺乏有关证据的简单断

---

[35] 本协定第二部分或第三部分的规定可以与第五部分的规定平行援引；但是，对于进口成员内市场中一特定补贴的影响，仅可采取一种形式的补救(或是反补贴税，如满足第五部分的要求，或是根据第 4 条或第 7 条实行的反措施)。第三部分和第五部分的规定不得对依照第四部分的规定被视为属不可诉的措施援引。但是，对第 8 条第 1 款(a)项所指的措施可以进行调查，以便确定它们是否属第 2 条含义范围内的专向性补贴。此外，对于第 8 条第 2 款所指的、根据一计划授予的、且未依照第 8 条第 3 款作出通知的补贴，可援引第三部分或第五部分的规定，但此类补贴如被视为符合第 8 条第 2款所列标准，则应被视为不可诉补贴。

[36] "反补贴税"一词应理解为指按 GATT 1994 第 6 条第 3 款的规定，为抵消对任何商品的制造、生产或出口给予的直接或间接补贴而征收的一种特别税。

[37] 以下使用的"发起"一词指正式开始第 11 条规定调查的一成员的程序性行动。

言不能视为足以满足本款的要求。申请应包括申请人可合理获得的关于下列内容的信息：

(i) 申请人的身份和申请人提供的对国内同类产品生产的数量和价值的说明。如代表国内产业提出书面申请，则申请应通过一份列出同类产品的所有已知国内生产者的清单(或同类产品的国内生产者协会)，确认其代表提出申请的产业，并在可能的限度内，提供此类生产者所占国内同类产品生产的数量和价值的说明；

(ii) 对被指控的补贴产品的完整说明、所涉一个或多个原产国或出口国名称、每一已知出口商或外国生产者的身份以及已知的进口所涉产品的人员名单；

(iii) 关于所涉补贴的存在、金额和性质的证据；

(iv) 关于对国内产业的被指控的损害是由补贴进口产品通过补贴的影响造成的证据；此证据包括被指控的补贴进口产品数量变化的信息，这些进口产品对国内市场同类产品价格的影响，以及由影响国内产业状况的有关因素和指标所证明的这些产品对国内产业造成的影响，例如第15条第2款和第4款中所列的因素和指标。

11.3　主管机关应审查申请中提供的证据的准确性和充分性，以确定是否有足够的证据证明发起调查是正当的。

11.4　除非主管机关根据对国内同类产品生产者对申请表示的支持或反对程度[38]的审查确定申请是由国内产业或代表国内产业提出的，否则不得按照第1款发起调查。[39]如申请得到总产量构成国内产业中表示支持或反对申请的国内同类产品生产者生产的同类产品总产量的50%以上，则该申请应被视为"由国内产业或代表国内产业提出"。但是，如表示支持申请的

---

[38] 在分割的产业涉及数量巨大的生产者的情况下，主管机关可通过统计上有效的抽样技术确定支持和反对程序。

[39] 各成员意识到，在某些成员领土内，同类产品国内生产者的雇员或这些雇员的代表可提出或支持申请根据第1款进行调查。

国内生产者的产量不足国内产业生产的同类产品总产量的 25%，则不得发起调查。

11.5　主管机关应避免公布关于发起调查的申请，除非已决定发起调查。

11.6　在特殊情况下，如有关主管机关在未收到国内产业或代表国内产业提出的发起调查的书面申请的情况下决定发起调查，则只有在具备第 2 款所述关于补贴、损害和因果关系的充分证据证明发起调查是正当的情况下，方可发起调查。

11.7　补贴和损害的证据应(a)在有关是否发起调查的决定中及(b)此后在调查过程中同时予以考虑，调查过程自不迟于依照本协定规定可实施临时措施的最早日期开始。

11.8　在产品不自原产国直接进口而自一中间国向进口成员出口的情况下，本协定的规定应完全适用，就本协定而言，此项交易或此类交易应被视为发生在原产国与进口成员之间。

11.9　主管机关一经确信不存在有关补贴或损害的足够证据以证明继续进行该案是正当的，则根据第 1 款提出的申请即应予以拒绝，且调查应迅速终止。如补贴金额属微量或补贴进口产品的实际或潜在数量或损害可忽略不计，则应立即终止调查。就本款而言，如补贴不足从价金额的 1%，则补贴金额应被视为属微量。

11.10　调查不得妨碍通关程序。

11.11　除特殊情况外，调查应在发起后 1 年内结束，且决不能超过 18 个月。

第 12 条

证据

12.1　应将主管机关要求的信息通知反补贴税调查中的利害关系成员和所有利害关系方，并给予它们充分的机会以书面形式提出其认为与所涉调查有关的所有证据。

  12.1.1 应给予收到反补贴税调查中所使用问卷的出口商、外国生产者或利害关系成员至少 30 天时间作出答复。[40]对于延长该 30

---

[40] 作为一般规则，出口商的时限应自收到问卷之日起计算，为此，该问卷应被视为在送往答卷或转交出口成员的适当外交代表之日起一周内已经收到，如为 WTO 单独关税区成员，则为出口领土的官方代表。

天期限的任何请求应给予适当考虑，且根据所陈述的原因，只要可行即应予以延长。

12.1.2 在遵守保护机密信息要求的前提下，一利害关系成员或几个利害关系方提出的书面证据应迅速使参与调查的其他利害关系成员和利害关系方可获得。

12.1.3 调查一经发起，主管机关即应将根据第 11 条第 1 款收到的书面申请的全文向已知出口商[41]和出口成员的主管机关提供，并应请求，应向其他涉及的利害关系方提供。应适当注意按第 4 款规定的保护机密信息的要求。

12.2 利害关系成员和利害关系方，在说明正当理由后，也有权口头提供信息。如此类信息为口头提供，则利害关系成员和利害关系方随后需要将此类提交的信息转为书面形式。调查主管机关的任何决定只能根据主管机关书面记录的此类信息和论据作出，且该书面记录应已经使参与调查的利害关系成员和利害关系方可获得，同时考虑保护机密信息的需要。

12.3 只要可行，主管机关即应迅速向所有利害关系成员和利害关系方提供机会，使其了解与其案情陈述有关的、不属第 4 款定义的机密性质、且主管机关在反补贴税调查中使用的所有信息，并应根据此信息准备陈述。

12.4 任何原属机密性质的信息(例如，由于信息的披露会给予一竞争者巨大的竞争优势，或由于信息的披露会给信息提供者或给向信息获得者提供信息的人士带来严重不利影响)，或由调查参加方在保密基础上提供的信息，主管机关应在对方说明正当原因后，按机密信息处理。此类信息未经提供方特别允许不得披露。[42]

12.4.1 主管机关应要求提供机密信息的利害关系成员或利害关系方提供此类信息的非机密摘要。这些摘要应足够详细，以便能够合理了解以机密形式提交的信息的实质内容。在特殊情况

---

[41] 各方理解，如所涉及的出口商的数量特别多，书面申请的全文应改为只向出口成员的主管机关或向有关贸易协会提供，贸易协会随后应向有关出口商转交副本。

[42] 各成员意识到，在某些成员领土内，可能需要根据严格制定的保护性法令披露信息。

下，此类成员或各方可表明此类信息无法进行摘要。在此类特殊情况下，必须提供一份关于为何不能进行摘要的原因的说明。

    12.4.2 如主管机关认为关于保密的请求缺乏正当理由，且如果信息提供者不愿披露信息，或不愿授权以概括或摘要的形式披露信息，则主管机关可忽略此类信息，除非主管机关可从适当的来源满意地证明此类信息是正确的。[43]

12.5　除第 7 款规定的情况外，在调查过程中，主管机关应设法使自己确信利害关系成员或利害关系方提供的、其调查结果所依据的信息的准确性。

12.6　调查主管机关可按需要在其他成员领土内进行调查，只要它们已经及时通知所涉成员，除非该成员反对该调查。此外，如(a)一公司同意及(b)已通知所涉成员且该成员不反对，则调查主管机关可在该公司所在地点进行调查且可审查该公司的记录。附件 6 所列程序应适用于在企业所在地点进行的调查。在遵守保护机密信息要求的前提下，主管机关应使任何此类调查的结果可获得，或应根据第 8 款向与调查结果有关的公司进行披露，并可使申请人可获得此类结果。

12.7　如任何利害关系成员或利害关系方不允许使用或未在合理时间内提供必要的信息，或严重妨碍调查，则初步和最终裁定，无论是肯定的或还是否定的，均可在可获得的事实基础上作出。

12.8　主管机关在作出最终裁定之前，应将考虑中的、构成是否实施最终措施决定依据的基本事实通知所有利害关系成员和利害关系方。此披露应使各方有充分的时间为其利益进行辩护。

12.9　就本协定而言，"利害关系方"应包括：

    (i)　被调查产品的出口商或外国生产者或进口商，或大多数成员为该产品的生产者、出口商或进口商的同业公会或商会；及

---

[43] 各成员同意，不应任意拒绝关于保密的请求。各成员进一步同意，调查主管机关只能就与程序有关的信息请求豁免保密要求。

(ii) 进口成员中同类产品的生产者，或大多数成员在进口成员领土内生产同类产品的同业公会和商会。

除上述各方外，本清单不妨碍各成员允许国内或国外其他各方被列为利害关系方。

12.10 主管机关应向被调查产品的工业用户，或在该产品通常为零售的情况下，向具有代表性的消费者组织提供机会，使其能够提供与关于补贴、损害和因果关系的调查有关的信息。

12.11 主管机关应适当考虑利害关系方、特别是小公司在提供所要求的信息方面遇到的任何困难，并应提供任何可行的帮助。

12.12 上述程序无意阻止一成员主管机关依照本协定的有关规定，迅速发起调查，作出无论是肯定的还是否定的初步或最终裁定，也无意阻止实施临时或最终措施。

第 13 条
磋商

13.1 根据第 11 条提出的申请一经接受，且无论如何在发起任何调查之前，应邀请产品可能接受调查的成员进行磋商，以期澄清有关第 11 条第 2 款所指事项的有关情况，并达成双方同意的解决办法。

13.2 此外，在整个调查期间，应给予产品被调查的成员继续进行磋商的合理机会，以期澄清实际情况，并达成双方同意的解决办法。[44]

13.3 在不损害提供合理机会进行磋商义务的情况下，这些关于磋商的规定无意阻止一成员主管机关依照本协定的规定迅速发起调查，作出无论是肯定的还是否定的初步或最终裁定，也无意阻止实施临时或最终措施。

13.4 应请求，准备发起任何调查或正在进行此种调查的成员应允许产品接受该项调查的一个或多个成员使用非机密证据，包括用于发起或进行调

---

[44] 依照本款的规定，如未给予进行磋商的合理机会，则不能作出肯定的裁定，无论是初步的还是最终的，此点特别重要。此类磋商可为根据第二部分、第三部分或第十部分的规定进行的程序建立基础。

查的机密数据的非机密摘要。

第 14 条
以接受者所获利益计算补贴的金额

就第五部分而言，调查主管机关计算根据第 1 条第 1 款授予接受者的利益所使用的任何方法应在有关成员国内立法或实施细则中作出规定，这些规定对每一具体案件的适用应透明并附充分说明。此外，任何此类方法应与下列准则相一致：

(a) 政府提供股本不得视为授予利益，除非投资决定可被视为与该成员领土内私营投资者的通常投资做法(包括提供风险资金)不一致；

(b) 政府提供贷款不得视为授予利益，除非接受贷款的公司支付政府贷款的金额不同于公司支付可实际从市场上获得的可比商业贷款的金额。在这种情况下，利益为两金额之差；

(c) 政府提供贷款担保不得视为授予利益，除非获得担保的公司支付政府担保贷款的金额不同于公司支付无政府担保的可比商业贷款的金额。在这种情况下，利益为在调整任何费用差别后的两金额之差；

(d) 政府提供货物或服务或购买货物不得视为授予利益，除非提供所得低于适当的报酬，或购买所付高于适当的报酬。报酬是否适当应与所涉货物或服务在提供国或购买国现行市场情况相比较后确定(包括价格、质量、可获性、适销性、运输和其他购销条件)。

第 15 条
损害的确定[45]

15.1　就 GATT 1994 第 6 条而言，对损害的确定应根据肯定性证据，并应包括对以下内容的客观审查：(a)补贴进口产品的数量和补贴进口产品对国内市场同类产品[46]价格的影响，及(b)这些进口产品随之对此类产品国内生产者产生的影响。

15.2　关于补贴进口产品的数量，调查主管机关应考虑补贴进口产品的绝对数量或相对于进口成员中生产或消费的数量是否大幅增加。关于补贴进口产品对价格的影响，调查主管机关应考虑与进口成员同类产品的价格相比，补贴进口产品是否大幅削低价格，或此类进口产品的影响是否是大幅压低价格，或是否是在很大程度上抑制在其他情况下本应发生的价格增加。这些因素的一个或多个均未必能够给予决定性的指导。

15.3　如来自一个以上国家的一产品的进口同时接受反补贴税调查，则调查主管机关只有在确定以下内容后，方可累积评估此类进口产品的影响：(a)对来自每一国家的进口产品确定的补贴金额大于第 11 条第 9 款定义的微量水平，且自每一国家的进口量并非可忽略不计；及(b)根据进口产品之间的竞争条件和进口产品与国内同类产品之间的竞争条件，对进口产品的影响所作的累积评估是适当的。

15.4　关于补贴进口产品对国内产业影响的审查应包括对影响产业状况的所有有关经济因素和指标的评估，包括产量、销售、市场份额、利润、生产力、投资收益或设备利用率的实际和潜在的下降；影响国内价格的因素；对现金流动、库存、就业、工资、增长、筹措资金或投资能力的实际和潜在的消极影响，对于农业，则为是否给政府支持计划增加了负担。该清单不是详尽无遗的，这些因素中的一个或多个均未必能够给予决定性的指导。

---

[45] 在本协定项下，"损害"一词，除非另有规定，否则应理解为指对一国内产业的实质损害、对一国内产业的实质损害威胁或对此类产业建立的实质阻碍，并应依照本条的规定予以解释。

[46] 在整个协定中，"同类产品"一词应解释为指相同的产品，即与考虑中的产品在各方面都相同的产品，或如果无此种产品，则为尽管并非在各方面都相同，但具有与考虑中的产品极为相似特点的另一种产品。

15.5 必须证明通过补贴的影响[47]，补贴进口产品正在造成属本协定范围内的损害。证明补贴进口产品与对国内产业损害之间存在因果关系应以审查主管机关得到的所有有关证据为依据。主管机关还应审查除补贴进口产品外的、同时正在损害国内产业的任何已知因素，且这些其他因素造成的损害不得归因于补贴进口产品。在这方面可能有关的因素特别包括未接受补贴的所涉及的产品的进口数量和价格、需求的减少或消费模式的变化、外国和国内生产者的限制贸易做法及它们之间的竞争、技术发展以及国内产业的出口实绩和生产率。

15.6 如可获得的数据允许根据以工序、生产者的销售和利润等标准为基础，单独确认同类产品的国内生产，则补贴进口产品的影响应与该生产相比较进行评估。如不能单独确认该生产，则补贴进口产品的影响应通过审查包含同类产品的最小产品组或产品类别的生产而进行评估，而这些产品能够提供必要的信息。

15.7 对实质损害威胁的确定应依据事实，而不是仅依据指控、推测或极小的可能性。补贴将造成损害发生的情形变化必须是能够明显预见且迫近的。在作出有关存在实质损害威胁的确定时，主管机关应特别考虑下列因素：

(i) 所涉一项或几项补贴的性质和因此可能产生的贸易影响；

(ii) 补贴进口产品进入国内市场的大幅增长率，表明进口实质增加的可能性；

(iii) 出口商可充分自由使用的、或即将实质增加的能力，表明补贴出口产品进入进口成员市场实质增加的可能性，同时考虑吸收任何额外出口的其他出口市场的可获性；

(iv) 进口产品是否以对国内价格产生大幅度抑制或压低影响的价格进入，是否会增加对更多进口产品的需求；以及

(v) 被调查产品的库存情况。

这些因素中的任何一个本身都未必能够给予决定性的指导，但被考虑因素作为整体必须得出如下结论，即更多的补贴出口产品是迫近的，且除非采取保护性行动，否则实质损害将会发生。

---

[47] 按第 2 款和第 4 款所列。

15.8　　对于补贴进口威胁造成损害的情况，实施反补贴措施的考虑和决定应特别慎重。

第 16 条
国内产业的定义

16.1　　就本协定而言，"国内产业"一词，除第 2 款的规定外，应解释为指同类产品的国内生产者全体，或指总产量构成同类产品国内总产量主要部分的国内生产者，但是如生产者与出口商或进口商有关联[48]，或他们本身为自其他国家进口被指控的补贴产品或同类产品的进口商，则"国内产业"一词可解释为指除他们外的其他生产者。

16.2　　在特殊情况下，对所涉生产，一成员的领土可分为两个或两个以上的竞争市场，在下述条件下，每一市场中的生产者均可被视为一独立产业：(a)该市场中的生产者在该市场中出售他们生产的全部或几乎全部所涉产品，且(b)该市场中的需求在很大程度上不是由位于该领土内其他地方的所涉产品生产者供应的。在此种情况下，则可认为存在损害，即使全部国内产业的主要部分未受损害，只要补贴产品集中进入该孤立市场，且只要补贴进口产品正在对该市场中全部或几乎全部生产的生产者造成损害。

16.3　　如国内产业被解释为指某一地区的生产者，即按第 2 款规定的市场，则反补贴税只能对供该地区最终消费的所涉产品征收。如进口成员的宪法性法律不允许以此为基础征收反补贴税，则进口成员只能在下列条件下方可征收反补贴税而不受限制：(a)应给予出口商停止以补贴价格向有关地区出口的机会或按照第 18 条作出保证，而出口商未能迅速在此方面作出保证，且(b)此类反补贴税不能仅对供应所涉地区的特定生产者的产品征收。

16.4　　如两个或两个以上国家已根据 GATT 1994 第 24 条第 8 款(a)项达到具有单一统一市场特点的一体化水平，则全部一体化地区的产业应被视为

---

[48] 就本款而言，只有在下列情况下，生产者方可被视为与出口商或进口商有关联：(a)他们中的一方直接或间接控制另一方；或(b)他们直接或间接被一第三者控制；或(c)他们直接或间接共同控制一第三者，但应有理由相信或怀疑此种关系的后果是使有关生产者的行为不同于无关联的生产者。就本款而言，如一方在法律上或经营上处于限制或指导另一方的地位，即前者应被视为控制后者。

第 1 款和第 2 款所指的国内产业。

16.5　　第 15 条第 6 款的规定应适用于本条。

第 17 条
临时措施

17.1　　临时措施只有在下列情况下方可实施：

(a)　　已依照第 11 条的规定发起调查，已为此发出公告，且已给予利害关系成员和利害关系方提交信息和提出意见的充分机会；

(b)　　已作出关于存在补贴和存在补贴进口产品对国内产业造成损害的初步肯定裁定；以及

(c)　　有关主管机关判断此类措施对防止在调查期间造成损害是必要的。

17.2　　临时措施可采取征收临时反补贴税的形式，以金额等于临时计算的补贴金额的现金保证金或保函担保。

17.3　　临时措施不得早于发起调查之日起 60 天实施。

17.4　　临时措施的实施应限制在尽可能短的时间内，不超过 4 个月。

17.5　　在实施临时措施时应遵循第 19 条的有关规定。

第 18 条
承诺

18.1　　如收到下列令人满意的自愿承诺，则调查程序可以[49]中止或终止，而不采取临时措施或征收反补贴税：

(a)　　出口成员政府同意取消或限制补贴，或采取其他与此影响有关的措施；或

(b)　　出口商同意修改价格，从而使调查主管确信补贴的损害性影响已经消除。根据此类承诺的提价不得超过消除补贴金额所必需的限度。如提价幅度小于补贴金额即足以消除对国内产

---

[49]　"可以"一词不得解释为允许在执行承诺的同时继续进行调查程序，但第 4 款的规定除外。

业的损害，则该提价幅度是可取的。

18.2 除非进口成员的主管机关已就补贴和补贴所造成的损害作出初步肯定裁定，在出口商作出承诺的情况下，已获得出口成员的同意，否则不得寻求或接受承诺。

18.3 如进口成员的主管机关认为接受承诺不可行，则不必接受所提承诺，例如由于实际或潜在的出口商数量过大，或由于其他原因，包括一般政策原因。如发生此种情况且在可行的情况下，主管机关应向出口商提供其认为不宜接受承诺的理由，且应在可能的限度内给予出口商就此发表意见的机会。

18.4 如承诺被接受，且如果出口商希望或主管机关决定，则关于补贴和损害的调查仍应完成。在此种情况下，如作出关于补贴或损害的否定裁定，则承诺即自动失效，除非此种裁定主要是由于承诺的存在而作出的。在此类情况下，主管机关可要求在与本协定规定相一致的合理期限内维持承诺。如作出关于补贴和损害的肯定裁定，则承诺应按其条件和本协定的规定继续有效。

18.5 价格承诺可由进口成员的主管机关提出建议，但不得强迫出口商作出此类承诺。政府或出口商不提出此类承诺或不接受这样做的邀请的事实，绝不能有损于对该案的审查。但是，如补贴进口产品继续发生，则主管机关有权确定损害威胁更有可能出现。

18.6 进口成员的主管机关可要求承诺已被接受的任何政府或出口商定期提供有关履行该承诺的信息，并允许核实有关数据。如违反承诺，则进口成员的主管机关可根据本协定的相应规定采取迅速行动，包括使用可获得的最佳信息立即实施临时措施。在此类情况下，可依照本协定对在实施此类临时措施前 90 天内进口供消费的产品征收最终税，但此追溯课征不得适用于在违反承诺之前已入境的进口产品。

第 19 条
反补贴税的征收

19.1 如为完成磋商而作出合理努力后，一成员就补贴的存在和金额作出最终裁定，并裁定通过补贴的影响，补贴进口产品正在造成损害，则该成员可依照本条的规定征收反补贴税，除非此项或此类补贴被撤销。

19.2　在所有征收反补贴税的要求均已获满足的情况下是否征税的决定，及征收反补贴税金额是否应等于或小于补贴的全部金额的决定，均由进口成员的主管机关作出。宜允许在所有成员领土内征税，如反补贴税小于补贴的全部金额即足以消除对国内产业的损害，则该反补贴税是可取得，并宜建立程序以允许有关主管机关适当考虑其利益可能会因征收反补贴税而受到不利影响的国内利害关系方[50]提出的交涉。

19.3　如对任何产品征收反补贴税，则应对已被认定接受补贴和造成损害的所有来源的此种进口产品根据每一案件的情况在非歧视基础上收取适当金额的反补贴税，来自已经放弃任何所涉补贴或根据本协定的条款提出的承诺已被接受的来源的进口产品除外。任何出口产品被征收最终反补贴税的出口商，如因拒绝合作以外的原因实际上未接受调查，则有资格接受加速审查，以便调查主管机关迅速为其确定单独的反补贴税率。

19.4　对任何进口产品征收[51]的反补贴税不得超过认定存在的补贴的金额，该金额以补贴出口产品的单位补贴计算。

第 20 条
追溯效力

20.1　临时措施和反补贴税仅对在分别根据第 17 条第 1 款和第 19 条第 1 款作出的决定生效之后进口供消费的产品适用，但需遵守本条所列例外。

20.2　如作出损害的最终裁定(而不是损害威胁或实质阻碍一产业建立的最终裁定)，或在虽已作出损害威胁的最终裁定，但如无临时措施，将会导致对补贴进口产品的影响作出损害裁定的情况下，则反补贴税可对已经实施措施(若有的话)的期间追溯征收。

---

[50] 就本款而言，"国内利害关系方"一词包括接受调查的进口产品的消费者和工业用户。

[51] 本协定使用的"征收"应指最终或最后的合法课税或征税或收税。

20.3　如最终反补贴税高于现金保证金或保函担保的金额，则差额部分不得收取。如最终税低于现金保证金或保函担保的金额，则超出的金额应迅速予以退还，或保函应迅速予以解除。

20.4　除第 2 款的规定外，如作出损害威胁或实质阻碍的裁定(但未发生损害)，则最终反补贴税只能自作出损害威胁或实质阻碍的裁定之日起征收，在实施临时措施期间所交纳的任何现金应迅速予以退还，任何保函应迅速予以解除。

20.5　如最终裁定是否定的，则在实施临时性措施期间所交纳的任何现金应迅速予以退还，任何保函应迅速予以解除。

20.6　在紧急情况下，对于所涉补贴产品，如主管机关认为难以补救的损害是由于得益于以与 GATT 1994 和本协定的规定不一致的方式支付或给予的补贴产品在较短时间内大量进口造成的，则在其认为为防止此种损害再次发生而有必要对这些进口追溯课征反补贴税的情况下，可对实施临时措施前 90 天内进口供消费的进口产品课征最终反补贴税。

第 21 条
反补贴税和承诺的期限和复审

21.1　反补贴税应仅在抵消造成损害的补贴所必需的时间和限度内实施。

21.2　主管机关在有正当理由的情况下，自行复审或在最终反补贴税的征收已经过一段合理时间后，应提交证实复审必要性的肯定信息的任何利害关系方请求，复审继续征税的必要性。利害关系方有权请求主管机关复审是否需要继续征收反补贴税以抵消补贴，如取消或改变反补贴税，则损害是否有可能继续或再度发生，或同时复审两者。如作为根据本款复审的结果，主管机关确定反补贴税已无正当理由，则反补贴税应立即终止。

21.3　尽管有第 1 款和第 2 款的规定，但是任何最终反补贴税应在征收之日起(或在复审涉及补贴和损害两者的情况下，自根据第 2 款进行的最近一次复审之日起，或根据本款) 5 年内的一日期终止，除非主管机关在该日期之前自行进行的复审或应在该日期之前一段合理时间内由国内产业或代表国内产业提出的有充分证据的请求下进行的复审确定，反补贴税的终止有可能导致补贴和损害的继续或再度发生。[52]在此种复审的结果产生之前，可继续征税。

21.4 第 12 条关于证据和程序的规定应适用于根据本条进行的任何复审。任何此类复审应迅速进行，且通常应在自复审开始之日起 12 个月内结束。

21.5 本条的规定在细节上作必要修改后应适用于根据第 18 条接受的承诺。

第 22 条
公告和裁定的说明

22.1 如主管机关确信有充分证据证明按照第 11 条发起的调查是正当的，则应通知其产品将接受该调查的一个或多个成员和调查主管机关已知与该调查有利害关系的其他利害关系方，并应发布公告。

22.2 关于发起调查的公告应包括或通过单独报告[53]提供有关下列内容的充足信息：

(i)   一个或多个出口国的名称和所涉及的产品名称；

(ii)   发起调查的日期；

(iii) 关于拟接受调查的补贴做法的说明；

(iv)   关于损害的指控所依据因素的摘要；

(v)   利害关系成员和利害关系方送交交涉的地址；以及

(vi)   允许利害关系成员和利害关系方公布其意见的时限。

22.3 对于任何初步或最终裁定，无论是肯定的还是否定的，按照第 18 条接受承诺的决定、此种承诺的终止以及最终反补贴税的终止均应作出公告。每一公告均应详细列出或通过单独报告详细提供调查主管机关就其认为重要的所有事实问题和法律问题所得出的调查结果和结论。所有此类公告和报告应转交其产品受该裁定或承诺约束的一个或多个成员，及已知与此有利害关系的其他利害关系方。

---

[52] 如反补贴税的金额在追溯基础上征收，则在最近征税过程中产生的关于不拟征税的调查结果本身不得要求主管机关终止征收最终税。

[53] 如主管机关根据本条规定在单独报告中提供信息和说明，则应保证该报告可使公众容易获得。

22.4　实施临时措施的公告应列出或通过单独报告提供关于补贴的存在和损害的初步裁定的详细说明，并应提及导致有关论据被接受或被拒绝的事实问题和法律问题。该公告或报告应在适当考虑保护机密信息要求的同时，特别包含下列内容：

(i)　　供应商名称，如不可行，则为所涉及的供应国名称；

(ii)　　足以符合报关目的的产品描述；

(iii)　确定的补贴金额和确定补贴存在的依据；

(iv)　按第 15 条所列与损害裁定有关的考虑；

(v)　　导致作出裁定的主要理由。

22.5　在规定征收最终反补贴税或接受承诺的肯定裁定的情况下，关于结束或中止调查的公告应包含或通过一份单独报告提供导致实施最终措施或接受承诺的所有有关的事实问题和法律问题及理由，同时应适当考虑保护机密信息的要求。特别是，公告或报告应包含第 4 款所述的信息，以及接受或拒绝利害关系成员及进口商和出口商所提有关论据或请求事项的理由。

22.6　关于在根据第 18 条接受承诺后终止或中止调查的公告应包括或通过一份单独报告提供该承诺的非机密部分。

22.7　本条的规定在细节上作必要修改后应适用于根据第 21 条进行和完成的审查，并适用于根据第 20 条追溯征税的决定。

第 23 条
司法审查

国内立法包含反补贴税措施规定的每一成员均应设有司法、仲裁或行政庭或程序，其目的特别包括迅速审查与最终裁定的行政行为有关、且属第 21 条范围内的对裁定的审查。此类法庭或程序应独立于负责所涉裁定或审查的主管机关，且应向参与行政程序及直接和间接受行政行为影响的所有利害关系方提供了解审查情况的机会。

第六部分：机构

第 24 条

补贴与反补贴措施委员会及附属机构

24.1 特此设立补贴与反补贴措施委员会，由每一成员的代表组成。委员会应选举自己的主席，每年应至少召开 2 次会议，或按本协定有关规定所设想的在任何成员请求下召开会议。委员会应履行本协定项下或各成员指定的职责，并应向各成员提供机会，就有关本协定的运用或促进其目标实现的任何事项进行磋商。WTO 秘书处担任委员会的秘书处。

24.2 委员会可酌情设立附属机构。

24.3 委员会应设立由 5 名在补贴和贸易关系领域的资深独立人士组成的常设专家小组。专家将由委员会选举，每年更换其中 1 名。可请求常设专家小组按第 4 条第 5 款的规定，向专家组提供协助。委员会也可就任何补贴的存在和性质的问题寻求咨询意见。

24.4 任何成员均可征求常设专家小组的意见，小组可就该成员拟议实施的或当前维持的任何补贴的性质提供咨询意见。此类咨询意见属机密，不得在第 7 条下的程序中援引。

24.5 委员会及任何附属机构在行使其职能时，可向其认为适当的任何来源进行咨询和寻求信息。但是，委员会或附属机构在向一成员管辖范围内的一来源寻求此类信息之前，应通知所涉及的成员。

第七部分：通知和监督

第 25 条

通知

25.1 各成员同意，在不损害 GATT 1994 第 16 条第 1 款规定的情况下，其补贴通知应不迟于每年 6 月 30 日提交，且应符合第 2 款至第 6 款的规定。

25.2 各成员应通知在其领土内给予或维持的、按第 1 条第 1 款的规定且属第 2 条范围内的任何专向性补贴。

25.3 通知的内容应足够具体，以便其他成员能够评估贸易影响并了解所通知的补贴计划的运作情况。在这方面，在不损害有关补贴问卷[54]的内容和形式的情况下，各成员应保证其通知包含下列信息：

(i) 补贴的形式(即赠款、贷款、税收优惠等)；

(ii) 单位补贴量，在此点不可能提供的情况下，为用于该补贴的预算总额或年度预算额(如可能，可表明上一年平均单位补贴量)；

(iii) 政策目标和/或补贴的目的；

(iv) 补贴的期限和/或所附任何其他时限；

(v) 可据以评估补贴的贸易影响的统计数据。

25.4 如一通知中未涉及第3款中的具体要点，则应在该通知中提供说明。

25.5 如补贴给予特定产品或部门，则通知应按产品或部门编制。

25.6 如成员认为在其领土内不存在根据 GATT 1994 第 16 条第 1 款和本协定需要作出通知的措施，则应将此情况以书面形式通知秘书处。

25.7 各成员认识到，关于一措施的通知并不预断该措施在 GATT 1994 和本协定项下的法律地位、在本协定项下的影响或措施本身的性质。

25.8 任何成员可随时提出书面请求，请求提供有关另一成员给予或维持的任何补贴的性质和范围的信息(包括第四部分所指的任何补贴)，或请求说明一具体措施被视为不受通知要求约束的原因。

25.9 收到上述请求的成员应尽快和全面地提供此类信息，并应随时准备应请求向提出请求的成员提供额外信息。特别是，它们应提供足够详细的信息，以使其他成员能够评估其是否符合本协定的规定。任何认为此类信息未予提供的成员可提请委员会注意此事项。

25.10 认为另一成员的任何措施具有补贴作用而未依照 GATT 1994 第 16 条和本条的规定作出通知的任何成员可提请该另一成员注意此事项。如被指控的补贴此后仍未迅速作出通知，则该成员自己可将被指控的所涉补贴提请委员会注意。

25.11 各成员应立刻通知委员会其对反补贴税采取的所有初步或最终行动。此类报告应可从秘书处获得，供其他成员检查。各成员还应每半年提交关于在过去 6 个月内采取的任何反补贴税行动的报告。半年期报告应以

---

[54] 委员会应设立一工作组，以审议 BISD 9 册 193 至 194 页所载的问卷内容和形式。

议定的标准格式提交。

25.12　每一成员应通知委员会：(a)哪一个主管机关负责发起和进行第 11 条所指的调查，及(b)适用于发起和进行此类调查的国内程序。

第 26 条
监督

26.1　委员会应在 3 年一届的特别会议上审议根据 GATT 1994 第 16 条第 1 款和本协定第 25 条第 1 款提交的新的和全面的通知。在两届特别会议之间提交的通知(更新通知)应在委员会的每次例会上审议。

26.2　委员会应在每次例会上审议根据第 25 条第 11 款提交的报告。

第八部分：发展中国家成员
第 27 条
发展中国家成员的特殊和差别待遇

27.1　各成员认识到，补贴可在发展中国家成员的经济发展计划中发挥重要作用。

27.2　第 3 条第 1 款(a)项规定的禁止不得适用于：

(a)　　附件 7 所指的发展中国家成员。

(b)　　其他发展中国家成员自《WTO 协定》生效之日起 8 年内不适用，但需符合第 4 款的规定。

27.3　第 3 条第 1 款(b)项规定的禁止自《WTO 协定》生效之日起 5 年内不得适用于发展中国家成员，8 年内不得适用于最不发达国家成员。

27.4　第 2 款(b)项所指的任何发展中国家成员应在 8 年期限内逐步取消其出口补贴，最好以渐进的方式进行。但是，一发展中国家成员不得提高其出口补贴的水平[55]，且在此类出口补贴的使用与其发展需要不一致时，应在短于本款规定的期限内取消。如一发展中国家成员认为有必要在 8 年期满后继续实施此类补贴，则应在不迟于期满前 1 年与委员会进行磋商，委员会应在审查所涉发展中国家成员的所有有关经济、财政和发展需要

---

[55] 对于截至《WTO 协定》生效时未给予出口补贴的发展中国家，该款应在 1986 年给予的出口补贴水平上适用。

后，确定延长该期限是合理。如委员会认为延期合理，则有关发展中国家成员应与委员会进行年度磋商，以确定维持该补贴的必要性。如委员会未作出该确定，则该发展中国家成员应自最近一次授权期限结束后 2 年内逐步取消剩余的出口补贴。

27.5 如一发展中国家的任何特定产品已达到出口竞争力，则该发展中国家成员应在 2 年内取消给予此项或此类产品的出口补贴。但是，对于附件 7 所指的、且一项或多项产品已达到出口竞争力的发展中国家成员，应在 8 年内逐步取消对此类产品的出口补贴。

27.6 如一发展中国家成员一产品的出口连续 2 个日历年在该产品世界贸易中达到至少 3.25% 的份额，则该产品已具备出口竞争力。确定具备出口竞争力应依据(a)达到出口竞争力的发展中国家成员所作通知，或(b)秘书处在任何成员请求下进行的计算。就本款而言，一产品被定义为协调制度税则中的一类。委员会应在《WTO 协定》生效之日起 5 年后审议本规定的运用情况。

27.7 在出口补贴符合第 2 款至第 5 款规定的情况下，第 4 条的规定不得适用于发展中国家成员。与这种情况下适用的规定应为第 7 条的规定。

27.8 不得按照第 6 条第 1 款推定一发展中国家成员给予的补贴造成按本协定规定的严重侵害。此类严重侵害，如在第 9 款的条件下适用，应依照第 6 条第 3 款至第 8 款的规定以肯定性证据加以证明。

27.9 对于一发展中国家给予或维持的、不同于第 6 条第 1 款所指补贴的可诉补贴，除非被认定由于该补贴而使 GATT 1994 项下的关税减让或其他义务的利益丧失或减损，从而取代或阻碍另一成员的同类产品进入补贴发展中国家成员的市场，或除非发生对进口成员市场中国内产业的损害，否则不得根据第 7 条授权或采取措施。

27.10 有关主管机关在确定下列内容后，应立即终止对原产自发展中国家成员产品进行的任何反补贴税调查：

  (a) 对所涉产品给予补贴的总体水平不超过按单位计算的价值的 2%；或

  (b) 补贴进口产品的数量占进口成员同类产品总进口量的不足 4%，除非来自单个发展中国家成员的进口量份额虽不足总进口量的 4%，但这些成员的总进口量占进口成员同类产品总进口量的9%以上。

27.11 对于属第 2 款(b)项范围内的、且在自《WTO 协定》生效之日起 8 年期满之前已取消出口补贴的发展中国家成员，以及对于附件 7 所指的发展中国家成员，第 10 款(a)项中的数字应为 3%而非 2%。此规定应自通知委员会取消出口补贴之日起适用，且只要作出通知的成员不再给予出口补贴即继续适用。此规定自《WTO 协定》生效之日起 8 年后失效。

27.12 第 10 款和第 11 款的规定适用于根据第 15 条第 3 款对微量补贴的任何确定。

27.13 如补贴在发展中国家成员的私有化计划内给予或与该计划有直接联系，则第三部分的规定不得适用于债务的直接免除及用于支付社会成本的无论何种形式的补贴，包括放弃政府税收和其他债务转移，只要该计划和涉及的补贴在有限期限内给予，并已通知委员会，且该计划使有关企业最终实现私有化。

27.14 应一有利害关系的成员请求，委员会应对一发展中国家成员的特定出口补贴做法进行审议，以审查该做法是否符合其发展需要。

27.15 应一有利害关系的发展中国家成员请求，委员会应对一特定反补贴措施进行审议，以审查该措施是否符合适用于所涉发展中国家成员的第 10 款和第 11 款的规定。

第九部分：过渡性安排
第 28 条
现有计划

28.1 任何成员在签署《WTO 协定》之前，在其领土内制定的、与本协定规定不一致的补贴计划应：

(a) 在《WTO 协定》对该成员生效之日起 90 天内通知委员会；并

(b) 在《WTO 协定》对该成员生效之日起 3 年内使该补贴计划符合本协定的规定，届时将无需遵守第二部分的规定。

28.2 任何成员不得扩大任何此类计划的范围，此类计划在期满后不得展期。

第 29 条

转型为市场经济

29.1　处于自中央计划经济转型为市场和自由企业经济的成员可实施此种转型所必需的计划和措施。

29.2　对于此类成员，属第 3 条范围的、且根据第 3 款作出通知的补贴应在《WTO 协定》生效之日起 7 年内逐步取消或使其符合第 3 条的规定。在此种情况下，不得适用第 4 条的规定。此外，在该期限内：

    (a)　属第 6 条第 1 款(d)项范围内的补贴计划不得根据第 7 条列为可诉补贴；

    (b)　对于其他可诉补贴，应适用第 27 条第 9 款的规定。

29.3　属第 3 条范围的补贴计划应在《WTO 协定》生效之日后可行的最早日期通知委员会。关于此类补贴的进一步通知可最迟于《WTO 协定》生效之日后 2 年作出。

29.4　在特殊情况下，可允许第 1 款所指的成员偏离其作出通知的补贴计划和措施以及委员会确定的时限，如此类背离被视为属转型过程所必需的。

第十部分：争端解决

第 30 条

由《争端解决谅解》详述和适用的 GATT 1994 第 22 条和第 23 条应适用于本协定项下的磋商和争端解决，除非本协定另有具体规定。

第十一部分：最后条款

第 31 条

临时适用

第 6 条第 1 款的规定及第 8 条和第 9 条的规定应自《WTO 协定》生效之日起适用 5 年。委员会将在不迟于该期限结束前 180 天审议这些规定的运用情况，以期确定是否延长其适用，或是按目前起草的形式延长或是按修改后的形式延长。

第 32 条
其他最后条款

32.1　除依照由本协定解释的 GATT 1994 的规定外，不得针对另一成员的补贴采取具体行动。[56]

32.2　未经其他成员同意，不得对本协定的任何规定提出保留。

32.3　在遵守第 4 款规定的前提下，本协定的规定应适用于根据在《WTO 协定》对一成员生效之日或之后提出的申请而发起的调查和对现有措施的审查。

32.4　就第 21 条第 3 款而言，现有反补贴措施应被视为在不迟于《WTO 协定》对其生效之日起的一日期实施，除非一成员在该日有效的国内立法中已包括该款规定类型的条款。

32.5　每一成员应采取所有必要的一般或特殊步骤，在不迟于《WTO 协定》对其生效之日，使其法律、法规和行政程序符合可能对所涉成员适用的本协定的规定。

32.6　每一成员应将与本协定有关的法律和法规的任何变更情况以及此类法律和法规管理方面的变更情况通知委员会。

32.7　委员会应每年审议本协定的执行和运用情况，同时考虑本协定的目标。委员会应每年将此类审议所涉期间的发展情况通知货物贸易理事会。

32.8　本协定的附件为本协定的组成部分。

附件 1
出口补贴例示清单

(a)　政府视出口实绩对一公司或一产业提供的直接补贴。

(b)　涉及出口奖励的货币保留方案或任何类似做法。

(c)　政府提供或授权的对出口装运货物征收的内部运输和货运费用，条件优于给予国内装运货物的条件。

(d)　由政府或其代理机构直接或间接通过政府授权的方案提供在生产出口货物中使用的进口或国产品或服务，条款或条件优于给予为生产

---

[56] 本款无意排除根据 GATT 1994 的其他有关规定酌情采取行动。

供国内消费货物所提供的同类或直接竞争产品或服务的条款或条件，如(就产品而言)此类条款或条件优于其出口商在世界市场中商业上可获得的[57]条款或条件。

(e) 全部或部分免除、减免或递延工业或商业企业已付或应付的、专门与出口产品有关的直接税[58]或社会福利费用。[59]

(f) 在计算直接税的征税基础时，与出口产品或出口实绩直接相关的特殊扣除备抵超过给予供国内消费的生产的特殊扣除备抵。

(g) 对于出口产品的生产和分销，间接税[58]的免除或减免超过对于销售供国内消费的同类产品的生产和分销所征收的间接税。

(h) 对用于生产出口产品的货物或服务所征收的前阶段累积间接税[58]的免除、减免或递延超过对用于生产国内消费的同类产品的货物或服务所征收的前阶段累积间接税[58]的免除、减免或递延；但是如前阶

---

[57] "商业上可获得的"的措辞指在选择国产品和进口产品方面无限制，仅取决于商业考虑。

[58] 就本协定同而言：

"直接税"一词指对工资、利润、利息、租金、专利权使用费及其他形式的收入所征收的税，及对不动产所有权征收的税；

"进口费用"一词指关税和本注释其他部分未列举的对进口产品征收的其他财务税收；

"间接税"一词指对销售税、消费税、营业税、增值税、特许税、印花税、转让税、存货税、设备税、边境税以及除直接税和进口费用外的所有税；

"前阶段"间接税指对直接或间接用于制造产品的货物或服务所征收的税；

"累积"间接税指在一生产阶段应征税的货物或服务用于下一生产阶段的情况下，在缺乏后续计税机制时征收的多级税；

"减免"税包括退税；

"减免或退税"包括全部或部分减免或递延进口费用。

[59] 各成员认识到，递延的金额不必等于出口补贴，例如在收取适当的利息费用的情况下。各成员重申如下原则：出口企业和受其控制或受共同控制的外国购买者之间交易货物的价格，为征税目的，应为在活动无关联的独立企业间收取的价格。任何成员可提请另一成员注意可能违背此原则且在出口交易中可使直接税大量节省的行政或其他做法。在这类情况下，各成员通常应努力尝试利用现有双边税收条约或其他专门国际机制的便利，解决它们之间的分歧，同时不损害各成员在 GATT 1994 项下的权利和义务，包括在前句中创设的磋商权利。

(e)款无意限制一成员采取措施避免对其企业或另一成员企业所获国外来源的收入进行双重征税。

段累积间接税是对生产出口产品过程中消耗的投入物所征收的(扣除正常损耗)，则即使当同类产品销售供国内消费时前阶段累积间接税不予免除、减免或递延，对出口产品征收的前阶段累积间接税也可予免除、减免或递延。[60]本项应依照附件 2 中的关于生产过程中投入物消耗的准则予以解释。

(i) 对进口费用的减免或退还 [58] 超过对生产出口产品过程中消耗的进口投入物所收取的进口费用(扣除正常损耗)；但是，在特殊情况下，如进口和相应的出口营业发生在不超过 2 年的合理期限内，则一公司为从本规定中获益，可使用与进口投入物的数量、质量和特点均相同的国内市场投入物作为替代。此点应依照附件 2 中的关于生产过程中投入物消耗的准则和附件 3 中的关于确定替代退税制度为出口补贴的准则予以解释。

(j) 政府(或政府控制的特殊机构)提供的出口信贷担保或保险计划、针对出口产品成本增加或外汇风险计划的保险或担保计划，保险费率不足以弥补长期营业成本和计划的亏损。

(k) 政府(或政府控制的和/或根据政府授权活动的特殊机构)给予的出口信贷，利率低于它们使用该项资金所实际应付的利率(或如果它们为获得相同偿还期和其他信贷条件且与出口信贷货币相同的资金而从国际资本市场借入时所应付的利率)，或它们支付的出口商或其他金融机构为获得信贷所产生的全部或部分费用，只要这些费用保证在出口信贷方面能获得实质性的优势。

但是，如一成员属一官方出口信贷的国际承诺的参加方，且截至 1979 年 1 月 1 日至少有 12 个本协定创始成员属该国际承诺的参加方(或创始成员所通过的后续承诺)，或如果一成员实施相关承诺的利率条款，则符合这些条款的出口信贷做法不得视为本协定所禁止的出口补贴。

(l) 对构成 GATT 1994 第 16 条意义上的出口补贴的官方账户收取的任何其他费用。

---

[60] (h)款不适用于增值税和代替增值税的边境税调节；对增值税的超额减免问题全部涵盖在(g)款的规定中。

附件 2
关于生产过程中投入物消耗的准则[61]

一

1. 间接税退还方案可允许免除、减免或递延对生产出口产品过程中消耗的投入物(扣除正常损耗)征收的前阶段累积间接税。同样,退税方案可允许对生产出口产品过程中消耗的投入物(扣除正常损耗)征收的进口费用进行减免或退税。

2. 本协定附件 1 中的出口补贴例示清单的(h)款和(i)款中提及"在生产出口产品过程中消耗的投入物"的措辞。按照(h)款,间接税退还方案如果使前阶段累积间接税的免除、减免或递延超过对生产出口产品过程中消耗的投入物所实际征收的此类税,则构成出口补贴。按照(i)款,退税方案如果使进口费用的减免或退税超过对生产出口产品过程中消耗的投入物所实际征收的同类费用,则构成出口补贴。两款均规定在有关生产出口产品过程中消耗投入物的调查结果中必须考虑正常损耗。(i)款还规定在适当时的替代。

二

作为按照本协定进行的反补贴税调查的一部分,在审查投入物是否在生产出口产品过程中消耗时,调查主管机关应根据下列依据进行:

1. 如一间接税退还方案或退税方案被指控因退还或退税超过对生产出口产品过程中消耗的投入物所征收的间接税或进口费用而授予补贴,则调查主管机关应首先确定出口成员政府是否已建立和实施用以确认生产出口产品过程中消耗的投入物种类和数量的制度或程序。如确定此类制度或程序已实施,则调查主管机关随后应审查该制度或程序,以确定其是否合理、是否对预期的目的有效以及是否依据出口国普遍接受的商业做法。调查主管机关可能认为有必要依照第 12 条第 6 款的规定进行某些实际检查,以核实信息或使自己确信该制度或程序正在得到有效实施。

---

[61] 生产过程中消耗的投入物为生产过程中使用的物理结合的投入物、能源、燃料和油以及在用以获得出口产品过程中所消耗的催化剂。

2. 如不存在此种制度或程序，或此种制度或程序不合理，或此种制度或程序虽已设立并被视为合理，但被视为未实施或虽实施但无效，则出口成员需要根据所涉及的实际投入物进行进一步审查，以确定是否发生超额支付。如调查主管机关认为有必要，则可依照第 1 款进行进一步审查。

3. 如投入物用于生产过程且实际呈现在出口产品中，则调查主管机关应将此类投入物视为物理结合的投入物。各成员注意到，投入物在最终产品中存在的形态不必为其进入生产过程时的形态。

4. 在确定生产出口产品过程中消耗的特定投入物的数量时，应考虑"扣除正常损耗"，且此种损耗应被视为在生产出口产品过程中消耗的。"损耗"一词指在生产过程中不发挥独立作用、不在生产出口产品过程中消耗(由于效率低等原因)且不能被同一制造商回收、使用或销售的特定投入物的一部分。

5. 调查主管机关对关于要求的损耗扣除是否属"正常"的确定应酌情考虑生产工艺、出口国产业的一般经验以及其他技术因素。调查主管机关应记住的一个重要的问题是，如损耗的数量旨在包括在税收或关税退还或减免中，则出口成员的主管机关是否已经合理计算此种数量。

附件 3
关于确定替代退税制度为出口补贴的准则

一

对于在生产另一产品过程中消耗的投入物所征收的进口费用，如该产品的出口中包含与被替代的进口投入物相同质量和特点的国产投入物，则退税制度可允许对进口费用进行退还或退税。按照附件 1 中的出口补贴例示清单(i)款，替代退税制度如使进口费用的退税额超过最初对要求退税的进口投入物所收取的进口费用，则构成出口补贴。

二

作为按照本协定进行的反补贴税调查的一部分，在审查任何替代退税制度时，调查主管机关应根据下列依据进行：

1. 出口补贴例示清单(i)款规定，国内市场的投入物可替代在生产供出口产品过程中的进口投入物，只要此类投入物与被替代的进口投入物在数量、质量和特点方面均相同。核实制度或程序的存在很重要，因为这样可使出口成员政府能够保证和证明要求退税的投入物数量不超过类似产品的出口数量，无论以何种形式，且对进口费用的退税不超过原来对所涉进口投入物征收的费用。

2. 如替代退税制度被指控授予补贴，则调查主管机关应首先着手确定出口成员政府是否已建立和实施核实制度或程序。如确定此类制度或程序已实施，则调查主管机关随后应审查核实程序，以确定其是否合理、是否对预定目的有效以及是否依据出口国普遍接受的商业做法。如确定该程序符合此检查标准且有效实施，则不应认为存在补贴。调查主管机关可能认为有必要依照第 12 条第 6 款的规定进行某些实际的检查，以便核实信息或使自己确信核实程序正在得到有效实施。

3. 如不存在核实程序，或此类程序不合理，或此类程序已设立并被视为是合理的，但被视为未实施或虽实施但无效，则可能存在补贴。在这类情况下，需要出口成员依据所涉及的实际交易进行进一步审查，以确定是否发生超额支付。如调查主管机关认为必要，则可依照第 2 款进行进一步审查。

4. 对于存在允许出口商选择特定进口装运货物要求退税的替代退税规定本身，不应被视为授予补贴。

5. 如政府对在其退税方案下任何退还的款项支付的利息在实付或应付利息的限度内，则被视为存在(i)款意义上的对进口费用的过量退税。

<h1 style="text-align:center">附件 4</h1>

从价补贴总额的计算

(第 6 条第 1 款(a)项)[62]

1. 就第 6 条第 1 款(a)项而言而对补贴金额的任何计算应依据授予政府的费用进行。

2. 除第 3 款至第 5 款的规定外，在确定总补贴率是否超过产品价值的5%时，产品的价值应按接受补贴公司[63]在被给予补贴之前可获得销售数据

---

[62] 对于本附件未作规定的事项或就第 6 条第 1 款(a)而言而需要进一步澄清的事项，各成员之间应在必要时达成谅解。

[63] 接受补贴的公司应为提供补贴的成员领土内的一公司。

的最近 12 个月的总销售额计算。[64]

3. 如补贴与一特定产品的生产和销售联系在一起，则该产品的价值应按接受补贴公司在被给予补贴之前可获得数据的最近 12 个月的总销售额计算。

4. 在接受补贴公司处于投产状态的情况下，如总补贴率超过投资资金总额的 15%，即被视为存在严重侵害。就本款而言，投产期将不超过生产的第一年。[65]

5. 如接受补贴公司位于一经济通货膨胀的国家中，则该产品的价值应按给予补贴的月份之前 12 个月内发生的通货膨胀率调整的前一日历年的总销售额(如补贴与销售联系在一起，则为有关产品的销售额)计算。

6. 在确定一给定年度的总补贴率时，应综合计算一成员领土内在不同计划下、由不同主管机关给予的补贴。

7. 在《WTO 协定》生效之日前给予的、且利益分配给未来生产的补贴应计入总补贴率。

8. 根据本协定有关规定属不可诉的补贴不得计入就第 6 条第 1 款(a)项而言所进行的补贴金额的计算中。

附件 5
搜集关于严重侵害的信息的程序

1. 在搜集供专家组根据第 7 条第 4 款至第 6 款规定的程序审查的证据时，每个成员应进行合作。第 7 条第 4 款的规定一经援引，争端各方和任何有关第三国成员即应通知 DSB 其领土内负责管理此规定的组织和用于应答提供信息请求的程序。

2. 在根据第 7 条第 4 款将有关事项提交 DSB 的情况下，应请求，DSB应开始有关程序，自给予补贴成员的政府获得确定补贴的存在和金额、接

---

[64] 对于与税收有关的补贴，产品的价值应按接受补贴公司在获得与税收有关措施的财政年度内的总销售额计算。

[65] 投产状态包括已作出产品开发的财政承诺或已建设用于制造从补贴中获益产品的设施，尽管生产还未开始。

受补贴企业的总销售额以及分析补贴产品所造成的不利影响所必需的信息。[66]在适当时，该程序可包括向给予补贴成员的政府和起诉成员的政府提出问题以收集信息，以及通过第七部分所列通知程序，澄清和获得争端各方可获得的对信息的详细说明。[67]

3.　　关于对第三国市场的影响，一争端方可收集信息，包括通过向第三国成员政府提出分析不利影响所必要的问题，这些信息以其他方式无法自起诉成员或补贴成员处合理获得。此请求的管理不应以给第三国成员带来不合理负担的方式进行。特别是，不应期望此类成员专门为此目的而进行市场或价格分析。拟提供的信息为该成员现有的或可容易获得的信息(例如，有关统计机构已经收集但尚未公布的最新统计数字，有关进口产品和有关产品申报价值的海关数据等)。但是，如一争端方自费进行详细的市场分析，则第三国成员的主管机关应便利此人或该公司进行此项分析，且应给予此人或公司获得该成员政府通常情况下不予保密的所有信息的机会。

4.　　DSB 应指定一名代表负责便利信息收集过程。该代表的惟一目的为保证迅速搜集便利随后对争端进行的多边审议所必需的信息。特别是，该代表可提出有关收集必要信息的最有效方法的建议，以及鼓励各方进行合作。

5.　　第 2 款至第 4 款略述的信息收集程序应在根据第 7 条第 4 款将此事项提交 DSB 后 60 天内完成。在此过程中获得的信息应提交 DSB 依照第十部分的规定设立的专家组。此信息应特别包括有关所涉补贴的金额的数据(且在适当时，接受补贴公司的总销售额)、补贴产品的价格、无补贴产品的价格、市场中其他供应商的价格、对所涉市场供应补贴产品的变化以及市场份额的变化。此信息还应包括反驳的证据，以及专家组认为在形成其结论过程中有关的补充信息。

6.　　如给予补贴的成员和/或第三国成员未能在信息收集过程中进行合作，

---

[66] 在需要证明存在严重侵害的情况下。
[67] DSB 的信息收集过程应考虑保护属机密性质的信息、或由该过程所涉及的任何成员以保密条件提供的信息。

则起诉成员可依据其可获得的证据，将此严重侵害案件与给予补贴成员和/或第三国成员不合作的事实和情况一并提起申诉。如由于给予补贴成员和/或第三国成员的不予合作而无法获得信息，则专家组可依靠从其他方面获得的最佳信息完成必要的记录。

7. 专家组在作出确定时，应从信息收集过程所涉及的任何一方不予合作的事例作出反向推断。

8. 专家组在使用可获得的最佳信息或反向推断作出确定时，应考虑根据第 4 款任命的 DSB 代表对任何提供信息请求的合理性及各方以合作和及时的态度应答这些请求所作努力的建议。

9. 信息收集过程不得限制专家组寻求其认为对正确解决争端所必需的额外信息的能力，这些信息在该过程中未得到充分寻求或搜集。但是，如额外信息可支持特定一方的立场且记录中缺乏此类信息是由于该方在收集信息过程中不合理地不进行合作所造成的，则专家组通常不应要求此类信息以完成记录。

附件 6
根据第 12 条第 6 款进行实地调查的程序

1. 在发起调查后，应将进行实地调查的意向通知出口成员的主管机关和已知的有关公司。

2. 如在特殊情况下，有意在调查组中包含非政府专家，则应将此通知出口成员的公司和主管机关。此类非政府专家如违反保密要求，应受到有效处罚。

3. 标准做法应为，在访问最终确定之前，应获得出口成员中有关公司的明确同意。

4. 一经获得有关公司的同意，调查主管机关即应将准备访问的公司名称和地址以及商定的日期通知出口成员的主管机关。

5. 在进行访问之前，应向所涉公司作出充分的预先通知。

6. 对于解释问卷的访问，只应在出口公司提出请求后进行。此种访问只有在(a)进口成员的主管机关通知所涉成员的代表和(b)后者不反对该访问的情况下进行。

7. 由于实地调查的主要目的是核实所提供的信息或获得进一步的细节，因此应在收到对问卷的答复之后进行，除非该公司同意相反的做法，且调查主管机关已将预期的访问通知出口成员政府，而后者不持异议；此外，实地调查的标准做法应为，在访问之前告知有关公司需要核实信息的一般性质和需要提供的任何进一步信息，但是此点不应排除根据所获信息当场提出提供进一步细节的请求。

8. 出口成员的主管机关或公司提出的对成功进行实地调查所必要的询问或问题，只要可能，均应在访问前作出答复。

附件 7
第 27 条第 2 款(a)项所指的发展中国家成员

根据第 27 条第 2 款(a)项的条款，无需遵守第 3 条第 1 款(a)项规定的发展中国家成员为：

(a) 联合国指定为最不发达国家的 WTO 成员。

(b) 下列属发展中国家之列的 WTO 成员在人均年国民生产总值已达到 1000 美元时，根据第 27 条第 2 款(b)项的规定，应适用对其他发展中国家成员适用的规定[68]：玻利维亚、喀麦隆、刚果(布)、科特迪瓦、多米尼加共和国、埃及、加纳、危地马拉、圭亚那、印度、印度尼西亚、肯尼亚、摩洛哥、尼加拉瓜、尼日利亚、巴基斯坦、菲律宾、塞内加尔、斯里兰卡和津巴布韦。

---

[68] 将发展中国家列入(b)款的清单中的依据为世界银行关于人均国民生产总值的最新数据。

保障措施协定

各成员，

考虑到各成员改善和加强以 GATT 1994 为基础的国际贸易体制的总体目标；

认识到有必要澄清和加强 GATT 1994 的纪律，特别是其中第 19 条的纪律(对某些产品进口的紧急措施)，而且有必要重建对保障措施的多边控制，并消除逃避此类控制的措施；

认识到结构调整的重要性和增加而非限制国际市场中竞争的必要性；以及

进一步认识到，为此目的，需要一项适用于所有成员并以 GATT 1994 的基本原则为基础的全面协议；

特此协议如下：

第 1 条
总则

本协定为实施保障措施制定规则，此类措施应理解为 GATT 1994 第 19 条所规定的措施。

第 2 条
条件

1. 一成员[1]只有在根据下列规定确定正在进口至其领土的一产品的数量与国内生产相比绝对或相对增加，且对生产同类或直接竞争产品的国内产业造成严重损害或严重损害威胁，方可对该产品实施保障措施。

2. 保障措施应针对一正在进口的产品实施，而不考虑其来源。

---

[1] 一关税同盟可作为一单独整体或代表一成员国实施保障措施。如关税同盟作为一单独整体实施保障措施，则本协定项下确定严重损害或严重损害威胁的所有要求应以整个关税同盟中存在的条件为基础。如代表一成员国实施保障措施，则确定严重损害或严重损害威胁的所有要求应以该成员国中存在的条件为基础，且保障措施应仅限于该成员国。本协定的任何规定不预断对 GATT 1994 第 19 条与第 24 条第 8 款之间关系的解释。

第 3 条
调查

1. 一成员只有在其主管机关根据以往制定的程序进行调查、并按 GATT 1994 第 10 条进行公开后，方可实施保障措施。该调查应包括对所有利害关系方作出的合理公告，及进口商、出口商和其他利害关系方可提出证据及其意见的公开听证会或其他适当方式，包括对其他方的陈述作出答复并提出意见的机会，特别是关于保障措施的实施是否符合公共利益的意见。主管机关应公布一份报告，列出其对所有有关事实问题和法律问题的调查结果和理由充分的结论。

2. 任何属机密性质的信息或在保密基础上提供的信息，在说明理由后，主管机关应将其视为机密信息。此类信息未经提供方允许不得披露。可要求机密信息的提供方提供一份此类信息的非机密摘要，或如果此类提供方表明此类信息无法摘要，则应提供不能提供摘要的理由。但是，如主管机关认为有关保密的请求缺乏理由，且如果有关方不愿披露该信息，或不愿授权以概括或摘要形式披露该信息，则主管机关可忽略此类信息，除非它们可从有关来源满意地证明该信息是正确的。

第 4 条
严重损害或严重损害威胁的确定

1. 就本协定而言：

(a) "严重损害"应理解为指对一国内产业状况的重大全面减损；

(b) "严重损害威胁"应理解为指符合第 2 款规定的明显迫近的严重损害。对存在严重损害威胁的确定应根据事实，而非仅凭指控、推测或极小的可能性；以及

(c) 在确定损害或损害威胁时，"国内产业"应理解为指一成员领土内进行经营的同类产品或直接竞争产品的生产者全体，或指同类产品或直接竞争产品的总产量占这些产品全部国内产量主要部分的生产者。

2. (a) 在根据本协定规定确定增加的进口是否对一国内产业已经或正在威胁造成严重损害的调查中，主管机关应评估影响该产

业状况的所有有关的客观和可量化的因素，特别是有关产品按绝对值和相对值计算的进口增加的比率和数量，增加的进口所占国内市场的份额，以及销售水平、产量、生产率、设备利用率、利润和亏损及就业的变化。

(b) 除非调查根据客观证据证明有关产品增加的进口与严重损害或严重损害威胁之间存在因果关系，否则不得作出(a)项所指的确定。如增加的进口之外的因素正在同时对国内产业造成损害，则此类损害不得归因于增加的进口。

(c) 主管机关应依照第 3 条的规定，迅速公布对被调查案件的详细分析和对已审查因素相关性的确定。

第 5 条
保障措施的实施

1. 一成员应仅在防止或补救严重损害并便利调整所必需的限度内实施保障措施。如使用数量限制，则该措施不得使进口量减少至低于最近一段时间的水平，该水平应为可获得统计数字的、最近 3 个代表年份的平均进口，除非提出明确的正当理由表明为防止或补救严重损害而有必要采用不同的水平。各成员应选择对实现这些目标最合适的措施。

2. (a) 在配额在供应国之间进行分配的情况下，实施限制的成员可就配额份额的分配问题寻求与在供应有关产品方面具有实质利益的所有其他成员达成协议。在该方法并非合理可行的情况下，有关成员应根据在供应该产品方面具有实质利益的成员在以往一代表期内的供应量占该产品进口总量或进口总值的比例，将配额分配给此类成员，同时适当考虑可能已经或正在影响该产品贸易的任何特殊因素。

(b) 一成员可背离(a)项中的规定，只要在第 13 条第 1 款规定的保障措施委员会主持下根据第 12 条第 3 款进行磋商，并向委员会明确证明(i)在代表期内，自某些成员进口增长的百分比与有关产品进口的总增长不成比例，(ii)背离(a)项规定的理由是正当的，以及(iii)此种背离的条件对有关产品的所有供应商是公正的。任何此种措施的期限不得延长超过第 7 条第 1 款规定的最初期限。以上所指的背离不允许在严重损害威胁的情况下使用。

第 6 条
临时保障措施

在迟延会造成难以弥补的损害的紧急情况下，一成员可根据关于存在明确证据表明增加的进口已经或正在威胁造成严重损害的初步裁定，采取临时保障措施。临时措施的期限不得超过 200 天，在此期间应满足第 2 条至第 7 条和第 12 条的有关要求。此类措施应采取提高关税的形式，如第 4 条第 2 款所指的随后进行的调查未能确定增加的进口对一国内产业已经造成或威胁造成严重损害，则提高的关税应予迅速退还。任何此类临时措施的期限应计为第 7 条第 1 款、第 2 款和第 3 款所指的最初期限和任何延长期的一部分。

第 7 条
保障措施的期限和审议

1.　　　一成员仅应在防止或补救严重损害和便利调整所必需的期限内实施保障措施。该期限不得超过 4 年，除非根据第 2 款予以延长。

2.　　　第 1 款所述的期限可以延长，只要进口成员的主管机关以符合第 2 条、第 3 条、第 4 条和第 5 条所列的程序已经确定保障措施对于防止或补救严重损害仍然有必要，且有证据表明该产业正在进行调整，且只要第 8 条和第 12 条的有关规定得到遵守。

3.　　　一保障措施的全部实施期，包括任何临时措施的实施期、最初实施期及任何延长，不得超过 8 年。

4.　　　在根据第 12 条第 1 款的规定作出通知的一保障措施的预计期限超过 1 年的情况下，为便利调整，实施该措施的成员应在实施期内按固定时间间隔逐渐放宽该措施。如措施的期限超过 3 年，则实施该措施的成员应在不迟于该措施实施期的中期审议有关情况，如适当应撤销该措施或加快放宽速度。根据第 2 款延长的措施不得比在最初期限结束时更加严格，而应继续放宽。

5. 对于在《WTO 协定》生效之日后已经受保障措施约束的一产品的进口，在与先前实施保障措施的期限相等的期限内，不得对其再次实施保障措施，但是不适用期至少为 2 年。

6. 尽管有第 5 款的规定，但是期限等于或少于 180 天的保障措施可对一产品的进口再次实施，条件是：

(a) 自对该产品的进口采用保障措施之日起已至少过去 1 年；且

(b) 自采用该保障措施之日起 5 年期限内，该措施未对同一产品实施 2 次以上。

第 8 条
减让和其他义务的水平

1. 提议实施保障措施或寻求延长保障措施的成员，应依照第 12 条第 3 款的规定，努力在它与可能受该措施影响的出口成员之间维持与在 GATT 1994 项下存在的水平实质相等的减让和其他义务水平。为实现此目标，有关成员可就该措施对其贸易的不利影响议定任何适当的贸易补偿方式。

2. 如根据第 12 条第 3 款进行的磋商未能在 30 天内达成协议，则受影响的出口成员有权在不迟于该保障措施实施后 90 天，并在货物贸易理事会收到此中止的书面通知之日起 30 天期满后，对实施保障措施成员的贸易中止实施 GATT 1994 项下实质相等的减让或其他义务，只要货物贸易理事会对此中止不持异议。

3. 第 2 款所指的中止的权利不得在保障措施有效的前 3 年内行使，只要该保障措施是由于进口的绝对增长而采取的，且该措施符合本协定的规定。

第 9 条
发展中国家成员

1. 对于来自发展中国家成员的产品，只要其有关产品的进口份额在进口成员中不超过 3%，即不得对该产品实施保障措施，但是进口份额不超过 3%的发展中国家成员份额总计不得超过有关产品总进口的 9%。[2]

2. 一发展中国家成员有权将一保障措施的实施期在第 7 条第 3 款规定的最长期限基础上再延长 2 年。尽管有第 7 条第 5 款的规定，但是一发展中国家有权对已经受在《WTO 协定》生效之日后采取的保障措施约束的产品的进口，在等于以往实施该措施期限一半的期限后，再次实施保障措施，但是不适用期至少为 2 年。

第 10 条
先前存在的第 19 条措施

各成员应在不迟于保障措施首次实施之日起 8 年，或在《WTO 协定》生效之日起 5 年内，以在后者为准，终止根据 GATT 1947 第 19 条采取的、且在《WTO 协定》生效之日存在的所有保障措施。

第 11 条
某些措施的禁止和取消

1. (a) 一成员不得对某些产品的进口采取或寻求 GATT 1994 第 19 条列出的任何紧急行动，除非此类行动符合依照本协定实施的该条的规定。

(b) 此外，一成员不得在出口或进口方面寻求、采取或维持任何自愿出口限制、有序销售安排或其他任何类似措施。[3,4]这些措施包括单个成员采取的措施以及根据两个或两个以上成员达成的协议、安排和谅解所采取的措施。在《WTO 协定》生效之日有效的任何此类措施，应使其符合本协定或依照第 2 款逐步取消。

(c) 本协定不适用于一成员根据除第 19 条外的 GATT 1994 其他条款和除本协定外的附件 1A 所列其他多边贸易协定，或根据

---

[2] 一成员应立即将根据第 9 条第 1 款采取的行动通知保障措施委员会。

[3] 符合 GATT 1994 和本协定有关规定的以保障措施形式实施的进口配额，经双方同意，可由出口成员管理。

[4] 类似措施的例子包括下列任何可提供保护的措施：出口节制、出口价或进口价监控体制、出口或进口监督、强制进口卡特尔以及酌情发放进出口许可证的方案等。

在 GATT 1994 范围内订立的议定书、协定或安排所寻求、采取或维持的措施。

2. 第 1 款(b)项所指的措施的逐步取消应按照有关成员在不迟于《WTO 协定》生效之日后 180 天提交保障措施委员会的时间表实施。这些时间表应规定第 1 款所指的所有措施应在《WTO 协定》生效之日后不超过 4 年的期限内逐步取消或使其符合本协定，但每一进口成员[5]不得多于一项特定措施，且措施的期限不得超过 1999 年 12 月 31 日。任何此类例外必须在直接有关的成员之间达成协议，并通知保障措施委员会，供其在《WTO 协定》生效起 90 天内进行审议和接受。本协定附件列出一项经同意属此类例外范围的措施。

3. 各成员不得鼓励或支持公私企业采用或维持等同于第 1 款所指措施的非政府措施。

第 12 条
通知和磋商

1. 一成员在下列情况下应立即通知保障措施委员会：

(a) 发起与严重损害或严重损害威胁相关的调查程序及其原因；

(b) 就因增加的进口所造成的严重损害或严重损害威胁提出调查结果；以及

(c) 就实施或延长保障措施作出决定。

2. 在作出第 1 款(b)项和(c)项所指的通知时，提议实施或延长保障措施的成员应向保障措施委员会提供所有有关信息，其中应包括增加的进口所造成严重损害或严重损害威胁的证据、对所涉及的产品和拟议措施的准确描述、拟议采取措施的日期、预计的期限以及逐步放宽的时间表。在延长措施的情况下，还应提供有关产业正在进行调整的证据。货物贸易理事会或保障措施委员会可要求提议实施或延长该措施的成员提供其认为必要的额外信息。

3. 提议实施或延长保障措施的成员应向作为有关产品的出口方对其有实质利益的成员提供事先磋商的充分机会，目的特别在于包括审议根据第

---

[5] 欧洲共同体有权实施的惟一此种例外列在本协定附件中。

2 款提供的信息、就该措施交换意见以及就实现第 8 条第 1 款所列目标的方式达成谅解。

4.　　一成员应在采取第 6 条所指的临时保障措施之前，向保障措施委员会作出通知。磋商应在采取措施后立即开始。

5.　　本条所指的磋商的结果、第 7 条第 4 款所指的中期审查的结果、第 8 条第 1 款所指的任何形式的补偿以及第 8 条第 2 款所指的拟议减让或其他义务的中止，均应由有关成员立即通知货物贸易理事会。

6.　　各成员应迅速向保障措施委员会通知它们与保障措施有关的法律、法规和行政程序以及任何修改。

7.　　维持在《WTO 协定》生效之日存在的第 10 条和第 11 条第 1 款所述措施的成员，应在不迟于《WTO 协定》生效之日后 60 天将此类措施通知保障措施委员会。

8.　　任何成员可将本协定要求其他成员通知的、而其他成员未通知的本协定处理的所有法律、法规、行政程序及任何措施或行动通知保障措施委员会。

9.　　任何成员可将第 11 条第 3 款所指的任何非政府措施通知保障措施委员会。

10.　本协定所指的向货物贸易理事会作出的所有通知通常应通过保障措施委员会作出。

11.　本协定有关通知的规定不要求任何成员披露会妨碍执法或违背公共利益或损害特定公私企业合法商业利益的机密信息。

第 13 条
监督

1.　特此设立保障措施委员会，由货物贸易理事会管理，对任何表示愿意在其中任职的成员开放。该委员会具有下列职能：

　　(a)　　监督并每年向货物贸易理事会报告本协定的总体执行情况，并为改善本协定提出建议；

　　(b)　　应一受影响成员的请求，调查本协定中与一保障措施有关的程序性要求是否得到遵守，并向货物贸易理事会报告其调查结果；

(c) 如各成员提出请求，在各成员根据本协定规定进行的磋商中
     提供协助；

(d) 审查第 10 条和第 11 条第 1 款涵盖的措施，监督此类措施的
     逐步取消，并酌情向货物贸易理事会报告；

(e) 在采取保障措施的成员请求下，审议中止减让或其他义务的
     提议是否是"实质相等"，并酌情向货物贸易理事会报告；

(f) 接收和审议本协定规定的所有通知，并酌情向货物贸易理事
     会报告；

(g) 履行货物贸易理事会可能确定的、与本协定有关的任何其他
     职能。

2.   为协助委员会行使其监督职能，秘书处应根据通知和可获得的其他
可靠信息，就本协定的运用情况每年准备一份事实报告。

第 14 条
争端解决

由《争端解决谅解》详述和适用的 GATT 1994 第 22 条和第 23 条的
规定适用于本协定项下产生的磋商和争端解决。

附件
第 11 条第 2 款所指的例外

有关成员	产品	终止时间
欧共体/日本	客车、越野车、轻型商用车、轻型卡车(5 吨以下)以及上述车辆的成套散件(CKD)。	1999 年 12 月 31 日

附件 1B

服务贸易总协定

附件 1B

服务贸易总协定

各成员，

认识到服务贸易对世界经济增长和发展日益增加的重要性；

希望建立一个服务贸易原则和规则的多边框架，以期在透明和逐步自由化的条件下扩大此类贸易，并以此为手段促进所有贸易伙伴的经济增长和发展中国家的发展；

期望在给予国家政策目标应有尊重的同时，通过连续回合的多边谈判，在互利基础上促进所有参加方的利益，并保证权利和义务的总体平衡，以便早日实现服务贸易自由化水平的逐步提高；

认识到各成员为实现国家政策目标，有权对其领土内的服务提供进行管理和采用新的法规，同时认识到由于不同国家服务法规发展程度方面存在的不平衡，发展中国家特别需要行使此权利；

期望便利发展中国家更多地参与服务贸易和扩大服务出口，特别是通过增强其国内服务能力、效率和竞争力；

特别考虑到最不发达国家由于特殊的经济状况及其在发展、贸易和财政方面的需要而存在的严重困难；

特此协议如下：

第一部分
范围和定义
第 1 条
范围和定义

1.　　本协定适用于各成员影响服务贸易的措施。

2.　　就本协定而言，服务贸易定义为：

　　(a)　　自一成员领土向任何其他成员领土提供服务；

(b) 在一成员领土内向任何其他成员的服务消费者提供服务；

(c) 一成员的服务提供者通过在任何其他成员领土内的商业存在提供服务；

(d) 一成员的服务提供者通过在任何其他成员领土内的自然人存在提供服务。

3. 就本协定而言：

(a) "成员的措施"指：

(i) 中央、地区或地方政府和主管机关所采取的措施；及

(ii) 由中央、地区或地方政府或主管机关授权行使权力的非政府机构所采取的措施。

在履行本协定项下的义务和承诺时，每一成员应采取其所能采取的合理措施，以保证其领土内的地区、地方政府和主管机关以及非政府机构遵守这些义务和承诺。

(b) "服务"包括任何部门的任何服务，但在行使政府职权时提供的服务除外；

(c) "行使政府职权时提供的服务"指既不依据商业基础提供，也不与一个或多个服务提供者竞争的任何服务。

第二部分
一般义务和纪律
第 2 条
最惠国待遇

1. 关于本协定涵盖的任何措施，每一成员对于任何其他成员的服务和服务提供者，应立即和无条件地给予不低于其给予任何其他国家同类服务和服务提供者的待遇。

2. 一成员可维持与第 1 款不一致的措施，只要该措施已列入《关于第 2 条豁免的附件》，并符合该附件中的条件。

3. 本协定的规定不得解释为阻止任何成员对相邻国家授予或给予优惠，以便利仅限于毗连边境地区的当地生产和消费的服务的交换。

第 3 条
透明度

1. 除紧急情况外，每一成员应迅速公布有关或影响本协定运用的所有

普遍适用的措施，最迟应在此类措施生效之时。一成员为签署方的有关或影响服务贸易的国际协定也应予以公布。

2. 如第 1 款所指的公布不可行，则应以其他方式使此类信息可公开获得。

3. 每一成员应迅速并至少每年向服务贸易理事会通知对本协定项下具体承诺所涵盖的服务贸易有重大影响的任何新的法律、法规、行政准则或现有法律、法规、行政准则的任何变更。

4. 每一成员对于任何其他成员关于提供属第 1 款范围内的任何普遍适用的措施或国际协定的具体信息的所有请求应迅速予以答复。每一成员还应设立一个或多个咨询点，以应请求就所有此类事项和需遵守第 3 款中的通知要求的事项向其他成员提供具体信息。此类咨询点应在《建立世界贸易组织协定》(本协定中称"《WTO 协定》")生效之日起 2 年内设立。对于个别发展中国家成员，可同意在设立咨询点的时限方面给予它们适当的灵活性。咨询点不必是法律和法规的保存机关。

5. 任何成员可将其认为影响本协定运用的、任何其他成员采取的任何措施通知服务贸易理事会。

第 3 条之二
机密信息的披露

本协定的任何规定不得要求任何成员提供一经披露即妨碍执法或违背公共利益或损害特定公私企业合法商业利益的机密信息。

第 4 条
发展中国家的更多参与

1. 不同成员应按照本协定第三部分和第四部分的规定，通过谈判达成有关以下内容的具体承诺，以便利发展中国家成员更多地参与世界贸易：

(a) 增强其国内服务能力、效率和竞争力，特别是通过在商业基础上获得技术；

(b) 改善其进入分销渠道和利用信息网络的机会；以及

(c) 在对其有出口利益的部门和服务提供方式实现市场准入自由化。

2. 发达国家成员和在可能的限度内的其他成员，应在《WTO 协定》生效之日起 2 年内设立联络点，以便利发展中国家成员的服务提供者获得与其各自市场有关的、关于以下内容的信息：

    (a) 服务提供的商业和技术方面的内容；

    (b) 专业资格的登记、认可和获得；以及

    (c) 服务技术的可获性。

3. 在实施第 1 款和第 2 款时，应对最不发达国家成员给予特别优先。鉴于最不发达国家的特殊经济状况及其发展、贸易和财政需要，对于它们在接受谈判达成的具体承诺方面存在的严重困难应予特殊考虑。

第 5 条
经济一体化

1. 本协定不得阻止任何成员参加或达成在参加方之间实现服务贸易自由化的协定，只要此类协定：

    (a) 涵盖众多服务部门[1]，并且

    (b) 规定在该协定生效时或在一合理时限的基础上，对于(a)项所涵盖的部门，在参加方之间通过以下方式不实行或取消第 17 条意义上的实质上所有歧视：

        (i) 取消现有歧视性措施，和/或

        (ii) 禁止新的或更多的歧视性措施，

        但第 11 条、第 12 条、第 14 条以及第 14 条之二下允许的措施除外。

2. 在评估第 1 款(b)项下的条件是否得到满足时，可考虑该协定与有关国家之间更广泛的经济一体化或贸易自由化进程的关系。

3.   (a) 如发展中国家为第 1 款所指类型协定的参加方，则应依照有关国家总体和各服务部门及分部门的发展水平，在第 1 款所列条件方面，特别是其中(b)项所列条件方面给予灵活性。

---

[1] 此条件应根据部门数量、受影响的贸易量和提供方式进行理解。为满足此条件，协定不应规定预先排除任何服务提供方式。

(b) 尽管有第 6 款的规定，但是在第 1 款所指类型的协定只涉及发展中国家的情况下，对此类协定参加方的自然人所拥有或控制的法人仍可给予更优惠的待遇。

4. 第 1 款所指的任何协定应旨在便利协定参加方之间的贸易，并且与订立该协定之前的适用水平相比，对于该协定外的任何成员，不得提高相应服务部门或分部门内的服务贸易壁垒的总体水平。

5. 如因第 1 款下的任何协定的订立、扩大或任何重大修改，一成员有意修改或撤销一具体承诺，因而与其减让表中所列条款和条件不一致，则该成员应至少提前 90 天通知该项修改或撤销，并应适用第 21 条第 2 款、第 3 款和第 4 款中所列程序。

6. 任何其他成员的服务提供者，如属根据第 1 款所指协定参加方的法律所设立的法人，则有权享受该协定项下给予的待遇，只要该服务提供者在该协定的参加方领土内从事实质性商业经营。

7. (a) 属第 1 款所指任何协定参加方的成员应迅速将任何此类协定及其任何扩大或重大修改通知服务贸易理事会。它们还应使理事会可获得其所要求的有关信息。理事会可设立工作组，以审查此类协定及其扩大或修改，并就其与本条规定的一致性问题向理事会提出报告。

(b) 属第 1 款所指的在一时限基础上实施的任何协定参加方的成员应定期就协定的实施情况向服务贸易理事会提出报告。理事会如认为必要，可设立工作组，以审查此类报告。

(c) 依据(a)项和(b)项所指的工作组的报告，理事会可向参加方提出其认为适当的建议。

8. 属第 1 款所指的任何协定参加方的成员，不可对任何其他成员从此类协定中可能获得的贸易利益寻求补偿。

第 5 条之二
劳动力市场一体化协定

本协定不得阻止任何成员参加在参加方之间实现劳动力市场完全一体化[2]的协定，只要此类协定：

(a)　对协定参加方的公民免除有关居留和工作许可的要求；

(b)　通知服务贸易理事会。

第 6 条
国内法规

1.　在已作出具体承诺的部门中，每一成员应保证所有影响服务贸易的普遍适用的措施以合理、客观和公正的方式实施。

2.　(a)　每一成员应维持或尽快设立司法、仲裁或行政庭或程序，在受影响的服务提供者请求下，对影响服务贸易的行政决定迅速进行审查，并在请求被证明合理的情况下提供适当的补救。如此类程序并不独立于作出有关行政决定的机构，则该成员应保证此类程序在实际中提供客观和公正的审查。

　　(b)　(a)项的规定不得解释为要求一成员设立与其宪法结构或其法律制度的性质不一致的法庭或程序。

3.　对已作出具体承诺的服务，如提供此种服务需要得到批准，则一成员的主管机关应在根据其国内法律法规被视为完整的申请提交后一段合理时间内，将有关该申请的决定通知申请人。在申请人请求下，该成员的主管机关应提供有关申请情况的信息，不得有不当延误。

4.　为保证有关资格要求和程序、技术标准和许可要求的各项措施不致构成不必要的服务贸易壁垒，服务贸易理事会应通过其可能设立的适当机构，制定任何必要的纪律。此类纪律应旨在特别保证上述要求：

---

[2] 一般情况下，此类一体化为其参加方的公民提供自由进入各参加方就业市场的权利，并包括有关工资条件及其他就业和社会福利条件的措施。

    (a)　　依据客观的和透明的标准，例如提供服务的能力和资格；

    (b)　　不得比为保证服务质量所必需的限度更难以负担；

    (c)　　如为许可程序，则这些程序本身不成为对服务提供的限制。

5.　　(a)　　在一成员已作出具体承诺的部门中，在按照第 4 款为这些部门制定的纪律生效之前，该成员不得以以下方式实施使此类具体承诺失效或减损的许可要求、资格要求和技术标准：

    (i)　　不符合第 4 款(a)项、(b)项或(c)项中所概述的标准的；且

    (ii)　　在该成员就这些部门作出具体承诺时，不可能合理预期的。

    (b)　　在确定一成员是否符合第 5 款(a)项下的义务时，应考虑该成员所实施的有关国际组织[3]的国际标准。

6.　　在已就专业服务作出具体承诺的部门，每一成员应规定适当程序，以核验任何其他成员专业人员的能力。

第 7 条
承认

1.　　为使服务提供者获得授权、许可或证明的标准或准则得以全部或部分实施，在遵守第 3 款要求的前提下，一成员可承认在特定国家已获得的教育或经历、已满足的要求、或已给予的许可或证明。此类可通过协调或其他方式实现的承认，可依据与有关国家的协定或安排，也可自动给予。

2.　　属第 1 款所指类型的协定或安排参加方的成员，无论此类协定或安排是现有的还是在将来订立，均应向其他利害关系成员提供充分的机会，以谈判加入此类协定或安排，或与其谈判类似的协定或安排。如一成员自动给予承认，则应向任何其他成员提供充分的机会，以证明在该其他成员获得的教育、经历、许可或证明以及满足的要求应得到承认。

3.　　一成员给予承认的方式不得构成在适用服务提供者获得授权、许可或证明的标准或准则时在各国之间进行歧视的手段，或构成对服务贸易的

---

[3]　　"有关国际组织"指成员资格对至少所有 WTO 成员的有关机构开放的国际机构。

变相限制。

4.　　每一成员应：

　　(a)　　在《WTO 协定》对其生效之日起 12 个月内，向服务贸易理
　　　　　事会通知其现有的承认措施，并说明此类措施是否以第 1 款
　　　　　所述类型的协定或安排为依据；

　　(b)　　在就第 1 款所指类型的协定或安排进行谈判之前，尽早迅速
　　　　　通知服务贸易理事会，以便向任何其他成员提供充分的机会，
　　　　　使其能够在谈判进入实质性阶段之前表明其参加谈判的兴
　　　　　趣；

　　(c)　　如采用新的承认措施或对现有措施进行重大修改，则迅速通
　　　　　知服务贸易理事会，并说明此类措施是否以第 1 款所指类型
　　　　　的协定或安排为依据。

5.　　只要适当，承认即应以多边议定的准则为依据。在适当的情况下，
各成员应与有关政府间组织或非政府组织合作，以制定和采用关于承认的
共同国际标准和准则，以及有关服务行业和职业实务的共同国际标准。

第 8 条

垄断和专营服务提供者

1.　　每一成员应保证在其领土内的任何垄断服务提供者在有关市场提供
垄断服务时，不以与其在第 2 条和具体承诺下的义务不一致的方式行事。

2.　　如一成员的垄断提供者直接或通过附属公司参与其垄断权范围之外
且受该成员具体承诺约束的服务提供的竞争，则该成员应保证该提供者不
滥用其垄断地位在其领土内以与此类承诺不一致的方式行事。

3.　　如一成员有理由认为任何其他成员的垄断服务提供者以与第 1 款和
第 2 款不一致的方式行事，则在该成员请求下，服务贸易理事会可要求设
立、维持或授权该服务提供者的成员提供有关经营的具体信息。

4.　　在《WTO 协定》生效之日后，如一成员对其具体承诺所涵盖的服
务提供给予垄断权，则该成员应在所给予的垄断权预定实施前不迟于 3 个

月通知服务贸易理事会,并应适用第21条第2款、第3款和第4款的规定。

5.   如一成员在形式上或事实上(a)授权或设立少数几个服务提供者,且(b)实质性阻止这些服务提供者在其领土内相互竞争,则本条的规定应适用于此类专营服务提供者。

第9条
商业惯例

1.   各成员认识到,除属第 8 条范围内的商业惯例外,服务提供者的某些商业惯例会抑制竞争,从而限制服务贸易。

2.   在任何其他成员请求下,每一成员应进行磋商,以期取消第 1 款所指的商业惯例。被请求的成员对此类请求应给予充分和积极的考虑,并应通过提供与所涉事项有关的、可公开获得的非机密信息进行合作。在遵守其国内法律并在就提出请求的成员保障其机密性达成令人满意的协议的前提下,被请求的成员还应向提出请求的成员提供其他可获得的信息。

第10条
紧急保障措施

1.   应就紧急保障措施问题在非歧视原则基础上进行多边谈判。此类谈判的结果应在不迟于《WTO 协定》生效之日起 3 年的一日期生效。

2.   在第 1 款所指的谈判结果生效之前的时间内,尽管有第 21 条第 1 款的规定,但是任何成员仍可在其一具体承诺生效 1 年后,向服务贸易理事会通知其修改或撤销该承诺的意向;只要该成员向理事会说明该修改或撤销不能等待第 21 条第 1 款规定的 3 年期限期满的理由。

3.   第 2 款的规定应在《WTO 协定》生效之日起 3 年后停止适用。

第11条
支付和转移

1.   除在第 12 条中设想的情况下外,一成员不得对与其具体承诺有关的经常项目交易的国际转移和支付实施限制。

2.　本协定的任何规定不得影响国际货币基金组织的成员在《基金组织协定》项下的权利和义务，包括采取符合《基金组织协定》的汇兑行动，但是一成员不得对任何资本交易设置与其有关此类交易的具体承诺不一致的限制，根据第 12 条或在基金请求下除外。

第 12 条
保障国际收支的限制

1.　如发生严重国际收支和对外财政困难或其威胁，一成员可对其已作出具体承诺的服务贸易，包括与此类承诺有关的交易的支付和转移，采取或维持限制。各方认识到，由于处于经济发展或经济转型过程中的成员在国际收支方面的特殊压力，可能需要使用限制措施，特别是保证维持实施其经济发展或经济转型计划所需的适当财政储备水平。

2.　第 1 款所指的限制：

　　(a)　不得在各成员之间造成歧视；

　　(b)　应与《国际货币基金组织协定》相一致；

　　(c)　应避免对任何其他成员的商业、经济和财政利益造成不必要的损害；

　　(d)　不得超过处理第 1 款所指的情况所必需的限度；

　　(e)　应是暂时的，并应随第 1 款列明情况的改善而逐步取消。

3.　在确定此类限制的影响范围时，各成员可优先考虑对其经济或发展计划更为重要的服务提供。但是，不得为保护一特定服务部门而采取或维持此类限制。

4.　根据第 1 款采取或维持的任何限制，或此类限制的任何变更，应迅速通知总理事会。

5.　(a)　实施本条规定的成员应就根据本条采取的限制迅速与国际收支限制委员会进行磋商。

　　(b)　部长级会议应制定定期磋商的程序[4]，以便能够向有关成员提出其认为适当的建议。

---

[4] 各方理解，第 5 款下的程序应与 GATT 1994 的程序相同。

(c) 此类磋商应评估有关成员的国际收支状况和根据本条采取或维持的限制，同时特别考虑如下因素：

    (i) 国际收支和对外财政困难的性质和程度；

    (ii) 磋商成员的外部经济和贸易环境；

    (iii) 其他可采取的替代纠正措施。

(d) 磋商应处理任何限制与第 2 款一致性的问题，特别是依照第 2 款(e)项逐步取消限制的问题。

(e) 在此类磋商中，应接受国际货币基金组织提供的与外汇、货币储备和国际收支有关的所有统计和其他事实，结论应以基金对磋商成员国际收支状况和对外财政状况的评估为依据。

6.　如不属国际货币基金组织成员的一成员希望适用本条的规定，则部长级会议应制定审议程序和任何其他必要程序。

第 13 条
政府采购

1.　第 2 条、第 16 条和第 17 条不得适用于管理政府机构为政府目的而购买服务的法律、法规或要求，此种购买不是为进行商业转售或为供商业销售而在提供服务过程中使用。

2.　在《WTO 协定》生效之日起 2 年内，应就本协定项下服务的政府采购问题进行多边谈判。

第 14 条
一般例外

在此类措施的实施不在情形类似的国家之间构成任意或不合理歧视的手段或构成对服务贸易的变相限制的前提下，本协定的任何规定不得解释为阻止任何成员采取或实施以下措施：

(a) 为保护公共道德或维护公共秩序[5]所必需的措施；

---

5 只有在社会的某一根本利益受到真正的和足够严重的威胁时，方可援引公共秩序例外。

(b)　　为保护人类、动物或植物的生命或健康所必需的措施；

(c)　　为使与本协定的规定不相抵触的法律或法规得到遵守所必需的措施，包括与下列内容有关的法律或法规：

(i)　　防止欺骗和欺诈行为或处理服务合同违约而产生的影响；

(ii)　　保护与个人信息处理和传播有关的个人隐私及保护个人记录和账户的机密性；

(iii)　　安全；

(d)　　与第 17 条不一致的措施，只要待遇方面的差别旨在保证对其他成员的服务或服务提供者公平或有效地[6]课征或收取直接税；

(e)　　与第 2 条不一致的措施，只要待遇方面的差别是约束该成员的避免双重征税的协定或任何其他国际协定或安排中关于避免双重征税的规定的结果。

第 14 条之二
安全例外

1.　　本协定的任何规定不得解释为：

(a)　　要求任何成员提供其认为如披露则会违背其根本安全利益的任何信息；或

---

[6] 旨在保证公平或有效地课征和收取直接税的措施包括一成员根据其税收制度所采取的以下措施：

(i)　　认识到非居民的纳税义务由源自或位于该成员领土内的应征税项目确定的事实，而对非居民服务提供者实施的措施；或

(ii)　　为保证在该成员领土内课税或征税而对非居民实施的措施；或

(iii)　　为防止避税或逃税而对非居民或居民实施的措施，包括监察措施；或

(iv)　　为保证对服务消费者课征或收取的税款来自该成员领土内的来源而对在另一成员领土内或自另一成员领土提供的服务的消费者实施的措施；或

(v)　　认识到按世界范围应征税项目纳税的服务提供者与其他服务提供者之间在课税基础性质方面的差异而区分这两类服务提供者的措施；或

(vi)　　为保障该成员的课税基础而确定、分配或分摊居民或分支机构，或有关联的人员之间，或同一人的分支机构之间收入、利润、收益、亏损、扣除或信用的措施。

第14条(d)款和本脚注中的税收用语或概念，根据采取该措施的成员国内法律中的税收定义和概念，或相当的或类似的定义和概念确定。

(b)　　阻止任何成员采取其认为对保护其根本安全利益所必需的任何行动：

(i)　　与直接或间接为军事机关提供给养的服务有关的行动；

(ii)　　与裂变和聚变物质或衍生此类物质的物质有关的行动；

(iii)　　在战时或国际关系中的其他紧急情况下采取的行动；或

(c)　　阻止任何成员为履行其在《联合国宪章》项下的维护国际和平与安全的义务而采取的任何行动。

2.　　根据第 1 款(b)项和(c)项采取的措施及其终止，应尽可能充分地通知服务贸易理事会。

第 15 条
补贴

1.　　各成员认识到，在某些情况下，补贴可对服务贸易产生扭曲作用。各成员应进行谈判，以期制定必要的多边纪律，以避免此类贸易扭曲作用。[7]谈判还应处理反补贴程序适当性的问题。此类谈判应认识到补贴在发展中国家发展计划中的作用，并考虑到各成员、特别是发展中国家成员在该领域需要灵活性。就此类谈判而言，各成员应就其向国内服务提供者提供的所有与服务贸易有关的补贴交换信息。

2.　　任何成员如认为受到另一成员补贴的不利影响，则可请求与该成员就此事项进行磋商。对此类请求，应给予积极考虑。

第三部分
具体承诺
第 16 条
市场准入

1.　　对于通过第 1 条确认的服务提供方式实现的市场准入，每一成员对任何其他成员的服务和服务提供者给予的待遇，不得低于其在具体承诺减

---

[7] 未来的工作计划应确定有关此类多边纪律的谈判如何进行及在什么时限内进行。

让表中同意和列明的条款、限制和条件。[8]

2. 　　　在作出市场准入承诺的部门，除非在其减让表中另有列明，否则一成员不得在其一地区或在其全部领土内维持或采取按如下定义的措施：

(a) 无论以数量配额、垄断、专营服务提供者的形式，还是以经济需求测试要求的形式，限制服务提供者的数量；

(b) 以数量配额或经济需求测试要求的形式限制服务交易或资产总值；

(c) 以配额或经济需求测试要求的形式，限制服务业务总数或以指定数量单位表示的服务产出总量；[9]

(d) 以数量配额或经济需求测试要求的形式，限制特定服务部门或服务提供者可雇用的、提供具体服务所必需且直接有关的自然人总数；

(e) 限制或要求服务提供者通过特定类型法律实体或合营企业提供服务的措施；以及

(f) 以限制外国股权最高百分比或限制单个或总体外国投资总额的方式限制外国资本的参与。

第 17 条

国民待遇

1. 　　　对于列入减让表的部门，在遵守其中所列任何条件和资格的前提下，每一成员在影响服务提供的所有措施方面给予任何其他成员的服务和服务

---

[8] 如一成员就通过第 1 条第 2 款(a)项所指的方式提供服务作出市场准入承诺，且如果资本的跨境流动是该服务本身必需的部分，则该成员由此已承诺允许此种资本跨境流动。如一成员就通过第 1 条第 2 款(c)项所指的方式提供服务作出市场准入承诺，则该成员由此已承诺允许有关的资本转移进入其领土内。

[9] 第 2 款(c)项不涵盖一成员限制服务提供投入的措施。

提供者的待遇, 不得低于其给予本国同类服务和服务提供者的待遇。[10]

2. 一成员可通过对任何其他成员的服务或服务提供者给予与其本国同类服务或服务提供者的待遇形式上相同或不同的待遇, 满足第 1 款的要求。

3. 如形式上相同或不同的待遇改变竞争条件, 与任何其他成员的同类服务或服务提供者相比, 有利于该成员的服务或服务提供者, 则此类待遇应被视为较为不利的待遇。

第 18 条
附加承诺

各成员可就影响服务贸易、但根据第 16 条或第 17 条不需列入减让表的措施, 包括有关资格、标准或许可事项的措施, 谈判承诺。此类承诺应列入一成员减让表。

第四部分
逐步自由化
第 19 条
具体承诺的谈判

1. 为推行本协定的目标, 各成员应不迟于《WTO 协定》生效之日起 5 年开始并在此后定期进行连续回合的谈判, 以期逐步实现更高的自由化水平。此类谈判应针对减少或取消各种措施对服务贸易的不利影响, 以此作为提供有效市场准入的手段。此进程的进行应旨在在互利基础上促进所有参加方的利益, 并保证权利和义务的总体平衡。

2. 自由化进程的进行应适当尊重各成员的国家政策目标及其总体和各部门的发展水平。个别发展中国家成员应有适当的灵活性, 以开放较少的部门, 放开较少类型的交易, 以符合其发展状况的方式逐步扩大市场准入, 并在允许外国服务提供者进入其市场时, 对此类准入附加旨在实现第 4 条所指目标的条件。

---

[10] 根据本条承担的具体承诺不得解释为要求任何成员对由于有关服务或服务提供者的外国特性而产生的任何固有的竞争劣势作出补偿。

3. 对于每一回合，应制定谈判准则和程序。就制定此类准则而言，服务贸易理事会应参照本协定的目标，包括第 4 条第 1 款所列目标，对服务贸易进行总体的和逐部门的评估。谈判准则应为处理各成员自以往谈判以来自主采取的自由化和在第 4 条第 3 款下给予最不发达国家成员的特殊待遇制定模式。

4. 各谈判回合均应通过旨在提高各成员在本协定项下所作具体承诺总体水平的双边、诸边或多边谈判，推进逐步自由化的进程。

第 20 条
具体承诺减让表

1. 每一成员应在减让表中列出其根据本协定第三部分作出的具体承诺。对于作出此类承诺的部门，每一减让表应列明：

    (a) 市场准入的条款、限制和条件；

    (b) 国民待遇的条件和资格；

    (c) 与附加承诺有关的承诺；

    (d) 在适当时，实施此类承诺的时限；以及

    (e) 此类承诺生效的日期。

2. 与第 16 条和第 17 条不一致的措施应列入与第 16 条有关的栏目。在这种情况下，所列内容将被视为也对第 17 条规定了条件或资格。

3. 具体承诺减让表应附在本协定之后，并应成为本协定的组成部分。

第 21 条
减让表的修改

1. (a) 一成员(本条中称"修改成员")可依照本条的规定，在减让表中任何承诺生效之日起 3 年期满后的任何时间修改或撤销该承诺。

    (b) 修改成员应将其根据本条修改或撤销一承诺的意向，在不迟于实施修改或撤销的预定日期前 3 个月通知服务贸易理事会。

2. (a) 在本协定项下的利益可能受到根据第 1 款(b)项通知的拟议修改或撤销影响的任何成员(本条中称"受影响成员")请求下，

　　　　　修改成员应进行谈判，以期就任何必要的补偿性调整达成协议。在此类谈判和协定中，有关成员应努力维持互利承诺的总体水平，使其不低于在此类谈判之前具体承诺减让表中规定的对贸易的有利水平。

(b) 补偿性调整应在最惠国待遇基础上作出。

3. (a) 如修改成员和任何受影响成员未在规定的谈判期限结束之前达成协议，则此类受影响成员可将该事项提交仲裁。任何希望行使其可能享有的补偿权的受影响成员必须参加仲裁。

(b) 如无受影响成员请求仲裁，则修改成员有权实施拟议的修改或撤销。

4. (a) 修改成员在作出符合仲裁结果的补偿性调整之前，不可修改或撤销其承诺。

(b) 如修改成员实施其拟议的修改或撤销而未遵守仲裁结果，则任何参加仲裁的受影响成员可修改或撤销符合这些结果的实质相等的利益。尽管有第 2 条的规定，但是此类修改或撤销可只对修改成员实施。

5. 服务贸易理事会应为更正或修改减让表制定程序。根据本条修改或撤销承诺的任何成员应根据此类程序修改其减让表。

第五部分
机构条款
第 22 条
磋商

1. 每一成员应对任何其他成员可能提出的、关于就影响本协定运用的任何事项的交涉所进行的磋商给予积极考虑，并提供充分的机会。《争端解决谅解》(DSU)应适用于此类磋商。

2.　　　在一成员请求下，服务贸易理事会或争端解决机构(DSB)可就其通过根据第 1 款进行的磋商未能找到满意解决办法的任何事项与任何一个或多个成员进行磋商。

3.　　　一成员不得根据本条或第 23 条，对另一成员属它们之间达成的与避免双重征税有关的国际协定范围的措施援引第 17 条。在各成员不能就一措施是否属它们之间的此类协定范围达成一致的情况下，应允许两成员中任一成员将该事项提交服务贸易理事会。[11]理事会应将该事项提交仲裁。仲裁人的裁决应为最终的，并对各成员具有约束力。

第 23 条
争端解决和执行

1.　　　如任何成员认为任何其他成员未能履行本协定项下的义务或具体承诺，则该成员为就该事项达成双方满意的解决办法可援用 DSU。

2.　　　如 DSB 认为情况足够严重有理由采取此类行动，则可授权一个或多个成员依照 DSU 第 22 条对任何其他一个或多个成员中止义务和具体承诺的实施。

3.　　　如任何成员认为其根据另一成员在本协定第三部分下的具体承诺可合理预期获得的任何利益，由于实施与本协定规定并无抵触的任何措施而丧失或减损，则可援用 DSU。如 DSB 确定该措施使此种利益丧失或减损，则受影响的成员有权依据第 21 条第 2 款要求作出双方满意的调整，其中可包括修改或撤销该措施。如在有关成员之间不能达成协议，则应适用 DSU 第 22 条。

第 24 条
服务贸易理事会

1.　　　服务贸易理事会应履行对其指定的职能，以便利本协定的运用，并促进其目标的实现。理事会可设立其认为对有效履行其职能适当的附属机构。

---

[11] 对于在《WTO 协定》生效之日已存在的避免双重征税协定，此类事项只有在经该协定各参加方同意后方可提交服务贸易理事会。

2. 理事会及其附属机构应开放供所有成员的代表参加，除非理事会另有决定。

3. 理事会主席应由各成员选举产生。

第 25 条
技术合作

1. 需要此类援助的成员的服务提供者应可使用第 4 条第 2 款所指的咨询点的服务。

2. 给予发展中国家的技术援助应在多边一级由秘书处提供，并由服务贸易理事会决定。

第 26 条
与其他国际组织的关系

总理事会应就与联合国及其专门机构及其他与服务有关的政府间组织进行磋商和合作作出适当安排。

第六部分
最后条款
第 27 条
利益的拒绝给予

一成员可对下列情况拒绝给予本协定项下的利益：

(a) 对于一项服务的提供，如确定该服务是自或在一非成员或与该拒绝给予利益的成员不适用《WTO 协定》的成员领土内提供的；

(b) 在提供海运服务的情况下，如确定该服务是：

    (i) 由一艘根据一非成员或对该拒绝给予利益的成员不适用《WTO 协定》的成员的法律进行注册的船只提供的，及

    (ii) 由一经营和/或使用全部或部分船只的人提供的，但该人属一非成员或对该拒绝给予利益的成员不适用《WTO 协定》的成员；

(c) 对于具有法人资格的服务提供者，如确定其不是另一成员的服务提供者，或是对该拒绝给予利益的成员不适用《WTO 协定》的成员的服务提供者。

第 28 条
定义

就本协定而言：

(a)　"措施"指一成员的任何措施，无论是以法律、法规、规则、程序、决定、行政行为的形式还是以任何其他形式；

(b)　"服务的提供"包括服务的生产、分销、营销、销售和交付；

(c)　"各成员影响服务贸易的措施"包括关于下列内容的措施：

　　(i)　服务的购买、支付或使用；

　　(ii)　与服务的提供有关的、各成员要求向公众普遍提供的服务的获得和使用；

　　(iii)　一成员的个人为在另一成员领土内提供服务的存在，包括商业存在；

(d)　"商业存在"指任何类型的商业或专业机构，包括为提供服务而在一成员领土内：

　　(i)　组建、收购或维持一法人，或

　　(ii)　创建或维持一分支机构或代表处；

(e)　服务"部门"，

　　(i)　对于一具体承诺，指一成员减让表中列明的该项服务的一个、多个或所有分部门，

　　(ii)　在其他情况下，则指该服务部门的全部，包括其所有的分部门；

(f)　"另一成员的服务"，

　　(i)　指自或在该另一成员领土内提供的服务，对于海运服务，则指由一艘根据该另一成员的法律进行注册的船只提供的服务,或由经营和/或使用全部或部分船只提供服务的该另一成员的人提供的服务；或

　　(ii)　对于通过商业存在或自然人存在所提供的服务，指由该另一成员服务提供者所提供的服务；

(g)　　"服务提供者"指提供一服务的任何人；[12]

(h)　　"服务的垄断提供者"指一成员领土内有关市场中被该成员在形式上或事实上授权或确定为该服务的独家提供者的任何公私性质的人；

(i)　　"服务消费者"指得到或使用服务的任何人；

(j)　　"人"指自然人或法人；

(k)　　"另一成员的自然人"指居住在该另一成员或任何其他成员领土内的自然人，且根据该另一成员的法律：

　　(i)　　属该另一成员的国民；或

　　(ii)　　在该另一成员中有永久居留权，如该另一成员：

　　　　1.　　没有国民；或

　　　　2.　　按其在接受或加入《WTO 协定》时所作通知，在影响服务贸易的措施方面，给予其永久居民的待遇与给予其国民的待遇实质相同，只要各成员无义务使其给予此类永久居民的待遇优于该另一成员给予此类永久居民的待遇。此种通知应包括该另一成员依照其法律和法规对永久居民承担与其他成员对其国民承担相同责任的保证；

(l)　　"法人"指根据适用法律适当组建或组织的任何法人实体，无论是否以盈利为目的，无论属私营所有还是政府所有，包括任何公司、基金、合伙企业、合资企业、独资企业或协会；

(m)　　"另一成员的法人"指：

　　(i)　　根据该另一成员的法律组建或组织的、并在该另一成员或任何其他成员领土内从事实质性业务活动的法人；或

---

[12] 如该服务不是由法人直接提供，而是通过如分支机构或代表处等其他形式的商业存在提供，则该服务提供者(即该法人)仍应通过该商业存被给予在本协定项下规定给予服务提供者的待遇。此类待遇应扩大至提供该服务的存在方式，但不需扩大至该服务提供者位于提供服务的领土以外的任何其他部分。

(ii)　对于通过商业存在提供服务的情况：

　　1.　由该成员的自然人拥有或控制的法人；或

　　2.　由(i)项确认的该另一成员的法人拥有或控制的法人；

(n)　法人：

(i)　由一成员的个人所"拥有"，如该成员的人实际拥有的股本超过50%，

(ii)　由一成员的个人所"控制"，如此类人拥有任命其大多数董事或以其他方式合法指导其活动的权力；

(iii)　与另一成员具有"附属"关系，如该法人控制该另一人，或为该另一人所控制；或该法人和该另一人为同一人所控制；

(o)　"直接税"指对总收入、总资本或对收入或资本的构成项目征收的所有税款，包括对财产转让收益、不动产、遗产和赠与、企业支付的工资或薪金总额以及资本增值所征收的税款。

第 29 条
附件

本协定的附件为本协定的组成部分。

附件

关于第 2 条豁免的附件

范围

1. 本附件规定了一成员在本协定生效时豁免其在第 2 条第 1 款下义务的条件。

2. 《WTO 协定》生效之日后提出的任何新的豁免应根据其第 9 条第 3 款处理。

审议

3. 服务贸易理事会应对所给予的超过 5 年期的豁免进行审议。首次审议应在《WTO 协定》生效后不超过 5 年进行。

4. 服务贸易理事会在审议中应:

    (a) 审查产生该豁免的条件是否仍然存在;并

    (b) 确定任何进一步审议的日期。

终止

5. 就一特定措施对一成员在本协定第 2 条第 1 款下义务的豁免在该豁免规定的日期终止。

6. 原则上,此类豁免不应超过 10 年。无论如何,此类豁免应在今后的贸易自由化回合中进行谈判。

7. 在豁免期终止时,一成员应通知服务贸易理事会已使该不一致的措施符合本协定第 2 条第 1 款。

第 2 条豁免清单

[根据第 2 条第 2 款议定的豁免清单在《WTO 协定》的条约文本中作为本附件的一部分。]

关于本协定项下提供服务的自然人流动的附件

1.　　本附件在服务提供方面，适用于影响作为一成员服务提供者的自然人的措施，及影响一成员服务提供者雇用的一成员的自然人的措施。

2.　　本协定不得适用于影响寻求进入一成员就业市场的自然人的措施，也不得适用于在永久基础上有关公民身份、居住或就业的措施。

3.　　依照本协定第三部分和第四部分的规定，各成员可就在本协定项下提供服务的所有类别的自然人流动所适用的具体承诺进行谈判。应允许具体承诺所涵盖的自然人依照该具体承诺的条件提供服务。

4.　　本协定不得阻止一成员实施对自然人进入其领土或在其领土内暂时居留进行管理的措施，包括为保护其边境完整和保证自然人有序跨境流动所必需的措施，只要此类措施的实施不致使任何成员根据一具体承诺的条件所获得的利益丧失或减损。[13]

关于空运服务的附件

1.　　本附件适用于影响定期或不定期空运服务贸易及附属服务的措施。各方确认在本协定项下承担的任何具体承诺或义务不得减少或影响一成员在《WTO 协定》生效之日已生效的双边或多边协定项下的义务。

2.　　本协定，包括其争端解决程序，不得适用于影响下列内容的措施：

　　(a)　　业务权，无论以何种形式给予；或

　　(b)　　与业务权的行使直接有关的服务，

　　但本附件第 3 款中的规定除外。

3.　　本协定适用于影响下列内容的措施：

　　(a)　　航空器的修理和保养服务；

　　(b)　　空运服务的销售和营销；

　　(c)　　计算机预订系统(CRS)服务。

4.　　本协定的争端解决程序只有在有关成员已承担义务或具体承诺、且

---

[13] 对某些成员的自然人要求签证而对其他成员的自然人不作要求的事实不得视为使根据一具体承诺获得的利益丧失或减损。

双边和其他多边协定或安排中的争端解决程序已用尽的情况下方可援引。

5. 服务贸易理事会应定期且至少每 5 年一次审议空运部门的发展情况和本附件的运用情况，以期考虑将本协定进一步适用于本部门的可能性。

6. 定义：

(a) "航空器的修理和保养服务"指在航空器退出服务的情况下对航空器或其一部分进行的此类活动，不包括所谓的日常维修。

(b) "空运服务的销售和营销"指有关航空承运人自由销售和推销其空运服务的机会，包括营销的所有方面，如市场调查、广告和分销。这些活动不包括空运服务的定价，也不包括适用的条件。

(c) "计算机预订系统(CRS)服务"指由包含航空承运人的时刻表、可获性、票价和定价规则等信息的计算机系统所提供的服务，可通过该系统进行预订或出票。

(d) "业务权"指以有偿或租用方式，往返于一成员领土或在该领土之内或之上经营和/或运载乘客、货物和邮件的定期或不定期服务的权利，包括服务的地点、经营的航线、运载的运输类型、提供的能力、收取的运费及其条件以及指定航空公司的标准，如数量、所有权和控制权等标准。

关于金融服务的附件

1. **范围和定义**

(a) 本附件适用于影响金融服务提供的措施。本附件所指的金融服务提供应指提供按本协定第 1 条第 2 款定义的服务。

(b) 就本协定第 1 条第 3 款(b)项而言，"在行使政府职权时提供的服务"指：

(i) 中央银行或货币管理机关或任何其他公共实体为推行货币或汇率政策而从事的活动；

(ii) 构成社会保障法定制度或公共退休计划组成部分的活动；以及

(iii) 公共实体代表政府或由政府担保或使用政府的财政资源而从事的其他活动。

(c) 就本协定第 1 条第 3 款(b)项而言，如一成员允许其金融服务提供者从事本款(b)项(ii)目或(iii)目所指的任何活动，与公共实体或金融服务提供者进行竞争，则"服务"应包括此类活动。

(d) 本协定第 1 条第 3 款(c)项不得适用于本附件涵盖的服务。

2. 国内法规

(a) 尽管有本协定的任何其他规定，但是不得阻止一成员为审慎原因而采取措施，包括为保护投资人、存款人、保单持有人或金融服务提供者对其负有信托责任的人而采取的措施，或为保证金融体系完整和稳定而采取的措施。如此类措施不符合本协定的规定，则不得用作逃避该成员在本协定项下的承诺或义务的手段。

(b) 本协定的任何规定不得解释为要求一成员披露有关个人客户的事务和账户的信息，或公共实体拥有的任何机密或专有信息。

3. 承认

(a) 一成员在决定其有关金融服务的措施应如何实施时，可承认任何其他国家的审慎措施。此类承认可以依据与有关国家的协定或安排，通过协调或其他方式实现，也可自动给予。

(b) 属(a)项所指协定或安排参加方的一成员，无论该协定或安排是将来的还是现有的，如在该协定或安排的参加方之间存在此类法规的相同法规、监督和实施，且如适当，还存在关于信息共享的程序，则应向其他利害关系成员提供谈判加入该协定或安排的充分机会，或谈判达成类似的协定或安排。如一成员自动给予承认，则应为任何其他成员提供证明此类情况存在的充分机会。

(c)　　如一成员正在考虑对任何其他国家的审慎措施予以承认，则不得适用第 7 条第 4 款(b)项。

4.　　**争端解决**

关于审慎措施和其他金融事项争端的专家组应具备与争议中的具体金融服务有关的必要的专门知识。

5.　　**定义**

就本附件而言：

(a)　　金融服务指一成员金融服务提供者提供的任何金融性质的服务。金融服务包括所有保险及其相关服务，及所有银行和其他金融服务(保险除外)。金融服务包括下列活动：

保险及其相关服务

(i)　　直接保险(包括共同保险)：

　(A) 寿险

　(B) 非寿险

(ii)　　再保险和转分保；

(iii)　　保险中介，如经纪和代理；

(iv)　　保险附属服务，如咨询、精算、风险评估和理赔服务；

银行和其他金融服务(保险除外)

(v)　　接受公众存款和其他应偿还基金；

(vi)　　所有类型的贷款，包括消费信贷、抵押信贷、商业交易的代理和融资；

(vii)　　财务租赁；

(viii)　　所有支付和货币转移服务，包括信用卡、赊账卡、贷记卡、旅行支票和银行汇票；

(ix)　　担保和承诺；

(x)　　交易市场、公开市场或场外交易市场的自行交易或代客交易：

　(A)　货币市场工具(包括支票、汇票、存单)；

　(B)　外汇；

　(C)　衍生产品，包括但不仅限于期货和期权；

(D) 汇率和利率工具，包括换汇和远期利率协议等产品；

(E) 可转让证券；

(F) 其他可转让票据和金融资产，包括金银条块。

(xi) 参与各类证券的发行，包括承销和募集代理(无论公开或私下)，并提供与该发行有关的服务；

(xii) 货币经纪；

(xiii) 资产管理，如现金或证券管理、各种形式的集体投资管理、养老基金管理、保管、存款和信托服务；

(xiv) 金融资产的结算和清算服务，包括证券、衍生产品和其他可转让票据；

(xv) 提供和传送其他金融服务提供者提供的金融信息、金融数据处理和相关软件；

(xvi) 就(v)至(xv)目所列的所有活动提供咨询、中介和其他附属金融服务，包括信用调查和分析、投资和资产组合的研究和咨询、收购咨询、公司重组和策略咨询。

(b) 金融服务提供者指希望提供或正在提供金融服务的一成员的自然人或法人，但"金融服务提供者"一词不包括公共实体。

(c) "公共实体"指：

(i) 一成员的政府、中央银行或货币管理机关，或由一成员拥有或控制的、主要为政府目的执行政府职能或进行的活动的实体，不包括主要在商业条件下从事金融服务提供的实体；或

(ii) 在行使通常由中央银行或货币管理机关行使的职能时的私营实体。

关于金融服务的第二附件

1.   尽管有本协定第 2 条和《关于第 2 条豁免的附件》第 1 款和第 2 款的规定，但是一成员仍可在《WTO 协定》生效之日起 4 个月后开始的 60

天内，将与本协定第 2 条第 1 款不一致的有关金融服务的措施列入该附件。

2.　　　　尽管有本协定第 21 条的规定，但是一成员仍可在《WTO 协定》生效之日起 4 个月后开始的 60 天内，改善、修改或撤销列入其减让表的有关金融服务的全部或部分具体承诺。

3.　　　　服务贸易理事会应为适用第 1 款和第 2 款制定必要的程序。

关于海运服务谈判的附件

1.　　　　第 2 条和《关于第 2 条豁免的附件》，包括关于在该附件中列出一成员将维持的、与最惠国待遇不一致的任何措施的要求，只有在以下日期方可对国际海运、附属服务以及港口设施的进入和使用生效：

(a)　　　根据《关于海运服务谈判的部长决定》第 4 段确定的实施日期；或

(b)　　　如谈判未能成功，则为该决定中规定的海运服务谈判组最终报告的日期。

2.　　　　第 1 款不得适用于已列入一成员减让表的任何关于海运服务的具体承诺。

3.　　　　尽管有第 21 条的规定，但是自第 1 款所指的谈判结束起至实施日期前，一成员仍可改善、修改或撤销在本部门的全部或部分具体承诺而无需提供补偿。

关于电信服务的附件

1.　　**目标**

认识到电信服务部门的特殊性，特别是其作为经济活动的独特部门和作为其他经济活动的基本传输手段而起到的双重作用，各成员就以下附件达成一致，旨在详述本协定中有关影响进入和使用公共电信传输网络和服务的措施的规定。因此，本附件为本协定提供注释和补充规定。

2. **范围**

(a) 本附件应适用于一成员影响进入和使用公共电信传输网络和服务的所有措施。[14]

(b) 本附件不得适用于影响电台或电视节目的电缆或广播播送的措施。

(c) 本附件的任何规定不得解释为：

    (i) 要求一成员在其减让表中规定的之外授权任何其他成员的服务提供者建立、建设、收购、租赁、经营或提供电信传输网络或服务，或

    (ii) 要求一成员(或要求一成员责成其管辖范围内的服务提供者)建立、建设、收购、租赁、经营或提供未对公众普遍提供的电信传输网络或服务。

3. **定义**

就本附件而言：

(a) "电信"指以任何电磁方式传送和接收信号。

(b) "公共电信传输服务"指一成员明确要求或事实上要求向公众普遍提供的任何电信传输服务。此类服务可特别包括电报、电话、电传和数据传输，其典型特点是在两点或多点之间对客户提供的信息进行实时传输，而客户信息的形式或内容无任何端到端的变化。

(c) "公共电信传输网络"指可在规定的两个或多个网络端接点之间进行通讯的公共电信基础设施。

(d) "公司内部通信"指公司内部或与其子公司、分支机构进行通信的电信，在遵守一成员国内法律和法规的前提下，还可包括与附属公司进行通信的电信。为此目的，"子公司"、"分支机构"和适用的"附属公司"应由每一成员定义。本附件中的"公司内部通信"不包括向与无关联的子公司、分支机构或附属公司提供的商业或非商业服务，也不包括向客户或潜在客户提供的商业或非商业服务。

---

[14] 本项被理解为每一成员应保证采取任何必要的措施使本附件的义务适用于公共电信传输网络和服务的提供者。

(e)　　对本附件的各款或各项的任何提及均包括其中所有各目。

4.　透明度

在适用本协定第 3 条时，每一成员应保证可公开获得的关于影响进入和使用公共电信传输网络和服务条件的有关信息，包括：服务的收费及其他条款和条件；与此类网络和服务的技术接口规范；负责制定和采用影响进入和使用标准的机构的信息；适用于终端连接或其他设备的条件；可能的通知、注册或许可要求(若有的话)。

5.　公共电信传输网络和服务的进入和使用

(a)　　每一成员应保证任何其他成员的任何服务提供者可按照合理和非歧视的条款和条件进入和使用其公共电信传输网络和服务，以提供其减让表中包括的服务。此义务应特别通过(b)至(f)项的规定实施。[15]

(b)　　每一成员应保证任何其他成员的服务提供者可进入和使用其境内或跨境提供的任何公共电信传输网络或服务，包括专门租用电路，并为此应保证在遵守(e)项和(f)项规定的前提下，允许此类服务提供者：

(i)　　购买或租用和连接终端或服务提供者提供服务所必需的其他网络接口设备；

(ii)　　将专门租用或拥有的电路与公共电信传输网络和服务互连，或与另一服务提供者租用或拥有的电路互联；以及

(iii)　　在提供任何服务时使用该服务提供者自主选择的操作规程，但为保证公众可普遍使用电信传输网络和服务所必需的情况除外。

(c)　　每一成员应保证任何其他成员的服务提供者可使用公共电信传输网络和服务在其境内或跨境传送信息，包括此类服务提供者的公司内部通信，以及使用在任何成员领土内的数据库

---

[15] "非歧视"一词理解为指本协定定义的最惠国待遇和国民待遇，反映在具体部门中，该词指"不低于在相似情况下给予同类公共电信传输网络或服务的任何其他使用者的条款和条件"。

所包含的或以机器可读形式存储的信息。如一成员采取严重影响此类使用的任何新的或修改的措施，则应依照本协定有关规定作出通知，并进行磋商。

(d)　尽管有上一项的规定，但是一成员仍可采取必要措施，以保证信息的安全和机密性，但要求此类措施不得以对服务贸易构成任意的或不合理的歧视或构成变相限制的方式实施。

(e)　每一成员应保证不对公共电信传输网络和服务的进入和使用附加条件，但为以下目的所必需的条件除外：

(i)　保障公共电信传输网络和服务提供者的公共服务责任，特别是使其网络或服务可使公众普遍获得的能力；

(ii)　保护公共电信传输网络或服务的技术完整性；或

(iii)　保证任何其他成员的服务提供者不提供该成员减让表中承诺所允许之外的服务。

(f)　只要满足(e)项所列标准，进入和使用公共电信传输网络和服务的条件可包括：

(i)　限制此类服务的转售或分享使用；

(ii)　使用特定的技术接口与此类网络和服务进行互联的要求，包括使用接口协议；

(iii)　必要时，关于此类服务互操作性的要求，及鼓励实现第7款(a)项所列目标的要求；

(iv)　终端和其他网络接口设备的定型，及与此类设备与此类网络连接有关的技术要求；

(v)　限制专门租用或拥有的电路与此类网络或服务互联，或与另一服务提供者租用或拥有的电路互联；或

(vi)　通知、注册和许可。

(g)　尽管有本节前几项的规定，但是一发展中国家成员仍可在与其发展水平相一致的情况下，对公共电信传输网络和服务的

进入和使用可设置必要的合理条件，以增强其国内电信基础设施和服务能力，并增加其参与国际电信服务贸易。此类条件应在该成员减让表中列明。

6. **技术合作**

（a） 各成员认识到高效和先进的电信基础设施在各国、特别是在发展中国家中是扩大其服务贸易所必需的。为此，各成员赞成和鼓励发达国家和发展中国家、其公共电信传输网络和服务的提供者以及其他实体，尽可能全面地参与国际和区域组织的发展计划，包括国际电信联盟、联合国开发计划署和国际复兴开发银行。

（b） 各成员应鼓励和支持发展中国家之间在国际、区域和次区域各级开展电信合作。

（c） 在与有关国际组织进行合作时，各成员在可行的情况下，应使发展中国家可获得有关电信服务以及电信和信息技术发展情况的信息，以帮助增强其国内电信服务部门。

（d） 各成员应特别考虑向最不发达国家提供机会，以鼓励外国电信服务提供者在技术转让、培训和其他活动方面提供帮助，支持发展其电信基础设施，扩大其电信服务贸易。

7. **与国际组织和协定的关系**

（a） 各成员认识到电信网络和服务的全球兼容性和互操作性的国际标准的重要性，承诺通过有关国际机构的工作，包括国际电信联盟和国际标准化组织，以促进此类标准。

（b） 各成员认识到政府间和非政府组织和协定，特别是国际电信联盟，在保证国内和全球电信服务的有效运营方面所起的作用。各成员应作出适当安排，以便就本附件实施过程中产生的事项与此类组织进行磋商。

关于基础电信谈判的附件

1. 第 2 条和《关于第 2 条豁免的附件》，包括在该附件中列出一成员将维持的、与最惠国待遇不一致的任何措施的要求，只有在下列日期方可对基础电信生效：

(a) 根据《关于基础电信谈判的部长决定》第 5 条确定的实施日期；或

(b) 如谈判未能成功，则为该决定规定的基础电信谈判组最终报告的日期。

2. 第 1 款不得适用于已列入一成员减让表的任何关于基础电信服务的具体承诺。

附件 1C

与贸易有关的知识产权协定

第一部分　　总则和基本原则

第二部分　　关于知识产权效力、范围和使用的标准

    1.　版权和相关权利

    2.　商标

    3.　地理标识

    4.　工业设计

    5.　专利

    6.　集成电路布图设计(拓扑图)

    7.　对未披露信息的保护

    8.　对协议许可中限制竞争行为的控制

第三部分　　知识产权的实施

    1.　一般义务

    2.　民事和行政程序及补救

    3.　临时措施

    4.　与边境措施相关的特殊要求

    5.　刑事程序

第四部分　　知识产权的取得和维持及当事人之间的相关程序

第五部分　　争端的防止和解决

第六部分　　过渡性安排

第七部分　　机构安排：最后条款

附件 1C

与贸易有关的知识产权协定

各成员,

期望减少对国际贸易的扭曲和阻碍,并考虑到需要促进对知识产权的有效和充分保护,并保证实施知识产权的措施和程序本身不成为合法贸易的障碍;

认识到,为此目的,需要制定有关下列问题的新的规则和纪律:

(a) GATT 1994 的基本原则和有关国际知识产权协定或公约的适用性;

(b) 就与贸易有关的知识产权的效力、范围和使用,规定适当的标准和原则;

(c) 就实施与贸易有关的知识产权规定有效和适当的手段,同时考虑各国法律制度的差异;

(d) 就在多边一级防止和解决政府间争端规定有效和迅速的程序;

(e) 旨在最充分地分享谈判结果的过渡安排;

认识到需要一个有关原则、规则和纪律的多边框架,以处理冒牌货的国际贸易问题;

认识到知识产权属私权;

认识到各国知识产权保护制度的基本公共政策目标,包括发展目标和技术目标;

还认识到最不发达国家成员在国内实施法律和法规方面特别需要最大的灵活性,以便它们能够创造一个良好和可行的技术基础;

强调通过多边程序达成加强的承诺以解决与贸易有关的知识产权争端从而减少紧张的重要性;

期望在 WTO 与世界知识产权组织(本协定中称"WIPO")以及其他有关国际组织之间建立一种相互支持的关系;

特此协议如下:

第一部分
总则和基本原则
第 1 条
义务的性质和范围

1.　　　各成员应实施本协定的规定。各成员可以，但并无义务，在其法律中实施比本协定要求更广泛的保护，只要此种保护不违反本协定的规定。各成员有权在其各自的法律制度和实践中确定实施本协定规定的适当方法。

2.　　　就本协定而言，"知识产权"一词指作为第二部分第 1 节至第 7 节主题的所有类别的知识产权。

3.　　　各成员应对其他成员的国民给予本协定规定的待遇。[1]就有关的知识产权而言，其他成员的国民应理解为符合《巴黎公约》(1967)、《伯尔尼公约》(1971)、《罗马公约》和《关于集成电路的知识产权条约》规定的保护资格标准的自然人或法人，假设所有 WTO 成员均为这些公约的成员。[2]任何利用《罗马公约》第 5 条第 3 款或第 6 条第 2 款中规定的可能性的成员，均应按这些条款中所预想的那样，向与贸易有关的知识产权理事会("TRIPS理事会")作出通知。

第 2 条
知识产权公约

1.　　　就本协定的第二部分、第三部分和第四部分而言，各成员应遵守《巴黎公约》(1967)第 1 条至第 12 条和第 19 条。

2.　　　本协定第一部分至第四部分的任何规定不得背离各成员可能在《巴黎公约》、《伯尔尼公约》、《罗马公约》和《关于集成电路的知识产权条约》

---

[1] 本协定中所指的"国民"一词，对于 WTO 的单独关税区成员，指在该关税区内定居或拥有真实有效的工业或商业机构的自然人或法人。

[2] 在本协定中，《巴黎公约》指《保护工业产权巴黎公约》；《巴黎公约》(1967)指 1967年 7 月 14 日该公约的斯德哥尔摩文本。《伯尔尼公约》指《保护文学艺术作品伯尔尼公约》，《伯尔尼公约》(1971)指 1971 年 3 月 24 日该公约的巴黎文本。《罗马公约》指1961 年 10 月 26 日在罗马通过的《保护表演者、录音制品制作者和广播组织的国际公约》。《关于集成电路的知识产权公约》(《IPIC 条约》)指 1983 年 5 月 26 日在华盛顿通过的该条约。《WTO 协定》指《建立世界贸易组织协定》。

项下相互承担的现有义务。

第 3 条
国民待遇

1.　　　在知识产权保护[3]方面，在遵守《巴黎公约》(1967)、《伯尔尼公约》(1971)、《罗马公约》或《关于集成电路的知识产权条约》中各自规定的例外的前提下，每一成员给予其他成员国民的待遇不得低于给予本国国民的待遇。就表演者、录音制品制作者和广播组织而言，此义务仅适用于本协定规定的权利。任何利用《伯尔尼公约》第 6 条或《罗马公约》第 16 条第 1 款(b)项规定的可能性的成员，均应按这些条款中所预想的那样，向TRIPS 理事会作出通知。

2.　　　各成员可利用第 1 款下允许的在司法和行政程序方面的例外，包括在一成员管辖范围内指定送达地址或委派代理人，但是这些例外应为保证遵守与本协定规定发生不相抵触的法律和法规所必需，且这种做法的实施不会对贸易构成变相限制。

第 4 条
最惠国待遇

　　　对于知识产权保护，一成员对任何其他国家国民给予的任何利益、优惠、特权或豁免，应立即无条件地给予所有其他成员的国民。一成员给予的属下列情况的任何利益、优惠、特权或豁免，免除此义务：

(a)　　自一般性的、并非专门限于知识产权保护的关于司法协助或法律实施的国际协定所派生；

(b)　　依照《伯尔尼公约》(1971)或《罗马公约》的规定所给予，此类规定允许所给予的待遇不属国民待遇性质而属在另一国中给予待遇的性质；

(c)　　关于本协定项下未作规定的有关表演者、录音制品制作者以及广播组织的权利；

---

[3] 在第 3 条和第 4 条中，"保护"一词应包括影响知识产权的效力、取得、范围、维持和实施的事项，以及本协定专门处理的影响知识产权的使用的事项。

(d)   自《WTO 协定》生效之前已生效的有关知识产权保护的国际
       协定所派生，只要此类协定向 TRIPS 理事会作出通知，并对
       其他成员的国民不构成任意的或不合理的歧视。

第 5 条
关于取得或维持保护的多边协定

第 3 条和第 4 条的义务不适用于在 WIPO 主持下订立的有关取得或
维持知识产权的多边协定中规定的程序。

第 6 条
权利用尽

就本协定项下的争端解决而言，在遵守第 2 条和第 4 条规定的前提
下，本协定的任何规定不得用于处理知识产权的权利用尽问题。

第 7 条
目标

知识产权的保护和实施应有助于促进技术革新及技术转让和传播，
有助于技术知识的创造者和使用者的相互利益，并有助于社会和经济福利
及权利与义务的平衡。

第 8 条
原则

1.   在制定或修改其法律和法规时，各成员可采用对保护公共健康和营
养，促进对其社会经济和技术发展至关重要部门的公共利益所必需的措
施，只要此类措施与本协定的规定相一致。

2.   只要与本协定的规定相一致，可能需要采取适当措施以防止知识产
权权利持有人滥用知识产权或采取不合理地限制贸易或对国际技术转让造
成不利影响的做法。

第二部分
关于知识产权效力、范围和使用的标准
第1节：版权和相关权利
第 9 条
与《伯尔尼公约》的关系

1. 各成员应遵守《伯尔尼公约》(1971)第 1 条至第 21 条及其附录的规定。但是，对于该公约第 6 条之二授予或派生的权利，各成员在本协定项下不享有权利或义务。

2. 版权的保护仅延伸至表达方式，而不延伸至思想、程序、操作方法或数学概念本身。

第 10 条
计算机程序和数据汇编

1. 计算机程序，无论是源代码还是目标代码，应作为《伯尔尼公约》(1971)项下的文字作品加以保护。

2. 数据汇编或其他资料，无论机器可读还是其他形式，只要由于对其内容的选取或编排而构成智力创作，即应作为智力创作加以保护。该保护不得延伸至数据或资料本身，并不得损害存在于数据或资料本身的任何版权。

第 11 条
出租权

至少就计算机程序和电影作品而言，一成员应给予作者及其合法继承人准许或禁止向公众商业性出租其有版权作品的原件或复制品的权利。一成员对电影作品可不承担此义务，除非此种出租已导致对该作品的广泛复制，从而实质性减损该成员授予作者及其合法继承人的专有复制权。就计算机程序而言，如该程序本身不是出租的主要标的，则此义务不适用于出租。

第 12 条
保护期限

除摄影作品或实用艺术作品外，只要一作品的保护期限不以自然人

的生命为基础计算，则该期限自作品经授权出版的日历年年底计算即不得少于 50 年，或如果该作品在创作后 50 年内未经授权出版，则为自作品完成的日历年年底起计算的 50 年。

第 13 条
限制和例外

各成员对专有权作出的任何限制或例外规定仅限于某些特殊情况，且与作品的正常利用不相冲突，也不得无理损害权利持有人的合法权益。

第 14 条
对表演者、录音制品(唱片)制作者和
广播组织的保护

1.　就将其表演固定在录音制品上而言，表演者应有可能防止下列未经其授权的行为：固定其未曾固定的表演和复制该录制品。表演者还应有可能阻止下列未经其授权的行为：以无线广播方式播出和向大众传播其现场表演。

2.　录音制品制作者应享有准许或禁止直接或间接复制其录音制品的权利。

3.　广播组织有权禁止下列未经其授权的行为：录制、复制录制品、以无线广播方式转播以及将其电视广播向公众传播。如各成员未授予广播组织此类权利，则在遵守《伯尔尼公约》(1971)规定的前提下，应给予广播的客体的版权所有权人阻止上述行为的可能性。

4.　第 11 条关于计算机程序的规定在细节上作必要修改后应适用于录音制品制作者和按一成员法律确定的录音制品的任何其他权利持有人。如在 1994 年 4 月 15 日，一成员在录音制品的出租方面已实施向权利持有人公平付酬的制度，则可维持该制度，只要录音制品的商业性出租不对权利持有人的专有复制权造成实质性减损。

5.　本协定项下表演者和录音制品制作者可获得的保护期限，自该固定或表演完成的日历年年底计算，应至少持续至 50 年年末。按照第 3 款给予的保护期限，自广播播出的日历年年底计算，应至少持续 20 年。

6.　任何成员可就第 1 款、第 2 款和第 3 款授予的权利，在《罗马公约》允许的限度内，规定条件、限制、例外和保留。但是，《伯尔尼公约》(1971)

第 18 条的规定在细节上作必要修改后也应适用于表演者和录音制品制作者对录音制品享有的权利。

第 2 节：商标
第 15 条
可保护客体

1.　任何标记或标记的组合，只要能够将一企业的货物和服务区别于其他企业的货物或服务，即能够构成商标。此类标记，特别是单词，包括人名、字母、数字、图案的成分和颜色的组合以及任何此类标记的组合，均应符合注册为商标的条件。如标记无固有的区别有关货物或服务的特征，则各成员可以由通过使用而获得的显著性作为注册的条件。各成员可要求，作为注册的条件，这些标记应为视觉上可感知的。

2.　第 1 款不得理解为阻止一成员以其他理由拒绝商标的注册，只要这些理由不背离《巴黎公约》(1967)的规定。

3.　各成员可以将使用作为注册条件。但是，一商标的实际使用不得作为接受申请的一项条件。不得仅以自申请日起 3 年期满后商标未按原意使用为由拒绝该申请。

4.　商标所适用的货物或服务的性质在任何情况下不得形成对商标注册的障碍。

5.　各成员应在商标注册前或在注册后迅速公布每一商标，并应对注销注册的请求给予合理的机会。此外，各成员可提供机会以便对商标的注册提出异议。

第 16 条
授予的权利

1.　注册商标的所有权人享有专有权，以阻止所有第三方未经该所有权人同意在贸易过程中对与已注册商标的货物或服务的相同或类似货物或服务使用相同或类似标记，如此类使用会导致混淆的可能性。在对相同货物或服务使用相同标记的情况下，应推定存在混淆的可能性。上述权利不得损害任何现有的优先权，也不得影响各成员以使用为基础提供权利的可能性。

2.　《巴黎公约》(1967)第 6 条之二在细节上作必要修改后应适用于服务。

在确定一商标是否驰名时，各成员应考虑相关部门公众对该商标的了解程度，包括在该成员中因促销该商标而获得的了解程度。

3. 《巴黎公约》(1967)第 6 条之二在细节上作必要修改后应适用于与已注册商标的货物或服务不相类似的货物或服务，只要该商标在对那些货物或服务的使用方面可表明这些货物或服务与该注册商标所有权人之间存在联系，且此类使用有可能损害该注册商标所有权人的利益。

第 17 条
例外

各成员可对商标所授予的权利规定有限的例外，如合理使用描述性词语，只要此类例外考虑到商标所有权人和第三方的合法权益。

第 18 条
保护期限

商标的首次注册及每次续展的期限均不得少于 7 年。商标的注册应可以无限续展。

第 19 条
关于使用的要求

1. 如维持注册需要使用商标，则只有在至少连续 3 年不使用后方可注销注册，除非商标所有权人根据对商标使用存在的障碍说明正当理由。出现商标人意志以外的情况而构成对商标使用的障碍，例如对受商标保护的货物或服务实施进口限制或其他政府要求，此类情况应被视为不使用商标的正当理由。

2. 在受所有权人控制的前提下，另一人使用一商标应被视为为维持注册而使用该商标。

第 20 条
其他要求

在贸易过程中使用商标不得受特殊要求的无理妨碍，例如要求与另一商标一起使用，以特殊形式使用或要求以损害其将一企业的货物或服务区别于另一企业的货物或服务能力的方式使用。此点不排除要求将识别生产该货物或服务的企业的商标与区别该企业的所涉具体货物或服务的商标一起使用，但不将两者联系起来。

第 21 条
许可和转让

各成员可对商标的许可和转让确定条件，与此相关的理解是，不允许商标的强制许可，且注册商标的所有权人有权将商标与该商标所属业务同时或不同时转让。

第 3 节：地理标识
第 22 条
地理标识的保护

1.　　就本协定而言，"地理标识"指识别一货物来源于一成员领土或该领土内一地区或地方的标识，该货物的特定质量、声誉或其他特性主要归因于其地理来源。

2.　　就地理标识而言，各成员应向利害关系方提供法律手段以防止：

(a)　　在一货物的标志或说明中使用任何手段标明或暗示所涉货物来源于真实原产地之外的一地理区域，从而在该货物的地理来源方面使公众产生误解；

(b)　　构成属《巴黎公约》(1967)第 10 条之二范围内的不公平竞争行为的任何使用。

3.　　如一商标包含的或构成该商标的地理标识中所标明的领土并非货物的来源地，且如果在该成员中在此类货物的商标中使用该标识会使公众对其真实原产地产生误解，则该成员在其立法允许的情况下可依职权或在一利害关系方请求下，拒绝该商标注册或宣布注册无效。

4.　　根据第 1 款、第 2 款和第 3 款给予的保护可适用于虽在文字上表明货物来源的真实领土、地区或地方，但却虚假地向公众表明该货物来源于另一领土的地理标识。

第 23 条
对葡萄酒和烈酒地理标识的附加保护

1.　　每一成员应为利害关系方提供法律手段，以防止将识别葡萄酒的地理标识用于并非来源于所涉地理标识所标明地方的葡萄酒，或防止将识别烈酒的地理标识用于并非来源于所涉地理标识所标明地方的烈酒，即使对货物的真实原产地已标明，或该地理标识用于翻译中，或附有"种类"、"类型"、"特色"、"仿制"或类似表达方式。[4]

2.　　对于一葡萄酒商标包含识别葡萄酒的地理标识或由此种标识构成，或如果一烈酒商标包含识别烈酒的地理标识或由此种标识构成，一成员应在其立法允许的情况下依职权或在一利害关系方请求下，对不具备此来源的此类葡萄酒或烈酒，拒绝该商标注册或宣布注册无效。

3.　　在葡萄酒的地理标识同名的情况下，在遵守第 22 条第 4 款规定的前提下，应对每一种标识予以保护。每一成员应确定相互区分所涉同名标识的可行条件，同时考虑保证公平对待有关生产者且使消费者不致产生误解的需要。

4.　　为便利葡萄酒地理标识的保护，应在 TRIPS 理事会内谈判建立关于葡萄酒地理标识通知和注册的多边制度，使之能在参加该多边制度的成员中获得保护。

第 24 条
国际谈判：例外

1.　　各成员同意进行谈判，以加强根据第 23 条对单个地理标识的保护。一成员不得使用以下第 4 款至第 8 款的规定，以拒绝进行谈判或订立双边或多边协定。在此类谈判中，各成员应自愿考虑这些规定继续适用于其使用曾为此类谈判主题的单个地理标识。

2.　　TRIPS 理事会应继续对本节规定的适用情况进行审议：第一次审议应在《WTO 协定》生效后 2 年之内进行。任何影响遵守这些规定下的义务的事项均可提请理事会注意，在一成员请求下，理事会应就有关成员之间未能通过双边或诸边磋商找到满意解决办法的事项与任何一成员或多个成员进行磋商。理事会应采取各方同意的行动，以便利本节的运用，并促进本节目标的实现。

3.　　在实施本节时，一成员不得降低《WTO 协定》生效之日前已在该成员中存在的对地理标识的保护。

---

[4] 尽管有第 42 条第 1 句的规定，但是就这些义务而言，各成员仍可通过行政行为对实施作出规定。

4.　　本节的任何规定均不得要求一成员阻止其任何国民或居民在货物或服务方面继续以类似方式使用另一成员识别葡萄酒或烈酒的一特定地理标志，如其国民或居民在相同或有关的货物或服务上在该成员领土内已连续使用该地理标志(a)在 1994 年 4 月 15 日前已至少有 10 年，或(b)在该日期之前的使用是善意的。

5.　　如一商标的申请或注册是善意的，或如果一商标的权利是在以下日期之前通过善意的使用取得的：

　　(a)　　按第六部分确定的这些规定在该成员中适用之日前；或

　　(b)　　该地理标志在其起源国获得保护之前；

为实施本节规定而采取的措施不得因一商标与一地理标志相同或类似而损害该商标注册的资格或注册的有效性或商标的使用权。

6.　　如任何其他成员关于货物或服务的地理标志与一成员以通用语文的惯用术语作为其领土内此类货物或服务的普通名称相同，则本节的任何规定不得要求该成员对其他成员的相关标志适用本节的规定。如任何其他成员用于葡萄酒产品的地理标志与在《WTO 协定》生效之日一成员领土内已存在的葡萄品种的惯用名称相同，则本节的任何规定不得要求该成员对其他成员的相关标志适用本节的规定。

7.　　一成员可规定，根据本节提出的关于一商标的使用或注册的任何请求必须在对该受保护标志的非法使用已在该成员中广为人知后 5 年内提出，或如果商标在一成员中的注册日期早于上述非法使用在该成员中广为人知的日期，只要该商标在其注册之日前已公布，则该请求必须在该商标在该成员中注册之日起 5 年内提出，只要该地理标志未被恶意使用或注册。

8.　　本节的规定绝不能损害任何人在贸易过程中使用其姓名或其业务前任的姓名的权利，除非该姓名使用的方式会使公众产生误解。

9.　　各成员在本协定项下无义务保护在起源国不受保护或已停止保护，或在该国中已废止的地理标志。

第 4 节：工业设计

第 25 条

保护的要求

1.　　各成员应对新的或原创性的独立创造的工业设计提供保护。各成员可规定，如工业设计不能显著区别于已知的设计或已知设计特征的组合，则不属新的或原创性设计。各成员可规定该保护不应延伸至主要出于技术或功能上的考虑而进行的设计。

2.　　每一成员应保证为获得对纺织品设计的保护而规定的要求，特别是有关任何费用、审查或公布的要求，不得无理损害寻求和获得此种保护的机会。各成员有权通过工业设计法或版权法履行该项义务。

第 26 条

保护

1.　　受保护的工业设计的所有权人有权阻止第三方未经所有权人同意而生产、销售或进口所载或所含设计是一受保护设计的复制品或实质上是复制品的物品，如此类行为为商业目的而采取。

2.　　各成员可对工业设计的保护规定有限的例外，只要此类例外不会与受保护的工业设计的正常利用发生无理抵触，也不会无理损害受保护工业设计所有权人的合法权益，同时考虑第三方的合法权益。

3.　　可获得的保护期限应至少达到 10 年。

第 5 节：专利

第 27 条

可授予专利的客体

1.　　在遵守第 2 款和第 3 款规定的前提下，专利可授予所有技术领域的任何发明，无论是产品还是方法，只要它们具有新颖性、包含发明性步骤，并可供工业应用。[5]在遵守第 65 条第 4 款、第 70 条第 8 款和本条第 3 款规定的前提下，对于专利的获得和专利权的享受不因发明地点、技术领域、产品是进口的还是当地生产的而受到歧视。

---

[5] 在本条中，一成员可将"发明性步骤"和"可供工业应用"这两项措辞分别理解为与"非显而易见的"和"有用的"同义。

2.　　各成员可拒绝对某些发明授予专利权，如在其领土内阻止对这些发明的商业利用是维护公共秩序或道德，包括保护人类、动物或植物的生命或健康或避免对环境造成严重损害所必需的，只要此种拒绝授予并非仅因为此种利用为其法律所禁止。

3.　　各成员可拒绝对下列内容授予专利权：

(a)　　人类或动物的诊断、治疗和外科手术方法；

(b)　　除微生物外的植物和动物，以及除非生物和微生物外的生产植物和动物的主要生物方法。但是，各成员应规定通过专利或一种有效的特殊制度或通过这两者的组合来保护植物品种。本项的规定应在《WTO 协定》生效之日起 4 年后进行审议。

第 28 条
授予的权利

1.　　一专利授予其所有权人下列专有权利：

(a)　　如一专利的客体是产品，则防止第三方未经所有权人同意而进行制造、使用、标价出售、销售或为这些目的而进口[6]该产品的行为；

(b)　　如一专利的客体是方法，则防止第三方未经所有权人同意而使用该方法的行为，并防止使用、标价出售、销售或为这些目的而进口至少是以该方法直接获得产品的行为。

2.　　专利所有权人还有权转让或以继承方式转移其专利并订立许可合同。

第 29 条
专利申请人的条件

1.　　各成员应要求专利申请人以足够清晰和完整的方式披露其发明，使该专业的技术人员能够实施该发明，并可要求申请人在申请之日，或在要求优先权的情况下在申请的优先权日，指明发明人所知的实施该发明的最佳方式。

2.　　各成员可要求专利申请人提供关于申请人相应的国外申请和授予情况的信息。

---

[6] 此权利与根据本协定授予的关于使用、销售、进口或分销货物的权利一样，应遵守第 6 条的规定。

第 30 条
授予权利的例外

各成员可对专利授予的专有权规定有限的例外，只要此类例外不会对专利的正常利用发生无理抵触，也不会无理损害专利所有权人的合法权益，同时考虑第三方的合法权益。

第 31 条
未经权利持有人授权的其他使用

如一成员的法律允许未经权利持有人授权即可对一专利的客体作其他使用[7]，包括政府或经政府授权的第三方的使用，则应遵守下列规定：

(a)　授权此种使用应一事一议；

(b)　只有在拟使用者在此种使用之前已经按合理商业条款和条件努力从权利持有人处获得授权，但此类努力在合理时间内未获得成功，方可允许此类使用。在全国处于紧急状态或在其他极端紧急的情况下，或在公共非商业性使用的情况下，一成员可豁免此要求。尽管如此，在全国处于紧急状态或在其他极端紧急的情况下，应尽快通知权利持有人。在公共非商业性使用的情况下，如政府或合同方未作专利检索即知道或有显而易见的理由知道一有效专利正在或将要被政府使用或为政府而使用，则应迅速告知权利持有人；

(c)　此类使用的范围和期限应仅限于被授权的目的，如果是半导体技术，则仅能用于公共非商业性使用，或用于补救经司法或行政程序确定为限制竞争行为；

(d)　此种使用应是非专有的；

(e)　此种使用应是不可转让的，除非与享有此种使用的那部分企业或商誉一同转让；

(f)　任何此种使用的授权应主要为供应授权此种使用的成员的国内市场；

(g)　在充分保护被授权人合法权益的前提下，如导致此类使用的情况已不复存在且不可能再次出现，则有关此类使用的授权

7　"其他使用"指除第 30 条允许的使用以外的使用。

应终止。在收到有根据的请求的情况下，主管机关有权审议这些情况是否继续存在；

(h) 在每一种情况下应向权利持有人支付适当报酬，同时考虑授权的经济价值；

(i) 与此种使用有关的任何决定的法律效力应经过司法审查或经过该成员中上一级主管机关的独立审查；

(j) 任何与就此种使用提供的报酬有关的决定应经过司法审查或该成员中上一级主管机关的独立审查；

(k) 如允许此类使用以补救经司法或行政程序确定的限制竞争的行为，则各成员无义务适用(b)项和(f)项所列条件。在确定此类情况下的报酬数额时，可考虑纠正限制竞争行为的需要。如导致授权的条件可能再次出现，则主管机关有权拒绝终止授权；

(l) 如授权此项使用以允许利用一专利("第二专利")，而该专利在不侵害另一专利("第一专利")的情况下不能被利用，则应适用下列附加条件：

   (i) 与第一专利中要求的发明相比，第二专利中要求的发明应包含重要的、具有巨大经济意义的技术进步；

   (ii) 第一专利的所有权人有权以合理的条件通过交叉许可使用第二专利具有的发明；以及

   (iii) 就第一专利授权的使用不得转让，除非与第二专利一同转让。

第32条
撤销/无效

对任何有关撤销或宣布一专利无效的决定应可进行司法审查。

第 33 条
保护期限

可获得的保护期限不得在自申请之日[8]起计算的 20 年期满前结束。

第 34 条
方法专利：举证责任

1.　　就第 28 条第 1 款(b)项所指的侵害所有权人权利的民事诉讼而言，如一专利的客体是获得一产品的方法，则司法机关有权责令被告方证明其获得相同产品的方法不同于已获专利的方法。因此，各成员应规定至少在下列一种情况下，任何未经专利所有权人同意而生产的相同产品，如无相反的证明，则应被视为是通过该已获专利方法所获得的：

(a)　　如通过该已获专利方法获得的产品是新的；

(b)　　如存在实质性的可能性表明该相同产品是由该方法生产的，而专利所有权人经过合理努力不能确定事实上使用了该方法。

2.　　只有满足(a)项所指条件或只有满足(b)项所指条件，任何成员方有权规定第 1 款所指的举证责任在于被指控的侵权人。

3.　　在引述相反证据时，应考虑被告方在保护其制造和商业秘密方面的合法权益。

第 6 节：集成电路布图设计(拓扑图)
第 35 条
与《IPIC 条约》的关系

各成员同意依照《IPIC 条约》第 2 条至第 7 条(第 6 条第 3 款除外)及第 12 条和第 16 条第 3 款，对集成电路的布图设计(拓扑图)(本协定中称"布图设计")提供保护，此外还同意遵守下列规定。

---

[8] 各方理解，无原始授予制度的成员可规定保护期限应自原始授予制度中的申请之日起计算。

第 36 条
保护范围

在遵守第 37 条第 1 款规定的前提下，如从事下列行为未经权利持有人[9]授权，则应视为非法：为商业目的进口、销售或分销一受保护的布图设计、含有受保护的布图设计的集成电路、或含有此种集成电路的物品，只要该集成电路仍然包含非法复制的布图设计。

第 37 条
无需权利持有人授权的行为

1.　尽管有第 36 条的规定，但是如从事或命令从事该条所指的与含有非法复制的布图设计的集成电路或包含此种集成电路的物品有关的行为的人，在获得该集成电路或包含该集成电路的物品时，不知道且无合理的根据知道其中包含此种非法复制的布图设计，则任何成员不得将从事该条所指的任何行为视为非法。各成员应规定，在该人收到关于该布图设计被非法复制的充分通知后，可对现有的存货和此前的订货从事此类行为，但有责任向权利持有人支付费用，数额相当于根据就此种布图设计自愿达成的许可协议应付的合理使用费。

2.　第 31 条(a)项至(k)项所列条件在细节上作必要修改后应适用于任何有关布图设计的非自愿许可情况或任何未经权利持有人授权而被政府或为政府而使用的情况。

第 38 条
保护期限

1.　在要求将注册作为保护条件的成员中，布图设计的保护期限不得在自提交注册申请之日起或自世界任何地方首次进行商业利用之日起计算 10 年期限期满前终止。

2.　在不要求将注册作为保护条件的成员中，布图设计的保护期限不得少于自世界任何地方首次进行商业利用之日起计算的 10 年。

3.　尽管有第 1 款和第 2 款的规定，任何一成员仍可规定保护应在布图设计创作 15 年后终止。

---

[9] 本节中的"权利持有人"一词应理解为与《IPIC 条约》中的"权利的持有人"一词含义相同。

第 7 节：对未披露信息的保护
第 39 条

1.　　在保证针对《巴黎公约》(1967)第 10 条之二规定的不公平竞争而采取有效保护的过程中，各成员应依照第 2 款对未披露信息和依照第 3 款提交政府或政府机构的数据进行保护。

2.　　自然人和法人应有可能防止其合法控制的信息在未经其同意的情况下以违反诚实商业行为[10]的方式向他人披露，或被他人取得或使用，只要此类信息：

　　　　(a)　　属秘密，即作为一个整体或就其各部分的精确排列和组合而言，该信息尚不为通常处理所涉信息范围内的人所普遍知道，或不易被他们获得；

　　　　(b)　　因属秘密而具有商业价值；并且

　　　　(c)　　由该信息的合法控制人，在此种情况下采取合理的步骤以保持其秘密性质。

3.　　各成员如要求，作为批准销售使用新型化学个体制造的药品或农业化学物质产品的条件，需提交通过巨大努力取得的、未披露的试验数据或其他数据，则应保护该数据，以防止不正当的商业使用。此外，各成员应保护这些数据不被披露，除非属为保护公众所必需，或除非采取措施以保证该数据不被用在不正当的商业使用中。

第 8 节：对协议许可中限制竞争行为的控制
第 40 条

1.　　各成员同意，一些限制竞争的有关知识产权的许可活动或条件可对贸易产生不利影响，并会妨碍技术的转让和传播。

2.　　本协定的任何规定均不得阻止各成员在其立法中明确规定在特定情况下可构成对知识产权的滥用并对相关市场中的竞争产生不利影响的许可活动或条件。如以上所规定的，一成员在与本协定其他规定相一致的条件下，可按照该成员的有关法律法规，采取适当的措施以防止或控制此类活

---

[10] 在本规定中，"违反诚实商业行为的方式"应至少包括以下做法：如违反合同、泄密和违约诱导，并且包括第三方取得未披露的信息，而该第三方知道或因严重疏忽未能知道未披露信息的取得涉及此类做法。

动，包括诸如排他性返授条件、阻止对许可效力提出质疑的条件和强制性一揽子许可等。

3. 　　应请求，每一成员应与任一其他成员进行磋商，只要该成员有理由认为被请求进行磋商成员的国民或居民的知识产权所有权人正在采取的做法违反请求进行磋商成员关于本节主题的法律法规，并希望在不妨害根据法律采取任何行动及不损害两成员中任一成员作出最终决定的充分自由的情况下，使该立法得到遵守。被请求的成员应对与提出请求成员的磋商给予充分和积极的考虑，并提供充分的机会，并在受国内法约束和就提出请求的成员保障其机密性达成相互满意的协议的前提下，通过提供与所涉事项有关的、可公开获得的非机密信息和该成员可获得的其他信息进行合作。

4. 　　如一成员的国民或居民在另一成员领土内因被指控违反该另一成员有关本节主题的法律法规而被起诉，则该另一成员应按与第 3 款预想的条件相同的条件给予该成员磋商的机会。

第三部分
知识产权的实施
第 1 节：一般义务
第 41 条

1. 　　各成员应保证其国内法中包括关于本部分规定的实施程序，以便对任何侵犯本协定所涵盖知识产权的行为采取有效行动，包括防止侵权的迅速救济措施和制止进一步侵权的救济措施。这些程序的实施应避免对合法贸易造成障碍并为防止这些程序被滥用提供保障。

2. 　　有关知识产权的实施程序应公平和公正。这些程序不应不必要的复杂和费用高昂，也不应限定不合理的时限或造成无理的迟延。

3. 　　对一案件是非曲直的裁决，最好采取书面形式并说明理由。至少应使诉讼当事方可获得，而不造成不正当的迟延。对一案件是非曲直的裁决只能根据已向各方提供听证机会的证据作出。

4. 　　诉讼当事方应有机会要求司法机关对最终行政裁定进行审查，并在遵守一成员法律中有关案件重要性的司法管辖权规定的前提下，至少对案件是非的初步司法裁决的法律方面进行审查。但是,对刑事案件中的无罪判决无义务提供审查机会。

5.　　各方理解,本部分并不产生任何建立与一般法律实施制度不同的知识产权实施制度的义务,也不影响各成员实施一般法律的能力。本部分的任何规定在实施知识产权与实施一般法律的资源分配方面,也不产生任何义务。

第 2 节：民事和行政程序及救济
第 42 条
公平和公正的程序

各成员应使权利持有人[11]可获得有关实施本协定涵盖的任何知识产权的民事司法程序。被告有权获得及时的和包含足够细节的书面通知,包括权利请求的依据。应允许当事方由独立的法律顾问代表出庭,且程序不应制定强制本人出庭的过重要求。此类程序的所有当事方均有权证明其权利请求并提供所有相关证据。该程序应规定一种确认和保护机密信息的方法,除非此点会违背现有的宪法规定的必要条件。

第 43 条
证据

1.　　如一当事方已出示可合理获得的足以证明其权利请求的证据,并指明在对方控制之下的与证实其权利请求有关的证据,则司法机关在遵守在适当的情况下可保证保护机密信息条件的前提下,有权命令对方提供此证据。

2.　　如一诉讼方在合理期限内自行且无正当理由拒绝提供或不提供必要的信息,或严重阻碍与一实施行动有关的程序,则一成员可授权司法机关在向其提供信息的基础上,包括由于被拒绝提供信息而受到不利影响的当事方提出的申诉或指控,作出肯定或否定的初步或最终裁决,但应向各当事方提供就指控或证据进行听证的机会。

---

[11] 在本部分中,"权利持有人"一词包括具有在法律上主张这种权利的资格的联盟和协会。

第 44 条
禁令

1.　　司法机关有权责令一当事方停止侵权，特别是有权在结关后立即阻止涉及知识产权侵权行为的进口货物进入其管辖范围内的商业渠道。如受保护的客体是在一人知道或有合理的根据知道从事该客体的交易会构成知识产权侵权之前取得或订购的，则各成员无义务给予此种授权。

2.　　尽管有本部分其他条款的规定，但是只要符合第二部分专门处理未经权利持有人授权的政府使用或政府授权的第三方使用而作出的规定，各成员可将针对可使用的救济限于依照第 31 条(h)项支付的报酬。在其他情况下，应适用本部分下的救济，或如果这些救济与一成员的法律不一致，则应采取宣告式判决，并应可获得适当的补偿。

第 45 条
赔偿费

1.　　对于故意或有充分理由应知道自己从事侵权活动的侵权人，司法机关有权责令侵权人向权利持有人支付足以补偿其因知识产权侵权所受损害的赔偿。

2.　　司法机关还有权责令侵权人向权利持有人支付有关费用，其中可包括有关的律师费用。在适当的情况下，各成员可授权司法机关责令其退还利润和/或支付法定的赔偿，即使侵权人故意或有充分理由知道自己从事侵权活动。

第 46 条
其他补救

　　　　为有效制止侵权，司法机关有权在不给予任何补偿的情况下，责令将已被发现侵权的货物清除出商业渠道，以避免对权利持有人造成任何损害，或下令将其销毁，除非此点会违背现有的宪法规定的必要条件。司法机关还有权在不给予任何补偿的情况下，责令将主要用于制造侵权货物的材料和工具清除出商业渠道，以便将产生进一步侵权的风险减少到最低限度。在考虑此类请求时，应考虑侵权的严重程度与给予的救济以及第三方利益之间的均衡性。对于冒牌货，除例外情况外，仅除去非法加贴的商标并不足以允许该货物放行进入商业渠道。

第 47 条
获得信息的权利

各成员可规定，司法机关有权责令侵权人将生产和分销侵权货物或服务过程中涉及的第三方的身份及其分销渠道告知权利持有人，除非此点与侵权的严重程度不相称。

第 48 条
对被告的赔偿

1.　　如应一当事方的请求而采取措施且该当事方滥用实施程序，则司法机关有权责令该当事方向受到错误禁止或限制的当事方就因此种滥用而受到的损害提供足够的补偿。司法机关还有权责令该申请当事方支付辩方费用，其中可包括适当的律师费。

2.　　就实施任何有关知识产权的保护或实施的法律而言，只有在管理该法过程中采取或拟采取的行动是出于善意的情况下，各成员方可免除公共机构和官员采取适当救济措施的责任。

第 49 条
行政程序

如由于行政程序对案件是非曲直的裁决而导致责令进行任何民事救济，则此类程序应符合与本节所列原则实质相当的原则。

第 3 节：临时措施
第 50 条

1.　　司法机关有权责令采取迅速和有效的临时措施以便：

    (a)　　防止侵犯任何知识产权，特别是防止货物进入其管辖范围内的商业渠道，包括结关后立即进入的进口货物；

    (b)　　保存关于被指控侵权的有关证据。

2. 在适当时，特别是在任何迟延可能对权利持有人造成不可补救的损害时，或存在证据被销毁的显而易见的风险时，司法机关有权采取不作预先通知的临时措施。

3. 司法机关有权要求申请人提供任何可合理获得的证据，以使司法机关有足够程度的确定性确信该申请人为权利持有人，且该申请人的权利正在受到侵犯或此种侵权已迫近，并有权责令申请人提供足以保护被告和防止滥用的保证金或相当的担保。

4. 如已经采取不作预先通知的临时措施，则至迟应在执行该措施后立刻通知受影响的各方。应被告请求，应对这些措施进行审查，包括进行听证，以期在作出关于有关措施的通知后一段合理期限内，决定这些措施是否应进行修改、撤销或确认。

5. 执行临时措施的主管机关可要求申请人提供确认有关货物的其他必要信息。

6. 在不损害第 4 款规定的情况下，如导致根据案件是非曲直作出裁决的程序未在一合理期限内启动，则应被告请求，根据第 1 款和第 2 款采取的临时措施应予撤销或终止生效，该合理期限在一成员法律允许的情况下由责令采取该措施的司法机关确定，如未作出此种确定，则不超过 20 个工作日或 31 天，以时间长者为准。

7. 如临时措施被撤销或由于申请人的任何作为或不作为而失效，或如果随后认为不存在知识产权侵权或侵权威胁，则应被告请求，司法机关有权责令申请人就这些措施造成的任何损害向被告提供适当补偿。

8. 在作为行政程序的结果可责令采取任何临时措施的限度内，此类程序应符合与本节所列原则实质相当的原则。

第 4 节：与边境措施相关的特殊要求[12]

第 51 条

海关中止放行

　　各成员应在符合以下规定的情况下，采取程序[13]使在有正当理由怀疑假冒商标或盗版货物[14]的进口有可能发生的权利持有人，能够向行政或司法主管机关提出书面申请，要求海关中止放行此类货物进入自由流通。各成员可针对涉及其他知识产权侵权行为的货物提出此种申请，只要符合本节的要求。各成员还可制定关于海关中止放行自其领土出口的侵权货物的相应程序。

第 52 条

申请

　　任何启动第 51 条下程序的权利持有人需要提供充分的证据，以使主管机关相信，根据进口国法律，可初步推定权利持有人的知识产权受到侵犯，并提供货物的足够详细的说明以便海关易于辨认。主管机关应在一合理期限内告知申请人是否已受理其申请，如主管机关已确定海关采取行动的时限，则应将该时限通知申请人。

第 53 条

保证金或同等的担保

1.　　主管机关有权要求申请人提供足以保护被告和主管机关并防止滥用的保证金或同等的担保。此类保证金或同等的担保不得无理阻止对这些程

---

[12] 如一成员已取消对跨越与其形成关税同盟一部分的另一成员边境的货物流动的实质上所有管制，则不得要求该成员在该边境上适用本节的规定。

[13] 各方理解，对于由权利持有人或经其同意投放到另一成员市场上的进口货物或过境货物，无义务适用此类程序。

[14] 就本协议而言：

　　(a)　　"冒牌货物"指包括包装在内的任何如下货物：未经许可而载有的商标与此类货物已有效注册的商标相同，或其基本特征不能与此种商标相区分，并因此在进口国法律项下侵犯了所涉商标所有权人的权利；

　　(b)　　"盗版货物"指任何如下货物：未经权利持有人同意或未经在生产国获得权利持有人充分授权的人同意而制造的复制品，及直接或间接由一物品制成的货物，如此种复制在进口国法律项下构成对版权或相关权利的侵犯。

序的援用。

2. 如按照根据本节提出的申请，海关根据非司法机关或其他独立机关的裁决对涉及工业设计、专利、集成电路布图设计或未披露信息的货物中止放行进入自由流通，而第 55 条规定的期限在获得适当授权的机关未给予临时救济的情况下已期满，只要符合所有其他进口条件，则此类货物的所有人、进口商或收货人有权在对任何侵权交纳一笔足以保护权利持有人的保证金后有权要求予以放行。该保证金的支付不得损害对权利持有人的任何其他可获得的补救，如权利持有人未能在一合理期限内行使诉讼权，则该保证金应予解除。

第 54 条
中止放行的通知

根据第 51 条作出的对货物的中止放行应迅速通知进口商和申请人。

第 55 条
中止放行的时限

如在向申请人送达关于中止放行的通知后不超过 10 个工作日的期限内，海关未被告知一非被告的当事方已就关于案件是非曲直的裁决提出诉讼，或未被告知获得适当授权的机关已采取临时措施延长货物中止放行的期限，则此类货物应予放行，只要符合所有其他进口或出口条件：在适当的情况下，此时限可再延长 10 个工作日。如已启动就案件是非曲直作出裁决的诉讼，则应被告请求，应进行审查，包括进行听证，以期在一合理期限内决定这些措施是否应予修正、撤销或确认。尽管有上述规定，但是如依照临时司法措施中止或继续中止货物的放行，则应适用第 50 条第 6 款的规定。

第 56 条
对进口商和货物所有权人的赔偿

有关主管机关有权责令申请人向进口商、收货人和货物所有权人对因货物被错误扣押或因扣押按照第 55 条放行的货物而造成的损失支付适当的补偿。

第 57 条
检验和获得信息的权利

在不损害保护机密信息的情况下，各成员应授权主管机关给予权利持有人充分的机会要求海关对扣押的货物进行检查，以证实权利持有人的权利请求。主管机关还有权给予进口商同等的机会对此类货物进行检查。如对案件的是非曲直作出肯定确定，则各成员可授权主管机关将发货人、进口商和收货人的姓名和地址及所涉货物的数量告知权利持有人。

第 58 条
依职权的行动

如各成员要求主管机关自行采取行动，并对其已取得初步证据证明一知识产权正在被侵犯的货物中止放行，则：

(a)   主管机关可随时向权利持有人寻求可帮助其行使这些权力的任何信息；

(b)   进口商和权利持有人应被迅速告知中止放行的行动。如进口商向主管机关就中止放行提出上诉，则中止放行应遵守在细节上作必要修改的第 55 条所列条件；

(c)   只有在采取或拟采取的行动是出于善意的情况下，各成员方可免除公共机构和官员采取适当救济措施的责任。

第 59 条
救济

在不损害权利持有人可采取的其他诉讼权并在遵守被告寻求司法机关进行审查权利的前提下，主管机关有权依照第 46 条所列原则责令销毁或处理侵权货物。对于假冒商标货物，主管机关不得允许侵权货物在未作改变的状态下再出口或对其适用不同的海关程序，但例外情况下除外。

第 60 条
微量进口

各成员可将旅客个人行李中夹带的或在小件托运中运送的非商业性少量货物排除在述规定的适用范围之外。

第 5 节：刑事程序
第 61 条

各成员应规定至少将适用于具有商业规模的蓄意假冒商标或盗版案件的刑事程序和处罚。可使用的救济应包括足以起到威慑作用的监禁和/或罚金，并应与适用于同等严重性的犯罪所受到的处罚水平一致。在适当的情况下，可使用的救济还应包括扣押、没收和销毁侵权货物和主要用于侵权活动的任何材料和工具。各成员可规定适用于其他知识产权侵权案件的刑事程序和处罚，特别是蓄意并具有商业规模的侵权案件。

第四部分
知识产权的取得和维持及当事方之间的相关程序
第 62 条

1.　　各成员可要求作为取得或维持第二部分第 2 节至第 6 节下规定的知识产权的一项条件，应符合合理的程序和手续。此类程序和手续应与本协定的规定相一致。

2.　　如知识产权的取得取决于该权利的给予或注册，则各成员应保证，给予或注册的程序在遵守取得该权利的实质性条件的前提下，允许在一合理期限内给予或注册该权利，以避免无根据地缩短保护期限。

3.　　《巴黎公约》(1967)第 4 条在细节上作必要修改后应适用于服务标记。

4.　　有关取得或维持知识产权的程序，及在一成员法律对此类程序作出规定的情况下，行政撤销和诸如异议、撤销和注销等当事方之间的程序，应适用于第 41 条第 2 款和第 3 款所列一般原则。

5.　　第 4 款下所指的任何程序中的行政终局裁决均应由司法或准司法机关进行审议。但是，在异议或行政撤销不成立的情况下，无义务提供机会对裁决进行此种审查，只要此类程序的根据可成为无效程序的理由。

第五部分
争端的防止和解决
第 63 条
透明度

1.　　一成员有效实施的、有关本协定主题(知识产权的效力、范围、取得、实施和防止滥用)的法律和法规及普遍适用的司法终局裁决和行政裁定应以本国语文公布，或如果此种公布不可行，则应使之可公开获得，以使政府和权利持有人知晓。一成员政府或政府机构与另一成员政府或政府机构之间实施的有关本协定主题的协定也应予以公布。

2.　　各成员应将第 1 款所指的法律和法规通知 TRIPS 理事会，以便在理事会审议本协定运用情况时提供帮助。理事会应努力尝试将各成员履行此义务的负担减少到最小程度，且如果与 WIPO 就建立法律和法规的共同登记处的磋商获得成功，则可决定豁免直接向理事会通知此类法律和法规的义务。理事会还应考虑在这方面就源自《巴黎公约》(1967)第 6 条之三的规定、在本协定项下产生的通知义务需要采取的任何行动。

3.　　每一成员应准备就另一成员的书面请求提供第 1 款所指类型的信息。一成员如有理由认为属知识产权领域的一特定司法裁决、行政裁定或双边协定影响其在本协定项下的权利，也可书面请求为其提供或向其告知此类具体司法裁决、行政裁定或双边协定的足够细节。

4.　　第 1 款、第 2 款和第 3 款中的任何规定均不得要求各成员披露会妨碍执法或违背公共利益或损害特定公私企业合法商业利益的机密信息。

第 64 条
争端解决

1.　　由《争端解决谅解》详述和实施的 GATT 1994 第 22 条和第 23 条的规定适用于本协定项下产生的磋商和争端解决，除非本协定中另有具体规定。

2.　　自《WTO 协定》生效之日起 5 年内，GATT 1994 第 23 条第 1 款(b)项和(c)项不得适用于本协定项下的争端解决。

3. 在第 2 款所指的时限内，TRIPS 理事会应审查根据本协定提出的、属 GATT 1994 第 23 条第 1 款(b)项和(c)项规定类型的起诉的范围和模式，并将其建议提交部长级会议供批准。部长级会议关于批准此类建议或延长第 2 款中时限的任何决定只能经协商一致作出，且经批准的建议应对所有成员生效，无需进一步的正式接受程序。

第六部分
过渡性安排
第 65 条
过渡性安排

1. 在遵守第 2 款、第 3 款和第 4 款的前提下，任何成员在《WTO 协定》生效之日起 1 年的一般期限期满前无义务适用本协定的规定。

2. 一发展中国家成员有权将按第 1 款规定的实施日期再推迟 4 年实施本协定的规定，但第 3 条、第 4 条和第 5 条除外。

3. 正处在从中央计划经济向市场和自由企业经济转型过程中的任何其他成员，及正在进行知识产权制度结构改革并在制订和实施知识产权法律和法规方面面临特殊困难的成员，也可受益于第 2 款设想的延迟期。

4. 如一发展中国家成员按照本协定有义务将产品专利保护扩大至在按第 2 款规定的、对其适用本协定的一般日期其领土内尚未接受保护的技术领域，则该成员可再推迟 5 年对此类技术领域适用本协定第二部分第 5 节关于产品专利的规定。

5. 利用第 1 款、第 2 款、第 3 款或第 4 款下的过渡期的一成员应保证，在过渡期内其法律、法规和做法的任何变更不会导致降低其与本协定规定一致性的程度。

第 66 条
最不发达国家成员

1. 鉴于最不发达国家成员的特殊需要和要求，其经济、财政和管理的局限性，以及其为创立可行的技术基础所需的灵活性，不得要求此类成员在按第 65 条第 1 款定义的适用日期起 10 年内适用本协定的规定，但第 3

条、第 4 条和第 5 条除外。TRIPS 理事会应最不发达国家成员提出的有根据的请求，应延长该期限。

2. 发达国家成员应鼓励其领土内的企业和组织，促进和鼓励向最不发达国家成员转让技术，以使这些成员创立一个良好和可行的技术基础。

第 67 条
技术合作

为促进本协定的实施，发达国家成员应发展中国家成员和最不发达国家成员的请求，并按双方同意的条款和条件，应提供有利于发展中国家成员和最不发达国家成员的技术和资金合作。此种合作应包括帮助制定有关知识产权保护和实施以及防止其被滥用的法律和法规，还应包括支持设立或加强与这些事项有关的国内机关和机构，包括人员培训。

第七部分
机构安排；最后条款
第 68 条
与贸易有关的知识产权理事会

TRIPS 理事会应监督本协定的运用，特别是各成员遵守本协定项下义务的情况，并为各成员提供机会就与贸易有关的知识产权事项进行磋商。理事会应履行各成员所指定的其他职责，特别是在争端解决程序方面提供各成员要求的任何帮助。在履行其职能时，TRIPS 理事会可向其认为适当的任何来源进行咨询和寻求信息。经与 WIPO 磋商，理事会应寻求在其第一次会议后 1 年内达成与该组织各机构进行合作的适当安排。

第 69 条
国际合作

各成员同意相互进行合作，以消除侵犯知识产权的国际货物贸易。为此，它们应在其政府内设立联络点并就此作出通知，并准备就侵权货物的贸易交流信息。它们特别应就假冒商标货物和盗版货物的贸易而促进海关之间的信息交流和合作。

第 70 条
对现有客体的保护

1.   对于在本协定对所涉成员适用之日前发生的行为，本协定不产生义务。

2.   除非本协定另有规定，否则本协定对于在本协定对所涉成员适用之日已存在的、在上述日期在该成员中受到保护、或符合或随后符合根据本协定条款规定的保护标准的所有客体产生义务。就本款及第 3 款和第 4 款而言，关于现有作品的版权义务应仅根据《伯尔尼公约》(1971)第 18 条确定，关于录音制品制作者和表演者对现有录音制品享有权利的义务应仅按照根据本协定第 14 条第 6 款适用的《伯尔尼公约》(1971)第 18 条确定。

3.   对于在本协定对所涉成员适用之日已进入公共领域的客体，该成员无义务恢复保护。

4.   对于有关包含受保护客体的特定对象的任何行为，如在与本协定相符的立法条款下构成侵权，且如果该行为在该成员接受本协定之日前已经开始，或已经为此进行大量投资，则任何成员可就在该成员适用本协定之日起继续实施此类行为规定权利持有人可获补偿的限度。但是，在此类情况下，该成员至少应规定支付公平的补偿。

5.   一成员无义务对于在其适用本协定之日前购买的原版或复制品适用第 11 条和第 14 条第 4 款的规定。

6.   如在本协定生效日期公布之前政府已授权使用，对于无权利持有人授权的此类使用，则各成员不需适用第 31 条的规定或第 27 条第 1 款关于专利权享有不应因技术领域的不同而有所歧视的要求。

7.   在知识产权的保护是以注册为条件的情况下，应允许对在本协定对所涉成员适用之日前未决的保护申请进行修改，以便申请人要求本协定项下规定的任何加强的保护。此类修改不应包括新的事项。

8.   如截至《WTO 协定》生效之日一成员仍未按照其在第 27 条下的义务对药品和农药获得专利保护，则该成员应：

(a) 尽管有第六部分的规定，自《WTO 协定》生效之日起提供据
以提出此类发明的专利申请的方法；

(b) 自本协定适用之日起，对这些申请适用本协定规定的授予专
利的标准，如同这些标准在申请之日已在该成员中适用，或
如果存在并请求优先权，则适用优先的申请日期；以及

(c) 自给予专利时起和在依照本协定第 33 条自提出申请之日起计
算的剩余专利期限内，依照本协定对这些申请中符合(b)项所
指的保护标准的申请提供专利保护。

9.　如依照第 8 款(a)项一产品在一成员中属专利申请的客体，则尽管有
第六部分的规定，仍应给予专有销售权，期限或为在该成员中获得销售许
可后 5 年，或为至一产品专利在该成员中被授予或被拒绝时为止，以时间
短者为准，只要在《WTO 协定》生效之后，已在另一成员中提出专利申
请、一产品已获得专利以及已在该另一成员中获得销售许可。

第 71 条
审议和修正

1.　TRIPS 理事会应在第 65 条第 2 款所指的过渡期期满后，审议本协
定的实施情况。理事会应在考虑实施过程中所获经验的同时，在该日期后
2 年内、并在此后以同样间隔进行审议。理事会还可按照有理由修改或修
正本协定的任何新的发展情况进行审议。

2.　仅适于提高在其他多边协定中达成和实施的、并由 WTO 所有成员
在这些协定项下接受的知识产权保护水平的修正，在 TRIPS 理事会经协商
一致所提建议的基础上，可依照《WTO 协定》第 10 条第 6 款提交部长级
会议采取行动。

第 72 条
保留

未经其他成员同意，不得对本协定的任何规定提出保留。

第 73 条
安全例外

本协定的任何规定不得解释为：

(a)　　要求一成员提供其认为如披露则会违背其根本安全利益的任何信息；或

(b)　　阻止一成员采取其认为对保护其根本安全利益所必需的任何行动；

　　(i)　　与裂变和聚变物质或衍生这些物质的物质有关的行动；

　　(ii)　　与武器、弹药和作战物资的贸易有关的行动，及与此类贸易所运输的直接或间接供应军事机关的其他货物或物资有关的行动；

　　(iii)　　在战时或国际关系中的其他紧急情况下采取的行动；或

(c)　　阻止一成员为履行《联合国宪章》项下的维持国际和平与安全的义务而采取的任何行动。

附件 2

关于争端解决规则与程序的谅解

各成员特此协议如下：

第 1 条
范围和适用

1.　　　本谅解的规则和程序应适用于按照本谅解附录 1 所列各项协定(本谅解中称"适用协定")的磋商和争端解决规定所提出的争端。本谅解的规则和程序还应适用于各成员间有关它们在《建立世界贸易组织协定》(本谅解中称"《WTO 协定》")规定和本谅解规定下的权利和义务的磋商和争端解决，此类磋商和争端解决可单独进行，也可与任何其他适用协定结合进行。

2.　　　本谅解的规则和程序的适用应遵守本谅解附录 2 所确定的适用协定所含特殊或附加规则和程序。在本谅解的规则和程序与附录 2 所列特殊或附加规则和程序存在差异时，应以附录 2 中的特殊或附加规则和程序为准。在涉及一个以上适用协定项下的规则和程序的争端中，如审议中的此类协定的特殊或附加规则和程序之间产生抵触，且如果争端各方在专家组设立20 天内不能就规则和程序达成协议，则第 2 条第 1 款中规定的争端解决机构(本谅解中称"DSB")主席，在与争端各方磋商后，应在两成员中任一成员提出请求后 10 天内，确定应遵循的规则和程序。主席应按照以下原则，即在可能的情况下使用特殊或附加规则和程序，并应在避免抵触所必需的限度内使用本谅解所列规则和程序。

第 2 条
管理

1.　　　特此设立争端解决机构，负责管理这些规则和程序及适用协定的磋商和争端解决规定，除非适用协定另有规定。因此，DSB 有权设立专家组、通过专家组和上诉机构报告、监督裁决和建议的执行以及授权中止适用协定项下的减让和其他义务。对于属诸边贸易协定的一适用协定项下产生的争端，此处所用的"成员"一词仅指那些属有关诸边贸易协定参加方的成员。如 DSB 管理一诸边贸易协定的争端解决规定，则只有属该协定参加方的成员方可参与 DSB 就该争端所作出的决定或所采取的行动。

2. 　　DSB 应通知 WTO 有关理事会和委员会任何与各自适用协定规定有关的争端的进展情况。

3. 　　DSB 应视需要召开会议，以便在本谅解规定的时限内行使职能。

4. 　　如本谅解的规则和程序规定由 DSB 作出决定，则 DSB 应经协商一致作出决定。[1]

第 3 条
总则

1. 　　各成员确认遵守迄今为止根据 GATT 1947 第 22 条和第 23 条实施的管理争端的原则，及在此进一步详述和修改的规则和程序。

2. 　　WTO 争端解决体制在为多边贸易体制提供可靠性和可预测性方面是一个重要因素。各成员认识到该体制适于保护各成员在适用协定项下的权利和义务，及依照解释国际公法的惯例澄清这些协定的现有规定。DSB 的建议和裁决不能增加或减少适用协定所规定的权利和义务。

3. 　　在一成员认为其根据适用协定直接或间接获得的利益正在因另一成员采取的措施而减损的情况下，迅速解决此类情况对 WTO 的有效运转及保持各成员权利和义务的适当平衡是必要的。

4. 　　DSB 所提建议或所作裁决应旨在依照本谅解和适用协定项下的权利和义务，实现问题的满意解决。

5. 　　对于根据适用协定的磋商和争端解决规定正式提出的事项的所有解决办法，包括仲裁裁决，均与这些协定相一致，且不得使任何成员根据这些

---

[1] 如在作出决定的 DSB 会议上，没有成员正式反对拟议的决定，则 DSB 即被视为经协商一致就提请其审议的事项作出决定。

协定获得的利益丧失或减损，也不得妨碍这些适用协定任何目标的实现。

6.　对于根据适用协定的磋商和争端解决规定正式提出事项的双方同意的解决办法应通知 DSB 及有关理事会和委员会，在这些机构中任何成员可提出与此有关的任何问题。

7.　在提出一案件前，一成员应就根据这些程序采取的措施是否有效作出判断。争端解决机制的目的在于保证使争端得到积极解决。争端各方均可接受且与适用协定相一致的解决办法无疑是首选办法。如不能达成双方同意的解决办法，则争端解决机制的首要目标通常是保证撤销被认为与任何适用协定的规定不一致的有关措施。提供补偿的办法只能在立即撤销措施不可行时方可采取，且应作为在撤销与适用协定不一致的措施前采取的临时措施。本谅解为援引争端解决程序的成员规定的最后手段是可以在歧视性的基础上针对另一成员中止实施适用协定项下的减让或其他义务，但需经 DSB 授权采取此类措施。

8.　如发生违反在适用协定项下所承担义务的情况，则该行为被视为初步构成利益丧失或减损案件。这通常意味着一种推定，即违反规则对适用协定的其他成员方造成不利影响，在此种情况下，应由被起诉的成员自行决定是否反驳此指控。

9.　本谅解的规定不损害各成员通过《WTO 协定》或一属诸边贸易协定的适用协定项下的决策方法，寻求对一适用协定规定的权威性解释的权利。

10.　各方理解，请求调解和使用争端解决程序不应用作或被视为引起争议的行为，如争端发生，所有成员将真诚参与这些程序以努力解决争端。各方还理解，有关不同事项的起诉和反诉不应联系在一起。

11.　本谅解只适用于《WTO 协定》生效之日或之后根据适用协定的磋商规定提出的新的磋商请求。对于在《WTO 协定》生效之日前根据 GATT 1947 或适用协定的任何其他先前协定提出的磋商请求，在《WTO 协定》

生效之日前有效的有关争端解决规则和程序应继续适用。[2]

12.　　尽管有第 11 款的规定，但是如依据任何适用协定的起诉是由一发展中国家成员针对一发达国家成员提出的，则起诉方有权援引《1966 年 4 月 5 日决定》(BISD 14 册 18 页)的相应规定，作为本谅解第 4 条、第 5 条、第 6 条和第 12 条所含规定的替代，除非如专家组认为该决定第 7 款规定的时限不足以提供报告，则在起诉方同意下，该时限可以延长。如第 4 条、第 5 条、第 6 条和第 12 条的规则和程序与该决定的相应规则和程序存在差异，则应以后者为准。

第 4 条
磋商

1.　　各成员确认决心加强和提高各成员使用的磋商程序的有效性。

2.　　每一成员承诺对另一成员提出的有关在前者领土内采取的、影响任何适用协定运用的措施的交涉给予积极考虑，并提供充分的磋商机会。[3]

3.　　如磋商请求是按照一适用协定提出的，则请求所针对的成员应在收到请求之日起 10 天内对该请求作出答复，并应在收到请求之日起不超过 30 天的期限内真诚地进行磋商，以达成双方满意的解决办法，除非双方另有议定。如该成员未在收到请求之日起 10 天内作出答复，或未在收到请求之日起不超过 30 天的期限内或双方同意的其他时间内进行磋商，则请求进行磋商的成员可直接开始请求设立专家组。

4.　　所有此类磋商请求应由请求磋商的成员通知 DSB 及有关理事会和委员会。任何磋商请求应以书面形式提交，并应说明提出请求的理由，包括确认所争论的措施，并指出起诉的法律根据。

5.　　在依照一适用协定的规定进行磋商的过程中，在根据本谅解采取进一步行动之前，各成员应努力尝试对该事项作出令人满意的调整。

---

[2] 本款还适用于专家组报告未获通过或未全面执行的争端。

[3] 如任何其他适用协定有关一成员领土内的地区或地方政府或主管机关所采取措施的规定包含与本款规定有差异的规定，则以此类其他适用协定的规定为准。

6.　　磋商应保密，并不得损害任何一方在任何进一步诉讼中的权利。

7.　　如在收到磋商请求之日起 60 天内，磋商未能解决争端，则起诉方可请求设立专家组。如磋商各方共同认为磋商已不能解决争端，则起诉方可在 60 天期限内请求设立专家组。

8.　　在紧急案件中，包括涉及易腐货物的案件，各成员应在收到请求之日起不超过 10 天的期限内进行磋商。如在收到请求之日起 20 天的期限内，磋商未能解决争端，则起诉方可请求设立专家组。

9.　　在紧急案件中，包括有关易腐货物的案件，争端各方、专家组及上诉机构应尽一切努力尽最大可能加快诉讼程序。

10.　　在磋商中，各成员应特别注意发展中国家成员的特殊问题和利益。

11.　　只要进行磋商的成员以外的一成员认为按照 GATT 1994 第 22 条第 1 款和 GATS 第 22 条第 1 款或其他适用协定的相应规定[4]所进行的磋商涉及其实质贸易利益，则该成员即可在根据上述条款进行磋商的请求散发之日起 10 天内，将其参加磋商的愿望通知进行磋商的成员和 DSB。该成员应被允许参加磋商，只要磋商请求所针对的成员同意实质利益的主张是有理由的。在这种情况下，它们应如此通知 DSB。如参加磋商的请求未予接受，则申请成员有权根据 GATT 1994 第 22 条第 1 款或第 23 条第 1 款、GATS 第 22 条第 1 款或第 23 条第 1 款或其他适用协定的相应规定提出磋商请求。

---

[4] 适用协定中相应的磋商规定如下：
《农业协定》第 19 条；《实施卫生与植物卫生措施协定》第 11 条第 1 款；《纺织品与服装协定》第 8 条第 4 款；《技术性贸易壁垒协定》第 14 条第 1 款；《与贸易有关的投资措施协定》第 8 条；《关于实施 1994 年关税与贸易总协定第 6 条的协定》第 17 条第 2 款；《关于实施 1994 年关税与贸易总协定第 7 条的协定》第 19 条第 2 款；《装运前检验协定》第 7 条；《原产地规则协定》第 7 条；《进口许可程序协定》第 6 条；《补贴与反补贴措施协定》第 30 条；《保障措施协定》第 14 条；《与贸易有关的知识产权协定》第 64 条第 1 款以及每一诸边贸易协定主管机构确定并通知 DSB 的诸边贸易协定中任何相应的磋商规定。

第5条
斡旋、调解和调停

1.　斡旋、调解和调停是在争端各方同意下自愿采取的程序。

2.　涉及斡旋、调解和调停的诉讼程序，特别是争端各方在这些诉讼程序中所采取的立场应保密，并不得损害双方中任何一方根据这些程序进行任何进一步诉讼程序的权利。

3.　争端任何一方可随时请求进行斡旋、调解或调停。此程序可随时开始，随时终止。一旦斡旋、调解或调停程序终止，起诉方即可开始请求设立专家组。

4.　如斡旋、调解或调停在收到磋商请求之日起 60 天内开始，则起诉方在请求设立专家组之前，应给予自收到磋商请求之日起 60 天的时间。如争端各方共同认为斡旋、调解或调停过程未能解决争端，则起诉方可在60 天期限内请求设立专家组。

5.　如争端各方同意，斡旋、调解或调停程序可在专家组程序进行的同时继续进行。

6.　总干事可依其职权提供斡旋、调解或调停，以期协助各成员解决争端。

第6条
专家组的设立

1.　如起诉方提出请求，则专家组应最迟在此项请求首次作为一项议题列入 DSB 议程的会议之后的 DSB 会议上设立，除非在此次会上 DSB 经协商一致决定不设立专家组。[5]

2.　设立专家组的请求应以书面形式提出。请求应指出是否已进行磋商、确认争论中的措施并提供一份足以明确陈述问题的起诉的法律根据概要。在申请方请求设立的专家组不具有标准职权范围的情况下，书面请求中应包括特殊职权范围的拟议案文。

---

[5] 如起诉方提出请求，DSB 应在提出请求后 15 天内为此召开会议，只要提前至少 10 天发出会议通知。

第 7 条
专家组的职权范围

1.　　专家组应具有下列职权范围，除非争端各方在专家组设立后 20 天内另有议定：

> "按照(争端各方引用的适用协定名称)的有关规定，审查(争端方名称)在……文件中提交 DSB 的事项，并提出调查结果以协助 DSB 提出建议或作出该协定规定的裁决。"

2.　　专家组应处理争端各方引用的任何适用协定的有关规定。

3.　　在设立专家组时，DSB 可授权其主席在遵守第 1 款规定的前提下，与争端各方磋商，制定专家组的职权范围。由此制定的职权范围应散发全体成员。如议定的不是标准的职权范围，则任何成员均可在 DSB 中提出与此有关的任何问题。

第 8 条
专家组的组成

1.　　专家组应由资深政府和/或非政府个人组成，包括曾在专家组任职或曾向专家组陈述案件的人员、曾任一成员代表或一 GATT 1947 缔约方代表或任何适用协定或其先前协定的理事会或委员会的代表的人员、秘书处人员、曾讲授或出版国际贸易法或政策著作的人员，以及曾任一成员高级贸易政策官员的人员。

2.　　专家组成员的选择应以保证各成员的独立性、完全不同的背景和丰富的经验为目的进行。

3.　　政府[6]为争端方或为第 10 条第 2 款规定的第三方成员的公民不得在与该争端有关的专家组中任职，除非争端各方另有议定。

4.　　为协助选择专家组成员，秘书处应保存一份具备第 1 款所述资格的政府和非政府个人的指示性名单，可从中酌情选出专家组成员。该名单应包括 1984 年 11 月 30 日制定的非政府专家组成员名册(BISD 31 册 9 页)，及在任何适用协定项下制定的名册和指示性名单，并保留这些名册和指示性名单中在《WTO 协定》生效之时的人员的姓名。成员可定期提出可供列入指示性名单的政府和非政府个人的姓名，并提供他们在国际贸易和适

---

[6] 如关税同盟或共同市场为争端方，则本规定适用于关税同盟或共同市场的所有成员国的公民。

用协定的部门或主题方面知识的有关信息，待 DSB 批准后，这些姓名应增加至该名单。对于名单中的每一个人，名单应注明其在适用协定的部门或主题方面的具体阅历或专门知识。

5. 专家组应由 3 名成员组成，除非在专家组设立后 10 天内，争端各方同意专家组由 5 名成员组成。专家组的组成情况应迅速通知各成员。

6. 秘书处应向争端各方建议专家组成员的提名。争端各方不得反对提名，除非由于无法控制的原因。

7. 如在专家组设立之日起 20 天内，未就专家组的成员达成协议，则总干事应在双方中任何一方请求下，经与 DSB 主席和有关委员会或理事会主席磋商，在与争端各方磋商后，决定专家组的组成，所任命的专家组成员为总干事认为依照争端中所争论的适用协定的任何有关特殊或附加规则和程序最适当的成员。DSB 主席应在收到此种请求之日起 10 天内，通知各成员专家组如此组成。

8. 各成员应承诺，通常允许其官员担任专家组成员。

9. 专家组成员应以其个人身份任职，既作为政府代表，也作为任何组织的代表。各成员因此不得就专家组审议的事项向他们作出指示或试图影响他们个人。

10. 当争端发生在发展中国家成员与发达国家成员之间时，如发展中国家成员提出请求，专家组应至少有 1 名成员来自发展中国家成员。

11. 专家组成员的费用，包括旅费和生活津贴，应依照总理事会在预算、财务与行政委员会所提建议基础上通过的标准，从 WTO 预算中支付。

第 9 条
多个起诉方的程序

1. 如一个以上成员就同一事项请求设立专家组，则可设立单一专家组审查这些起诉，同时考虑所有有关成员的权利。只要可行，即应设立单一专家组审查此类起诉。

2. 单一专家组应组织其审查并将其调查结果提交 DSB，应保证争端各方在由若干专家组分开审查起诉时本可享受的权利决不受到减损。如争端任何一方提出请求，专家组应就有关争端提交单独的报告。每一起诉方提交的书面陈述应可使其他起诉方获得，且每一起诉方有权在任何其他起诉方向专家组陈述意见时在场。

3. 　　如设立一个以上专家组以审查与同一事项有关的起诉，则应在最大限度内由相同人员在每一单独专家组中任职，此类争端中的专家组程序的时间表应进行协调。

第 10 条
第三方

1. 　　争端各方的利益和争端中所争论的一适用协定项下的其他成员的利益应在专家组程序中得到充分考虑。

2. 　　任何对专家组审议的事项有实质利益且已将其利益通知 DSB 的成员(本谅解中称"第三方")应由专家组给予听取其意见并向专家组提出书面陈述的机会。这些书面陈述也应提交争端各方，并应反映在专家组报告中。

3. 　　第三方应收到争端各方提交专家组首次会议的陈述。

4. 　　如第三方认为已成为专家组程序主题的措施造成其根据任何适用协定项下获得的利益丧失或减损，则该成员可援用本谅解项下的正常争端解决程序。只要可能，此种争端即应提交原专家组。

第 11 条
专家组的职能

专家组的职能是协助 DSB 履行本谅解和适用协定项下的职责。因此，专家组应对其审议的事项作出客观评估，包括对该案件事实及有关适用协定的适用性和与有关适用协定的一致性的客观评估，并作出可协助 DSB 提出建议或提出适用协定所规定的裁决的其他调查结果。专家组应定期与争端各方磋商，并给予它们充分的机会以形成双方满意的解决办法。

第 12 条
专家组程序

1. 　　专家组应遵循附录 3 中的工作程序，除非专家组在与争端各方磋商后另有决定。

2.　专家组程序应提供充分的灵活性，以保证高质量的专家组报告，同时不应不适当地延误专家组程序。

3.　在与争端各方磋商后，专家组成员应尽快且只要可能，在专家组组成及职权范围议定后一周内，决定专家组程序的时间表，同时考虑第 4 条第 9 款的规定(如有关)。

4.　在确定专家组程序的时间表时，专家组应为争端各方提供充分的时间准备陈述。

5.　专家组应设定各方提供书面陈述的明确最后期限，各方应遵守此最后期限。

6.　每一方应将其书面陈述交存秘书处，以便立即转交专家组和其他争端方。起诉方应在应诉方提交的第一份陈述之前提交其第一份陈述，除非专家组在决定第 3 款提及的时间表时，经与争端各方磋商后，决定各方应同时提交第一份陈述。当对交存第一份陈述有顺序安排时，专家组应确定接受应诉方陈述的确定期限。任何随后的书面陈述应同时提交。

7.　如争端各方未能形成双方满意的解决办法，专家组应以书面报告形式向 DSB 提交调查结果。在此种情况下，专家组报告应列出对事实的调查结果、有关规定的适用性及其所作任何调查结果和建议所包含的基本理由。如争端各方之间已找到问题的解决办法，则专家组报告应只限于对案件的简要描述，并报告已达成解决办法。

8.　为使该程序更加有效，专家组进行审查的期限，即自专家组组成和职权范围议定之日起至最终报告提交争端各方之日止，一般不应超过 6 个月。在紧急案件中，包括涉及易腐货物的案件，专家组应力求在 3 个月内将其报告提交争端各方。

9.　如专家组认为不能在 6 个月内或在紧急案件中不能在 3 个月内提交其报告，则应书面通知 DSB 迟延的原因和提交报告的估计期限。自专家组设立至报告散发各成员的期限无论如何不应超过 9 个月。

10.　在涉及发展中国家成员所采取措施的磋商过程中，各方可同意延长第 4 条第 7 款和第 8 款所确定的期限。如有关期限已过，进行磋商的各方不能同意磋商已经完成，则 DSB 主席应在与各方磋商后，决定是否延长有关期限，如决定延长，则决定延长多久。此外，在审查针对发展中国家成员的起诉时，专家组应给予该发展中国家成员充分的时间以准备和提交论据。第 20 条第 1 款和第 21 条第 4 款的规定不受按照本款所采取任何行动的影响。

11.　　如一个或多个争端方为发展中国家成员，则专家组报告应明确说明以何种形式考虑对发展中国家成员在争端解决程序过程中提出的适用协定中有关发展中国家成员的差别和更优惠待遇规定。

12.　　专家组可随时应起诉方请求中止工作，期限不超过 12 个月。如发生此种中止，本条第 8 款和第 9 款、第 20 条第 1 款以及第 21 条第 4 款所列时限应按中止工作的时间顺延。如专家组的工作已中止 12 个月以上，则设立专家组的授权即告终止。

第 13 条
寻求信息的权利

1.　　每一专家组有权向其认为适当的任何个人或机构寻求信息和技术建议。但是，在专家组向一成员管辖范围内的任何个人或机构寻求此类信息或建议之前，应通知该成员主管机关。成员应迅速和全面地答复专家组提出的关于提供其认为必要和适当信息的任何请求。未经提供信息的个人、机构或成员主管机关正式授权，所提供的机密信息不得披露。

2.　　专家组可向任何有关来源寻求信息，并与专家进行磋商并获得他们该事项某些方面的意见。对于一争端方所提科学或其他技术事项的事实问题，专家组可请求专家审议小组提供书面咨询报告。设立此类小组的规则及其程序列在附录 4 中。

第 14 条
机密性

1.　　专家组的审议情况应保密。

2.　　专家组报告应在争端各方不在场的情况下，按照提供的信息和所作的陈述起草。

3.　　专家组报告中专家个人发表的意见应匿名。

第 15 条
中期审议阶段

1.　　在考虑书面辩驳和口头辩论后，专家组应向争端各方提交其报告草案中的描述部分(事实和论据)。在专家组设定的期限内，各方应提交各自的书面意见。

2.　　在接收争端各方书面意见的设定期限截止后，专家组应向各方提交一份中期报告，既包括描述部分也包括专家组的调查结果和结论。在专家组设定的期限内，一方可提出书面请求，请专家组在最终报告散发各成员之前，审议中期报告中的具体方面。应一方请求，专家组应就书面意见中所确认的问题，与各方再次召开会议。如在征求意见期间未收到任何一方的意见，中期报告应被视为最终报告，并迅速散发各成员。

3.　　最终报告中的调查结果应包括在中期审议阶段对论据的讨论情况。中期审议阶段应在第 12 条第 8 款所列期限内进行。

第 16 条
专家组报告的通过

1.　　为向各成员提供充足的时间审议专家组报告，在报告散发各成员之日 20 天后，DSB 方可审议通过此报告。

2.　　对专家组报告有反对意见的成员应至少在审议该报告的 DSB 会议召开前 10 天，提交供散发的解释其反对意见的书面理由。

3.　　争端各方有权全面参与 DSB 对专家报告的审议，它们的意见应完整记录在案。

4.　　在专家组报告散发各成员之日起 60 天内，该报告应在 DSB 会议[7]上通过，除非一争端方正式通知 DSB 其上诉决定，或 DSB 经协商一致决定不通过该报告。如一方已通知其上诉决定，则在上诉完成之前，DSB 将不审议通过该专家组报告。该通过程序不损害各成员就专家组报告发表意见的权利。

---

[7] 如未安排在此期间召开可满足第 16 条第 1 款和第 4 款要求的 DSB 会议，则应为此召开一次 DSB 会议。

第 17 条
上诉审议
常设上诉机构

1. DSB 应设立一常设上诉机构。上诉机构应审理专家组案件的上诉。该机构应由 7 人组成，任何一个案件应由其中 3 人任职。上诉机构人员任职应实行轮换。此轮换应在上诉机构的工作程序中予以确定。

2. DSB 应任命在上诉机构任职的人员，任期 4 年，每人可连任一次。但是，对于在《WTO 协定》生效后即被任命的 7 人，其中 3 人的任期经抽签决定应在 2 年期满后终止。空额一经出现即应补足。如一人被任命接替一任期未满人员，则此人的任期即为前任余下的任期。

3. 上诉机构应由具有公认权威并在法律、国际贸易和各适用协定所涉主题方面具有公认专门知识的人员组成。他们不得附属于任何政府。上诉机构的成员资格应广泛代表 WTO 的成员资格。上诉机构任职的所有人员应随时待命，并应随时了解争端解决活动和 WTO 的其他有关活动。他们不得参与审议任何可产生直接或间接利益冲突的争端。

4. 只有争端各方，而非第三方，可对专家组报告进行上诉。按照第 10 条第 2 款已通知 DSB 其对该事项有实质利益的第三方，可向上诉机构提出书面陈述，该机构应给予听取其意见的机会。

5. 诉讼程序自一争端方正式通知其上诉决定之日起至上诉机构散发其报告之日止通常不得超过 60 天。在决定其时间表时，上诉机构应考虑第 4 条第 9 款的规定(如有关)。当上诉机构认为不能在 60 天内提交报告时，应书面通知 DSB 迟延的原因及提交报告的估计期限。但该诉讼程序绝不能超过 90 天。

6. 上诉应限于专家组报告涉及的法律问题和专家组所作的法律解释。

7. 如上诉机构要求，应向其提供适当的行政和法律支持。

8. 上诉机构任职人员的费用，包括旅费和生活津贴，应依照总理事会在预算、财务与行政委员会所提建议基础上通过的标准，从 WTO 预算中支付。

上诉审议的程序

9. 工作程序应由上诉机构经与 DSB 主席和总干事磋商后制定，并告知各成员供参考。

10. 上诉机构的程序应保密。上诉机构报告应在争端各方不在场的情况下，按照提供的信息和所作的陈述起草。

11. 上诉机构报告中由任职于上诉机构的个人发表的意见应匿名。

12. 上诉机构应在上诉程序中处理依照第 6 款提出的每一问题。

13. 上诉机构可维持、修改或撤销专家组的法律调查结果和结论。

上诉机构报告的通过

14. 上诉机构报告应由 DSB 通过，争端各方应无条件接受，除非在报告散发各成员后 30 天内，DSB 经协商一致决定不通过该报告。[8]此通过程序不损害各成员就上诉机构报告发表意见的权利。

第 18 条
与专家组或上诉机构的联系

1. 不得就专家组或上诉机构审议的事项与专家组或上诉机构进行单方面联系。

2. 提交专家组或上诉机构的书面陈述应被视为保密，但应使争端各方可获得。本谅解的任何规定不妨碍争端任何一方向公众披露有关其自身立场的陈述。各成员应将另一成员提交专家组或上诉机构、并由该另一成员指定为机密的信息按机密信息处理。应一成员请求，一争端方还应提供一份其书面陈述所含信息的可对外披露的非机密摘要。

第 19 条
专家组和上诉机构的建议

1. 如专家组或上诉机构认定一措施与一适用协定不一致，则应建议有关成员[9]使该措施符合该协定。[10]除其建议外，专家组或上诉机构还可就有

---

[8] 如未安排在此期间召开 DSB 会议，则应为此召开一次 DSB 会议。

[9] "有关成员"为专家组或上诉机构的建议所针对的争端方。

[10] 对于有关不涉及违反 GATT 1994 和任何其他适用协定案件的建议，见第 26 条。

关成员如何执行建议提出办法。

2. 　　依照第 3 条第 2 款，专家组和上诉机构在其调查结果和建议中，不能增加或减少适用协定所规定的权利和义务。

第 20 条
DSB 决定的时限

　　除非争端各方另有议定，自 DSB 设立专家组之日起至 DSB 审议通过专家组报告或上诉机构报告之日止的期限，在未对专家组报告提出上诉的情况下一般不得超过 9 个月；在提出上诉的情况下通常不得超过 12 个月。如专家组或上诉机构按照第 12 条第 9 款或第 17 条第 5 款延长提交报告的时间，则所用的额外时间应加入以上期限。

第 21 条
对执行建议和裁决的监督

1. 　　为所有成员的利益而有效解决争端，迅速符合 DSB 的建议或裁决是必要的。

2. 　　对于需进行争端解决的措施，应特别注意影响发展中国家成员利益的事项。

3. 　　在专家组或上诉机构报告通过后 30 天内[11]召开的 DSB 会议上，有关成员应通知 DSB 关于其执行 DSB 建议和裁决的意向。如立即遵守建议和裁决不可行，有关成员应有一合理的执行期限。合理期限应为：

　　(a) 　有关成员提议的期限，只要该期限获 DSB 批准；或，在如未获批准则为，

　　(b) 　争端各方在通过建议和裁决之日起 45 天内双方同意的期限；或，如未同意则为，

---

[11] 如未安排在此期间召开 DSB 会议，则应为此召开一次 DSB 会议。

(c) 在通过建议和裁决之日起 90 天内通过有约束力的仲裁确定的期限。[12]在该仲裁中，仲裁人[13]的指导方针应为执行专家组或上诉机构建议的合理期限不超过自专家组或上诉机构报告通过之日起 15 个月。但是，此时间可视具体情况缩短或延长。

4. 除专家组或上诉机构按照第 12 条第 9 款或第 17 条第 5 款延长提交报告的时间外，自 DSB 设立专家组之日起至合理期限的确定之日止的时间不得超过 15 个月，除非争端各方另有议定。如专家组或上诉机构已延长提交报告的时间，则所用的额外时间应加入 15 个月的期限；但是除非争端各方同意存在例外情况，否则全部时间不得超过 18 个月。

5. 如在是否存在为遵守建议和裁决所采取的措施或此类措施是否与适用协定相一致的问题上存在分歧，则此争端也应通过援用这些争端解决程序加以决定，包括只要可能即求助于原专家组。专家组应在此事项提交其后 90 天内散发其报告。如专家组认为在此时限内不能提交其报告，则应书面通知 DSB 迟延的原因和提交报告的估计期限。

6. DSB 应监督已通过的建议或裁决的执行。在建议或裁决通过后，任何成员可随时在 DSB 提出有关执行的问题。除非 DSB 另有决定，否则执行建议或裁决的问题在按照第 3 款确定合理期限之日起 6 个月后，应列入 DSB 会议的议程，并应保留在 DSB 的议程上，直到该问题解决。在 DSB 每一次会议召开前至少 10 天，有关成员应向 DSB 提交一份关于执行建议或裁决进展的书面情况报告。

7. 如有关事项是由发展中国家成员提出的，则 DSB 应考虑可能采取何种符合情况的进一步行动。

8. 如案件是由发展中国家成员提出的，则在考虑可能采取何种适当行动时，DSB 不但要考虑被起诉措施所涉及的贸易范围，还要考虑其对有关发展中国家成员经济的影响。

---

[12] 如在将此事项提交仲裁后 10 天内，各方不能就仲裁人达成一致，则仲裁人应由总干事经与各方磋商后在 10 天内任命。

[13] "仲裁人"一词应理解为一个人或一小组。

第 22 条
补偿和中止减让

1.　　　补偿和中止减让或其他义务属于在建议和裁决未在合理期限内执行时可获得的临时措施。但是，无论补偿还是中止减让或其他义务均不如完全执行建议以使一措施符合有关适用协定。补偿是自愿的，且如果给予，应有关适用协定相一致。

2.　　　如有关成员未能使被认定与一适用协定不一致的措施符合该协定，或未能在按照第 21 条第 3 款确定的合理期限内符合建议和裁决，则该成员如收到请求应在不迟于合理期限期满前，与援引争端解决程序的任何一方进行谈判，以期形成双方均可接受的补偿。如在合理期限结束期满之日起 20 天内未能议定令人满意的补偿，则援引争端解决程序的任何一方可向 DSB 请求授权中止对有关成员实施适用协定项下的减让或其他义务。

3.　　　在考虑中止哪些减让或其他义务时，起诉方应适用下列原则和程序：

　　(a)　　总的原则是，起诉方应首先寻求对与专家组或上诉机构认定有违反义务或其他造成利益丧失或减损情形的部门相同的部门中止减让或其他义务；

　　(b)　　如该方认为对相同部门中止减让或其他义务不可行或无效，则可寻求中止对同一协定项下其他部门的减让或其他义务；

　　(c)　　如该方认为对同一协定项下的其他部门中止减让或其他义务不可行或无效，且情况足够严重，则可寻求中止另一适用协定项下的减让或其他义务；

　　(d)　　在适用上述原则时，该方应考虑：

　　(i)　　专家组或上诉机构认定有违反义务或其他造成利益丧失或减损情形的部门或协定项下的贸易，及此类贸易对该方的重要性；

　　(ii)　　与利益丧失或减损相关的更广泛的经济因素及中止减让或其他义务的更广泛的经济后果；

(e) 如该方决定按照(b)项或(c)项请求授权中止减让或其他义务，则应在请求中说明有关理由。在请求送交 DSB 的同时，还应送交有关理事会，在按照(b)项提出请求的情况下，还应转交有关部门性机构；

(f) 就本款而言，"部门"一词：

     (i) 对于货物，指所有货物；

     (ii) 对于服务，指用于确认此类部门的现行"服务部门分类清单"中所确认的主要部门；[14]

     (iii) 对于与贸易有关的知识产权，指《TRIPS 协定》第二部分第 1 节、第 2 节、第 3 节、第 4 节、第 5 节、第 6 节或第 7 节所涵盖的知识产权的每一类别，或第三部分或第四部分下的义务。

(g) 就本款而言，"协定"一词：

     (i) 对于货物，指《WTO 协定》附录 1A 所列各项协定的总体，以及诸边贸易协定，只要有关争端方属这些协定的参加方；

     (ii) 对于服务，指 GATS；

     (iii) 对于知识产权，指《TRIPS 协定》。

4. DSB 授权的中止减让或其他义务的程度应等于利益丧失或减损的程度。

5. 如适用协定禁止此类中止，则 DSB 不得授权中止减让或其他义务。

6. 如发生第 2 款所述情况，则应请求，DSB 应在合理期限结束后 30 天内，给予中止减让或其他义务的授权，除非 DSB 经协商一致决定拒绝该请求。但是，如有关成员反对提议的中止程度，或声称在一起诉方提出请求根据第 3 款(b)项或(c)项授权中止减让或其他义务时，第 3 款所列原则和程序未得到遵守，则该事项应提交仲裁。如原专家组成员仍可请到，则此类仲裁应由原专家组作出，或由经总干事任命的仲裁人[15]作出，仲裁应在合理期限结束之日起 60 天内完成。减让或其他义务不得在仲裁过程中予以中止。

---

[14] 文件 MTN.GNS/W/120 中的清单确定了 11 个部门。
[15] "仲裁人"一词应解释为一个人或一小组。

7. 按照第 6 款行事的仲裁人[16]不得审查拟予中止的减让或其他义务的性质，而应确定此类中止的程度是否等于利益丧失或减损的程度。仲裁人还可确定在适用协定项下是否允许拟议的中止减让或其他义务。但是，如提交仲裁的问题包括关于第 3 款所列原则和程序未得到遵循的主张，则仲裁人应审议此项主张。如仲裁人确定这些原则和程序未得到遵循，则起诉方应以与第 3 款相一致的方式适用这些原则和程序。各方应将仲裁人的决定视为最终决定予以接受，有关各方不得寻求第二次仲裁。仲裁人的决定应迅速通知 DSB，应请求，DSB 应授权中止减让或其他义务，除非 DSB 经协商一致决定拒绝该请求。

8. 减让或其他义务的中止应是临时性的，且只应维持至被认定与适用协定不一致的措施已取消，或必须执行建议或裁决的成员对利益丧失或减损已提供解决办法，或已达成双方满意的解决办法。依照第 21 条第 6 款，DSB 应继续监督已通过的建议或裁决的执行，包括那些已提供补偿或已中止减让或其他义务、而未执行旨在使一措施符合有关适用协定的建议的案件。

9. 如一成员领土内的地区或地方政府或主管机关采取了影响遵守适用协定的措施，则可援引适用协定中的争端解决规定。如 DSB 已裁决一适用协定中的规定未得到遵守，则负有责任的成员应采取其可采取的合理措施，保证遵守该协定。适用协定及本谅解有关补偿和中止减让或其他义务的规定适用于未能遵守协定的案件。[17]

第 23 条
多边体制的加强

1. 当成员寻求纠正违反义务情形或寻求纠正其他造成适用协定项下利益丧失或减损的情形，或寻求纠正妨碍适用协定任何目标的实现的情形时，它们应援用并遵守本谅解的规则和程序。

---

[16] "仲裁人"一词应解释为一个人或一个小组，或当原专家组成员担任仲裁人时，应解释为指原专家组成员。
[17] 如任何适用协定中有关在一成员领土内的地区或地方政府或主管机关采取措施的规定包含与本款规定不同的规定，则应以此适用协定的规定为准。

2.　　在此种情况下，各成员应：

(a)　　不对违反义务已发生、利益已丧失或减损或适用协定任何目标的实现已受到妨碍作出确定，除非通过依照本谅解的规则和程序援用争端解决，且应使任何此种确定与 DSB 通过的专家组或上诉机构报告所包含的调查结果或根据本谅解作出的仲裁裁决相一致；

(b)　　遵循第 21 条所列程序，以确定有关成员执行建议和裁决的合理期限；以及

(c)　　遵循第 22 条所列程序，确定中止减让或其他义务的程度，并针对有关成员未能在该合理期限内执行建议和裁决的情况，在中止适用协定项下的减让或其他义务之前，依照这些程序获得 DSB 的授权。

第 24 条
涉及最不发达国家成员的特殊程序

1.　　在确定涉及一最不发达国家成员争端的起因和争端解决程序的所有阶段，应特别考虑最不发达国家的特殊情况。在此方面，各成员在根据这些程序提出涉及最不发达国家的事项时应表现适当的克制。如认定利益的丧失或减损归因于最不发达国家成员所采取的措施，则起诉方在依照这些程序请求补偿或寻求中止实施减让或其他义务的授权时，应表现适当的克制。

2.　　在涉及一最不发达国家成员的争端解决案件中，如在磋商中未能找到令人满意的解决办法，则应最不发达国家成员请求，总干事或 DSB 主席应进行斡旋、调解和调停，以期在提出设立专家组的请求前，协助各方解决争端。总干事或 DSB 主席在提供以上协助时，可向自己认为适当的任何来源进行咨询。

第 25 条
仲裁

1.　　WTO 中的迅速仲裁作为争端解决的一个替代手段，能够便利解决涉及有关双方已明确界定问题的争端。

2.　　　除本谅解另有规定外，诉诸仲裁需经各方同意，各方应议定将遵循的程序。诉诸仲裁的一致意见应在仲裁程序实际开始之前尽早通知各成员。

3.　　　只有经已同意诉诸仲裁的各方同意，其他成员方可成为仲裁程序的一方。诉讼方应同意遵守仲裁裁决。仲裁裁决应通知 DSB 和任何有关适用协定的理事会或委员会，任何成员均可在此类机构中提出与之相关的任何问题。

4.　　　本谅解第 21 条和第 22 条在细节上作必要修改后应适用于仲裁裁决。

第 26 条

1.　　**GATT 1994 第 23 条第 1 款(b)项所述类型的非违反起诉**

　　　如 GATT 1994 第 23 条第 1 款(b)项的规定适用于一适用协定，则专家组和上诉机构只有在一争端方认为由于一成员实施任何措施而造成其根据有关适用协定直接或间接获得的任何利益丧失或减损，或此种措施妨碍该协定任何目标的实现时，方可作出裁决和建议，无论该措施与该协定的规定是否产生抵触。如该方认为且专家组或上诉机构确定，一案件所涉及的措施与 GATT 1994 第 23 条第 1 款(b)项规定所适用的适用协定的规定不产生抵触，则应适用本谅解的程序，但需遵守下列规定：

(a)　　该起诉方应提供详细的正当理由，以支持任何就一项不与适用协定产生抵触的措施而提出的起诉；

(b)　　如一措施被认定造成有关适用协定项下的利益丧失或减损，或此种措施妨碍该协定目标的实现，但并未违反该协定，则无义务撤销该措施。但在此种情况下，专家组或上诉机构应建议有关成员作出使双方满意的调整；

(c)　　尽管有第 21 条的规定，但是应双方中任何一方的请求，第 21 条第 3 款所规定的仲裁可包括对利益丧失或减损程度的确定，也可建议达成令双方满意的调整的方法：此类建议不得对争端各方具有约束力；

(d)　　尽管有第 22 条第 1 款的规定，但是补偿可以成为作为争端最后解决办法的令双方满意的调整的一部分。

2. GATT 1994 第 23 条第 1 款(c)项所述类型的起诉

如 GATT 1994 第 23 条第 1 款(c)项的规定适用于一适用协定，则专家组只有在一方认为由于存在任何不属 GATT 1994 第 23 条第 1 款(a)项和(b)项规定所适用的情况而造成其根据有关适用协定直接或间接获得的任何利益丧失或减损，或此种情况妨碍该协定任何目标的实现时，方可作出裁决和提出建议。如该方认为且专家组确定本款已涵盖该事项，则本谅解的程序仅适用至有关程序中专家组报告散发各成员为止。《1989 年 4 月 12 日决定》(BISD 36 册 61 至 67 页)所含争端解决规则和程序适用于建议和裁决的审议通过、监督和执行。下列规定也应适用：

(a) 该起诉方应提供详细理由，以支持就本款涵盖问题所提出的任何论据；

(b) 在涉及本款所涵盖事项的案件中，如专家组认定案件还涉及本款所涵盖事项之外的争端解决事项，则专家组应向 DSB 提交针对任何此类事项的报告，并提交一份属本款范围内事项的单独报告。

第 27 条
秘书处的职责

1. 秘书处应特别在所处理事项的法律、历史和程序方面负责协助专家组，并提供秘书和技术支持。

2. 在秘书处应成员请求在争端解决方面协助成员时，可能还需在争端解决方面向发展中国家成员提供额外的法律建议和协助。为此，秘书处应使提出请求的发展中国家成员可获得 WTO 技术合作部门一名合格法律专家的协助。该专家在协助发展中国家成员时应保证秘书处继续保持公正。

3. 秘书处应为利害关系成员提供有关争端解决程序和做法的特殊培训课程，以便各成员的专家能够更好地了解这方面的情况。

附录 1
本谅解的适用协定

(A)   《建立世界贸易组织协定》

(B)   多边贸易协定

    附件 1A：   多边货物贸易协定

    附件 1B：   《服务贸易总协定》

    附件 1C：   《与贸易有关的知识产权协定》

    附件 2：   《关于争端解决规则与程序的谅解》

(C)   诸边贸易协定：

    附件 4：   《民用航空器贸易协定》

             《政府采购协定》

             《国际奶制品协定》

             《国际牛肉协定》

    本谅解对诸边贸易协定的适用应由每一协定的参加方通过列出本谅解对各协定适用条件的决定，包括已通知 DSB 的、供包括在附录 2 中的任何特殊或附加规则或程序。

附录 2
适用协定所含特殊或附加规则与程序

协定	规则与程序
《实施卫生与植物卫生措施协定》	11.2
《纺织品与服装协定》	2.14、2.21、4.4、5.2、5.4、5.6、6.9、6.10、6.11、8.1 至 8.12
《技术性贸易壁垒协定》	14.2 至 14.4、附件 2
《关于实施 1994 年关税与贸易总协定第 6 条的协定》	17.4 至 17.7
《关于实施 1994 年关税与贸易总协定第 7 条的协定》	19.3 至 19.5、附件 2.2(f)、3、9、21
《补贴与反补贴措施协定》	4.2 至 4.12、6.6、7.2 至 7.10、8.5、脚注 35、24.4、27.7、附件 5

协定	规则与程序
《服务贸易总协定》	22.3、23.3
《关于金融服务的附件》	4
《关于空运服务的附件》	4
《关于 GATS 部分争端解决程序的决定》	1 至 5

本附录中的规则和程序清单包括仅有部分内部与此有关的条款。

诸边贸易协定中的任何特殊或附加规则或程序由各协定的主管机构确定，并通知 DSB。

附录 3
工作程序

1. 在其程序中，专家组应遵循本谅解的有关规定。此外，应适用下列工作程序。

2. 专家组的会议不公开。争端各方和利害关系方只有在专家组邀请到场时方可出席会议。

3. 专家组的审议和提交专家组的文件应保密。本谅解的任何规定不得妨碍任何争端方向公众披露有关其自身立场的陈述。各成员应将另一成员提交专家组或上诉机构、并由该另一成员指定为机密的信息按机密信息对待。如一争端方向专家组提交其书面陈述的保密版本，则应一成员请求，该争端方还应提供一份其书面陈述所含信息的可对外公布的非机密摘要。

4. 在专家组与争端各方召开第一次实质性会议之前，争端各方应向专家组提交书面陈述，说明案件的事实和论据。

5. 在与各方召开的第一次实质性会议上，专家组应请提出起诉方陈述案情。随后，仍在此次会议上，请被诉方陈述其观点。

6. 应书面邀请所有已通知 DSB 其在争端中有利害关系的第三方，在专家组第一次实质性会议期间专门安排的一场会议上陈述其意见。所有此类第三方可出席该场会议的全过程。

7. 正式辩驳应在专家组第二次实质性会议上作出。被诉方有权首先发言，随后由起诉方发言。各方应在此次会议之前向专家组提交书面辩驳。

8.　专家组可随时向各方提出问题，并请它们在各方出席的会议过程中进行说明，或作出书面说明。

9.　争端各方和依照第 10 条应邀陈述意见的任何第三方应使专家组可获得其口头陈述的书面版本。

10.　为保持充分的透明度，第 5 款至第 9 款中所指的陈述、辩驳及说明均应在各方在场的情况下作出。而且，每一方的书面陈述，包括对报告描述部分的任何意见和对专家组所提问题的答复，均应使另一方或各方可获得。

11.　针对专家组的任何附加程序。

12.　专家组工作的建议时间表

(a)	收到各方第一份书面陈述：			
	(1)	起诉方：	＿＿＿＿	3 至 6 周
	(2)	被诉方：	＿＿＿＿	2 至 3 周
(b)	各方出席的第一次实质性会议的日期、时间和地点：			
		第三方参加的会议：	＿＿＿＿	1 至 2 周
(c)	收到各方书面辩驳：		＿＿＿＿	2 至 3 周
(d)	各方出席的第二次实质性会议的日期、时间和地点：		＿＿＿＿	1 至 2 周
(e)	向各方散发报告的描述部分：		＿＿＿＿	2 至 4 周
(f)	收到各方对报告描述部分的意见：		＿＿＿＿	2 周
(g)	向各方散发中期报告，包括调查结果和结论：		＿＿＿＿	2 至 4 周
(h)	各方请求审议报告部分内容的截止日期：		＿＿＿＿	1 周
(i)	专家组审议期限，包括可能与各方再次召开的会议：		＿＿＿＿	2 周
(j)	向争端各方散发最终报告：		＿＿＿＿	2 周

（k）　向各成员散发最终报告：　＿＿＿＿＿　3 周

上述时间表可根据未预料的情况进行更改。如需要，应确定与各方再次召开会议的时间。

附录 4
专家审议小组

下列规则和程序应适用于依照第 13 条第 2 款的规定设立的专家审议小组。

1.　专家审议小组由专家组管辖。其职权范围和详细工作程序由专家组决定，小组应向专家组报告。

2.　专家审议小组的参加者仅限于对所涉领域具有专业名望和经验的人员。

3.　未经争端各方达成联合协议，争端各方的公民不得在专家审议小组中任职，除非出现专家组认为其他方法无法满足对特殊科学专业知识的需要的例外情况。争端各方的政府官员不得在专家审议小组中任职。专家审议小组成员以个人身份任职，既不是政府的代表也不是任何组织的代表。政府或组织因此不得就专家审议小组审议的事项向小组成员作出指示。

4.　专家审议小组可向其认为适当的任何来源进行咨询，并寻求信息和技术建议。在专家审议小组向一成员管辖范围内的来源寻求此类信息或建议之前，应通知该成员政府。任何成员应迅速和全面地答复专家审议小组提出的任何关于提供其认为必要和适当信息的请求。

5.　争端各方应可获得向专家审议小组提供的所有有关信息，除非此信息属机密性质。未经提供信息的政府、组织或个人的正式授权，不得披露提供给专家审议小组的机密信息。如专家审议小组请求获得此类信息，而专家审议小组无授权披露此类信息，则提供该信息的政府、组织或个人将提供信息的非机密摘要。

6.　专家审议小组应向争端各方提交一份报告草案，以期得到它们的意见，并在最终报告中酌情予以考虑，最终报告在提交专家组时，还应向争端各方散发。专家审议小组的最终报告仅属咨询性质。

附件 3

贸易政策审议机制

各成员特此协议如下:

A. 目标

(i)　贸易政策审议机制("TPRM")的目的在于通过提高各成员贸易政策和做法的透明度并使之得到更好的理解,有助于所有成员更好地遵守多边贸易协定和适用的诸边贸易协定的规则、纪律和在各协定项下所作的承诺,从而有助于多边贸易体制更加平稳地运行。为此,审议机制可以对各成员的全部贸易政策和做法及其对多边贸易体制运行的影响进行定期的集体评价和评估。但是,该机制无意作为履行各协定项下具体义务或争端解决程序的基础,也无意向各成员强加新的政策承诺。

(ii)　根据审议机制所进行的评估,在有关的范围内,均以有关成员更广泛的经济和发展需要、政策和目标及其外部环境为背景进行。但是,审议机制的职能是审查一成员的贸易政策和做法对多边贸易体制的影响。

B. 国内透明度

各成员认识到政府在贸易政策问题上决策的国内透明度对各成员的经济和多边贸易体制具有的固有价值,并同意在各自体制内鼓励和促进提高透明度,同时承认国内透明度的落实必须以自愿为基础,并考虑每一成员的法律和政治体制。

C. 审议程序

(i)　特此设立贸易政策审议机构(下称"TPRB"),负责实施贸易政策审议。

(ii)　所有成员的贸易政策和做法均应接受定期审议。各成员对多边贸易体制运行的影响是确定审议频率的决定因素,此种影响按其在一最近代表期的世界贸易中所占份额确定。按此确认的前 4 个贸易实体(欧洲共同体计为一实体)每 2 年审议一次。其后的 16 个实体每 4 年审议一次。其他成员每 6 年审议一次,但可对最不发达国家成员确定更长的期限。各方理解，对于包括一个以上成员、拥有共同对外政策的实体的审议，应涵盖其影响贸易的政策的所有部分，包括各成员的有关政策和做法。作为例外，如一成员贸易政策或做法的变更可能对其贸易伙伴产生重大影响，则 TPRB 在进行磋商后，可要求该有关成员提前进行下一次审议。

(iii) 在 TPRB 会议上的讨论应按 A 款所列目标进行。讨论的重点应为成员的贸易政策和做法，即审议机制下评估的主题。

(iv) TPRB 应为实施审议制定基本计划。还可讨论和注意各成员更新的报告。TPRB 应通过与直接有关的成员进行磋商，制定每年的审议计划。主席在与接受审议的一个或多个成员磋商后，可选出讨论人，讨论人以个人身份行事，负责引导在 TPRB 中进行的讨论。

(v) TPRB 的工作应以下列文件为基础：

(a) 由接受审议的一个或多个成员提供的一份 D 款所指的全面报告；

(b) 由秘书处自行负责根据其可获得的和一个或多个有关成员提供的信息起草的报告。秘书处应寻求一个或多个有关成员对其贸易政策和做法进行澄清。

(vi) 由接受审议的成员和秘书处提交的报告，与 TPRB 有关会议的记录一起，应在审议后迅速公布。

(vii) 这些文件将送交部长级会议，部长级会议应注意到这些文件。

D. 报告

为实现尽可能最充分的透明度，每一成员应定期向 TPRB 报告。全面报告应根据将由 TPRB 决定的议定格式，描述有关成员实施的贸易政策和做法。该格式最初应以由《1989 年 7 月 19 日决定》(BISD 36 册 406 至 409 页)所确定的"国别报告提纲格式"为基础，并作必要修正，将报告的范围扩展到附件 1 所列多边贸易协定和适用的诸边贸易协定所涵盖的贸易政策的所有方面。此格式可由 TPRB 根据经验进行修改。在两次审议之间，各成员应在其贸易政策发生任何重大变更时提供简要报告；每年将根据议定的格式提供更新的统计信息。对于最不发达国家成员在编写其报告时所遇到的困难应予特别考虑。应请求，秘书处应使发展中国家成员、特别是最不发达国家成员可获得技术援助。报告中所含信息应尽最大可能与根据多边贸易协定和适用的诸边贸易协定的规定作出的通知相协调。

E. 与 GATT 1994 和 GATS 国际收支条款的关系

各成员认识到有必要将还需根据 GATT 1994 或 GATS 国际收支条款进行全面磋商的政府的负担减少到最低程度。为此，TPRB 主席在与有关成员和国际收支限制委员会主席磋商后，应作出可使贸易政策审议的正常节奏与国际收支磋商的时间表相协调的行政安排，但不得将贸易政策审议推迟达 12 个月以上。

F. 对机制的评审

TPRB 应在《WTO 协定》生效后 5 年内对 TPRM 的运用情况进行一次评审。评审结果将提交部长级会议。TPRB 随后还可按其确定或按部长级会议要求的时间间隔对 TPRM 进行评估。

G. 国际贸易环境发展情况综述

TPRB 每年还应对影响多边贸易体制的国际贸易环境的发展情况作出综述。综述将以总干事的年度报告为辅助，该报告列出 WTO 的主要活动，并指出影响贸易体制的重大政策问题。

附件 4

诸边贸易协定[1]

民用航空器贸易协定

《民用航空器贸易协定》1979 年 4 月 12 日订于日内瓦(BISD 26 册 162 页)，后经修改、更正或修正。

政府采购协定

《政府采购协定》1994 年 4 月 15 日订于马拉喀什。

国际奶制品协定

《国际奶制品协定》1994 年 4 月 15 日订于马拉喀什。

国际牛肉协定

《国际牛肉协定》1994 年 4 月 15 日订于马拉喀什。

---

[1] 《国际奶制品协定》和《国际牛肉协定》已于 1997 年年底终止。

部长决定与宣言

关于有利于最不发达国家措施的决定

部长们，

认识到最不发达国家的困境及保证它们有效参与世界贸易体制和采取进一步措施改善它们贸易机会的需要；

认识到最不发达国家在市场准入方面的特定需要，在此方面继续给予优惠准入仍是改善它们贸易机会的一种必要手段；

重申他们致力于全面实施 1979 年 11 月 28 日《关于发展中国家差别和更优惠待遇、互惠和更充分参与的决定》第 2(d)段、第 6 段和第 8 段中有关最不发达国家的规定；

注意到《埃斯特角城部长宣言》第一部分 B 节(vii)项所列各参加方的承诺；

1. 决定，如在乌拉圭回合过程中谈判达成的文件未作规定，尽管最不发达国家接受这些文件，但是只要它们仍属最不发达国家类别，同时遵守上述文件所列一般规则，则只需承担与其各自发展、财政和贸易需要或其管理和机构能力相符的承诺和减让。应给予最不发达国家自 1994 年 4 月 15 日起额外 1 年的时间，供其提交《建立世界贸易组织协定》第 11 条所要求的减让表。

2. 同意：

   (i) 应特别通过审议以迅速实施有利于发展中国家的所有特殊和差别措施，包括在乌拉圭回合中采取的措施。

   (ii) 在可能的限度内，乌拉圭回合中议定的对最不发达国家有出口利益产品的关税和非关税措施最惠国减让，可自主提前实施，且无过渡期。应考虑进一步改善有关对最不发达国家有特殊出口利益产品的普惠制及其他方案。

   (iii) 乌拉圭回合中各项协定和文件所列规则和过渡性条款应以灵活和有支持作用的方式适用于最不发达国家。为此，应积极考虑最不发达国家在有关的理事会和委员会中提出的特定和有根据的关注。

(iv)　在适用 GATT 1947 第 37 条第 3 款(c)项和 GATT 1994 相应条款所指的进口救济措施和其他措施时,应对最不发达国家的出口利益给予特殊考虑。

(v)　在包括服务业在内的生产和出口基础的发展、加强和多样化以及贸易促进方面,应给予最不发达国家实质增加的技术援助,以使它们从市场准入开放中获得最大好处。

3.　　同意对最不发达国家的特定需要进行审议,并继续寻求采用可便利有利于这些国家贸易机会扩大的积极措施。

关于世界贸易组织对实现全球经济决策
更大一致性所作贡献的宣言

1.　　部长们认识到世界经济全球化已使各国推行的经济政策之间的相互作用日益增大，包括在经济决策的结构、宏观经济、贸易、财政和发展等方面之间的相互作用。实现这些政策之间相互协调的任务主要由国家一级政府承担，但是这些政策的国际一致性是增强这些政策在国家一级有效性的一个重要和有价值的因素。乌拉圭回合达成的各项协定表明，所有参加方政府都认识到，自由贸易政策可对它们本国经济和整个世界经济的健康增长和发展作出贡献。

2.　　在经济政策每一领域的成功合作均有助于促进其他领域的进展。以更有序的基本经济和财政条件为基础的更稳定的汇率，应有助于贸易的扩大、可持续增长和发展以及纠正外部不平衡。还需要使优惠和非优惠财政资源和实际投资资源充足迅速地流向发展中国家，并需要进一步努力以处理债务问题，以便有助于保证经济增长和发展。贸易自由化形成许多国家正在采取的调整计划取得成功的日益重要的组成部分，这种调整计划通常涉及巨额的过渡期社会成本。在这方面，部长们注意到世界银行和国际货币基金组织在支持贸易自由化调整过程中的作用，包括对面临农产品贸易改革所产生的短期成本的粮食净进口发展中国家的支持。

3.　　乌拉圭回合的积极成果是对更具一致性和互补性的国际经济政策的一项主要贡献。乌拉圭回合的结果保证扩大有利于所有国家的市场准入，以及一个加强的多边贸易的纪律框架。乌拉圭回合的结果还保证贸易政策将以更加透明的方式实施，并更加认识到开放的贸易环境对国内竞争的好处。乌拉圭回合所产生的加强的世界贸易体制有能力为自由化提供一个改善的场所，有助于更有效的监督，并保证严格遵守多边议定的规则和纪律。这些改进意味着贸易政策在未来保证全球经济决策一致性方面可以发挥更实质性的作用。

4.　　但是，部长们认识到，要解决源于贸易领域之外的困难，不能仅靠在贸易领域所采取的措施。这就强调改进全球经济决策其他要素以补充乌拉圭回合所达成结果有效实施的重要性。

5.　　　经济政策的不同方面的相互联系要求负责每一领域的国际机构遵循一致和相互支持的政策。世界贸易组织因此应推行和发展与负责货币和财政问题的国际组织的合作，同时遵守每一机构的授权、保密要求以及在决策过程中的必要自主权，并避免对各国政府强加交叉条件或额外条件。部长们还提请 WTO 总干事与国际货币基金组织总裁和世界银行行长一起，审议 WTO 与布雷顿森林体系机构合作的职责所产生的含义，以及此种合作可能采取的形式，以期实现全球经济决策的更大一致性。

关于通知程序的决定

部长们,

　　决定建议部长级会议通过下述关于改进和审议通知程序的决定:

　　各成员,

　　期望改进《建立世界贸易组织协定》(下称"《WTO 协定》")项下的通知程序的运转,从而有助于提高各成员贸易政策的透明度及为此制定的监督安排的有效性;

　　忆及《WTO 协定》项下有关公布和通知的义务,包括根据具体加入议定书、豁免以及各成员订立的其他协议的条件所承担的义务;

　　协议如下:

一、一般通知义务

　　各成员确认它们在多边贸易协定项下和适用的诸边贸易协定项下承诺的关于公布和通知的义务。

　　各成员忆及 1979 年 11 月 28 日通过的《关于通知、磋商、争端解决和监督的谅解》(BISD 26 册 210 页)所述的承诺。它们在该谅解中承诺在最大限度内通知各自采取的影响 GATT 1994 运用的贸易措施,该通知本身不损害关于这些措施与多边贸易协定项下和适用的诸边贸易协定项下权利和义务一致性和相关性的看法,各成员同意酌情按照所附措施清单的指导。各成员因此同意对此类措施的采用或修改应遵守 1979 年谅解的通知要求。

二、通知登记中心

　　应设立一个由秘书处负责的通知登记中心。在各成员继续遵循现有通知程序的同时,秘书处应保证登记中心记录提供的信息中有关成员所采取措施的目的、贸易范围和作出通知所根据的要求等内容。登记中心应按成员和义务相互对照其记录。

　　登记中心应每年通知每一成员要求其在下一年中承担的定期通知义务。

　　登记中心应提请各成员注意未履行的定期通知要求。

应任何有资格收到有关通知的成员的请求，应使该成员可获得登记中心中有关各项通知的信息。

三、对通知义务和程序的审议

货物贸易理事会将对《WTO 协定》附件 1A 所列各项协定中的通知义务和程序进行审议。审议将由一工作小组进行，工作小组的成员资格对所有成员开放。工作小组将在《WTO 协定》生效之日起立即设立。

该工作小组的职权范围为：

- 对《WTO 协定》附件 1A 所列各项协定规定的各成员的所有现有通知义务进行一次全面审议，以期最大可能地使这些义务简化、标准化和强化，并加强与这些义务的一致性，同时记住提高各成员贸易政策透明度及为此而制定的监督安排的有效性的总体目标，并记住一些发展中国家成员为履行通知义务可能需要的协助；

- 不迟于《WTO 协定》生效后 2 年向货物贸易理事会提出建议。

附件
应通知措施的指示性清单[1]

关税(包括约束幅度和范围、普惠制规定、适用于自由贸易区/关税同盟成员的税率、其他优惠)

关税配额和附加税

数量限制，包括自愿出口限制和影响进口的有序销售安排

许可程序和掺配要求等其他非关税措施；差价税

海关估价

原产地规则

政府采购

技术性贸易壁垒

保障措施

反倾销措施

反补贴措施

出口税

出口补贴、免税和优惠性出口融资

自由贸易区，包括保税仓库内生产

出口限制，包括自愿出口限制和有序销售安排

其他政府援助，包括补贴、免税

国营贸易企业的作用

与进出口有关的外汇管制

政府授权的补偿贸易

《WTO 协定》附件 1A 所列多边贸易协定涵盖的其他任何措施

---

[1] 本清单不改变《WTO 协定》附件 1A 所列多边贸易协定和《WTO 协定》附件 4 所列适用的诸边贸易协定中的现有通知要求。

关于世界贸易组织与国际货币基金组织关系的宣言

部长们，

注意到 GATT 1947 缔约方全体与国际货币基金组织之间的密切关系，及 GATT 1947 适用于此关系的规定，特别是 GATT 1947 第 15 条；

认识到在《WTO 协定》附件 1A 所列多边贸易协定所涵盖的领域方面，参加方期望将适用于 GATT 1947 缔约方全体与国际货币基金组织关系的规定作为世界贸易组织与国际货币基金组织关系的依据；

特此重申，除非《最后文件》另有规定，否则在《WTO 协定》附件 1A 所列多边贸易协定所涵盖的领域方面，适用于 GATT 1947 缔约方全体与国际货币基金组织关系的规定将作为 WTO 与国际货币基金组织关系的依据。

关于改革计划对最不发达国家和粮食净进口发展中国家
可能产生消极影响的措施的决定

1.　　部长们认识到乌拉圭回合整体结果的逐步实施，将会为有利于所有参加方的贸易扩大和经济增长创造越来越多的机会。

2.　　部长们认识到在使农产品贸易更加自由化的改革计划实施过程中，最不发达国家和粮食净进口发展中国家在以合理的条款和条件从外部来源可获得的基本粮食的充足供应方面可能受到消极影响，包括在向基本粮食的正常水平商业进口提供资金方面的短期困难。

3.　　为此，部长们同意设立适当机制，以保证乌拉圭回合有关农产品贸易结果的实施不致消极影响可获得的粮食援助的水平，此水平足以继续提供援助以满足发展中国家、特别是最不发达国家和粮食净进口发展中国家的粮食需要。为此，部长们同意：

　　(i)　　审议粮食援助委员会根据《1986 年粮食援助公约》定期制定的粮食援助水平，并在适当场所发起谈判，以确定足以满足发展中国家在改革计划实施过程中的合法粮食需要的粮食援助承诺水平；

　　(ii)　　采用准则，以保证以全部赠予的形式和/或符合《1986 年粮食援助公约》第 4 条的优惠条件，不断增加向最不发达国家和粮食净进口发展中国家提供的基本粮食的比例；

　　(iii)　　在其援助方案中，充分考虑向最不发达国家和粮食净进口发展中国家提供技术和财政援助以改善其农业生产力和基础设施的请求。

4.　　部长们还同意保证与任何与农产品出口信贷有关的协议应就有利于最不发达国家和粮食净进口发展中国家的差别待遇作出适当规定。

5.　　部长们认识到作为乌拉圭回合的结果，某些发展中国家在向正常水平商业进口提供资金方面可能遇到短期困难，且这些国家可能有资格根据调整计划中现有或可能设立的设施利用国际金融机构的资源，以便处理此类资金困难。在这方面，部长们注意到总干事提交 GATT 1947 缔约方全体的报告第 37 段关于他与国际货币基金组织总裁和世界银行行长进行磋商的情况(MIN.GNG/NG14/ W/35)。

6.　　本决定的规定将由部长级会议定期审议，农业委员会应酌情监督本决定的后续工作。

关于根据《纺织品与服装协定》第 2 条第 6 款
通知第一阶段一体化的决定

部长们，

　　同意维持属《纺织品与服装协定》第 2 条第 1 款所指限制的参加方，应不迟于 1994 年 10 月 1 日将其根据该协定第 2 条第 6 款采取的措施详细通知 GATT 秘书处。GATT 秘书处应迅速向其他参加方散发这些通知供参考。就《纺织品与服装协定》第 2 条第 21 款而言，在纺织品监督机构设立后应使其可获得这些通知。

关于世界贸易组织—国际标准化组织
标准信息系统拟议谅解的决定

部长们，

　　决定建议世界贸易组织秘书处与国际标准化组织(ISO)达成一项谅解以建立一信息系统，据此：

1.　　ISONET 各成员应将《技术性贸易壁垒协定》附件 3 中的《关于制定、采用和实施标准的良好行为规范》C 款和 J 款所指的通知，按其中指明的方式传送至设在日内瓦的 ISO/IEC 信息中心；

2.　　下列(字母)数字分类系统应使用在 J 款所指的工作计划中：

　　　(a)　　**标准分类系统**：该系统允许标准化机构对工作计划中所指的每一标准分配一个主题的(字母)数字标记；

　　　(b)　　**阶段代码系统**：该系统允许标准化机构对工作计划中所指的每一标准分配一个标准制定阶段的(字母)数字标记；为此，应至少区分 5 个发展阶段：(1)制定标准的决定已经作出，但技术工作尚未开始的阶段；(2)技术工作已经开始，但提交意见期尚未开始的阶段；(3)提交意见期已经开始，但尚未结束的阶段；(4)提交意见期已经结束，但标准尚未采用的阶段；以及(5)标准已经采用的阶段；

　　　(c)　　**标识系统**：该系统涵盖所有国际标准，可使标准化机构对工作计划中所指的每一标准分配一个(字母)数字标记，以表明所依据的国际标准；

3.　　ISO/IEC 信息中心应迅速将《良好行为规范》C 款所指的任何通知的副本转交秘书处；

4.　　ISO/IEC 信息中心应定期公布其收到的根据《良好行为规范》C 款和 J 款所作通知中的信息；此出版物可在收取合理

费用后，使 ISONET 成员获得，并通过秘书处向 WTO 成员提供。

关于审议国际标准化组织/国际电工委员会
信息中心出版物的决定

部长们，

决定按照《建立世界贸易组织协定》附件 1A 所列《技术性贸易壁垒协定》第 13 条第 1 款设立的技术性贸易壁垒委员会，应在不损害有关磋商和争端解决规定的情况下，至少每年审议一次由 ISO/IEC 信息中心提供的关于根据该协定附件 3 中的《关于制定、采用和实施标准的良好行为规范》所收到信息的出版物，以便向各成员提供讨论与该规范运用有关的任何事项的机会。

为便利此讨论，秘书处应提供一份列明其成员已接受该规范的所有标准化机构的名单，及一份自上一次审议以来已经接受或退出该规范的标准化机构的名单。

秘书处还应迅速向各成员散发自 ISO/IEC 信息中心收到通知的副本。

关于反规避的决定

部长们，

注意到反倾销税措施中的规避问题虽然是《关于实施 1994 年关税与贸易总协定第 6 条的协定》达成之前谈判的一部分，但是谈判人员未能达成具体文字，

注意到在此领域尽快适用统一规则的可取性，

决定将此问题提交根据该协定设立的反倾销措施委员会加以解决。

关于审议《关于实施 1994 年关税与贸易总协定第 6 条的协定》第 17 条第 6 款的决定

部长们，

决定如下：

《关于实施 1994 年关税与贸易总协定第 6 条的协定》第 17 条第 6 款所指的审查标准，应在 3 年后进行审议，以期考虑该标准是否可以普遍适用的问题。

关于根据《关于实施 1994 年关税与贸易总协定第 6 条的协定》或《补贴与反补贴措施协定》第五部分解决争端的宣言

部长们，

认识到在根据《关于实施 1994 年关税与贸易总协定第 6 条的协定》或《补贴与反补贴措施协定》第五部分解决争端方面，需要对反倾销和反补贴税措施引起的争端采取一致的解决办法。

关于海关有理由怀疑申报价格
真实性和准确性的情况的决定

部长们，

提请《关于实施 1994 年关税与贸易总协定第 7 条的协定》项下设立的海关估价委员会作出如下决定：

海关估价委员会，

重申成交价格是《关于实施 1994 年关税与贸易总协定第 7 条的协定》(下称"该协定")规定的首要估价基础；

认识到海关可能需要处理其有理由怀疑贸易商为证明申报价格而提供的细节或文件的真实性或准确性的情况；

强调在处理此类情况时，海关不应损害贸易商的合法商业利益；

考虑到该协定第 17 条和附件 3 第 6 款以及海关估价技术委员会的有关决定；

决定如下：

1. 在申报提交后，如海关有理由怀疑为证明该申报所提供的细节或文件的真实性或准确性，则海关可请进口商提供进一步说明，包括提供文件或其他证据，以证明申报价格是依照第 8 条规定调整后的进口货物实付或应付的全部金额。如在收到进一步信息后，或在未获答复的情况下，海关仍有合理理由怀疑申报价格的真实性或准确性，则海关可在记住第 11 条规定的同时，认为进口货物的完税价格无法根据第 1 条的规定确定。在作出最后决定之前，海关应将其怀疑所提供的细节或文件真实性或准确性的理由告知进口商，如收到请求，则可以书面形式告知，并应给予进口商作出答复的合理机会。当作出最后决定时，海关应将其决定及其理由以书面形式告知进口商。

2. 一成员按双方同意的条件协助另一成员实施该协定是完全适当的。

关于与最低限价及独家代理人、独家经销人
和独家受让人进口有关的文本的决定

部长们，

决定将下列文本提交《关于实施 1994 年关税与贸易总协定第 7 条的协定》项下设立的海关估价委员会供通过。

——

一

如一发展中国家提出保留符合附件 3 第 2 款条件的官方最低限价并提出正当理由，则委员会应积极考虑该保留请求。

如一项保留获得同意，则附件 3 第 2 款所指的条款和条件应充分考虑有关发展中国家的发展、财政和贸易需要。

二

1.　一些发展中国家对独家代理人、独家经销人和独家受让人进口产品的估价中可能存在的问题表示关注。根据第 20 条第 1 款，发展中国家成员可有最长为 5 年的时间推迟适用该协定。在这方面，利用此规定的发展中国家成员可利用此段时间进行适当的研究，并采取其他必要的措施以便利本协定的实施。

2.　考虑到此点，委员会建议海关合作理事会依照附件 2 的规定协助发展中国家成员，在确认可能会引起关注的领域制定和开展研究，包括与独家代理人、独家经销人和独家受让人进口有关的领域。

关于《服务贸易总协定》机构安排的决定

部长们,

　　　　决定建议服务贸易理事会在其第一次会议上通过以下有关附属机构的决定。

服务贸易理事会,

　　　　按照第 24 条的规定采取行动,以期便利《服务贸易总协定》的运用并促进其目标的实现,

　　　　决定如下:

1.　　　理事会设立的任何附属机构应每年向理事会报告,必要时可更经常。每一此类机构应制定各自的议事规则,并可酌情设立自己的附属机构。

2.　　　任何部门委员会应履行理事会指定的职责,并应为各成员提供机会,以便就与该部门的服务贸易有关的任何事项和可能与其有关的部门附件的运用情况进行磋商。此类职责应包括:

　　　(a)　就本协定对有关部门的适用情况进行连续审议和监督;

　　　(b)　在与有关部门贸易相关的任何事项方面拟定提议或建议,供理事会考虑;

　　　(c)　如存在与该部门有关的附件,则考虑关于修正该部门附件的提议,并向理事会提出适当的建议;

　　　(d)　提供技术讨论的场所,对各成员的措施进行研究,并对影响有关部门服务贸易的任何其他技术问题进行审查;

　　　(e)　就实施义务或其他影响有关部门服务贸易的事项,向发展中国家成员和正在谈判加入《建立世界贸易组织协定》的发展中国家提供技术援助;

　　　(f)　与根据《服务贸易总协定》设立的任何其他附属机构或活跃于任何有关部门的国际组织进行合作。

3.　　　特此设立金融服务贸易委员会,承担第 2 段中所列职责。

关于《服务贸易总协定》部分争端解决程序的决定

部长们，

决定建议服务贸易理事会在其第一次会议上通过以下决定。

服务贸易理事会，

考虑到根据第 22 条和第 23 条进行的争端解决，该协定的义务、具体承诺以及服务贸易的特定性质，

决定如下：

1.　应建立专家名册，以帮助选择专家组成员。

2.　为此，各成员可提出具有第 3 段所指资格的个人姓名供列入该名册，并应提供其资格履历，如适用，应标明其具体部门的专门知识。

3.　专家组应由对《服务贸易总协定》和（或）服务贸易问题，包括相关管理问题具有经验的资深政府和/或非政府个人组成。专家应以个人身份而非作为任何政府或组织的代表任职。

4.　关于部门问题的争端专家组应具有与争端所涉具体服务部门有关的必要的专门知识。

5.　秘书处应保存该名册，并应与理事会主席进行磋商，以制定管理该名册的程序。

关于服务贸易与环境的决定

部长们，

决定建议服务贸易理事会在其第一次会议上通过以下决定。

服务贸易理事会，

承认为保护环境所必要的措施可能会与本协定的规定发生抵触；且

注意到由于保护环境的必要措施的典型特点是以保护人类、动物或植物的生命或健康为目标的，是否需要作出超出第 14 条(b)款内容的规定尚不明确；

决定如下：

1.　为确定是否需要为考虑此类措施而对该协定第 14 条进行任何修改，要求贸易与环境委员会就服务贸易与环境之间的关系，包括可持续发展问

题进行审查并提出报告，同时提出建议(若有的话)。委员会还应审查关于环境问题的政府间协定的相关性及其与该协定的关系。

2.　　委员会应向在《建立世界贸易组织协定》生效后首届 2 年一次的部长级会议报告其工作结果。

关于自然人流动问题谈判的决定

部长们，

　　注意到乌拉圭回合谈判就关于以提供服务为目的的自然人流动问题所产生的承诺；

　　注意到《服务贸易总协定》的目标，包括增加发展中国家对服务贸易的参与和扩大其服务出口；

　　认识到为达到《服务贸易总协定》项下的利益平衡，而实现关于自然人流动的更高承诺水平的重要性；

　　决定如下：

1.　　关于以提供服务为目的的自然人流动进一步自由化的谈判应在乌拉圭回合结束后继续进行，以期允许参加方根据《服务贸易总协定》实现更高的承诺水平。

2.　　设立自然人流动谈判小组负责该谈判。谈判小组应制定自己的程序，并应定期向服务贸易理事会报告。

3.　　谈判小组应不迟于 1994 年 5 月 16 日举行第一次谈判会议。谈判小组应不迟于《建立世界贸易组织协定》生效后 6 个月结束谈判，并提出最终报告。

4.　　这些谈判产生的承诺应列入各成员的具体承诺减让表。

关于金融服务的决定

部长们，

注意到参加方在乌拉圭回合结束时列入减让表中的金融服务承诺将在最惠国待遇基础上与《建立世界贸易组织协定》(下称"《WTO 协定》")同时生效，

决定如下：

1. 尽管有《服务贸易总协定》第 21 条的规定，但是在不迟于《WTO 协定》生效之日后 6 个月终止的一期限结束时，各成员有权改进、修改或撤销其在本部门全部或部分承诺而无需提供补偿。与此同时，尽管有《关于第 2 条豁免的附件》的规定，但是各成员应最后确定其关于本部门最惠国待遇豁免的立场。自《WTO 协定》生效之日起至上述期限终止时止，《关于第 2 条豁免的附件》中所列的、以其他参加方的承诺水平或豁免为条件的豁免将不适用。

2. 金融服务贸易委员会应监督根据本决定的规定进行的任何谈判的进展情况，并应在不迟于《WTO 协定》生效之日后 4 个月就此向服务贸易理事会报告。

关于海运服务谈判的决定

部长们，

注意到参加方在乌拉圭回合结束时列入减让表中的海运服务承诺将在最惠国待遇基础上与《建立世界贸易组织协定》(下称"《WTO 协定》")同时生效，

决定如下：

1. 海运服务部门的谈判应在自愿基础上、在《服务贸易总协定》范围内进行。谈判在范围上应全面，旨在就国际海运、附属服务以及港口设施的进入和使用作出承诺，从而在一固定时间表内取消限制。

2. 设立海运服务谈判小组(下称"NGMTS")执行此授权。NGMTS 应定期就这些谈判的进展情况提出报告。

3. NGMTS 中的谈判应对宣布参加意向的所有政府和欧洲共同体开放。截至目前，下列各方已宣布参加谈判的意向：

　　　　阿根廷、加拿大、欧洲共同体及其成员国、芬兰、香港、冰岛、印度尼西亚、韩国、马来西亚、墨西哥、新西兰、挪威、菲律宾、波兰、罗马尼亚、新加坡、瑞典、瑞士、泰国、土耳其、美国。

其他关于参加意向的通知应交《WTO 协定》的保存人。

4.　　NGMTS 应不迟于 1994 年 5 月 16 日召开第一次谈判会议。谈判小组应不迟于 1996 年 6 月结束谈判，并提出最终报告。最终报告应包括实施这些谈判结果的日期。

5.　　直到谈判结束时，第 2 条和《关于第 2 条豁免的附件》的第 1 款和第 2 款中止对本部门适用，无需列出最惠国待遇的豁免。尽管有该协定第 21 条的规定，但是在谈判结束时，各成员仍有权改善、修改或撤销在乌拉圭回合期间就本部门作出的任何承诺而无需提供补偿。与此同时，尽管有《关于第 2 条豁免的附件》的规定，但是各成员应最后确定其关于本部门最惠国待遇豁免的立场。如谈判未能成功，服务贸易理事会将决定是否依照本授权继续进行谈判。

6.　　谈判产生的任何承诺，包括其生效日期，应列入《服务贸易总协定》所附减让表中，并应遵守该协定的所有规定。

7.　　即日起至待根据第 4 段确定的实施日期止，各方理解参加方除为回应其他国家实施的措施及为维护或提高海运服务提供的自由程度外，不得实施任何影响海运服务贸易的措施，也不得以可提高其谈判地位和影响的方式实施这些措施。

8.　　第 7 段的实施应受 NGMTS 的监督。任何参加方均可就其认为与第 7 段实施有关的任何行动或遗漏提请 NGMTS 注意。此类通知一经秘书处收到即应被视为已向 NGMTS 提交。

关于基础电信谈判的决定

部长们，

决定如下：

1. 谈判应在自愿基础上、在《服务贸易总协定》范围内进行，以期逐步实现电信传输网络和服务(下称"基础电信")贸易的自由化。

2. 在不损害谈判结果的情况下，谈判在范围上应全面，不预先排除任何基础电信。

3. 设立基础电信谈判小组(下称"NGBT")执行此授权。NGBT应定期报告这些谈判的进展情况。

4. NGBT中的谈判应对宣布参加意向的所有政府和欧洲共同体开放。截至目前，下列各方已宣布参加谈判的意向：

澳大利亚、奥地利、加拿大、智利、塞浦路斯、欧洲共同体及其成员国、芬兰、香港、匈牙利、日本、韩国、墨西哥、新西兰、挪威、斯洛伐克共和国、瑞典、瑞士、土耳其、美国。

其他关于参加意向的通知应交《WTO协定》的保存人。

5. NGBT应不迟于1994年5月16日召开第一次谈判会议。谈判小组应不迟于1996年4月30日结束谈判，并提出最终报告。最终报告应包括实施这些谈判结果的日期。

6. 谈判产生的任何承诺，包括其生效日期，应列入《服务贸易总协定》所附减让表中，并应遵守该协定的所有规定。

7. 即日起至待根据第5段确定的实施日期止，各方理解任何参加方不得以可提高其谈判地位和影响的方式实施任何影响基础电信服务贸易的措施。各方理解，本规定不阻止达成关于提供基础电信服务的商业和政府安排。

8. 第7段的实施应受NGBT的监督。任何参加方均可将其认为与第7段实施有关的任何行动或遗漏提请NGBT注意。此类通知一经秘书处收到即应被视为已向NGBT提交。

关于专业服务的决定

部长们，

决定建议服务贸易理事会在其第一次会议上通过以下决定。

服务贸易理事会，

认识到与专业资格、技术标准和许可要求有关的管理措施对扩大专业服务贸易的影响；

期望制定多边纪律，以期保证在作出具体承诺时，此类管理措施不对专业服务的提供构成不必要的壁垒；

决定如下：

1.   关于国内法规的第 6 条第 4 款中预想的工作计划应立即付诸实施。为此，应设立专业服务工作组，以便就为保证在专业服务领域内与有关资格要求和程序、技术标准和许可要求的措施不致构成不必要的贸易壁垒所必需的纪律进行审查并提出报告，同时提出建议。

2.   作为优先事项，工作组应就详述会计部门的多边纪律提出建议，以使具体承诺有效实施。在提出这些建议时，工作组应集中在：

    (a)   制定与市场准入有关的多边纪律，以保证国内法规要求：(i)依据客观和透明的标准，如提供服务的资格和能力；(ii)不得比为保证服务质量所必需的限度更难以负担，从而便利会计服务的有效自由化；

    (b)   国际标准的使用，在这样做时，工作组应鼓励与第 6 条第 5 款(b)项定义的有关国际组织进行合作，以便全面实施第 7 条第 5 款；

    (c)   通过制定资格承认的准则，便利本协定第 6 条第 6 款的有效适用。

在详述这些纪律时，工作组应考虑管理专业服务的政府和非政府机构的重要性。

关于加入《政府采购协定》的决定

1.　　部长们提请在《建立世界贸易组织协定》附件 4 所列《政府采购协定》项下设立的政府采购委员会澄清下述事项：

(a)　有兴趣根据《政府采购协定》第 24 条第 2 款加入的成员，可将其兴趣告知 WTO 总干事，并提交有关信息，包括一份供并入附录 1 的适用范围出价，同时注意该协定的有关规定，特别是第 1 条，如适用，还应包括第 5 条；

(b)　有关信函可散发该协定的各参加方；

(c)　有兴趣加入的成员可就其加入该协定的条件与各参加方进行磋商；

(d)　为便利加入，如所涉及的成员或该协定的任何参加方提出请求，委员会可设立一工作组。该工作组应审查：(i)申请加入成员所作的适用范围出价；及(ii)与各参加方市场出口机会有关的信息，同时考虑申请加入成员现有的和潜在的出口能力及各参加方在申请加入成员市场中的出口机会；

(e)　在委员会作出决定同意包括加入成员适用范围清单在内的加入条件后，该加入成员可将说明议定条件的加入文件交存 WTO 总干事。使用英文、法文和西班牙文的加入成员的适用范围清单可附在该协定之后；

(f)　在《WTO 协定》生效之日前，以上程序在细节上作必要修改后可适用于有兴趣加入的 GATT 1947 缔约方，指定由 WTO 总干事完成的任务可由 GATT 1947 缔约方全体的总干事完成。

2.　　各方注意到，委员会应经协商一致作出决定。各方还注意到，任何参加方均可使用第 24 条第 11 款的不适用条款。

关于实施与审议《关于争端解决规则
与程序的谅解》的决定

部长们,

忆及 1994 年 2 月 22 日的决定: GATT 1947 在争端解决领域的现有规则和程序应继续有效, 直到《建立世界贸易组织协定》生效之日为止,

提请有关理事会和委员会决定各自应保持运转以处理在此日期前已提出磋商请求的争端;

提请部长级会议在《建立世界贸易组织协定》生效后 4 年内, 完成对世界贸易组织下争端解决规则和程序的全面审议, 并在完成审议后的第一次会议上就是否继续、修改或终止此类争端解决的规则和程序作出决定。

关于接受与加入《建立世界贸易组织协定》的决定

部长们，

注意到《建立世界贸易组织协定》(下称"《WTO 协定》")第 11 条和第 14 条规定，只有在《WTO 协定》生效时，减让和承诺表已附于 GATT 1994 之后且具体承诺表已附于《服务贸易总协定》(下称"GATS")之后的 GATT 1947 缔约方，方可接受《WTO 协定》；

进一步注意到《乌拉圭回合多边贸易谈判结果最后文件》(以下分别称"乌拉圭回合"和"《最后文件》")第 5 段规定，对于在此《最后文件》签署之日仍不属 GATT 1947 缔约方的参加方，其减让表不是最终的，应在随后为加入总协定和接受《WTO 协定》的目的加以完成；

注意到《关于有利于最不发达国家措施的决定》第 1 段规定，应给予最不发达国家自 1994 年 4 月 15 日起额外 1 年的时间，供其提交《建立世界贸易组织协定》第 11 条所要求的减让表；

认识到某些乌拉圭回合参加方已在事实基础上适用 GATT 1947，并根据 GATT 1947 第 26 条第 5 款(c)项成为缔约方，无法提交 GATT 1994 和 GATS 的减让表；

进一步认识到一些未参加乌拉圭回合的国家或单独关税区可在《WTO 协定》生效之前成为 GATT 1947 缔约方，应给予这些国家或关税区谈判 GATT 1994 和 GATS 减让表的机会，以使它们能够接受《WTO 协定》；

考虑到一些在《WTO 协定》生效之前不能完成加入 GATT 1947 的程序或无意成为 GATT 1947 缔约方的国家或单独关税区，可能希望在《WTO 协定》生效之前开始其加入 WTO 的程序；

认识到《WTO 协定》对依照第 11 条和第 14 条接受《WTO 协定》的 WTO 成员和依照第 12 条加入《WTO 协定》的 WTO 成员并无任何区分，并希望保证截至《WTO 协定》生效之日尚未成为 GATT 1947 缔约方的国家和单独关税区的加入程序避免对这些国家和单独关税区有任何不必要的不利或迟延；

决定：

1. (a)　　《最后文件》的任何签署方

- 适用《最后文件》第 5 段者，或

- 适用《关于有利于最不发达国家的措施的决定》第 1 段者，或

- 在 1994 年 4 月 15 日之前根据 GATT 1947 第 26 条第 5 款(c)项成为 GATT 1947 缔约方、但无法制定 GATT 1994 和 GATS 减让表以包含在《最后文件》中者，及

　　任何国家或单独关税区

- 在自 1994 年 4 月 15 日起至《WTO 协定》生效之日止期间成为 GATT 1947 的缔约方者，

可以向筹备委员会提交 GATT 1994 减让和承诺表及 GATS 具体承诺减让表，供其审查和批准。

(b)　　《WTO 协定》应开放供减让表已在《WTO 协定》生效之前提交并获批准的 GATT 1947 缔约方依照《WTO 协定》第 14 条接受。

(c)　　本款(a)和(b)项的规定不得损害最不发达国家在 1994 年 4 月 15 日之后 1 年内提交其减让表的权利。

2. (a)　　任何国家或单独关税区均可请求筹备委员会向 WTO 部长级会议提议批准其根据《WTO 协定》第 12 条规定加入该协定的条件。如此种请求是由一正处于加入 GATT 1947 过程中的国家或单独关税区提出的，则筹备委员会应在可行的限度内，与 GATT 1947 缔约方全体设立的工作组联合审查该国或单独关税区的加入。

(b)　　筹备委员会应向部长级会议提交一份关于审议该请求的报告。该报告可包括一份含 GATT 1994 减让和承诺表及 GATS 具体承诺表的加入议定书，供部长级会议批准。部长级会议在审议有关国家或单独关税区加入《WTO 协定》的申请时，应考虑筹备委员会的报告。

关于贸易与环境的决定

部长们，

值此签署《乌拉圭回合多边贸易谈判结果最后文件》之际，于 1994 年 4 月 15 日在马拉喀什召开会议，

忆及《建立世界贸易组织协定》的序言写明各成员"认识到在处理它们在贸易和经济领域的关系时，应以提高生活水平、保证充分就业、保证实际收入和有效需求的大幅稳定增长以及扩大货物和服务的生产和贸易为目的，同时应依照可持续发展的目标，考虑对世界资源的最佳利用，寻求既保护和维护环境，又以与它们各自在不同经济发展水平的需要和关注相符的方式，加强为此采取的措施，"

注意到：

- 《里约环境与发展宣言》、《21 世纪议程》及 GATT 理事会主席于 1992 年 12 月向第 48 届缔约方全体大会提交的声明所反映的 GATT 的后续活动，以及环境措施与国际贸易工作组、贸易与发展委员会和 GATT 理事会的工作；

- 《关于服务贸易与环境的决定》中设想的工作计划；以及

- 《与贸易有关的知识产权协定》的相关规定，

考虑到在维护和保障一个开放、非歧视和公正的多边贸易体制与采取行动保护环境及促进可持续发展之间不应存在、也无必要存在任何政策矛盾，

期望协调贸易与环境领域的政策，此工作不应超出多边贸易体制的权限，应仅限于贸易政策和可能对其成员产生重大贸易影响的与贸易有关的环境政策，

决定：

- 指示 WTO 总理事会的第一次会议设立贸易与环境委员会，该委员会对所有 WTO 成员开放，并向在 WTO 建立后召开的第一届 2 年一次的部长级会议提出报告，届时将按照委员会的建议审议委员会的工作和职权范围，

- 　　贸易谈判委员会 1993 年 12 月 15 日决定的部分内容如下：

"(a)　确认贸易措施与环境措施之间的关系，以促进可持续发展；

(b)　在符合多边贸易体制的开放、公正和非歧视性质的前提下，就是否需对该体制的规定进行修改提出适当建议，特别是关于：

- 制定用以加强贸易与环境措施之间积极的相互作用的规则的需要，促进可持续发展的需要，特别考虑发展中国家、尤其是其中的最不发达国家的需要；及

- 避免保护主义贸易措施，遵守有效的多边纪律，以保证多边贸易体制响应《21 世纪议程》和《里约宣言》、特别是宣言第 12 条原则中列出的环境目标；及

- 监督用于环境目的的贸易措施、具有重大贸易影响的与贸易有关的环境措施以及适用于这些措施的多边纪律的有效执行；"

此决定与上述序言性语言一起构成贸易与环境委员会的职权范围，

- 在这些职权范围内，并为使国际贸易与环境政策相互支持，委员会最初将处理下列事项，并可提出任何与此相关的问题：

- 多边贸易体制的规定与为环境目的而采取的贸易措施之间的关系，包括按照多边环境协定采取的措施；

- 具有重大贸易影响的、与贸易和环境政策有关的环境政策与多边贸易体制的规定之间的关系；

- 多边贸易体制的规定与下列各项内容之间的关系：

(a)　为环境目的而征收的税费；

(b)　与产品有关的环境要求，包括标准、技术法规、包装、标签和再利用；

- 　多边贸易体制中有关用于环境目的的贸易措施及具有重大贸易影响的环境措施和要求的透明度的规定；
- 　多边贸易体制的争端解决机制与多边环境协定的争端解决机制之间的关系；
- 　环境措施对市场准入的影响，特别是对于发展中国家、尤其是其中的最不发达国家而言的此种影响，以及取消贸易限制和扭曲对环境的效益；
- 　国内禁止性货物的出口问题，

- 贸易与环境委员会在上述职权范围内，将考虑把《关于服务贸易与环境的决定》所设想的工作和《与贸易有关的知识产权协定》的有关规定作为其工作的组成部分，
- 在 WTO 总理事会第一次会议召开之前，贸易与环境委员会的工作应由世界贸易组织筹备委员会(PCWTO)承担，并对筹备委员会的所有成员开放，
- 提请筹备委员会的小组委员会和届时建立的贸易与环境委员会，就《WTO 协定》第 5 条所指的政府间和非政府间组织的关系作出适当安排的问题向有关机构提供建议。

关于实施《建立世界贸易组织协定》
所产生的组织与财务问题的决定

部长们，

认识到世界贸易组织(下称"WTO")对国际贸易的重要作用和贡献，

期望保证 WTO 秘书处有效行使职责，

认识到乌拉圭回合结果的实施将扩大秘书处职责的范围和增加其复杂性，及由此产生的需要研究的资源问题，

忆及 GATT 缔约方全体大会前主席和 GATT 理事会主席的声明，提请注意改善秘书处专业人员的服务条款和条件的需要，包括工资和退休金，

注意到 WTO 需要为其专业人员提供有竞争力的服务条件，以吸引所需的专门知识，

注意到总干事的建议，即在制定 WTO 职员的服务条件，包括工资和退休金方面，应适当考虑国际货币基金组织和世界银行的服务条件，

注意到《WTO 协定》第 6 条、特别是该条第 3 款，授权总干事任命秘书处职员，并依照部长级会议通过的条例确定他们的职责和服务条件，

忆及筹备委员会的授权要求其行使必要的职能，以保证 WTO 自建立之日起即有效运转，包括制定供 WTO 主管机构审议的建议，或在必要的限度内，在秘书处建议的协助下，就行政、预算和财务事项作出决定，或酌情作出临时决定，

特此同意筹备委员会应考虑与建立 WTO 和执行乌拉圭回合协议有关的组织变化、资源要求和拟议的职员服务条件，并在必要的限度内，就要求进行的调整制定建议和作出决定。

关于建立世界贸易组织筹备委员会的决定

部长们，

注意到《建立世界贸易组织协定》(以下分别称"《WTO 协定》"和"WTO")，

注意到宜保证向 WTO 的有序过渡和 WTO 自建立之日起即有效运转，

特此协议如下：

1. 特此设立 WTO 筹备委员会(下称"委员会")。任命 P. D. 萨瑟兰先生以个人身份担任委员会主席。

2. 委员会成员资格对《乌拉圭回合多边贸易谈判最后文件》的所有签署方和依照《WTO 协定》第 11 条有资格成为 WTO 创始成员的缔约方开放。

3. 设立预算、财务与行政小组委员会，由 GATT 缔约方全体大会主席兼任主席，同时设立服务小组委员会，负责与 GATS 有关的筹备工作。委员会可酌情设立其他小组委员会。小组委员会的成员资格对委员会所有成员开放。委员会应制定自己的程序和各小组委员会的程序。

4. 委员会的所有决定均经协商一致作出。

5. 在委员会成员中，只有依照《WTO 协定》第 11 条和第 14 条有资格成为 WTO 创始成员的 GATT 缔约方方可参与委员会的决策。

6. 委员会和小组委员会由 GATT 秘书处提供服务。

7. 委员会应自《WTO 协定》生效之时终止，届时委员会将其记录和建议转交 WTO。

8. 委员会应履行可保证 WTO 自建立之日起即有效运转所必需的职能，包括下列职能：

(a) 行政、预算和财务事项：

制定建议供 WTO 主管机构审议，或在必要限度内，在 WTO 建立之前，就以上第 3 段所指的预算、财政与行政小组委员会主席向其提交的建议，在秘书处建议的协助下，并与 GATT 预算、财务与行政委员会主席合作，就下列内容作出决定或酌情作出临时决定：

(i) 《WTO 协定》第 8 条第 5 款规定的总部协定；

(ii) 依照《WTO 协定》第 7 条所列标准制定财务条例，包括征收 WTO 成员预算分摊额的指导方针；

(iii) WTO 运转第一年的概算；

(iv) 包括金融资产在内的 ICITO/GATT 的财产向 WTO 的转让；

(v) GATT 工作人员调任 WTO 秘书处和调任的条款和条件；以及

(vi) 国际贸易中心与 WTO 的关系。

(b) 机构、程序和法律事项：

(i) 审查和批准依照《关于接受和加入<建立世界贸易组织协定>的决定》提交委员会的减让表，并依照该决定第 2 段就加入条件提出建议；

(ii) 就 WTO 各机构的职权范围、特别是根据《WTO 协定》第 4 条设立机构的职权范围以及就要求这些机构自行制定的议事规则提出建议，同时记住第 16 条第 1 款的规定；

(iii) 就与《WTO 协定》第 5 条所指的其他组织的关系作出适当安排的问题，向 WTO 总理事会提出建议；以及

(iv) 准备并向 WTO 提交一份有关委员会活动的报告。

(c) 与《WTO 协定》生效及 WTO 在其范围和职能内活动有关的事项：

(i) 召集和准备实施会议；

(ii) 开始《最后文件》中所列乌拉圭回合结果所产生的工作计划，例如在以上第 3 段所指的服务小组委员会中监督具体服务部门的谈判，并承担马拉喀什会议各项决定所产生的工作；

(iii) 讨论关于在 WTO 工作计划议程中增加额外项目的建议；

(iv) 依照《纺织品与服装协定》第 8 条所列标准，就纺织品监督机构的组成问题提出建议；以及

(v) 召集 WTO 第一届部长级会议或总理事会第一次会议，以其中先召开者为准，并制定会议的临时议程。

关于金融服务承诺的谅解

　　乌拉圭回合参加方已获得授权，在《服务贸易总协定》(下称"该协定")第三部分所涵盖方法的替代方法基础上，就该协定项下的金融服务作出具体承诺。各方同意，此方法可在遵守下列谅解的前提下实施：

(i)　不与该协定的规定发生抵触；

(ii)　不损害任何成员依照该协定第三部分规定的方法将其具体承诺列入减让表的权利；

(iii)　产生的具体承诺应在最惠国待遇基础上实施；

(iv)　对成员在该协定项下承诺的自由化程度不作任何推断。

　　利害关系成员在谈判基础上，并遵守列明的条件和资格，已将符合下列方法的具体承诺列入其减让表中。

A.　维持现状

　　下列关于具体承诺的任何条件、限制和资格应限于现有的不一致措施。

B.　市场准入

垄断权

1.　除适用该协定第 8 条之外，还应适用下列规定：

　　每一成员应在其有关金融服务的减让表中列出现有的垄断权，并应努力消除这些垄断权或缩小其范围。尽管有《关于金融服务的附件》第 1 款(b)项的规定，但是本款仍适用于该附件第 1 款(b)项(iii)目所指的活动。

公共实体购买的金融服务

2.　尽管有该协定第 13 条的规定，但是每一成员仍应保证在该成员的公共实体在其领土内购买和获得金融服务方面，应对在其领土内设立的任何其他成员的金融服务提供者给予最惠国待遇和国民待遇。

跨境贸易

3.　每一成员应允许非居民的金融服务提供者本人、或通过中间人或本人作为中间人，在给予国民待遇的条款和条件下，提供下列服务：

(a)　　与下列内容有关的风险保险；

　　　　(i)　　海运、商业航空和空间发射及搭载(包括卫星)，此类保险涵盖以下任何一项或所有内容：运输的货物、运输货物的交通工具以及由此产生的任何责任；及

　　　　(ii)　　国际过境运输的货物；

(b)　　再保险和转分保，及该附件第 5 款(a)项(iv)目所指的保险附属服务；

(c)　　该附件第 5 款(a)项(xv)目所指的金融信息和金融数据处理的提供和传送，及该附件第 5 款(a)项(xvi)目所指的除中介以外的与银行和其他金融服务有关的咨询和其他附属服务。

4.　　每一成员应允许其居民在任何其他成员领土内购买下列各款列出的金融服务：

(a)　　该附件第 3 款(a)项；

(b)　　第 3 款(b)项；以及

(c)　　第 5 款(a)项(v)目至(xvi)目。

商业存在

5.　　每一成员应对任何其他成员的金融服务提供者给予在其领土内设立或扩大商业存在的权利，包括通过收购现有企业。

6.　　每一成员可就批准设立和扩大商业存在设置条款、条件和程序，只要这些条款、条件和程序不规避该成员在第 5 款下的义务，并与该协定的其他义务相一致。

新的金融服务

7.　　一成员应允许设在其领土内的任何其他成员的金融服务提供者在其领土内提供任何新的金融服务。

信息传送和信息处理

8.　　如信息传送、金融信息处理或设备转移是金融服务提供者开展正常业务所必需的，则任何成员不得采取阻止此类信息传送或金融信息处理的措施，包括以电子方式传送数据，或在遵守与国际协定相一致的进口规则的前提下，采取阻止设备转移的措施。本款的任何规定不得限制一成员保护私人数据、个人隐私以及个人记录和账户的机密性的权利，只要此类权利不用于规避该协定的规定。

人员的暂时进入

9.   (a)   每一成员应允许在其领土内正在或已经设立商业存在的任何
其他成员的金融服务提供者的下列人员暂时进入其领土：

(i)   拥有对该金融服务提供者设立、控制和经营服务所必需
的专有信息的高级管理人员；及

(ii)   金融服务提供者经营方面的专家。

(b)   每一成员应在遵守其领土内合格人员可获性的前提下，允许
与任何其他成员的金融服务提供者在其领土内的商业存在有
关的下列人员暂时进入其领土：

(i)   计算机服务、电信服务和金融服务提供者账目方面的专
家；及

(ii)   精算师和法律专家。

非歧视措施

10.   每一成员应努力消除或限制下列措施对任何其他成员金融服务提供
者的任何重大不利影响：

(a)   阻止金融服务提供者在该成员领土内以该成员确定的形式提
供该成员允许的所有金融服务的非歧视措施；

(b)   限制金融服务提供者将其活动扩大至该成员全部领土的非歧
视措施；

(c)   一成员的措施，如该成员对银行和证券服务的提供实施相同
的措施，而任何其他成员的金融服务提供者的活动集中在提
供证券服务；以及

(d)   其他措施，尽管这些措施遵守该协定的规定，但却对其他成
员金融服务提供者的经营、竞争或进入该成员市场的能力造
成不利影响；

只要根据本款采取的任何行动不对采取此类行动的成员的金融服务提供者
造成不公平的歧视。

11.   对于第 10 款(a)项和(b)项所指的非歧视措施，一成员应努力不限定
或限制市场机会的现有程度，也不限定或限制在该成员领土内所有其他成
员的金融服务提供者作为一个群体已经享有的利益，只要本承诺不对实施
此类措施的成员的金融服务提供者造成不公平的歧视。

C. 国民待遇

1.   根据给予国民待遇的条款和条件，每一成员应允许在其领土内的任

何其他成员的金融服务提供者使用由公共实体经营的支付和清算系统，以及在普通业务的正常过程中可获得的官方筹资和再融资便利。本款无意授予使用该成员贷方的最后贷款便利。

2.　　如一成员为使任何其他成员的金融服务提供者在与该成员的金融服务提供者平等的基础上提供金融服务，而要求参加、参与或进入任何自律组织、证券或期货交易所或市场、清算机构或任何其他组织或协会，或如果该成员直接或间接地向此类实体提供在提供金融服务方面的特权或优势，则该成员应保证此类实体对在其领土内的任何其他成员的金融服务提供者给予国民待遇。

D. 定义

就本方法而言：

1.　　非居民金融服务提供者指一成员的金融服务提供者，该金融服务提供者自设在另一成员领土内的机构向另一成员领土提供金融服务，不管该金融服务提供者在其提供金融服务的成员领土内设立或未设立商业存在。

2.　　"商业存在"指在一成员领土内提供金融服务的企业，包括全部或部分拥有的子公司、合资企业、合伙企业、独资企业、特许经营企业、分支机构、代理机构、代表处或其他组织。

3.　　新的金融服务指具有金融性质的服务，包括与现有和新的产品有关的服务或产品交付方式，此类服务在一特定成员领土内没有任何金融服务提供者提供，但在另一成员领土内提供。

关税与贸易总协定
(GATT 1947)

本附录包含总协定的完整文本，以及自其生效以来生效的所有修正。为方便读者，用星号(*)标出文本中应与总协定附件 I 中注释和补充规定一起理解的部分。

关税与贸易总协定

澳大利亚联邦、比利时王国、巴西合众国、缅甸、加拿大、锡兰、智利共和国、中国、古巴共和国、捷克斯洛伐克共和国、法兰西共和国、印度、黎巴嫩、卢森堡大公国、荷兰王国、新西兰、挪威王国、巴基斯坦、南罗得西亚、叙利亚、南非联邦、大不列颠及北爱尔兰联合王国和美利坚合众国政府：

认识到在处理它们在贸易和经济领域的关系时，应以提高生活水平、保证充分就业、保证实际收入和有效需求的大幅稳定增长、实现世界资源的充分利用以及扩大货物的生产和交换为目的，

期望通过达成互惠互利安排，实质性削减关税和其他贸易壁垒，消除国际贸易中的歧视待遇，从而为实现这些目标作出贡献，

通过它们的代表达成协议如下：

第一部分
第 1 条
普遍最惠国待遇

1. 在对进口或出口、有关进口或出口或对进口或出口产品的国际支付转移所征收的关税和费用方面，在征收此类关税和费用的方法方面，在有关进口和出口的全部规章手续方面，以及在第 3 条第 2 款和第 4 款所指的所有事项方面，*任何缔约方给予来自或运往任何其他国家任何产品的利益、优惠、特权或豁免应立即无条件地给予来自或运往所有其他缔约方领土的同类产品。

2. 任何有关进口关税或费用的优惠，如不超过本条第 4 款规定的水平并属下列描述的范围，则不需根据本条第 1 款的规定予以取消：

    (a) 本协定附件 A 所列只在两个或两个以上领土之间实施的优惠，但需遵守该附件中所列条件；

    (b) 本协定附件 B、附件 C 和附件 D 所列、只在 1939 年 7 月 1 日以共同主权、保护关系或宗主权相结合的两个或两个以上领土之间实施的优惠，但需遵守这些附件中所列条件；

(c) 只在美利坚合众国与古巴共和国之间实施的优惠;

(d) 只在本协定附件 E 和附件 F 所列相邻国家之间实施的优惠。

3. 第 1 款的规定不得适用于原属奥托曼帝国、后于 1923 年 7 月 24 日与该帝国分离的国家之间的优惠,只要此类优惠根据第 25 条第 5 款[1]的规定获得批准,在此方面应按照第 29 条第 1 款的规定实施第 25 条第 5 款。

4. 根据本条第 2 款允许享受优惠的任何产品的优惠幅度*,如在本协定所附有关减让表中未明确列为最高优惠幅度,则该优惠幅度不得超过以下水平:

(a) 对于该减让表中所列任何产品的关税或费用,该优惠幅度不得超过其中规定的最惠国税率与优惠税率之间的差额;如未规定优惠税率,则应将 1947 年 4 月 10 日已实施的优惠税率作为本款中的优惠税率,如未规定最惠国税率,则该幅度不得超过 1947 年 4 月 10 日已存在的最惠国税率与优惠税率之间的差额;

(b) 对于有关减让表中未列明的任何产品的关税或费用,该优惠幅度不得超过 1947 年 4 月 10 日已存在的最惠国税率与优惠税率之间的差额。

对于附件 G 中所列缔约方,本款(a)项和(b)项所指的 1947 年 4 月 10 日这一日期,应以该附件中所列相应日期代替。

第 2 条
减让表

1. (a) 每一缔约方对其他缔约方的贸易所给予的待遇不得低于本协定所附有关减让表中有关部分所规定的待遇。

(b) 与任何缔约方相关的减让表第一部分中所述的、属其他缔约方领土的产品,在进口至与该减让表相关的领土时,在遵守该减让表中所列条款、条件或限制的前提下,应免征超过其中所列和所规定的普通关税的部分。此类产品还应免征超过本协定

---

[1] 正式文本误为"第 5 款(a)项"。

订立之日征收的或超过该日期在该进口领土内已实施的法律直接或强制要求在随后对进口和有关进口征收的任何种类的所有其他税费的部分。

(c) 与任何缔约方相关的减让表第二部分中所述的、属根据第 1 条在进口至与减让表相关的领土时有权享受优惠待遇的产品，在进口至该领土时，在遵守减让表中所列条款、条件或限制的前提下，应免征超过减让表第二部分所列和所规定的普通关税的部分。此类产品还应免征超过本协定订立之日征收的或超过该日期在该进口领土内已实施的法律直接或强制要求在随后对进口和有关进口征收的任何种类的所有其他税费的部分。本条的任何规定不得阻止任何缔约方维持在本协定订立之日关于货物以优惠税率进口的资格已存在的要求。

2. 本条的任何规定不得阻止任何缔约方对任何产品的进口随时征收下列关税或费用：

(a) 对于同类国产品或对于用于制造或生产进口产品的全部或部分的产品所征收的、与第 3 条第 2 款*的规定相一致且等于一国内税的费用；

(b) 以与第 6 条的规定相一致的方式实施的任何反倾销税或反补贴税；*

(c) 与所提供服务的成本相当的规费或其他费用。

3. 任何缔约方不得改变其确定完税价格的方法或货币折算方法从而减损本协定所附有关减让表中规定的任何减让的价值。

4. 如任何缔约方形式上或事实上对本协定所附有关减让表中列明的任何产品的进口设立、维持或授权实行垄断，除非该减让表中有所规定或最初谈判减让的各方之间另有议定，否则此种垄断不得以提供平均超过该减让表所规定的保护水平的方式实施。本条的规定不得限制缔约方使用本协定其他规定所允许的、对本国生产者提供任何形式的援助。*

5. 如任何缔约方认为一产品未从另一缔约方获得其认为本协定所附有关减让表规定的减让所预期的待遇，则前一缔约方应直接提请后一缔约方注意该事项。如后者同意预期的待遇是前一缔约方所要求的待遇，但声明由于法院或其他有关机关裁定，该所涉及的产品不能根据该缔约方的关税法规进行归类而享受本协定预期的待遇，则以上两缔约方及任何其他有实质利害关系的缔约方应迅速进行进一步谈判，以期就此事项达成补偿性调整。

6. (a) 与属国际货币基金组织成员的缔约方相关的减让表所包括的从量关税和费用，及此类缔约方维持的从量关税和费用的优惠幅度，以本协定订立之日基金接受或临时认可的有关货币的平价表示。因此，如此平价以符合《国际货币基金组织协定》的方式降低超过百分之二十时，此类从量关税和费用及优惠幅度可考虑该项降低而进行调整；只要缔约方全体(即按第 25 条的规定采取联合行动的各缔约方)同意此类调整不致减损有关减让表或本协定其他部分所规定减让的价值，同时应适当考虑可影响此类调整的必要性或紧迫性的所有因素。

(b) 对于不属基金成员的任何缔约方，自其成为基金成员或按照第 15 条订立特别外汇协定之日起，类似规定应适用于该缔约方。

7. 本协定所附减让表特此成为本协定第一部分的组成部分。

第二部分

第 3 条*

国内税和国内法规的国民待遇

1. 各缔约方认识到，国内税和其他国内费用、影响产品的国内销售、标价出售、购买、运输、分销或使用的法律、法规和规定以及要求产品的混合、加工或使用的特定数量或比例的国内数量法规，不得以为国内生产提供保护的目的对进口产品或国产品适用。*

2. 任何缔约方领土的产品进口至任何其他缔约方领土时，不得对其直接或间接征收超过对同类国产品直接或间接征收的任何种类的国内税或其他国内费用。此外，缔约方不得以违反第 1 款所列原则的方式，对进口产品或国产品实施国内税和其他国内费用。*

3. 对于与第 2 款的规定不一致、但根据 1947 年 4 月 10 日已实施的一贸易协定明确授权征收的任何现有国内税,该协定规定征税产品的进口关税已经约束不再提高,征收该项国内税的缔约方有权推迟对该项税适用第 2 款的规定,直至其在该贸易协定中的义务得到解除,以便允许在补偿取消国内税保护因素的必要限度内提高该项税。

4. 任何缔约方领土的产品进口至任何其他缔约方领土时,在有关影响其国内销售、标价出售、购买、运输、分销或使用的所有法律、法规和规定方面,所享受的待遇不得低于同类国产品所享受的待遇。本款的规定不得阻止国内差别运输费的实施,此类运输费仅根据运输工具的经济营运,而不根据产品的国别。

5. 缔约方不得制定或维持与产品的混合、加工或使用的特定数量或比例有关的任何国内数量法规,此类法规直接或间接要求受其管辖的任何产品的特定数量或比例必须由国内来源供应。此外,缔约方不得以违反第 1 款所列原则的其他方式实施国内数量法规。*

6. 第 5 款的规定不得适用于 1939 年 7 月 1 日、1947 年 4 月 10 日或 1948 年 3 月 24 日在任何缔约方领土内已实施的任何国内数量法规,具体日期由有关缔约方选择;但是任何此类违反本条第 5 款规定的法规不得进行修改从而损害进口产品,并应在谈判中将其视为关税。

7. 任何与产品的混合、加工或使用的特定数量或比例有关的国内数量法规,不得以在外部供应来源之间分配任何此种数量或比例的方式实施。

8. (a) 本条的规定不得适用于政府机构购买供政府使用、不以商业转售为目的或不以用以生产供商业销售为目的的产品采购的法律、法规或规定。

(b) 本条的规定不阻止仅给予国内生产者的补贴的支付,包括自以与本条规定相一致的方式实施的国内税费所得收入中产生的对国内生产者的支付和政府购买国产品所实行的补贴。

9.   各缔约方认识到，国内最高价格控制措施，尽管符合本条的其他规定，但是可对供应进口产品的缔约方的利益产生损害效果。因此，实施此类措施的缔约方应考虑出口缔约方的利益，以期最大限度地避免此类损害效果。

10.   本条的规定不得阻止任何缔约方制定或维持与已曝光电影片有关的、且满足第4条要求的国内数量法规。

第 4 条
有关电影片的特殊规定

如任何缔约方制定或维持有关已曝光电影片的国内数量法规，则此类法规应采取符合下列要求的放映限额的形式：

(a)   放映限额可要求在不少于 1 年的特定期限内，国产电影片的放映应在来自任何国家的所有电影片的商业性放映实际使用的全部放映时间内占一定的特定最低比例。放映限额应根据每年或相等时间内每一电影院的放映时间计算；

(b)   除根据放映限额为国产电影片保留的放映时间外，包括原为国产电影片保留的、后经行政行为放开的时间在内的放映时间，不得在形式上或实际上在各供应来源之间进行分配；

(c)   虽然有本条(b)项的规定，但是任何缔约方仍可以维持符合本条(a)项要求的放映限额，即对实行放映限额的缔约方之外的一特定来源的电影片保留放映时间的最低比例；但是此类放映限额的最低比例不得提高至超过 1947 年 4 月 10 日已实施的水平；

(d)   放映限额的限制、放宽或取消需进行谈判。

第 5 条
过境自由

1.   货物(包括行李)及船舶和其他运输工具，如经过一缔约方领土的一段路程，无论有无转船、仓储、卸货或改变运输方式，仅为起点和终点均不在运输所经过的缔约方领土的全部路程的一部分，则应被视为经该缔约方领土过境。此种性质的运输在本条中定义为"过境运输"。

2. 对于通过国际过境最方便的路线、来自或前往其他缔约方领土的过境运输，应具有经过每一缔约方领土的过境自由。不得因船籍、原产地、始发地、入港、出港或目的地，或与货物、船舶或其他运输工具所有权有关的任何情况而有所区分。

3. 任何缔约方可要求通过其领土的过境运输自专门的海关入境，但是，除未能符合适用的海关法律和法规的情况外，此种来自或前往其他缔约方领土的运输不得受到任何不必要的迟延或限制，并应免除关税和所有过境税或对过境征收的其他费用，但运输费用或与过境所必需的管理费或提供服务的成本相当的费用除外。

4. 各缔约方对来自或前往其他缔约方领土的过境运输所征收的所有费用和实施的所有法规应合理，并应注意运输的条件。

5. 对于有关过境的所有费用、法规和程序，每一缔约方对来自或前往其他任何缔约方领土的过境运输所给予的待遇不得低于对来自或前往任何第三国的过境运输所给予的待遇。*

6. 每一缔约方给予经由其他任何缔约方领土过境产品的待遇，不得低于此类产品在不经该其他缔约方领土而自其原产地运至目的地的情况下所应给予的待遇。但是，任何缔约方有权维持在本协定订立之日已实施的直接交货要求，如直接交货是货物享受优惠关税税率进口的必要条件或与缔约方为征税目的而进行估价所规定的办法有关。

7. 本条的规定不得适用于航空器的过境，但适用于空运过境货物(包括行李)。

第6条

反倾销税和反补贴税

1. 各缔约方认识到，用倾销的手段将一国产品以低于正常价值的办法引入另一国的商业，如因此对一缔约方领土内一已建立的产业造成实质损害或实质损害威胁，或实质阻碍一国内产业的新建，则倾销应予以谴责。就本条而言，如自一国出口至另一国的一产品的价格符合下列条件，则被

视为以低于其正常价值的价格进入一进口国的商业

(a) 低于正常贸易过程中在出口国中供国内消费时的可比价格，或

(b) 如无此种国内价格，则低于

(i) 正常贸易过程中同类产品出口至第三国的最高可比价格；或

(ii) 该产品在原产国的生产成本加上合理的销售成本和利润。

但应适当考虑每种情况下销售条款和条件的差异、征税的差异以及影响价格可比性的其他差异。*

2. 为抵消或防止倾销，一缔约方可对倾销产品征收数额不超过此类产品倾销幅度的反倾销税。就本条而言，倾销幅度为依照第 1 款的规定所确定的差价。*

3. 在任何缔约方领土的任何产品进口至另一缔约方领土时所征收的反补贴税，金额不得超过对此种产品在原产国或出口国制造、生产或出口时所直接或间接给予的津贴或补贴的估计金额，包括对一特定产品的运输所给予的任何特殊补贴。"反补贴税"一词应理解为目的为抵消对制造、生产或出口所直接或间接给予的任何津贴或补贴而征收的一种特别税。*

4. 在任何缔约方领土的产品进口至任何其他缔约方领土时，不得由于此类产品被免除在原产国或出口国供消费的同类产品所负担的税费或由于退还此类税费而征收反倾销或反补贴税。

5. 在任何缔约方领土的产品进口至任何其他缔约方领土时，不得同时征收反倾销税和反补贴税以补偿倾销或出口补贴所造成的相同情况。

6. (a) 缔约方不得对另一缔约方领土的进口产品征收反倾销税或反补贴税(视情况而定)，除非其确定倾销或补贴的效果会对国内一已建产业造成实质损害或实质损害威胁，或实质阻碍一国内产业的建立。

(b) 缔约方全体可豁免本款(a)项的要求，从而允许一缔约方对任何产品的进口征收反补贴税或反倾销税，以抵消对向进口缔约方领土出口有关产品的缔约方领土内一产业造成实质损害或实质损害威胁的倾销或补贴。如缔约方全体认为补贴正在对向进口缔约方领土出口有关产品的缔约方领土内一产业造成实质损害或实质损害威胁，则可豁免本款(a)项的要求，以允许征收反补贴税。*

(c) 但在迟延将会造成难以补救的损害的例外情况下，一缔约方为本款(b)项所指的目的，可在未经缔约方全体事先批准的情况下征收反补贴税；但是此行动应立即报告缔约方全体，如缔约方全体未予批准，则该反补贴税应迅速撤销。

7. 对于不受出口价格影响的、为稳定初级商品的国内价格或国内生产者利润的制度，有时虽会使供出口商品的销售价格低于向国内市场中同类产品的购买者收取的可比价格，但如对该有关商品有实质利害关系的各缔约方之间经磋商后确定下列条件，则仍应被视为不构成属本条第 6 款范围内的实质损害：

(a) 该制度也使供出口商品的销售价格高于向国内市场中同类产品的购买者收取的可比价格，且

(b) 由于有效生产调节或其他原因，该制度的实施并未过度刺激出口或严重侵害其他缔约方的利益。

第 7 条
海关估价

1. 对于应征关税或其他费用*或根据价值实行或根据价值以任何方式管理进出口限制的所有产品，各缔约方认识到本款下列各款所列估价一般原则的有效性，并承诺实施此类原则。此外，应另一缔约方请求，它们应按照这些原则审议各自与海关估价有关的法律或法规的运用情况。缔约方

全体可要求各缔约方就其按照本条的规定所采取的步骤提出报告。

2．　(a)　对进口商品的海关估价应根据进行关税估价的进口商品或同类商品的实际价格，不应根据国产品的价格或任意或虚构的价格。*

　　　(b)　"实际价格"应为在进口国立法确定的时间和地点，在正常贸易过程中和充分竞争条件下，此类或同类商品销售或标价出售的价格。在此类或同类商品的价格在一特定交易中取决于数量的情况下，所考虑的价格应一律与下列内容有关：(i)可比数量，或(ii)与在进口国和出口国的贸易中所销售的较大数量的商品相比，不使进口商处于不利地位的数量。*

　　　(c)　如依照本款(b)项不能确定实际价格，则海关估价应依据可确定的最接近该价格的等值。*

3．　任何进口产品的完税价格不应包括原产国或出口国国内适用的、且进口产品已免除的或已经或将要通过退还方式予以免除的任何国内税的金额。

4．　(a)　除本款另有规定外，如就本条第 2 款而言，一缔约方有必要将以另一国货币表示的价格兑换成其本国货币，则其对每一种所涉及货币使用的外汇汇率应依据按照《国际货币基金组织协定》确定的平价或基金认可的汇率，或依据依照本协定第 15 条订立的特殊外汇协定确定的平价。

　　　(b)　如不存在此种确定的平价或此种公认的汇率，则兑换率应有效反映此种货币在交易中的现值。

　　　(c)　缔约方全体经国际货币基金组织同意，应对维持与《国际货币基金组织协定》相一致的复汇率的任何外币制定适用于各缔约方兑换此种外币的规定。任何缔约方可为本条第 2 款的目的对此类外币适用此类规定，作为使用平价的替代手段。在缔约方全体未通过此类规定之前，任何缔约方可就本条第 2 款中的任何此种外币使用旨在有效反映此种外币在商业交易中价格的兑换规定。

(d) 本款的任何规定均不得解释为要求任何缔约方改变在本协定订立之日在其领土内已适用的为报关目的而使用的货币兑换方法，如此种改变会产生普遍增加应付关税的效果。

5. 确定应征关税或其他费用的产品的价值或根据价值实行或根据价值以任何方式管理进出口的限制的基础和方法应稳定并应充分公开，以使贸易商能够以合理程度的确定性对完税价格进行估计。

第 8 条
进出口规费和手续*

1. (a) 各缔约方对进出口或有关进出口征收的任何性质的所有规费和费用(进出口关税和属第 3 条范围的国内税除外)，应限制在等于提供服务所需的近似成本以内，且不得成为对国产品的一种间接保护或为财政目的而对进出口产品征收的一种税。

(b) 各缔约方认识到，有必要削减(a)项所指规费和费用的数量和种类。

(c) 各缔约方还认识到，有必要最大限度地减少进出口手续的影响范围和复杂程度，并减少和简化进出口的单证要求。*

2. 应另一缔约方或缔约方全体请求，一缔约方应按照本条的规定审议其法律和法规的运用情况。

3. 缔约方不得对轻微违反海关法规或程序要求的行为进行实质性处罚。特别是，对于海关单证中任何易于改正和显然不是因欺骗意图或重大过失而造成的遗漏和差错所给予的处罚不得超过警告所必需的限度。

4. 本条的规定应适用于政府主管机关实施的有关进出口的规费、费用、手续和规定，包括与下列内容有关的规费、费用、手续和规定：

(a) 领事事务，如领事发票和证书；

(b) 数量限制；

(c) 许可程序；

(d)　　外汇管制；

(e)　　统计服务；

(f)　　文件、单证和证明；

(g)　　分析和检查；以及

(h)　　检疫、卫生和熏蒸消毒。

第 9 条

原产地标记

1.　　每一缔约方在标记要求方面给予其他缔约方领土产品的待遇不得低于给予任何第三国同类产品的待遇。

2.　　各缔约方认识到，在采用和执行与原产地标记有关的法律和法规时，应将此类措施对出口国的贸易和产业可能造成的困难和不便减少到最低程度，同时适当注意保护消费者不受欺骗性或误导性标记损害的必要性。

3.　　只要管理上可行，缔约方即应允许在进口时加贴所要求的原产地标记。

4.　　缔约方与进口产品标记有关的法律和法规应允许在遵照执行时不致严重损害产品，或实质性降低其价值，或不合理地增加其成本。

5.　　通常，任何缔约方不得对在进口之前未能遵守标记要求的行为征收特殊关税或进行处罚，除非纠正标记受到不合理迟延，或加贴欺骗性标记，或有意遗漏要求的标记。

6.　　各缔约方应互相合作，以期防止使用商品名称假冒产品的真实原产地，从而损害一缔约方领土内受其立法保护的产品的独特地区或地理名称。每一缔约方应对其他缔约方向其提出的有关对产品名称适用前句所列承诺的请求或交涉给予充分和积极的考虑。

第 10 条

贸易法规的公布和实施

1.　　任何缔约方实施的关于下列内容的普遍适用的法律、法规、司法判决和行政裁定应迅速公布，使各国政府和贸易商能够知晓：产品的海关归类或海关估价；关税税率、国内税税率和其他费用；有关进出口产品或其支付转账、或影响其销售、分销、运输、保险、仓储检验、展览、加工、混合或其他用途的要求、限制或禁止。任何缔约方政府或政府机构与另一缔约方政府或政府机构之间实施的影响国际贸易政策的协定也应予以公布。本款的规定不得要求任何缔约方披露会妨碍执法或违背其公共利益或损害特定公私企业合法商业利益的机密信息。

2. 任何缔约方不得在产生以下结果的普遍适用的措施正式公布之前采取此类措施：根据既定和统一做法提高进口产品的关税税率或其他费用，或对进口产品或进口产品的支付转账实施新的或更难于负担的要求、限制或禁止。

3. (a) 每一缔约方应以统一、公正和合理的方式管理本条第 1 款所述的所有法律、法规、判决和裁定。

(b) 每一缔约方应维持或尽快设立司法、仲裁或行政庭或行政程序，目的特别在于迅速审查和纠正与海关事项有关的行政行为。此类法庭或程序应独立于受委托负责行政实施的机构，它们的决定应由此类机构执行，并应适用于此类机构的做法，除非进口商在规定的上诉时间内向上级法院或法庭提出上诉；但是如有充分理由认为该决定与既定法律原则或事实不一致，则该机构的中央管理机构可采取步骤在另一诉讼程序中审查此事项。

(c) (b)项的规定不得要求取消或代替本协定订立之日一缔约方领土内已实施的程序，尽管此类程序不能完全或正式独立于受委托进行行政管理的机构，但事实上为行政行为提供了客观和公正的审查。应请求，使用此类程序的任何缔约方应向缔约方全体提供所有有关信息，以便它们确定此类程序是否符合本项的要求。

第 11 条*
普遍取消数量限制

1.　　任何缔约方不得对任何其他缔约方领土产品的进口或向任何其他缔约方领土出口或销售供出口的产品设立或维持除关税、国内税或其他费用外的禁止或限制，无论此类禁止或限制通过配额、进出口许可证或其他措施实施。

2.　　本条第 1 款的规定不得适用于下列措施：

(a)　为防止或缓解出口缔约方的粮食或其他必需品的严重短缺而临时实施的出口禁止或限制；

(b)　为实施国际贸易中的商品归类、分级和销售标准或法规而必需实施的进出口禁止或限制；

(c)　对以任何形式*进口的农产品和鱼制品的进口限制，此类限制对执行下列政府措施是必要的：

　　(i)　限制允许生产或销售的同类国产品的数量，或如果不存在同类国产品的大量生产，则限制可直接替代进口产品的可生产或销售的国产品的数量；或

　　(ii)　消除同类国产品的暂时过剩，或如果不存在同类国产品的大量生产，则消除可直接替代进口产品的同类国产品的暂时过剩，使国内消费者的某些群体免费或以低于现行市场水平的价格获得此种过剩；或

　　(iii)　限制允许生产的任何动物产品的数量，此种产品的生产全部或主要直接依赖进口商品，如该商品的国内生产相对可忽略不计。

根据本款(c)项对任何产品的进口实施限制的任何缔约方，应公布今后特定时期内允许进口产品的全部数量或价值及数量或价值的任何变化。此外，与在不存在限制的情况下国内总产量和总进口量的可合理预期的比例相比，根据以上(i)目实施的任何限制不得减少总进口量相对于国内总产量的比例。在确定此比例时，该缔约方应适当考虑前一代表期的比例及可能已经影响或正在影响有关产品贸易的任何特殊因素*。

第 12 条*
为保障国际收支而实施的限制

1. 尽管有第 11 条第 1 款的规定，但是任何缔约方为保障其对外金融地位和国际收支，可限制允许进口商品的数量或价值，但需遵守本条下列各款的规定。

2. (a) 一缔约方根据本条规定设立、维持或加强的进口限制不得超过以下所必需的限度：

(i) 为防止货币储备严重下降的迫近威胁或制止货币储备严重下降，或

(ii) 对于货币储备很低的缔约方，为实现其储备的合理增长率。

在这两种情况下均应适当考虑可能正在影响该缔约方储备或对储备的需要的任何特殊因素，包括在其可获得特殊国际信用或其他资源的情况下，规定适当使用此类信用或资源的需要。

(b) 根据(a)项实施限制的缔约方应随着此类条件的改善而逐步放宽限制，只有在(a)项所列条件仍能证明其实施属合理时方可维持此类限制。如条件不再证明其根据(a)项设立或维持的限制是合理时，则应予以取消。

3. (a) 各缔约方承诺，在执行其国内政策时，适当注意需要在健全和持久的基础上维持或恢复其国际收支平衡，并宜注意避免生产资源的不经济使用。它们认识到，为实现这些目的，宜尽快采取扩大而不是缩小国际贸易的措施。

(b) 根据本条实施限制的缔约方可确定此类限制对不同产品或不同产品类别进口的影响范围，对更为必需产品的进口应给予优先考虑。

(c) 根据本条实施限制的缔约方承诺：

(i) 避免对任何其他缔约方的贸易或经济利益造成不必要的损害；*

(ii) 不实施不合理地阻止任何种类货物的最低商业数量进口的限制，如无此种进口即会损害正常贸易渠道；以及

(iii) 不实施可阻止商业样品进口或阻止遵守专利、商标、版权或类似程序的限制。

(d) 各缔约方认识到，由于为针对实现和维持充分和生产性就业或开发经济资源所实行的国内政策，一缔约方可能会经历进口需求增加从而造成本条第 2 款(a)项所指的对其货币储备的威胁。因此，在其他方面遵守本条规定的缔约方，不需以改变这些政策会使根据本条实施的限制成为不必要为由而撤销或修改限制。

4. (a) 实施新的限制或实质性加强根据本条实施的措施从而提高现有限制的总体水平的任何缔约方，应在设立或加强此类限制后立即(或在事先磋商可行的情况下，应在设立或加强此类限制之前)与缔约方全体就其国际收支困难的性质、可采取的替代纠正措施以及有关限制对其他缔约方经济可能产生的影响进行磋商。

(b) 缔约方全体应在由其确定的日期，*审议在该日期根据本条仍然实施的所有限制。自该日期后 1 年起，根据本条实施进口限制的缔约方应每年与缔约方全体进行本款(a)项所规定类型的磋商。

(c) (i) 如在根据以上(a)项或(b)项与一缔约方进行磋商的过程中，缔约方全体认为有关限制与本条或第 13 条的规定(并需遵守第 14 条的规定)不一致，它们应指出不一致的性质，并可建议对有关限制进行适当修改。

(ii) 但是，如作为磋商结果，缔约方全体确定正在实施的限制包含与本条规定或第 13 条的规定(并需遵守第 14 条的规定)严重不一致之处，且对任何缔约方的贸易造成损害或威胁造成损害，则它们应如此通知实施限制的缔约方，并应提出适当建议，以便在指定期限内符合此类规定。如该缔约方在指定期限内未能遵守这些建议，则缔约方

全体可解除贸易受到有关限制不利影响的任何缔约方对
实施限制的缔约方在本协定项下承担的、在这种情况下
它们认为适当的义务。

(d) 如任何缔约方掌握初步确凿证据表明，限制与本条或第 13 条
的规定(并需遵守第 14 条的规定)不一致，且其贸易因此受到
不利影响，则在其请求下，缔约方全体应邀请根据本条实施限
制的缔约方进行磋商。但是，除非缔约方全体确定有关缔约方
之间的直接讨论未能取得成功，否则不得发出此类邀请。如与
缔约方全体的磋商未能达成协议，而它们确定正在实施的限制
与此类规定不一致，且已对发起此程序的缔约方的贸易造成损
害或威胁造成损害，则它们应建议撤销或修改有关限制。如有
关限制未能在缔约方全体规定的时间内撤销或修改，则它们可
以解除贸易受到限制不利影响的任何缔约方对实施限制的缔约
方在本协定项下承担的、在这种情况下它们认为适当的义务。

(e) 在根据本款行事时，缔约方全体应适当注意对实施限制的缔约
方的出口贸易产生不利影响的任何特殊外部因素。*

(f) 根据本款的确定应迅速作出，如可能，应在发起磋商后 60 天
内作出。

5. 如存在持久和广泛的根据本条实施的进口限制，表明存在某种限制
国际贸易的一般性不平衡，则缔约方全体应开始讨论，审议是否可由国际
收支受到压力的缔约方、或由国际收支状况趋向特别有利的缔约方、或由
任何适当的国际机构采取其他措施，以消除造成不平衡的主要原因。应缔
约方全体的邀请，缔约方应参加此类讨论。

第 13 条*
数量限制的非歧视管理

1. 任何缔约方不得禁止或限制来自任何其他缔约方领土的任何产品的
进口，或向任何其他缔约方领土的任何产品的出口，除非来自所有第三国

的同类产品的进口或向所有第三国的同类产品的出口同样受到禁止或限制。

2. 在对任何产品实施进口限制时，缔约方应旨在使此种产品的贸易分配尽可能接近在无此类限制的情况下各缔约方预期获得的份额，为此应遵守下列规定：

(a) 只要可行，代表准许进口产品总量的配额(无论是否在供应国之间进行分配)即应固定，并应依照本条第 3 款(b)项的规定公布其数量；

(b) 在配额不可行的情况下，有关限制可采取无配额的进口许可证的方式实施；

(c) 除为实施依照本款(d)项分配的配额外，缔约方不得要求进口许可证用于有关产品自一特定国家或来源的进口；

(d) 在配额在供应国之间进行分配的情况下，实施有关限制的缔约方可就份额的分配寻求与在供应有关产品方面有实质利害关系的所有其他缔约方达成协议。在这种方式不合理可行的情况下，有关缔约方应根据前一代表期内在供应该产品方面有实质利害关系的缔约方的供应量在该产品进口总量或总值中所占比例，将份额分配给此类缔约方，同时应适当考虑可能已经影响或正在影响该产品贸易的特殊因素。缔约方不得设立任何条件或手续以妨碍任何缔约方充分利用分配给它的任何此类总量或总值的份额，但进口应在与配额有关的任何指定期限内进行。*

3. (a) 在进口许可证的签发与进口限制有关的情况下，应对有关产品的贸易有利害关系的任何缔约方请求，实施有关限制的缔约方应提供关于限制的管理、最近发放的进口许可证及其在供应国之间分配此类许可证的所有有关信息；但是缔约方无义务提供关于进口企业或供应企业名称的信息。

(b) 在进口限制涉及固定配额的情况下，实施有关限制的缔约方应公布未来特定期限内将允许进口的产品总量或总值及此种数量和价值可能的变化情况。不得拒绝在作出公告时正在运输途中的所涉产品的任何供应；但是可将其尽可能计入在所涉期限内允许进口的数量中，且如果必要可计入下一个或几个期限内允许进口的数量中；此外，如任何缔约方对在作出此类公告之日起 30 日内进口供消费或自仓库提取供消费的产品按照惯例免除此类限制，则此种做法应被视为完全符合本项的规定。

(c) 在配额在供应国之间进行分配的情况下，实施有关限制的缔约方应将目前分配给各供应国的配额份额的数量或价值迅速通知所有对有关产品供应有利害关系的缔约方，并应作出有关公告。

4. 对于依照本条第 2 款(d)项或第 11 条第 2 款(c)项实施的限制，有关任何产品代表期的选择和影响该产品贸易的任何特殊因素*的评估应首先由实施该限制的缔约方作出；但是应对此产品供应有实质利害关系的任何其他缔约方请求或应缔约方全体的请求，该缔约方应迅速与其他缔约方或缔约方全体进行磋商，磋商的内容包括：对确定的比例或选择的基期进行调整的必要性、对所涉及的特殊因素进行重新评估的必要性、取消条件的必要性、单方面制定与充足配额的分配或无限制使用有关的条件、手续或其他规定的必要性。

5. 本条的规定适用于任何缔约方设立或维持的关税配额，且只要适用，本条的原则也应适用于出口限制。

第 14 条*
非歧视原则的例外

1. 根据第 12 条或第 18 条 B 节实施限制的一缔约方，在实施此类限制时可偏离第 13 条的规定，在某种意义上此种偏离对经常性国际交易的支付和转移所产生的效果，与该缔约方当时根据《国际货币基金组织协定》第 8 条或第 14 条或根据按照第 15 条第 6 款订立的特殊外汇协定的类似规定实施限制的效果相同。*

2. 经缔约方全体同意，根据第 12 条或第 18 条 B 节实施进口限制的一缔约方可对其一小部分对外贸易暂时偏离第 13 条的规定，此种做法对有

关缔约方所带来的利益远远大于对其他缔约方的贸易可能造成的损害。*

3.　　　第 13 条的规定并不妨碍在国际货币基金组织中拥有一共同配额的一组领土依照第 12 条或第 18 条 B 节的规定，针对来自其他国家的进口实施限制，而不在它们之间实施限制，条件是此类限制在所有其他方面符合第 13 条的规定。

4.　　　本协定第 11 条至第 15 条或第 18 条 B 节的规定不得妨碍根据第 12 条或根据第 18 条 B 节实施进口限制的一缔约方采取措施引导其出口，以增加其可使用的外汇收入，而不偏离第 13 条的规定。

5.　　　本协定第 11 条至第 15 条或第 18 条 B 节的规定不得妨碍一缔约方实施以下数量限制：

(a)　　　与《国际货币基金组织协定》第 7 条第 3 节(b)款所允许实施的外汇限制有相同作用的数量限制，或

(b)　　　本协定附件 A 所指的谈判取得结果之前，根据该附件规定的优惠安排所实施的数量限制。

第 15 条
外汇安排

1.　　　缔约方全体应寻求与国际货币基金组织进行合作，以便缔约方全体和基金在基金管辖范围内的外汇问题和缔约方全体管辖范围内的数量限制和其他贸易措施方面，可以推行一个协调的政策。

2.　　　在缔约方全体被提请审议或处理有关货币储备、国际收支或外汇安排问题的所有情况下，它们应与国际货币基金组织进行充分磋商。在此类磋商中，缔约方全体应接受基金提供的关于外汇、货币储备或国际收支的所有统计或其他事实的调查结果，并应接受基金有关一缔约方在外汇问题方面采取的行动是否与《国际货币基金组织协定》或该缔约方与缔约方全体之间订立的特殊外汇协定条款相一致的确定。缔约方全体在对涉及第 12 条第 2 款(a)项或第 18 条第 9 款所列标准形成最后决定时，应接受基金关

于哪些内容构成该缔约方货币储备的严重下降、其货币储备非常低的水平或其货币储备合理增长率的确定，以及在此类情况下磋商中涵盖的其他事项的财政方面的确定。

3.　　　缔约方全体应寻求与基金就本条第 2 款下磋商的程序达成协议。

4.　　　缔约方不得通过外汇措施而使本协定各项条款的意图无效，也不得通过贸易行动而使《国际货币基金组织协定》各项条款的意图无效*。

5.　　　如缔约方全体在任何时候认为，一缔约方正在实施的有关进口的支付和转移方面的外汇限制与本协定对数量限制所规定的例外不一致，则它们应就此向基金报告。

6.　　　非基金成员的任何缔约方，应在缔约方全体与基金磋商后确定的时间内成为基金成员，如不能成为成员，则应与缔约方全体订立特殊外汇协定。终止其基金成员资格的一缔约方应立即与缔约方全体订立特殊外汇协定。一缔约方根据本款与缔约方全体订立的特殊外汇协定应成为其在本协定项下义务的组成部分。

7.　　(a)　　　一缔约方与缔约方全体根据本条第 6 款订立的特殊外汇协定应使缔约方全体确信，所涉缔约方在外汇事项上采取的行动不会阻碍本协定的目标。

　　　(b)　　　任何此种特殊外汇协定的条款不得使缔约方在外汇事项上承担的义务普遍严于《国际货币基金组织协定》要求基金成员承担的义务。

8.　　　不属基金成员的缔约方应提供缔约方全体为履行在本协定项下的职责而可能要求提供的《国际货币基金组织协定》第 8 条第 5 节一般范围内的信息。

9.　　　本协定不得妨碍：

　　　(a)　　　一缔约方依照《国际货币基金组织协定》或该缔约方与缔约方全体订立的特殊外汇协定，使用外汇管制或外汇限制，或

　　　(b)　　　一缔约方对进出口实行的限制或管制，除第 11 条、第 12 条、第 13 条和第 14 条所允许的作用之外，其惟一作用是使此类外汇管制或外汇限制有效。

第 16 条*

补贴

A 节 — 一般补贴

1.　　如任何缔约方给予或维持任何补贴，包括任何形式的收入或价格支持，以直接或间接增加自其领土出口的任何产品或减少向其领土进口的任何产品的方式实施，则该缔约方应将该补贴的范围和性质、该补贴对自其领土出口、向其领土进口的受影响产品的数量所产生的预计影响以及使该补贴成为必要的情况向缔约方全体作出书面通知。在确定任何此类补贴对其他任何缔约方的利益造成或威胁造成严重侵害的任何情况下，应请求，给予有关补贴的缔约方应与其他有关缔约方或缔约方全体讨论限制该补贴的可能性。

B 节 — 对出口补贴的附加规定*

2.　　各缔约方认识到，一缔约方对任何产品的出口所给予的补贴，可能对其他进口和出口缔约方造成有害影响，可能对它们的正常商业利益造成不适当的干扰，并可阻碍本协定目标的实现。

3.　　因此，缔约方应寻求避免对初级产品的出口使用补贴。但是，如一缔约方直接或间接地给予任何形式的补贴，并以增加自其领土出口的任何初级产品的形式实施，则该补贴的实施不得使该缔约方在该产品的世界出口贸易中占有不公平的份额，同时应考虑前一代表期内该缔约方在该产品贸易中所占份额及可能已经影响或正在影响该产品贸易的特殊因素。*

4.　　此外，自 1958 年 1 月 1 日或其后可能的尽早日期起，缔约方应停止对除初级产品外的任何产品的出口直接或间接地给予任何形式的补贴，此种补贴可使此种产品的出口价格低于向国内市场同类产品购买者收取的可比价格。在 1957 年 12 月 31 日之前，任何缔约方不得通过采用新的补贴或扩大现有补贴范围，使任何此类补贴的范围超过 1955 年 1 月 1 日实施的范围。*

5.　　缔约方全体应经常审议本条规定的运用情况，以期根据实际经验审查其有效性，促进本协定目标的实现，并避免严重侵害缔约方的贸易或利益的补贴。

第 17 条
国营贸易企业

1. *　(a)　每一缔约方承诺，如其建立或维持一国营企业，无论位于何处，或在形式上或事实上给予任何企业专有权或特权*，则该企业在其涉及进口或出口的购买和销售方面，应以符合本协定对影响私营贸易商进出口的政府措施所规定的非歧视待遇的一般原则行事。

　　　(b)　本款(a)项的规定应理解为要求此类企业在适当注意本协定其他规定的前提下，应仅依照商业因素*进行任何此类购买或销售，包括价格、质量、可获性、适销性、运输和其他购销条件，并应依照商业惯例给予其他缔约方的企业参与此类购买或销售的充分竞争机会。

　　　(c)　缔约方不得阻止其管辖范围内的企业(无论是否属本款(a)项所述企业)依照本款(a)项和(b)项的原则行事。

2.　　本条第 1 款的规定不得适用于直接或最终供政府消费使用、而不是为转售或用于生产供销售的货物*而进口的产品。对于此类进口产品，每一缔约方应对其他缔约方的贸易给予公平和公正的待遇。

3.　　各缔约方确认，本条第 1 款(a)项所述企业在经营中可能对贸易造成严重障碍；因此，在互惠互利基础上进行谈判以限制或减少此类障碍对国际贸易的扩大具有重要意义。*

4.　(a)　各缔约方应将由本条第 1 款(a)项所述类型企业进口至各自领土或自各自领土出口的产品通知缔约方全体。

　　　(b)　对一不属第 2 条下减让对象的产品设立、维持或授权实行进口垄断的一缔约方，应在有关产品贸易中占实质性份额的另一缔约方的请求，应将最近代表期内该产品的进口加价*通知缔约方全体，如无法进行此类通知，则应通知该产品的转售价格。

　　　(c)　如一缔约方有理由认为其在本协定项下的利益受到第 1 款(a)项所述企业经营活动的不利影响，在其请求下，缔约方全体可请建立、维持或授权建立该企业的缔约方提供关于其运用本协定条款情况的信息。

(d) 本款的规定不得要求任何缔约方披露会阻碍执法或违背公共利益或损害特定企业合法商业利益的机密信息。

第 18 条*
政府对经济发展的援助

1. 各缔约方认识到，它们各自经济的逐步发展将便利本协定目标的实现，特别是那些经济只能维持低生活水平*并处于发展初期阶段的缔约方。*

2. 各缔约方进一步认识到，为实施旨在提高人民总体生活水平的经济发展计划和政策，这些缔约方可能有必要采取影响进口的保护措施或其他措施，只要此类措施能够便利本协定目标的实现，即为合理的。因此它们同意，这些缔约方应享受额外的便利，以使它们(a)在其关税结构方面保持足够的灵活性，从而能够给予建立一特定产业*所需的关税保护；及(b)在充分考虑它们的经济发展计划可能形成持续高水平进口需求的情况下，为国际收支目的而实施数量限制。

3. 各缔约方最后认识到，由于可使用本条 A 节和 B 节规定的额外便利，本协定的规定在正常情况下将足以满足它们各自经济发展的需要。但是，它们同意，可能存在如下情况：即没有符合这些规定的可行措施以允许处在经济发展进程中的缔约方给予所需政府援助以促进特定产业*的建立，从而提高人民的总体生活水平。本条 C 节和 D 节中规定了用于处理这些情况的特殊程序。

4. (a) 因此，经济只能维持低生活水平*且经济处在发展初期阶段*的缔约方，有权按本条 A 节、B 节和 C 节暂时偏离本协定其他条款的规定。

(b) 经济处于发展过程中、但不属以上(a)项范围的缔约方，可根据本条 D 节向缔约方全体提出申请。

5.　　各缔约方认识到，经济属以上第 4 款(a)项和(b)项所述类型并依赖少数初级产品出口的缔约方的出口收入会因此类商品销售的下降而严重减少。因此，如该缔约方的初级产品出口受到另一缔约方所采取措施的严重影响，则它可援用本协定第 22 条的磋商规定。

6.　　缔约方全体应每年审议按照本条 C 节和 D 节实施的所有措施。

A 节

7.　(a)　如一属本条第 4 款(a)项范围内的缔约方为促进一特定产业*的建立从而提高人民的总体生活水平，认为宜修改或撤销本协定所附有关减让表包含的一项减让，则它应为此通知缔约方全体，并应与最初谈判此项减让的任何缔约方和缔约方全体确定的对此有实质利害关系的任何其他缔约方进行谈判。如在此类有关缔约方之间达成协议，则它们有权修改或撤消本协定所附有关减让表下的减让，以便实施该协议，包括所涉及的任何补偿性调整。

　　(b)　如在以上(a)项规定的通知作出后 60 天内未能达成协议，则提议修改或撤销减让的缔约方可将该事项提交缔约方全体，缔约方全体应迅速审查该事项。如它们认为提议修改或撤销减让的缔约方为达成协议已尽一切努力，且它所提供的补偿性调整是充分的，则该缔约方有权修改或撤销减让，只要它同时作出补偿性调整即可。如缔约方全体认为提议修改或撤销减让的缔约方所提供的补偿性调整不充分，但认为它为提供充分补偿已尽一切合理努力，则该缔约方有权继续进行此种修改或撤销。如采取该行动，以上(a)项所指的任何其他缔约方有权修改或撤销最初与已经采取行动的缔约方谈判达成的实质相等的减让。*

B 节

8.　　各缔约方认识到，属本条第 4 款(a)项范围的缔约方在迅速发展的过程中，往往会遇到国际收支困难，这种困难主要由于扩大它们国内市场的努力和它们贸易条件的不稳定而产生的。

9.　　为保护其对外金融地位和保证适用于实施其经济发展计划的储备水平，属本条第 4 款(a)项范围的缔约方在遵守第 10 款至第 12 款规定的前提下，可通过限制允许进口的商品数量或价值，控制其进口的总体水平；但是设立、维持或加强的进口限制不得超过以下所必需的限度：

　　(a)　　为防止货币储备严重下降的威胁或制止货币储备严重下降，或

　　(b)　　对于货币储备不足的缔约方，为使其储备能够合理增长率。

在这两种情况下均应适当考虑可能正在影响该缔约方储备或对储备的需要的任何特殊因素，包括在其可获得特殊国际信贷或其他资源的情况下，规定适当使用此类信贷或资源的需要。

10.　　在实施这些限制时，各缔约方可确定这些限制对不同产品或不同产品种类进口的影响范围，对按照其经济发展政策更必需产品的进口给予优先考虑；但是限制的实施应避免对任何其他缔约方的贸易或经济利益造成不必要的损害，不致不合理地阻止任何种类货物的最低商业数量进口，如无此种进口则会损害正常贸易渠道；限制的实施也不应阻止商业样品的进口或阻止对专利、商标、版权或类似程序的遵守。

11.　　在执行其国内政策时，有关缔约方应适当注意需要在健全和持久的基础上维持或恢复其国际收支平衡，并宜注意保证对生产资源的经济使用。随着条件的改善，有关缔约方应逐步放宽根据本节实施的任何限制，仅在根据本条第 9 款的条件证明必要时维持此类限制，并在条件不再证明维持其属合理时予以取消；但是不得以一缔约方发展政策的变更而使根据本节正在实施的限制成为不必要为由，要求该缔约方撤销或修改此类限制。*

12.　　(a)　　实施新的限制或实质性加强根据本节实施的措施而提高现有限制总体水平的任何缔约方，应在设立或加强此类限制后立即

(或在事先磋商可行的情况下，应在设立或加强此类限制之前)
与缔约方全体就其国际收支困难的性质、可采取的替代纠正措
施以及有关限制对其他缔约方经济可能产生的影响进行磋商。

(b)　　缔约方全体应在由其确定的日期，*审议在该日期根据本节仍
然实施的所有限制。该日期后 2 年起，根据本节实施限制的缔
约方每隔大约 2 年，但不得少于 2 年，应根据缔约方全体每年
草拟的计划，与缔约方全体进行以上(a)项所规定类型的磋商；
但是在根据本款任何其他规定进行的一般性质的磋商结束后 2
年内，不得进行本项下的磋商。

(c)　　(i)　　如在根据本条(a)项或(b)项与一缔约方进行磋商的过程
中，缔约方全体认为有关限制与本节或第 13 条的规定
(并需遵守第 14 条的规定) 不一致，它们应指出不一致
的性质，并可建议对有关限制进行适当修改。

　　　　(ii)　　但是，如作为磋商结果，缔约方全体确定正在实施的限
制包含与本节或第13条的规定(并需遵守第14条的规定)
严重不一致之处，且对任何缔约方的贸易造成损害或威
胁造成损害，则它们应如此通知实施有关限制的缔约
方，并应提出适当建议，以便在一指定期限内符合此类
规定。如该缔约方在指定期限内未能遵守这些建议，则
缔约方全体可解除贸易受到有关限制不利影响的任何缔
约方对实施限制的缔约方在本协定项下承担的、在这种
情况下它们认为适当的义务。

(d)　　如任何缔约方掌握初步确凿证据表明，限制与本条或第 13 条
的规定(并需遵守第 14 条的规定)不一致，且其贸易因此受到

不利影响，则在其请求下，缔约方全体应邀请根据本条实施限制的缔约方进行磋商。但是，除非缔约方全体确定有关缔约方之间的直接讨论未能取得成功，否则不得发出此类邀请。如与缔约方全体的磋商未能达成协议，而它们确定正在实施的限制与此类规定不一致，且已对发起此程序的缔约方的贸易造成损害或威胁造成损害，则它们应建议撤销或修改有关限制。如有关限制未能在缔约方全体规定的时间内撤销或修改，则它们可以解除贸易受到限制不利影响的任何缔约方对实施限制的缔约方在本协定项下承担的、在这种情况下它们认为适当的义务。

(e)　如针对一缔约方依照本款(c)项(ii)目最后一句或(d)项采取行动后，该缔约方认为，缔约方全体授权的义务解除对其经济发展计划和政策的实施造成不利影响，则该缔约方有权在不迟于此项行动采取后 60 天，书面通知缔约方全体的执行秘书[2]其退出本协定的意图，此项退出自执行秘书收到通知之日后的第 60 天生效。

(f)　在根据本款行事时，缔约方全体应适当注意本条第 2 款所指的因素。根据本款的确定应迅速作出，如可能，应在发起磋商后 60 天内作出。

C 节

13.　如属本条第 4 款(a)项范围的一缔约方认为，需要政府援助以促进一特定产业*的建立，以期提高人民的总体生活水平，但缺乏符合本协定其他规定的可行措施用以实现该目标，则该缔约方可援用本节所列规定和程序。*

14.　有关缔约方应通知缔约方全体在实现本条第 13 款所述目标方面所遇到的特殊困难，并应说明它为补救这些困难而提议采取的影响进口的措

---

[2] 根据 1965 年 3 月 23 日的决定，缔约方全体将 GATT 秘书处负责人的头衔由"执行秘书"改为"总干事"。

施。在本条第 15 款或第 17 款(视情况而定)规定的时限期满前，它不得采取该措施，或如果该措施所影响的进口产品是本协定所附有关减让表包含减让的对象，则除非该缔约方依照第 18 款的规定得到缔约方全体的同意，否则该缔约方不得采取该措施；但是，如接受援助的产业已经开始生产，则该缔约方在通知缔约方全体后，可采取必要措施以防止在此段时期内有关产品的进口实质性增加超过正常水平。*

15. 如在就该措施作出通知后 30 天内，缔约方全体未要求有关缔约方与它们进行磋商，*则该缔约方可在实施拟议的措施的必要限度内，偏离本协定其他条款的有关规定。

16. 如缔约方全体提出请求，*有关缔约方应与它们就拟议措施的目的、本协定项下可能采取的替代措施以及拟议的措施对其他缔约方的商业和经济利益可能产生的影响进行磋商。如作为磋商结果，缔约方全体一致认为没有符合本协定其他规定的可行措施用以实现本条第 13 款所列目标，并同意*拟议的措施，则有关缔约方在实施该措施所必需的限度内，应被解除其在本协定其他条款的有关规定下的义务。

17. 如在根据本条第 14 款就拟议的措施作出通知后 90 天内，缔约方全体未能同意该措施，则有关缔约方在通知缔约方全体后可采取拟议的措施。

18. 如受拟议的措施影响的产品属本协定所附有关减让表包含减让的对象，则有关缔约方应与最初谈判此减让的任何其他缔约方和缔约方全体确定与此有实质利害关系的任何其他缔约方进行磋商。如缔约方全体一致认为没有符合本协定其他规定的可行措施用以实现本条第 13 款所列目标，且它们能够确信下列内容，则应同意*该措施：

    (a) 作为以上所指磋商的结果，已经与此类其他缔约方达成协议，或

    (b) 如缔约方全体在收到第 14 款规定的通知后 60 天内未达成该协议，援用本节的缔约方为达成协议已经作出所有合理努力，且其他缔约方的利益已得到充分保障。*

因此，援用本节的缔约方全体，在允许其实施该措施所必需的限度内，应被解除其在本协定其他条款的有关规定下的义务。

19. 如本条第 13 款所述类型的一拟议的措施涉及一产业，该产业在建立的最初阶段曾得到有关缔约方为国际收支目的而根据本协定有关规定实施限制的附带保护，则该缔约方可援用本节的规定和程序；但是未经缔约方全体同意*，该缔约方不得实施该拟议措施。*

20. 本节前述各款并非授权可以偏离本协定第 1 条、第 2 条和第 13 条的规定。本条第 10 款的但书也应适用于根据本节实施的任何限制。

21. 在任何时候根据本条第 17 款实施一措施时，受到该措施实质性影响的任何缔约方可对援用本节的缔约方的贸易中止实施本协定项下实质相等的减让或其他义务，只要缔约方全体对此不持异议；*但是，在不迟于采取一项不利于受影响缔约方的措施或对该措施进行实质性改变后 6 个月，应向缔约方全体作出此中止的 60 天预先通知。任何此类缔约方应依照本协定第 22 条的规定提供充分的磋商机会。

D 节

22. 属本条第 4 款(b)项范围的一缔约方为发展其经济，而期望对一特定产业*的建立采取本条第 13 款所述措施，可向缔约方全体申请批准此类措施。缔约方全体应迅速与该缔约方进行磋商，并应根据第 16 款所列因素作出决定。如缔约方全体同意*拟议的措施，则有关缔约方在允许其实施该措施所必需的限度内，应被解除其在本协定其他条款的有关规定下的义务。如拟议的措施影响的产品为本协定所附有关减让表包含减让的对象，则应适用第 18 款的规定。*

23. 根据本节实施的任何措施应符合本条第 20 款的规定。

第 19 条
对某些产品进口的紧急措施

1. (a) 如因不能预见的情况和一缔约方在本协定项下负担包括关税减让在内义务的影响，进口至该缔约方领土的产品数量增加如此之大且情况如此严重，以致对该领土内同类产品或直接竞争产品的国内生产者造成严重损害或严重损害威胁，则该缔约方有权在防止或补救此种损害所必需的限度和时间内，对该产品全部或部分中止义务或撤销或修改减让。

   (b) 如属一优惠减让对象的任何产品，在本款(a)项所列情况下进口至一缔约方领土，对目前接受或曾经接受此优惠的一缔约方领土内同类产品或直接竞争产品的国内生产者造成严重损害或严重损害威胁，如该另一缔约方提出请求，则进口缔约方有权在防止或补救此种损害所必需的限度和时间内，对该产品全部或部分中止义务或撤销或修改减让。

2. 在任何缔约方根据本条第 1 款的规定采取行动之前，应尽可能提前书面通知缔约方全体，并应给予缔约方全体和对有关产品的有实质利害关系的出口缔约方就拟议的行动进行磋商的机会。如就关于优惠的减让作出通知，则通知应列明请求采取行动的缔约方名称。在迟延会造成难以补救的损害的紧急情况下，可不经事先磋商而临时采取本条第 1 款规定的行动，但条件是在采取该行动后应立即进行磋商。

3. (a) 如有利害关系的缔约方之间未能就该行动达成协议，则提议采取或继续采取该行动的缔约方仍然有权这样做，且如果采取或继续采取该行动，则受影响的缔约方有权在不迟于该行动采取后 90 天，在缔约方全体收到有关中止义务的通知起 30 天期满后，对采取该行动的缔约方的贸易，或在本条第 1 款(b)项设想的情况下，对请求采取此项行动的缔约方的贸易，中止实施本协定项下与上述影响实质相等的减让或其他义务，只要缔约方全体对此不持异议。

(b) 尽管有本款(a)项的规定，但是在未经事先磋商而根据本条第 2 款采取行动并对一缔约方领土内受该行动影响的产品的国内生产者造成损害或威胁造成严重损害，则该缔约方在迟延会造成难于补救的损害的情况下，有权在采取措施后和整个磋商期间，中止防止或补救损害所必需的减让或其他义务。

第 20 条
一般例外

在遵守关于此类措施的实施不在情形相同的国家之间构成任意或不合理歧视的手段或构成对国际贸易的变相限制的要求前提下，本协定的任何规定不得解释为阻止任何缔约方采取或实施以下措施：

(a) 为保护公共道德所必需的措施；

(b) 为保护人类、动物或植物的生命或健康所必需的措施；

(c) 与黄金或白银进出口有关的措施；

(d) 为保证与本协定规定不相抵触的法律或法规得到遵守所必需的措施，包括与海关执法、根据第 2 条第 4 款和第 17 条实行有关垄断、保护专利权、商标和版权以及防止欺诈行为有关的措施；

(e) 与监狱囚犯产品有关的措施；

(f) 为保护具有艺术、历史或考古价值的国宝所采取的措施；

(g) 与保护可用尽的自然资源有关的措施，如此类措施与限制国内生产或消费一同实施；

(h) 为履行任何政府间商品协定项下义务而实施的措施，该协定符合提交缔约方全体且缔约方全体不持异议的标准，或该协定本身提交缔约方全体且缔约方全体不持异议；*

(i) 在作为政府稳定计划的一部分将国内原料价格压至低于国际价格水平的时期内，为保证此类原料给予国内加工产业所必需的数量而涉及限制此种原料出口的措施；但是此类限制不得用于增加该国内产业的出口或增加对其提供的保护，也不得偏离本

协定有关非歧视的规定;

(j) 在普遍或局部供应短缺的情况下,为获取或分配产品所必需的措施;但是任何此类措施应符合以下原则:即所有缔约方在此类产品的国际供应中有权获得公平的份额,且任何此类与本协定其他规定不一致的措施,应在导致其实施的条件不复存在时即行停止。缔约方全体应不迟于 1960 年 6 月 30 日审议对本项的需要。

第 21 条
安全例外

本协定的任何规定不得解释为:

(a) 要求任何缔约方提供其认为如披露则会违背其基本安全利益的任何信息;或

(b) 阻止任何缔约方采取其认为对保护其基本国家安全利益所必需的任何行动:

    (i) 与裂变和聚变物质或衍生这些物质的物质有关的行动;

    (ii) 与武器、弹药和作战物资的贸易有关的行动,及与此类贸易所运输的直接或间接供应军事机关的其他货物或物资有关的行动;

    (iii) 在战时或国际关系中的其他紧急情况下采取的行动;或

(c) 阻止任何缔约方为履行其在《联合国宪章》项下的维护国际和平与安全的义务而采取的任何行动。

第 22 条
磋商

1. 每一缔约方应对另一缔约方就影响本协定运用的任何事项可能提出的交涉给予积极考虑,并应提供充分的磋商机会。

2. 在一缔约方请求下,缔约方全体可就经根据第 1 款进行的磋商未能满意解决的任何事项与任何缔约方进行磋商。

第 23 条

利益的丧失或减损

1.　　如一缔约方认为，由于下列原因，它在本协定项下直接或间接获得的利益正在丧失或减损，或本协定任何目标的实现正在受到阻碍，

(a)　　另一缔约方未能履行其在本协定项下的义务，或

(b)　　另一缔约方实施任何措施，无论该措施是否与本协定的规定产生抵触，或

(c)　　存在任何其他情况，

则该缔约方为使该事项得到满意的调整，可向其认为有关的另一缔约方提出书面交涉或建议。任何被接洽的缔约方应积极考虑对其提出的交涉或建议。

2.　　如在一合理时间内有关缔约方未能达成满意的调整，或如果困难属本条第 1 款(c)项所述类型，则该事项可提交缔约方全体。缔约方全体应迅速调查向其提交的任何事项，并应向其认为有关的缔约方提出适当建议，或酌情就该事项作出裁定。缔约方全体在认为必要的情况下，可与缔约方、联合国经济与社会理事会及任何适当的政府间组织进行磋商。如缔约方全体认为情况足够严重而有理由采取行动，则它们可授权一个或多个缔约方对任何其他一个或多个缔约方中止实施在本协定项下承担的、在这种情况下它们认为适当的减让或其他义务。如对一缔约方的减让或其他义务事实上已中止，则该缔约方有权在采取该行动后不迟于 60 天，向缔约方全体的执行秘书[3]提出退出本协定的书面通知，退出应在执行秘书收到该通知后的第 60 天生效。

第三部分

第 24 条

适用领土—边境贸易—关税同盟和自由贸易区

1.　　本协定的规定应适用于缔约方本土的关税领土，并适用于根据第 26 条接受本协定或根据第 33 条或《临时适用议定书》实施本协定的任何其

---

[3] 根据 1965 年 3 月 23 日的决定，缔约方全体将 GATT 秘书处负责人的头衔由"执行秘书"改为"总干事"。

他关税领土。每一此类关税领土，仅就本协定的适用领土而言，应被视为一缔约方；但是本款的规定不得解释为在根据第 26 条接受本协定或其中一缔约方根据第 33 条或《临时适用议定书》实施本协定的两个或两个以上关税领土之间产生任何权利或义务。

2.　　　就本协定而言，一关税领土应理解为一对与其他领土之间贸易的实质部分保留单独关税或其他贸易法规的任何领土。

3.　　　本协定的规定不得解释为阻止：

　　(a)　　任何缔约方为便利边境贸易而给予毗连国家的优惠；

　　(b)　　与的里雅斯特自由区毗连的国家给予与该自由区的贸易的优惠，只要此类优惠不与由第二次世界大战所产生的和平条约相抵触。

4.　　　各缔约方认识到，宜通过自愿签署协定从而发展此类协定签署国之间更紧密的经济一体化，以增加贸易自由。它们还认识到，关税同盟或自由贸易区的目的应为便利成员领土之间的贸易，而非增加其他缔约方与此类领土之间的贸易壁垒。

5.　　　因此，本协定的规定不得阻止在缔约方领土之间形成关税同盟或自由贸易区，或阻止通过形成关税同盟或自由贸易区所必需的临时协定；但是：

　　(a)　　就关税同盟或导致形成关税同盟的临时协定而言，在建立任何此种同盟或订立临时协定时，对与非此种同盟成员或协定参加方的缔约方的贸易实施的关税和其他贸易法规，总体上不得高于或严于在形成此种同盟或通过此种临时协定(视情况而定)之前，各成员领土实施的关税和贸易法规的总体影响范围；

　　(b)　　就自由贸易区或导致形成自由贸易区的临时协定而言，每一成员领土维持的且在形成此种自由贸易区或通过此种贸易协定时对非自由贸易区成员或非协定参加方的缔约方实施的关税或

其他贸易法规，不得高于或严于在形成该自由贸易区或签署协定之前相同成员领土内存在的相应关税或贸易法规；以及

(c) (a)项和(b)项所指的任何临时协定应包括在一合理持续时间内形成此种关税同盟或此种自由贸易区的计划和时间表。

6. 如在满足第 5 款(a)项的要求时，一缔约方提议以与第 2 条规定不一致的方式提高任何关税税率，则应适用第 28 条所列程序。在提供补偿性调整时，应适当考虑同盟的其他成员削减相应关税而已经提供的补偿。

7. (a) 决定加入关税同盟或自由贸易区，或订立导致形成关税同盟或自由贸易区的临时协定的任何缔约方，应迅速通知缔约方全体，并应向它们提供拟议成立的同盟或贸易区的必要信息，以便它们能够向各缔约方提出它们认为适当的报告和建议。

(b) 如缔约方全体经与一临时协定参加方进行磋商，对第 5 款所指的临时协定所包括的计划和时间表进行研究，并考虑依照(a)项规定可获得的信息之后，认为该协定不可能在协定参加方预期的期限内导致关税同盟或自由贸易区的形成，或认为该期限不合理，则缔约方全体应向协定参加方提出建议。如协定参加方不准备依照这些建议修改该协定，则不得维持或实施(视情况而定)此类协定。

(c) 对第 5 款(c)项所指的计划或时间表的任何实质性变更应通知缔约方全体，如此种变更似乎可能危及或不适当地延迟关税同盟或自由贸易区的形成，则缔约方全体可请有关缔约方与其进行磋商。

8. 就本协定而言：

(a) 关税同盟应理解为以一单一关税领土替代两个或两个以上关税领土，以便

(i) 对于同盟成员领土之间的实质上所有贸易或至少对于产于此类领土产品的实质上所有贸易，取消关税和其他限制性贸易法规(如必要，第 11 条、第 12 条、第 13 条、

第 14 条、第 15 条和第 20 条下允许的关税和其他限制性贸易法规除外)，及

(ii) 在遵守第 9 款规定的前提下，同盟每一成员对同盟以外领土的贸易实施实质相同的关税或其他贸易法规；

(b) 自由贸易区应理解为在两个或两个以上的一组关税领土中，对成员领土之间实质上所有有关产自此类领土产品的贸易取消关税和其他限制性贸易法规(如必要，按照第 11 条、第 12 条、第 13 条、第 14 条、第 15 条和第 20 条允许的关税和其他限制性贸易法规除外)。

9. 第 1 条第 2 款所指的优惠不得因形成关税同盟或自由贸易区而受到影响，但可以通过与受影响的缔约方进行谈判加以取消或调整。*与受影响的缔约方谈判的程序应特别适用于为符合第 8 款(a)项(i)目和第 8 款(b)项的规定而需要取消的优惠。

10. 缔约方全体可以三分之二多数批准不完全符合第 5 款至第 9 款要求的建议，只要此类建议可导致形成本条意义上的关税同盟或自由贸易区。

11. 考虑到由于印度和巴基斯坦建成独立国家所产生的特殊情况，并认识到它们已经长期组成一经济单位的事实，各缔约方同意，本协定的规定不得阻止这两个国家在它们最终建立相互贸易关系之前，订立有关相互贸易的特殊安排。*

12. 每一缔约方应采取其可采取的合理措施，保证其领土内的地区和地方政府和主管机关遵守本协定的规定。

第 25 条

缔约方的联合行动

1. 各缔约方的代表应经常召开会议，以便实施本协定涉及联合行动的规定，更广泛地讲，以期便利本协定的运用和促进其目标的实现。凡本协定提及采取联合行动的各缔约方时，它们均被称为缔约方全体。

2. 提请联合国秘书长在不迟于 1948 年 3 月 1 日召开缔约方全体的第一次会议。

3.　　每一缔约方在缔约方全体的所有会议上有权拥有一票。

4.　　除非本协定另有规定，否则缔约方全体的决定应以所投票数的多数作出。

5.　　在本协定其他部分未作规定的特殊情况下，缔约方全体可豁免本协定对一缔约方规定的义务；但是任何此种决定应以所投票数的三分之二多数批准，且此多数应包含全体缔约方的半数以上。缔约方全体还可通过此种投票

(i)　　确定应对豁免义务适用其他投票要求的某些类别的特殊情况，及

(ii)　　规定实施本款[4]所必需的标准。

第 26 条
接受、生效和登记

1.　　本协定订于 1947 年 10 月 30 日。

2.　　本协定开放供在 1955 年 3 月 1 日已成为缔约方或正在谈判加入本协定的任何缔约方接受。

3.　　本协定用一份英文正本和一份法文正本写成，两种文本具有同等效力，应交存联合国秘书长，联合国秘书长应向所有有利害关系的政府提供本协定经核证的副本。

4.　　接受本协定的每一政府应向缔约方全体的执行秘书[5]交存一份接受书，执行秘书将通知所有有利害关系的政府每一接受书的交存日期和本协定根据本条第 6 款生效的日期。

5.　　(a)　　接受本协定的每一政府即代表其本土及其负有国际责任的其他领土接受本协定，但在其自己接受本协定时即通知缔约方全体的执行秘书[5]的单独关税区除外。

　　(b)　　根据本款(a)项中的例外如此通知执行秘书[5]的任何政府，可随时通知执行秘书[5]，其接受应对被排除在外的一个或多个单独

---

[4] 正式文本误作"项"。

[5] 根据 1965 年 3 月 23 日的决定，缔约方全体将 GATT 秘书处负责人的头衔由"执行秘书"改为"总干事"。

关税区生效，且此项通知应自执行秘书[5]收到之日后的第 30 天生效。

(c) 如原由一缔约方代表其接受本协定的任何单独关税区拥有或获得处理其对外贸易关系和本协定中规定的其他事项的完全自主权，则该单独关税区经对其负责的缔约方提议发表声明证实上述事实，即被视为一缔约方。

6. 依照附件 H 所列适用百分比栏目计算，如向缔约方全体的执行秘书[6]交存接受书的政府领土占该附件中所列政府领土对外贸易总额的85%，则本协定应在此类政府交存接受书之日后的第 30 天在接受本协定的政府间生效。每一其他政府的接受书应在该接受书交存之日后的第 30 天生效。

7. 授权联合国一俟本协定生效即予以登记。

第 27 条
减让的停止或撤销

如任何缔约方确定一政府未成为或不再为缔约方，则该缔约方有权随时全部或部分停止或撤销与该政府最初谈判的、本协定所附有关减让表中规定的任何减让。采取此项行动的缔约方应通知缔约方全体，并应请求，应与对有关产品有实质利害关系的缔约方进行磋商。

第 28 条*
减让表的修改

1. 在每一三年期的第一天，第一个三年期自 1958 年 1 月 1 日开始(或缔约方全体以所投票数的三分之二规定的任何其他期限*的第一天)，一缔约方(本条中下称"申请缔约方")经与最初谈判此项减让的任何缔约方和缔约方全体确定拥有主要供应利益*的任何其他缔约方(以上两类缔约方及

---

6 根据 1965 年 3 月 23 日的决定，缔约方全体将 GATT 秘书处负责人的头衔由"执行秘书"改为"总干事"。

申请缔约方在本条中下称"主要有关缔约方")谈判并达成协议，并在与缔约方全体确定在此项减让中具有实质利益*的任何其他缔约方进行磋商的前提下，可修改或撤销本协定有关减让表中包括的一项减让*。

2.　　在此类谈判和协议中，可能包括对其他产品提供的补偿性调整，有关缔约方应努力保持互惠互利减让的总体水平不低于在谈判前本协定规定的总体水平。

3.　（a）　如主要有关缔约方之间不能在 1958 年 1 月 1 日前或在本条第 1 款设想的期限期满前达成协议，则提议修改或撤销减让的缔约方仍有权这样做，如采取此项行动，则最初谈判此项减让的任何缔约方、根据第 1 款确定的拥有主要供应利益的任何缔约方和根据第 1 款确定的拥有实质利益的任何缔约方有权在不迟于此类行动采取后 6 个月，撤销与申请缔约方最初谈判的实质相等的减让，此项撤销应自缔约方全体收到此项撤销的书面通知之日起 30 天期满后开始进行。

　　（b）　如主要有关缔约方之间达成协议，但根据本条第 1 款确定的有实质利益的任何其他缔约方不满意，则此类其他缔约方有权在不迟于根据该协议采取行动后 6 个月，撤销与申请缔约方最初谈判的实质相等的减让，此项撤销应自缔约方全体收到此项撤销的书面通知之日起 30 天期满后开始进行。

4.　　缔约方全体可随时在特殊情况下，授权*一缔约方进行谈判，在遵守下列程序和条件的前提下，修改或撤销本协定有关减让表中包括的一项减让：

　　（a）　此类谈判*和任何有关磋商应依照本条第 1 款和第 2 款的规定进行。

　　（b）　如在谈判中主要有关缔约方之间达成协议，则应适用本条第 3 款(b)项的规定。

　　（c）　如在授权谈判后 60 天内*或缔约方全体可能规定的更长期限内主要有关缔约方之间未能达成协议，则该申请缔约方可将此事项提交缔约方全体。

(d) 该事项提交后，缔约方全体应迅速审查该事项，并向主要有关缔约方提出其意见，以期获得解决办法。如达成解决办法，则应适用第 3 款(b)项的规定，如同主要有关缔约方之间已达成协议。如主要有关缔约方之间未达成解决办法，则申请缔约方有权修改或撤销减让，除非缔约方全体确定申请缔约方不合理地未能提供足够的补偿。*如采取此项行动，则最初谈判减让的任何缔约方、根据第 4 款(a)项确定拥有主要供应利益的任何缔约方以及根据第 4 款(a)项确定拥有实质利益的任何其他缔约方，有权在不迟于此项行动采取后 6 个月，修改或撤销与申请缔约方最初谈判的实质相等的减让，此项撤销应自缔约方全体收到此项撤销的书面通知之日起 30 天期满后开始进行。

5. 在 1958 年 1 月 1 日之前和第 1 款设想的其他期限结束之前，一缔约方可通知缔约方全体，选择在下一期限内保留依照第 1 款至第 3 款的程序修改有关减让表的权利。如一缔约方这样选择，则其他缔约方有权在相同期限内，依照相同的程序修改或撤销与该缔约方最初谈判的减让。

第 28 条之二

关税谈判

1. 各缔约方认识到，关税经常对贸易构成严重障碍；因此，在互惠互利基础上进行谈判，以实质性削减关税和其他进出口费用的总体水平，特别是削减甚至阻碍最低数量进口的高关税，并在谈判中适当注意本协定的目标和各缔约方的不同需要，对于扩大国际贸易非常重要。因此，缔约方全体可时常发起此类谈判。

2. (a) 根据本条的谈判可在有选择的产品对产品基础上进行，或通过适用有关缔约方可接受的多边程序进行。此类谈判可针对削减关税、将关税约束在谈判时的实施水平或承诺各项关税或特定产品类别的平均关税不超过列明的水平。约束低关税或免税待遇而不再提高原则上应被视为与削减高关税价值相等的减让。

(b) 各缔约方认识到，多边谈判的成功通常取决于相互之间进行各自大部分对外贸易的所有缔约方参加。

3. 谈判应在提供考虑下列内容的充分机会基础上进行：

(a) 各缔约方和各产业的需要；

(b) 欠发达国家为帮助其经济发展而更灵活地使用关税保护的需要，及这些国家为财政收入目的而维持关税的特殊需要；以及

(c) 所有其他有关情况，包括有关缔约方的财政*、发展、战略和其他需要。

第 29 条
本协定与《哈瓦那宪章》的关系

1. 各缔约方承诺在依照各自的宪法程序接受《哈瓦那宪章》之前，在其行政权的最大限度内遵守《哈瓦那宪章》第一章至第六章及第九章的一般原则。*

2. 本协定第二部分应在《哈瓦那宪章》生效之日中止。

3. 如截至 1949 年 9 月 30 日《哈瓦那宪章》仍未生效，则各缔约方应在 1949 年 12 月 31 日之前召开会议，以议定是否应对本协定予以修正、补充或保留。

4. 无论何时如《哈瓦那宪章》停止生效，则缔约方全体应在此后尽快召开会议，以议定是否对本协定予以补充、修正或保留。在达成此项协议之前，本协定第二部分应重新生效；但是第二部分的规定除第 23 条外，应由当时在《哈瓦那宪章》中这些规定的原样经在细节上作必要修改后所取代；且在《哈瓦那宪章》停止生效时未约束一缔约方的任何规定不得约束该缔约方。

5. 如有任何缔约方在《哈瓦那宪章》生效之日仍未接受该宪章，则缔约方全体应进行讨论，以议定本协定在影响该缔约方与其他缔约方的关系方面是否需要进行补充或修正，如需要，将以何种方式进行。在达成此项协议前，尽管有本条第 2 款的规定，但是本协定第二部分的规定继续在该缔约方与其他缔约方之间适用。

6.　　属国际贸易组织成员的缔约方不得援引本协定的规定而阻止《哈瓦那宪章》任何规定的运用。本款所含原则对非国际贸易组织成员的任何缔约方的适用应为根据本条第 5 款达成协议的主题。

第 30 条
修正

1.　　除非本协定其他部分对修改作出规定，否则对本协定第一部分的规定或对第 29 条或本条规定的修正需经所有缔约方接受方可生效，对本协定的其他修正应经缔约方的三分之二接受后对接受修正的缔约方生效，并在此后对接受修正的每一其他缔约方生效。

2.　　接受本协定修正的任何缔约方应在缔约方全体规定的期限内向联合国秘书长交存接受书。缔约方全体可决定根据本条生效的任何修正是否属如下性质：即在缔约方全体规定的期限内未接受修正的任何缔约方有权退出本协定，或经缔约方全体同意仍为本协定缔约方。

第 31 条
退出

　　在不损害第 18 条第 12 款、第 23 条或第 30 条第 2 款规定的情况下，任何缔约方均可退出本协定，或代表其负有国际责任且届时在处理对外贸易关系和本协定规定的其他事项方面享有完全自主权的任何单独关税区单独退出本协定。此退出应在联合国秘书长收到书面退出通知之日起 6 个月期满后生效。

第 32 条
缔约方

1.　　本协定的缔约方应理解为指根据第 26 条或第 33 条或根据《临时适用议定书》适用本协定规定的政府。

2.　　在本协定根据第 26 条第 6 款生效后的任何时候，根据本协定第 26

条第 4 款接受本协定的各缔约方，可决定任何未如此接受本协定的任何缔约方不再为缔约方。

第 33 条
加入

不属本协定缔约方的政府，或代表在处理其对外贸易关系和本协定规定的其他事项方面享有完全自主权的单独关税区的政府，可代表该政府本身或代表该关税区，按该政府与缔约方全体议定的条件加入本协定。缔约方全体在本款下的决定应以三分之二多数作出。

第 34 条
附件

本协定的附件特此成为本协定的组成部分。

第 35 条
本协定在特定缔约方之间的不适用

1. 在下列条件下，本协定或本协定第 2 条在任何一缔约方与任何其他缔约方之间不适用：

    (a) 如两缔约方之间未进行关税谈判，且

    (b) 如两缔约方中的任何一方，在一方成为缔约方时不同意在双方之间适用本协定或本协定第 2 条。

2. 在任何缔约方请求下，缔约方全体可审查本协定在特殊情况下的运用情况，并提出适当建议。

第四部分*
贸易与发展
第 36 条
原则和目标

1. ＊　各缔约方，

(a)　忆及本协定的基本目标包括提高生活水平和逐步发展所有缔约方的经济，并考虑到这些目标的实现对欠发达缔约方特别迫切；

(b)　考虑到欠发达缔约方的出口收入在其经济发展中可发挥至关重要的作用，且此种贡献的限度取决于欠发达缔约方对进口必需品所支付的价格、其出口量以及这些出口产品所获得的价格；

(c)　注意到欠发达国家与其他国家之间生活水平存在很大差距；

(d)　认识到单独和联合行动对促进欠发达缔约方经济的发展并使这些国家的生活水平迅速提高是必要的；

(e)　认识到国际贸易作为实现经济和社会进步的手段，应适用于符合本条所列目标的规则和程序以及符合这些规则和程序的措施；

(f)　注意到缔约方全体能够使欠发达缔约方采取特殊措施，以促进其贸易和发展；

协议如下。

2.　需要快速和持续地扩大欠发达缔约方的出口收入。

3.　需要作出积极努力，以保证欠发达缔约方在国际贸易的增长中获得与其经济发展需要相当的份额。

4.　由于许多欠发达缔约方继续依赖有限范围的初级产品出口，＊需要最大限度地为这些产品进入世界市场提供更优惠和可接受的条件，只要适当，需要制定措施以稳定和改善这些产品在世界市场中的条件，特别包括旨在获得稳定、公正和有利价格的措施，从而使世界贸易和需求得以扩大，使这些国家的出口实际收入得到有活力的和稳定的增长，从而为其经济发展提供不断扩大的资源。

5.　　经济结构的多样化*和避免过分依赖初级产品出口将便利欠发达缔约方经济的快速发展。因此，对于欠发达缔约方目前或潜在具有特殊出口利益的加工产品或制成品，需要最大可能地扩大以优惠条件进入市场的机会。

6.　　由于欠发达缔约方长期缺乏出口收入和其他外汇收入，贸易与用以发展的财政援助之间存在重要的相互关系。因此，需要在缔约方全体与国际贷款机构之间进行密切和持续的合作，从而使它们能够为减轻这些欠发达缔约方在其经济发展中承担的负担作出更有效的贡献。

7.　　缔约方全体需要同其活动与欠发达国家贸易和经济发展有关的其他政府间机构及联合国系统的各组织和机构之间进行适当合作。

8.　　在削减或取消针对欠发达缔约方贸易的关税和其他壁垒的谈判中，发达缔约方不期望因其作出的承诺而获得互惠。*

9.　　为实施这些原则和目标而采取的措施应为各缔约方单独和联合作出的自觉和有目的的努力。

第 37 条
承诺

1.　　发达缔约方应尽最大可能实施下列规定，即除可能包括法律原因在内的无法控制的原因使其无法做到外：

　　(a)　　对削减和取消欠发达缔约方目前或潜在具有特殊出口利益产品的壁垒给予最优先考虑，包括不合理地区分此类产品的初级形态和加工形态的关税和其他限制；*

　　(b)　　对欠发达缔约方目前或潜在具有特殊出口利益的产品避免采用关税或非关税进口壁垒，或增加关税或非关税进口壁垒的影响范围；以及

　　(c)　(i)　　避免实施新的财政措施，及

　　　　(ii)　　在对财政政策的任何调整中，对削减和取消财政措施给予最优先考虑，

上述财政措施将会严重阻碍或正在严重阻碍全部或主要在欠发达缔约方领土内生产的、处于未加工形态和已加工形态初级产品的消费，且此种措施专门针对这些产品实施。

2. (a) 只要认为第 1 款(a)项、(b)项或(c)项中的任何规定未得到实施，则该事项即应由未实施有关规定的缔约方或其他任何有利害关系的缔约方向缔约方全体报告。

(b) (i) 如任何有利害关系的缔约方提出请求，则缔约方全体应在不损害任何可能进行的双边磋商的情况下，就此事项与有关缔约方和所有有利害关系的缔约方进行磋商，以期达成所有有关缔约方满意的解决办法，从而促进第 36 条所列目标的实现。在这些磋商的过程中，应审查未实施第 1 款(a)项、(b)项或(c)项规定所提出的理由。

(ii) 由于在某些情况下单个缔约方如与其他发达缔约方联合采取行动可能更容易实施第 1 款(a)项、(b)项或(c)项的规定，因此在适当时，此类磋商可为此目的而进行。

(iii) 在适当的情况下，缔约方全体进行的磋商也可以达成关于采取联合行动的协议，以促进第 25 条第 1 款设想的本协定目标的实现。

3. 发达缔约方：

(a) 在政府直接或间接确定全部或主要在欠发达国家领土内生产的产品的转售价格的情况下，应尽一切努力将贸易利润维持在公正的水平；

(b) 应积极考虑采取其他措施*，旨在为自欠发达缔约方的进口产品提供更大的发展余地，并为此在适当的国际行动中进行合作；

(c) 在考虑实施本协定项下允许的其他措施以解决特殊问题时，应特别注意欠发达缔约方的贸易利益，且如果此类措施会影响这些缔约方的基本利益，则应在实施此类措施之前，探索进行建设性补救的所有可能性。

4. 欠发达缔约方同意为了其他欠发达缔约方的贸易利益，在实施第四部分规定时采取适当行动，此类行动应符合它们各自目前和将来的发展、财政和贸易需要，同时考虑过去的贸易发展和欠发达缔约方的总体贸易利益。

5. 在实施第 1 款至第 4 款所列承诺时，每一缔约方应给予任何其他有利害关系的一个或多个缔约方充分和迅速的机会，以便根据本协定的正常程序就可能产生的任何事项和困难进行磋商。

第 38 条
联合行动

1. 各缔约方应在本协定范围内和在其他方面酌情共同合作，以促进第 36 条所列目标的实现。

2. 特别是，缔约方全体应：

(a) 在适当时，采取行动，包括通过国际安排在内的行动，对欠发达缔约方具有特殊利益的初级产品提供改善的和可接受的进入世界市场的条件，并制定旨在稳定和改善这些产品的世界市场条件的措施，包括旨在使此类产品的出口获得稳定、公正和有利价格的措施；

(b) 就贸易和发展政策的问题，寻求与联合国及其组织和机构进行适当合作，包括根据联合国贸易与发展会议的建议而设立的任何机构；

(c) 进行合作以分析各欠发达缔约方的发展计划和政策，审查贸易与援助的关系，以期制定具体措施，促进出口潜力的开发和便利所开发产业的产品进入出口市场，在这方面，应寻求与政府和国际组织进行适当合作，特别是与拥有用于经济发展的财政援助职权的组织进行合作，系统研究各欠发达缔约方中贸易与援助的关系，以便对出口潜力、市场前景和可能需要的任何进一步行动进行明确的分析；

(d) 继续审议世界贸易的发展，特别是参考欠发达缔约方的贸易增长率，并向缔约方提出在这种情况下被视为适当的建议；

(e)　　进行合作，以寻求为促进经济发展而扩大贸易的可行办法，如通过国家政策和法规的国际协调和调整，通过影响生产、运输和销售的技术和商业标准，以及通过建立提高贸易信息流和市场研究发展的设施以促进出口；以及

(f)　　制定必要的机构安排，促进第 36 条所列目标的实施，并实施本部分的规定。

附件 A
第 1 条第 2 款(a)项所指的领土名单

大不列颠及北爱尔兰联合王国

大不列颠及北爱尔兰联合王国的附属领土

加拿大

澳大利亚联邦

澳大利亚联邦的附属领土

新西兰

新西兰的附属领土

包括西南非洲在内的南非联邦

爱尔兰

印度(1947 年 4 月 10 日)

纽芬兰

南罗得西亚

缅甸

锡兰

确信以上所列领土对某些产品实施两种或两种以上的优惠税率。任何此类领土经与属此类享受最惠国税率产品的主要供应者的其他缔约方达成协议，可以一单一优惠税率替代此类优惠税率，对享受最惠国税率的供应方，该单一优惠税率大体上不得低于进行替代前的优惠水平。

征收相等幅度的关税优惠以替代 1947 年 4 月 10 日只在本附件所列两个或两个以上领土之间存在的一国内税中的优惠幅度，或替代下段所述优惠数量安排，不应被视为构成关税优惠幅度的增加。

第 14 条第 5 款(b)项所指的优惠安排，为根据加拿大、澳大利亚和新西兰政府关于冷冻牛肉和小牛肉、冷冻羊肉和小羊肉以及冷冻猪肉和腊

肉的合同协议，于 1947 年 4 月 10 日在联合王国中存在的优惠安排。其意图是在不损害根据第 20 条(h)项[7]采取的任何行动的情况下，这些优惠安排应予以取消或由关税优惠替代，且为此目的而进行的谈判应尽快在主要有关国家和所涉及的国家之间进行。

　　1947 年 4 月 10 日在新西兰已实施的电影出租税，就本协定而言，应被视为第 1 条下的关税。1947 年 4 月 10 日在新西兰已实施的影片出租商电影配额应被视为第 4 条下的放映配额。

　　由于在 1947 年 4 月 10 日这一基础日期，印度和巴基斯坦尚未形成自治领，因此印度和巴基斯坦自治领未在上述名单中分述。

附件 B
第 1 条第 2 款(b)项所指的
法兰西联邦的领土名单

法兰西

法属赤道非洲(刚果流域按条约开放部分[8]及其他领土)

法属西非

法国托管的喀麦隆 [8]

法属索马里海岸及属地

法国在大洋洲的定居地

法国在新赫布里底群岛共管地的定居地 [8]

印度支那

马达加斯加及属地

摩洛哥(法属区) [8]

新喀里多尼亚及属地

圣皮埃尔和密克隆

法国托管的多哥 [8]

突尼斯

---

[7]　正式文本误为"第一部分(h)项"。

[8]　就进入法国本土和法兰西联邦领土的进口产品而言。

附件C
第1条第2款(b)项所指的
关于比利时、卢森堡和荷兰关税同盟的领土名单

比利时和卢森堡经济同盟

比属刚果

卢旺达乌隆迪

荷兰

新几内亚

苏里南

荷属安地列斯群岛

印度尼西亚共和国

　　仅就进入关税同盟成员领土的进口产品而言。

附件D
第1条第2款(b)项所指的美利坚合众国的领土名单

美利坚合众国(关税领土)

美利坚合众国的附属领土

菲律宾共和国

　　征收相等幅度的关税优惠以替代1947年4月10日只在本附件所列两个或两个以上领土之间存在的一国内税中的优惠幅度不应被视为构成关税优惠幅度的增加。

附件 E
第 1 条第 2 款(d)项所指的
智利与邻国间优惠安排适用领土名单

只在智利与下列领土之间实施的优惠：

1. 阿根廷

2. 玻利维亚

3. 秘鲁

附件 F
第 1 条第 2 款(d)项所指的黎巴嫩和叙利亚
与邻国间优惠安排适用领土名单

只在黎巴嫩—叙利亚关税同盟与下列领土之间实施的优惠：

1. 巴勒斯坦

2. 外约旦

附件 G
第 1 条第 4 款[9]所指的
最高优惠幅度的确定日期

澳大利亚	1946 年 10 月 15 日
加拿大	1939 年 7 月 1 日
法兰西	1939 年 1 月 1 日
黎巴嫩—叙利亚关税同盟	1938 年 11 月 30 日
南非联邦	1938 年 7 月 1 日
南罗得西亚	1941 年 5 月 1 日

---

[9] 正式文本误为"第 3 款"。

附件 H
作出第 26 条所指的确定时使用的对外贸易总额百分比份额
(根据 1949 年至 1953 年的平均数字)

如在日本政府加入总协定之前，在第一栏中的对外贸易总额占第 26 条第 6 款列明的贸易总额百分比的缔约方已接受本协定，则第一栏应适用于该款的目的。如本协定在日本政府加入之前未被接受，则第二栏应适用于该款的目的。

	第一栏 (1955年3月1日 的缔约方)	第二栏 (1955年3月1日 的缔约方及日本)
澳大利亚	3.1	3.0
奥地利	0.9	0.8
比利时—卢森堡	4.3	4.2
巴西	2.5	2.4
缅甸	0.3	0.3
加拿大	6.7	6.5
锡兰	0.5	0.5
智利	0.6	0.6
古巴	1.1	1.1
捷克斯洛伐克	1.4	1.4
丹麦	1.4	1.4
多米尼加共和国	0.1	0.1
芬兰	1.0	1.0
法国	8.7	8.5
德意志联邦共和国	5.3	5.2
希腊	0.4	0.4
海地	0.1	0.1
印度	2.4	2.4
印度尼西亚	1.3	1.3
意大利	2.9	2.8
荷兰王国	4.7	4.6
新西兰	1.0	1.0

	第一栏 (1955年3月1日 的缔约方)	第二栏 (1955年3月1日 的缔约方及日本)
尼加拉瓜	0.1	0.1
挪威	1.1	1.1
巴基斯坦	0.9	0.8
秘鲁	0.4	0.4
罗得西亚和尼亚萨兰	0.6	0.6
瑞典	2.5	2.4
土耳其	0.6	0.6
南非联邦	1.8	1.8
联合王国	20.3	19.8
美利坚合众国	20.6	20.1
乌拉圭	0.4	0.4
日本	-	2.3
	100.0	100.0

注：以上百分比在计算时考虑了《关税与贸易总协定》适用的所有领土的贸易。

附件 I
注释和补充规定

关于第 1 条
第 1 款

就《临时适用议定书》而言，通过引用第 3 条第 2 款和第 4 款并入第 1 条第 1 款的义务及通过引用第 6 条并入第 2 条第 2 款(b)项的义务，应被视为属第二部分的范围。

在上段中和第 1 条第 1 款中对第 3 条第 2 款和第 4 款的交叉引用，只有在第 3 条经 1948 年 9 月 14 日《关于修改<关税与贸易总协定>第二部分和第 26 条的议定书》[10]规定的修正生效而得到修改后方可适用。

第 4 款

"优惠幅度"一词指同类产品的最惠国税率与优惠税率的绝对差额，而不是这些税率的比例关系。例如：

(1) 如最惠国税率为 36%的从价税率，而优惠税率为 24%的从价税率，则优惠幅度为 12%的从价税率，而不是最惠国税率的三分之一；

(2) 如最惠国税率为 36%的从价税率，而优惠税率表示为最惠国税率的三分之二，则优惠幅度为 12%的从价税率；

(3) 如最惠国税率为每公斤 2 法郎，而优惠税率为每公斤 1.50 法郎，则优惠幅度为每公斤 0.50 法郎。

依照确定的统一程序采取的下列各种海关措施不违反对优惠幅度的普遍约束：

(i) 在对一进口产品实施的税则归类或关税税率在 1947 年 4 月 10 日临时中止或无效的情况下，对该产品重新实施完全适用的关税归类或关税税率；及

(ii) 在关税法规明确预期一特定产品可归入一个以上税号的情况下，将该产品归入与在 1947 年 4 月 10 日该产品的进口归入的税号不同的税号。

---

[10] 该议定书于 1948 年 12 月 14 日生效。

关于第 2 条

第 2 款(a)项

第 2 条第 2 款(a)项中对第 3 条第 2 款的交叉引用，只有在第 3 条经 1948 年 9 月 14 日《关于修改<关税与贸易总协定>第二部分和第 26 条的议定书》[11]规定的修正生效而得到修改后方可适用。

第 2 款(b)项

见与第 1 条第 1 款相关的注释。

第 4 款

除最初谈判减让的缔约方之间另有明确议定外，本款的规定将按照《哈瓦那宪章》第 31 条的规定适用。

关于第 3 条

对于适用于进口产品和同类国产品的任何国内税或其他国内费用或本条第 1 款所指类型的任何法律、法规或规定，如在进口时或在进口口岸对进口产品征收或执行，则仍应被视为国内税或其他国内费用或第 1 款所指类型的法律、法规或规定，并因此应遵守第 3 条的规定。

第 1 款

第 1 款对一缔约方领土内由地方政府和主管机关所征收的国内税的适用，应遵守第 24 条最后一款的规定。上述最后一款中的"合理措施"一词并不要求例如废除授权地方政府征收国内税的现行国家立法等，如此项废除会给地方政府或主管机关造成严重的财政困难，尽管该项立法从技术上讲与第 3 条的字面意义不一致，但事实上与其要旨并无抵触。对于地方政府或主管机关既与第 3 条的字面意义不一致又与其要旨不一致的税收，如突然的行动会造成严重的管理和财政困难，则"合理措施"将允许一缔约方在过渡期内逐步取消不符合规定的税收。

第 2 款

符合第 2 款第一句要求的国内税，只有在已税产品与未同样征税的

---

[11] 该议定书已于 1948 年 12 月 14 日生效。

直接竞争或替代产品之间存在竞争的情况下，方被视为与第二句的规定不一致。

第5款

在法规管辖的所有产品在国内大量生产的情况下，与第 5 款第一句规定相一致的法规不得被视为违反第 5 款第二句的规定。不能以分配给属一法规主体的每一产品的比例和数量在进口产品和国产品之间构成平等关系为理由，证明该法规与第 5 款第二句的规定相一致。

关于第 5 条
第5款

关于运输费用，第 5 款规定的原则指在相同条件下经相同路线运输的同类产品。

关于第 6 条
第1款

1. 商户联号的隐蔽倾销(即进口商以低于与之联号的出口商所开发票价格的相当价格，且低于出口国国内的价格进行销售)构成一种价格倾销，此种倾销的倾销幅度可根据进口商转售该货物的价格计算。

2. 各方认识到，在进口产品来自贸易被完全或实质上完全垄断的国家，且所有国内价格均由国家确定的情况下，在确定第 1 款中的价格可比性时可能存在特殊困难，在此种情况下，进口缔约方可能认为有必要考虑与此类国家的国内价格进行严格比较不一定适当的可能性。

第2款和第3款

1. 正如在海关管理的其他许多情况下，一缔约方可要求在对任何涉嫌倾销或补贴的案件作出最后确定之前，对反倾销税或反补贴税的支付提供合理保证(保证金或现金)。

2. 多种货币措施在某些情况下可构成一种出口补贴，对此可根据第 3 款征收反补贴税予以抵消，多种货币措施还可通过对一国货币部分贬值的办法构成一种倾销，对此可根据第 2 款采取行动予以抵消。"多种货币措施"指政府采取的措施或政府批准采取的措施。

第 6 款(b)项

根据本项实施的豁免仅在提议征收反倾销税或反补贴税(视情况而定)的缔约方提出申请后方可给予。

关于第 7 条

第 1 款

"或其他费用"的表述不视为包括对进口产品或有关进口产品征收的国内税或相等的费用。

第 2 款

1.　如认为实际价格可由发票价格代表,加上任何未包括在内的、属"实际价格"适当要素的合法成本的费用,再加上对正常竞争价格的不正常折扣或其他削减,则符合第 7 条的规定。

2.　如一缔约方将"在正常贸易过程中和充分竞争条件下"理解为排除买卖双方不相互独立且价格不是惟一因素的交易,则符合第 7 条第 2 款(b)项的规定。

3.　"充分竞争条件"这一标准允许一缔约方不考虑涉及只给予独家代理商的特殊折扣的价格。

4.　(a)项和(b)项的措辞允许一缔约方(1)根据进口商品的一特定出口商的价格,或(2)根据同类商品的一般价格水平统一确定完税价格。

关于第 8 条

1.　虽然第 8 条本身不涵盖使用复汇率,但第 1 款和第 4 款反对使用货币兑换税费作为实施多种货币措施的手段;但是如一缔约方由于国际收支原因并经国际货币基金组织批准正在使用多种货币兑换费,则第 15 条第 9 款(a)项的规定可充分保护其立场。

2.　如对于自一缔约方领土进口至另一缔约方领土的产品,只在绝对必要的限度内方要求出示原产地证明,则符合第 1 款的规定。

关于第 11 条、第 12 条、第 13 条、第 14 条和第 18 条

在第 11 条、第 12 条、第 13 条、第 14 条和第 18 条中,"进口限制"或"出口限制"包括通过国营贸易经营实施的限制。

关于第 11 条

第 2 款(c)项

本款中"任何形式"一词包括处于较早加工阶段仍易腐的相同产品，此类产品与新鲜产品直接竞争，如大量进口会使针对新鲜产品的限制变得无效。

第 2 款最后一项

"特殊因素"一词包括本国和外国生产者之间或不同外国生产者之间相对生产效率的变化，但不包括以本协定项下不允许的方法人为造成的变化。

关于第 12 条

缔约方全体在根据本条规定进行任何磋商时，应采取措施最大限度地保守秘密。

第 3 款(c)项(i)目

实施限制的缔约方应努力避免对一缔约方经济主要依赖的出口商品造成严重侵害。

第 4 款(b)项

各方同意，该日期应为在《修正本协定序言及第二部分和第三部分议定书》对本条所作修正生效后 90 天内。但是，如缔约方全体认为在设想的日期实施本项规定的条件不适宜，则它们可确定一稍后的日期；但是该日期不得晚于自《国际货币基金组织协定》第 8 条、第二节、第三节和第四节的义务适用于属基金成员的缔约方的时间后 30 天，且这些缔约方对外贸易的总和至少应占所有缔约方对外贸易总量的 50%。

第 4 款(e)项

各方同意，第 4 款(e)项不对由于国际收支原因而实施或维持的数量限制增加任何新的标准。本规定的目的仅为保证可能增加实施限制的缔约方收支困难的所有外部因素将得到充分考虑，如在贸易条件、数量限制、高关税和补贴方面的变化。

关于第 13 条

第 2 款(d)项

未提及将"商业因素"作为分配限额的一条规则，因为考虑到政府主管机关实施此原则不一定可行。此外，在可行的情况下，一缔约方可以与第 2 款首句中规定的一般原则相一致的方式，在寻求达成协议的过程中适用这些因素。

第 4 款

见第 11 条第 2 款最后一项有关"特殊因素"的注释。

关于第 14 条

第 1 款

本款的规定不得解释为妨碍缔约方全体在第 12 条第 4 款和第 18 条第 20 款规定的磋商中充分考虑进口限制方面存在的歧视的性质、作用和原因。

第 2 款

第 2 款预期的情况之一是，作为经常项目交易的结果，一缔约方持有余额，但该缔约方认为如不采取歧视性措施，则无法使用该余额。

关于第 15 条

第 4 款

"使...无效"一词旨在表明，例如，任何侵犯本协定任何条款文字的外汇行动，如在实际中不存在明显偏离该条款的意图，则不应被视为违反该条款。因此，一缔约方作为依照《国际货币基金组织协定》实施的其外汇管制的一部分，要求出口结算使用本国货币或国际货币基金组织一个或多个成员的货币的缔约方，不会因此被视为违反第 11 条或第 13 条。又如，一缔约方在进口许可证上列明货物可能的进口国，其目的不是在进口许可制度中增加任何新的歧视因素，而是实施容许施行的外汇管制，也不应被视为违反本协定。

关于第 16 条

对一出口产品免征其同类产品供国内消费时所负担的关税或国内

税，或免除此类关税或国内税的数量不超过已增加的数量，不得视为一种补贴。

B 节

1.　　　B 节的任何规定不阻止一缔约方依照《国际货币基金组织协定》使用种复汇率。

2.　　　就 B 节而言，一"初级产品"被理解为天然形态的农产品、林产品、水产品或矿产品，或为在国际贸易中大量销售而经过通常要求的加工的产品。

第 3 款

1.　　　一缔约方在前一代表期未出口所涉产品的事实本身，并不阻止该缔约方确定其在有关产品的贸易中获得份额的权利。

2.　　　稳定与出口价格变动无关的一初级产品的国内价格或国内生产者利润的制度，有时会使供出口产品的销售价格低于向同类产品国内市场购买者收取的可比价格，如缔约方全体确定以下事项，则应被视为不涉及第 3 款意义内的出口补贴：

　　(a)　　该制度也造成，或其目的是造成，供出口产品的销售价格高于向同类产品国内市场购买者收取的可比价格；且

　　(b)　　该制度的实施，或实施的目的是，由于有效控制生产或以其他方式，不致不适当地刺激出口或不致严重侵害其他缔约方的利益。

尽管缔约方全体作出此种确定，但是如此种制度下的运作除自有关产品的生产者处募集资金外，全部或部分地由政府基金供资，则此类运作应遵守第 3 款的规定。

第 4 款

　　　第 4 款的意图为，各缔约方应寻求在 1957 年年底前达成协议，以自 1958 年 1 月 1 日起取消所有剩余补贴；如不能达成协议，则应就延长维持现状的日期达成协议，直至此后它们可望达成此协议的最早日期为止。

关于第 17 条

第 1 款

缔约方建立的、从事购买或销售的销售局的运作需遵守(a)项和(b)项的规定。

缔约方建立的、不从事购买或销售、但制定涉及私营贸易法规的销售局的活动应按本协定的有关条款执行。

本条的规定不阻止一国营企业在不同市场内销售一产品时收取不同价格，只要此类不同价格出于商业原因，为适应出口市场中的供求条件而收取。

第 1 款(a)项

为保证对外贸易活动中的质量标准和经营效率而实施的政府措施，或为开发国家自然资源而给予、但不授权政府对所涉企业的贸易活动进行控制的特权，不构成"专有权或特权"。

第 1 款(b)项

接受"有条件贷款"的国家，在国外购买必需品时，可将此种贷款视为一种"商业因素"予以考虑。

第 2 款

"货物"一词限于商业惯例中理解的产品，无意包括服务的购买或销售。

第 3 款

缔约方同意根据本款进行的谈判可针对削减进出口产品的关税和其他费用，或达成符合本协定规定的任何其他相互满意的安排。(见第 2 条第4 款及对该款的注释)。

第 4 款(b)项

本款中的"进口加价"应指进口垄断向进口产品收取的价格(不包括第 3 条范围内的国内税、运输和分销，及购买、销售或进一步加工所附带的其他费用，以及合理的利润)超出起岸成本的幅度。

关于第 18 条

缔约方全体和有关缔约方应对本条下产生的事项最大限度地保守秘密。

第1款和第4款

1.　　在考虑一缔约方的经济是否"只能维持低生活水平"时，缔约方全体应考虑其经济的正常状况，而不得根据对该缔约方一种或几种主要出口产品暂时存在特别有利条件的特殊情况作出判断。

2.　　"处于发展初期阶段"的措辞并不意味着仅适用于刚开始经济发展的缔约方，也适用于为纠正过分依赖初级生产而经济正处在工业化过程中的缔约方。

第2款、第3款、第7款、第13款和第22款

所指的特定产业的建立不仅适用于一新产业的建立，也适用于现有产业中一新的生产部门的建立和对一现有产业进行实质性改造，以及对供应相对较小比例的国内需求的一现有产业进行实质性扩大。还应包括对因敌对行为或自然灾害而遭到破坏或实质性损害的一产业的重建。

第7款(b)项

第 7 款(a)项所指的除申请缔约方外的一缔约方按照第 7 款(b)项进行的修改或撤销，应在不迟于申请缔约方采取行动之日起 6 个月作出，并应在缔约方全体收到该项修改或撤销的通知之日后的第 30 天生效。

第11款

第 11 款中的第二句不应解释为要求一缔约方放松或取消限制，如此种放松或取消会因此造成条件证明加强或设立根据第 18 条第 9 款采取的限制是正当的。

第12款(b)项

第 12 款(b)项所指的日期应为缔约方全体依照本协定第 12 条第 4 款(b)项的规定确定的日期。

第 13 款和第 14 款

各方认识到，在决定依照第 14 款采取措施和通知缔约方全体之前，一缔约方可能需要一合理期限评估有关产业的竞争地位。

第 15 款和第 16 款

各方理解，如一缔约方的贸易因另一缔约方根据 C 节采取的措施受到明显影响，则应其请求，缔约方全体应邀请提议采取此项措施的缔约方，根据第 16 款与它们进行磋商。

第 16 款、第 18 款、第 19 款和第 22 款

1. 各方理解，缔约方全体可同意一项受具体条件或限制约束的拟议措施。如实施的措施不符合缔约方全体同意的条件，则该措施在此限度内应被视为属未经缔约方全体同意的措施。在缔约方全体同意在一特定期限内实施一措施的情况下，如有关缔约方认为需要在更长的时间内维持该措施以实现其原定目标，则有关缔约方可依照 C 节或 D 节(视情况而定)的规定和程序，向缔约方全体申请延长该期限。

2. 各方期望，缔约方全体通常应不同意对一缔约方的经济主要依赖的商品的出口可能造成严重侵害的措施。

第 18 款和第 22 款

"其他缔约方的利益已得到充分保障"的措辞意味着提供足够的余地，以允许在每种情况下考虑保障这些利益的最适当方法。适当方法可采取的形式包括：由在对本协定其他条款的偏离仍然有效的时间内援用 C 节或 D 节的缔约方实施额外减让，或由第 18 款所指的任何其他缔约方临时中止与因采取所涉措施而造成的减损实质相等的减让。该缔约方有权使用此类中止减让以保障其利益；但是在一缔约方采取的措施属第 4 款(a)项范围的情况下，如缔约方全体已确定拟议补偿性减让的范围是充分的，则不能行使此权利。

第 19 款

第 19 款的规定旨在涵盖一产业的存在超出第 13 款和第 14 款注释所指的"合理期限"的情况，且不应理解为，剥夺属第 18 条第 4 款(a)项范围的缔约方援用包括第 17 款在内的 C 节有关新建产业的其他规定的权利，即使该产业已从国际收支进口限制所提供的附带保护中获益。

第 21 款

如依照第 17 款采取的措施被撤销，或如果缔约方全体在第 17 款列明的 90 天期限期满后同意拟议的措施，则按照第 21 款采取的任何措施应立即撤销。

关于第 20 条
(h)项

本项规定的例外适用于符合经 1947 年 3 月 28 日经济与社会理事会第 30(IV)号决议批准的原则的任何商品协定。

关于第 24 条
第 9 款

各方理解，第 1 条的规定要求，如某一产品按优惠税率进口至一关税同盟或自由贸易区的一成员的领土后，复出口至该同盟或贸易区的另一成员的领土，则后一成员应征收与已付关税和该产品如直接进口至其领土所应付的任何较高关税之间的差额相等的关税。

第 11 款

一旦印度和巴基斯坦同意建立最终贸易安排，则两国为执行该安排而采取的措施可能偏离本协定的某些规定，但这些措施大体上符合本协定的目标。

关于第 28 条

缔约方全体和每一有关缔约方应在安排谈判和磋商时最大限度地保守秘密，以避免过早披露预期关税变化的细节。对于援用本条而产生的国别关税的所有改变情况，应立即通知缔约方全体。

第1款

1. 如缔约方全体规定一除三年期之外的期限，则一缔约方可根据第 28 条第 1 款或第 3 款在此类其他期限期满后的第一天采取行动，且除非缔约方全体又规定另一期限，否则随后的期限将自该规定期限期满后每三年为一期限。

2. 关于一缔约方在 1958 年 1 月 1 日和根据第 1 款确定的其他日期"可…修改或撤销一项减让"的规定，是指在该日期和第一期限结束后的第一天，该缔约方在第 2 条下的法律义务已改变；而并非指其关税的改变必须在该日生效。如根据本条进行的谈判所产生的关税改变延迟，则任何补偿性减让的生效日期也应同样延迟。

3. 在 1958 年 1 月 1 日之前或随后任何期限的终止日期之前，在不早于 6 个月且不迟于 3 个月的期限内，如一缔约方希望修改或撤销有关减让表中包含的任何减让，则它应为此通知缔约方全体。缔约方全体于是应确定进行第 1 款所指的需与之谈判或磋商的一个或多个缔约方。被确定的任何缔约方应与申请缔约方进行此类谈判或磋商，以期在该期限结束前达成协议。对减让表有效期的任何延长应与依照第 28 条第 1 款、第 2 款和第 3 款进行谈判后修改的减让表联系起来。如缔约方全体正在安排于 1958 年 1 月 1 日之前或根据第 1 款确定的任何其他日期之前 6 个月内进行多边关税谈判，则它们应在此类谈判的安排中包括进行本款所指谈判的适当程序。

4. 除最初谈判减让的任何缔约方外，规定有主要供应利益的任何缔约方可参加谈判的目的，是保证与最初谈判减让的缔约方相比，被该项减让影响的贸易份额较大的缔约方应有充分的机会保护其在本协定项下享受的契约性权利。另一方面，此规定无意将谈判的范围扩大到使根据第 28 条进行的谈判和达成的协议出现过大的困难，或使今后将本条适用于谈判达成的减让时更加复杂。因此，只有在一缔约方在谈判前的一段合理期限内，在申请缔约方市场中占有份额大于最初谈判减让的缔约方，或根据缔约方全体的判断，如申请缔约方不维持歧视性数量限制，该缔约方本应占有此种份额，则缔约方全体方可以确定该缔约方具有主要供应利益。因此如缔约方全体确定一个以上的缔约方，或存在接近相当的特殊情况下，两个以上的缔约方拥有主要供应利益是不适当的。

5.　　尽管有第 1 款注释 4 关于主要供应利益的定义，但是如所涉减让影响的贸易占一缔约方全部出口的主要部分，则缔约方全体可例外确定该缔约具有主要供应利益。

6.　　规定对申请缔约方寻求修改或撤销的减让具有主要供应利益的任何缔约方参加谈判，及规定与具有实质利害关系的缔约方进行磋商，无意产生如下效果：即根据拟议的撤销或修改减让时的贸易条件并考虑申请缔约方维持的任何歧视性数量限制进行判断，申请缔约方所应作出的补偿或承受的报复大于所寻求的撤销或修改。

7.　　对"实质利益"的表述并不能精确地加以定义，因此可能会给缔约方全体带来困难。但是，此表述是可理解为只涵盖那些在寻求修改或撤销该项减让的缔约方市场中占有，或在不存在影响它们出口的歧视性数量限制的情况下可合理预期占有重要份额的缔约方。

第 4 款

1.　　任何关于谈判授权的请求应附所有有关统计数据和其他数据。关于此种请求的决定应在提交请求后 30 天内作出。

2.　　各方认识到，对于某些主要依靠相对较少数量的初级商品和依靠关税作为促进其经济多样化的重要手段或作为重要税收来源的缔约方，通常只允许它们根据第 28 条第 1 款就减让的修改或撤销进行谈判，可能会使它们在当时作出最后被证明无必要的修改或撤销。为避免此种情况，缔约方全体应授权任何此类缔约方，根据第 4 款进行谈判，除非它们认为这样会造成或实质上促使关税水平提高，从而威胁本协定所附减让表的稳定或导致对国际贸易造成过分干扰。

3.　　各方预期，根据第 4 款授权的为修改或撤销一项或为数很少的一组产品进行的谈判通常能在 60 天内结束。但是各方认识到，此期限对于修改或撤销较多数量产品的谈判是不够的，因此在这种情况下，缔约方全体宜规定一较长的期限。

4.　　第 4 款(d)项中所指的确定应由缔约方全体在有关事项提交其后 30 天内作出，除非申请缔约方同意一更长的期限。

5.　　在根据第 4 款(d)项确定一申请缔约方是否无理拒绝提供充分的补偿时，各方理解对于将较大比例的关税约束在非常低的税率水平的一缔约方、与其他缔约方相比作出补偿性调整的余地因而较小，缔约方全体将适当考虑该缔约方的特殊处境。

关于第 28 条之二
第 3 款

各方理解，所指的财政需要包括财政关税，特别是主要为税收目的而征收的关税，或为防止逃税而对可替代需交纳财政关税产品的产品所征收的关税。

关于第 29 条
第 1 款

《哈瓦那宪章》第七章和第八章已被排除在第 1 款之外，因为这两章一般处理国际贸易组织的机构、职能和程序。

关于第四部分

第四部分中使用的"发达缔约方"和"欠发达缔约方"应理解为属《关税与贸易总协定》参加方的发达国家和欠发达国家。

关于第 36 条
第 1 款

本条依据第 1 条所列目标订立，在《关于修正第一部分及第 29 条和第 30 条的议定书》[12]生效时，第 1 条将通过该议定书第 1 款 A 节进行修正。

第 4 款

"初级产品"一词包括农产品，参见关于第 16 条 B 节的注释第 2 段。

---

[12] 该议定书于 1968 年 1 月 1 日废止。

第 5 款

多样化计划一般包括初级产品加工活动的加强和制造业的发展，同时考虑特定缔约方的状况和不同商品的生产和消费在世界范围内的前景。

第 8 款

各方理解，"不期望获得互惠"的措辞指，依照本条所列目标，不应期望欠发达缔约方在贸易谈判过程中，作出不符合它们各自发展、财政和贸易需要的贡献，同时考虑以往贸易发展的情况。

本款应适用于根据第 18 条 A 节、第 28 条、第 28 条之二(《关于修正第一部分及第 29 条和第 30 条的议定书》第 1 款 A 节所列修正生效后的第 29 条[13])、第 33 条或本协定项下任何其他程序可能采取的行动。

关于第 37 条
第 1 款(a)项

本款适用于根据第 28 条、第 28 条之二(《关于修正第一部分及第 29 条和第 30 条的议定书》第 1 款 A 节所列修正生效后的第 29 条[13])和第 33 条为削减或取消关税或其他限制法规而进行的谈判，以及关于缔约方可能承诺的、为使该项削减或撤销生效而采取的其他行动的谈判。

第 3 款(b)项

本款所指的其他措施可能包括为促进国内结构改变、鼓励特定产品消费或采用贸易促进措施而采取的步骤。

---

[13] 该议定书已于 1968 年 1 月 1 日废止。

民用航空器贸易协定

序言

《民用航空器贸易协定》(下称"本协定")各签署方[1];

注意到部长们于 1973 年 9 月 12 日至 14 日同意东京回合多边贸易谈判应特别通过逐步消除贸易障碍和改善进行世界贸易的国际体制,以实现世界贸易的扩大和更大自由化,

期望实现民用航空器、零件及相关设备世界贸易的最大限度自由化,包括取消关税和尽最大可能地减少或消除对贸易的限制或扭曲作用;

期望在全世界范围内鼓励航空工业技术的持续发展;

期望为其民用航空器活动及其生产者参与世界民用航空器市场的扩大提供公正和平等的竞争机会;

注意到民用航空器部门在它们整体的共同经济和贸易利益中的重要性;

认识到许多签署方将航空器部门视为经济和产业政策的一个特别重要的组成部分;

寻求消除由于政府支持民用航空器的发展、生产和销售而对民用航空器贸易产生的不利影响,同时认识到此类政府支持本身不应被视为一种贸易扭曲;

期望其民用航空器活动在商业竞争基础上开展,并认识到它们之间的政府与产业的关系差别很大;

认识到它们在《关税与贸易总协定》(下称"GATT")项下的权利和义务,以及它们在 GATT 主持谈判达成的多边协定项下的权利和义务;

认识到需要对国际通知、磋商、监督和争端解决程序作出规定,以期保证公正、迅速和有效地执行本协定的各项规定,并维持它们之间权利和义务的平衡;

期望建立一个管理进行民用航空器贸易的国际体制;

特此协议如下:

---

[1] "各签署方"一词以下用于指本协定各参加方。

第 1 条
产品范围

1.1 本协定适用于下列产品：

(a) 所有民用航空器，

(b) 所有民用航空器发动机及其零件和部件，

(c) 民用航空器的所有其他零件、部件及组件，

(d) 所有地面飞行模拟机及其零件和部件。

无论在民用航空器的制造、修理、维护、改造、改型或改装中用作原装件还是替换件。

1.2 就本协定而言，"民用航空器"指(a)除军用航空器以外的所有航空器及(b)以上第 1.1 条所列所有其他产品。

第 2 条
关税和其他费用

2.1 各签署方同意：

2.1.1 对于附件所列为通关目而归入相应税目的产品，如此类产品在民用航空器的制造、修理、维护、改造、改型或改装过程中用于民用航空器及其装用，则在 1980 年 1 月 1 日前或本协定生效之日前，取消对此类产品的进口征收的或与进口有关的所有关税和任何种类的其他费用[1]；

2.1.2 在 1980 年 1 月 1 日前或本协定生效之日前，取消对民用航空器修理所征收的所有关税和任何种类的其他费用[1]；

2.1.3 在 1980 年 1 月 1 日前或本协定生效之日前，将对上述第 2.1.1 条涵盖的所有产品和第 2.1.2 条涵盖的所有修理的免税或免税待遇并入它们各自的 GATT 减让表。

2.2 每一签署方应：(a)采用或适应海关管理最终用途制度，以履行其在以上第 2.1 条下的义务；(b)保证其最终用途制度提供的免税或免税待遇可与其他签署方提供的待遇相比，而不使之成为对贸易的阻碍；以及(c)将其管理最终用途制度的程序通知其他签署方。

---

[1] "其他费用"应与 GATT 第 2 条中的含义相同。

第 3 条
技术性贸易壁垒

3.1 各签署方注意到，《技术性贸易壁垒协定》的规定适用于民用航空器贸易。此外，各签署方同意，各签署方之间的民用航空器认证要求及关于操作和维修程序的规格，应按《技术性贸易壁垒协定》的规定执行。

第 4 条
政府指导的采购、强制分包合同和利诱

4.1 民用航空器的购买者有权根据商业和技术因素选择供应商。

4.2 各签署方不得要求、也不得施加不合理的压力，使航空公司、航空器制造商或从事民用航空器购买的其他实体自任何特定来源购买民用航空器，从而对来自任何签署方的供应商造成歧视。

4.3 各签署方同意，只能根据竞争价格、质量和交货条件购买本协定所涵盖产品。但是，在批准或授与购买本协定所涵盖产品的合同时，一签署方可要求在竞争基础上且以不低于其他签署方的合格企业可获得的条件向其合格企业提供商业机会。[1]

4.4 各签署方同意，避免对销售或购买来自任何特定来源的民用航空器附加可对来自任何签署方的供应商造成歧视的任何种类的利诱。

第 5 条
贸易限制

5.1 各签署方不得实施数量限制(进口配额)或进口许可程序要求，从而以不符合 GATT 适用规定的方式限制民用航空器的进口。此点不妨碍实施与 GATT 一致的进口监控或许可制度。

5.2 各签署方不得因商业或竞争原因而实施数量限制、出口许可或其它类似要求，从而以与 GATT 规定不一致的方式限制民用航空器向其他签署方出口。

---

[1] 使用"在不低于...的条件，获得商业机会..."这一措辞并不意味着授与一签署方合格公司的合同数量使其他签署方合格公司有权获得相似的合同数量。

第 6 条

政府支持、出口信贷和航空器营销

6.1　各签署方注意到,《关于解释和实施 GATT 第 6 条、第 16 条和第 23 条的协定》(《补贴与反补贴措施协定》)的规定适用于民用航空器贸易。它们确认在其参与或支持民用航空器项目时,应寻求避免对民用航空器贸易产生属《补贴与反补贴措施协定》第 8.3 条和第 8.4 条意义上的不利影响。它们还应考虑适用于航空器部门的特殊因素,特别是此领域广泛的政府支持、它们的国际经济利益以及所有签署方的生产者参与扩大世界民用航空器市场的愿望。

6.2　各签署方同意,民用航空器的定价应依据对回收所有成本的合理预期,包括非经常性项目成本、随后用于民用航空器生产的对航空器、部件和系统的军用研究和开发的可确定的和按比例分摊的成本、平均生产成本以及财务成本。

第 7 条

地区和地方政府

7.1　除在本协定项下的其他义务外,各签署方同意不直接或间接要求或鼓励地区和地方政府和主管机关、非政府机构和其他机构采取与本协定规定不一致的措施。

第 8 条

监督、审议、磋商和争端解决

8.1　应设立由所有签署方代表组成的民用航空器贸易委员会(下称"委员会")。委员会应选举自己的主席,并视需要召开会议,但每年不得少于一次会议,以便为各签署方提供机会就与本协定运用有关的任何事项进行磋商,包括民用航空器工业的发展情况;确定是否需要进行修正以保证继续实行自由贸易和无扭曲的贸易;审查未能通过双边磋商找到满意解决办法的任何事项;以及履行本协定项下或各签署方所指定的职责。

8.2　委员会应每年审议本协定的实施和运用情况,同时考虑本协定的目标。委员会应每年将审议所涉时期的发展情况通知 GATT 缔约方全体。

8.3 各签署方应在不迟于本协定生效后第三年年末并在此后定期举行进一步谈判，以期在互惠基础上扩大和改进本协定。

8.4 委员会可设立适当的附属机构，定期审议本协定的适用情况，以保证相互利益继续保持平衡。特别是，委员会应设立一适当附属机构，以便在实施以上第 2 条中与产品范围、最终用途制度、海关关税和其他费用有关的规定时，保证互利、互惠和同等结果继续保持平衡。

8.5 每一签署方应积极考虑另一签署方就影响本协定运用的任何事项的交涉，并提供进行迅速磋商的充分机会。

8.6 各签署方认识到宜在委员会中与其他签署方进行磋商，以便在发起调查以确定任何被指称补贴的存在、程度和作用之前，寻求双方可以接受的解决办法。在开始此类国内程序前未进行磋商的例外情况下，各签署方应将开始此类程序的情况立即通知委员会，并同时进行磋商，以寻求共同商定的、无需采用反补贴措施的解决办法。

8.7 如一签署方认为其在民用航空器制造、修理、维护、改造、改型或改装方面的贸易利益已经或有可能受到另一签署方任何行动的不利影响，则该签署方可请求委员会审议该事项。应此种请求，委员会应在 30 天内召开会议，并应尽快审议此事项，以期尽可能迅速地解决所涉及的问题，特别是应在别处最终解决这些问题之前。在这方面，委员会可作出适当的裁决或建议。该审议不得损害各签署方在 GATT 项下或 GATT 主持的多边谈判达成的法律文件项下影响民用航空器贸易的权利。为帮助审议 GATT 项下和此类法律文件项下涉及的问题，委员会可提供适当的技术援助。

8.8 各签署方同意，对于与本协定所涉及的、但未包括在 GATT 主持的多边谈判达成的其他法律文件中的事项有关的任何争端，各签署方和委员会为寻求解决该争端，在细节上作必要修改后，应适用总协定第 22 条和第 23 条的规定及《关于通知、磋商、争端解决和监督的谅解》的规定。如争端各方同意，这些程序也应适用于解决与本协定和与 GATT 主持的多边谈判达成的其他文件所涵盖事项有关的任何争端。

第 9 条
最后条款

9.1　接受和加入

9.1.1　本协定应对 GATT 缔约方政府和欧洲经济共同体开放，通过签字或其他方式接受。

9.1.2　本协定按与有效适用本协定项下权利和义务有关的条件对临时加入 GATT 的政府开放，通过签字或其他方式接受，并考虑规定其临时加入的法律文件中的权利和义务。

9.1.3　本协定按任何其他政府与各签署方议定的、与有效适用本协定项下权利和义务有关的条件，经向 GATT 缔约方全体的总干事交存一份列明议定条件的加入书，对该任何其他政府开放加入。

9.1.4　对于接受，可适用 GATT 第 26 条第 5 款(a)项和(b)项的规定。

9.2　保留

9.2.1　未经其他签署方同意，不得对本协定的任何条款提出保留。

9.3　生效

9.3.1　本协定应于 1980 年 1 月 1 日对届时已接受或已加入的政府[1]生效。对于每一其他政府，本协定应于该政府接受或加入本协定之日后第 30 天生效。

9.4　国家立法

9.4.1　每一接受或加入本协定的政府应保证在不迟于本协定对其生效之日，其法律、法规和行政程序符合本协定的规定。

9.4.2　每一签署方应将其与本协定有关的法律和法规及此类法律和法规管理方面的任何变更情况通知委员会。

---

[1] 就本协定而言，"政府"一词应被视为包括欧洲经济共同体的主管机关。

9.5　修正

9.5.1　各签署方可修正本协定，应特别注意在实施本协定中获得的经验。一旦各签署方依照委员会制定的程序同意该修正，则修正只有在任何签署方接受之后方可对该签署方生效。

9.6　退出

9.6.1　任何签署方可退出本协定。退出应在 GATT 缔约方全体的总干事收到书面退出通知之日起 12 个月期满后生效。任何签署方在收到该通知后可请求委员会立即召开会议。

9.7　本协定在特定签署方之间的不适用

9.7.1　任何签署方，如在自己成为签署方或在另一签署方成为签署方时，不同意在两者之间适用本协定，则本协定不在该两签署方之间适用。

9.8　附件

9.8.1　本协定的附件为本协定的组成部分。

9.9　秘书处

9.9.1　GATT 秘书处为本协定提供服务。

9.10　交存

9.10.1　本协定应交存 GATT 缔约方全体的总干事，总干事应迅速向每一签署方和 GATT 每一缔约方提供一份经核证的本协定副本、按照第 9.5 条对本协定的修正、根据第 9.1 条接受或加入本协定的通知以及根据第 9.6 条退出本协定的通知。

9.11　登记

9.11.1　本协定应依照《联合国宪章》第 102 条的规定予以登记。

　　1979 年 4 月 12 日订于日内瓦，正本一份，用英文和法文写成，两种文本具有同等效力，但对附件中各清单另有规定的情况除外。[1]

---

[1]　1987 年 3 月 25 日，委员会同意将本协定的西班牙文文本视为具有同等效力。

附件

(经有关修正加入《民用航空器贸易协定》的议定书(1986 年)修正)

产品范围

1.　　产品范围由《民用航空器贸易协定》第 1 条规定。

2.　　各签署方同意，下列[1]描述所涵盖的、且为通关目的而根据海关合作理事会税则(修订版)税目或协调制度编码进行正确归类的产品(税目或编码与产品描述并列)，如在民用航空器或地面飞行练习器*的制造、修理、维护、改造、改型或改装及装配过程中，用于以上产品及其装用，则应给予免税或免税待遇。

这些产品不包括：

不完整或未完成的产品，除非此类产品具备民用航空器或地面飞行练习器的完整的或制成的零件、部件、组件或设备元件的主要特征(如标有民用航空器制造商编号的制品)，

任何形状的材料(如片、板、异型材、带、条、管或其他形状)，除非这些材料已被切割成和(或)定型为安装于民用航空器或地面飞行练习器*的大小或形状(如标有民用航空器制造商编号的制品)，

原材料和消耗品。

4.　　就本附件而言，所含 Ex 用于标明所指产品描述并未完全包括下列海关合作理事会税则(修订版)或协调制度编码所涵盖的全部产品范围。

---

[1] 产品清单此处不附。

* 就本协定第 1.1 条而言，地面飞行模拟机应视为《协调制度》税目 8805.20 下所规定的地面飞行练习器。

政府采购协定

本协定各参加方(以下简称"各参加方"),

认识到需要就有关政府采购的法律、法规、程序和做法建立一个有效的权利和义务的多边体制,以期实现世界贸易更大程度的自由化和扩大、改善进行世界贸易的国际框架;

认识到有关政府采购的法律、法规、程序和做法的制定、采用或对国外或国内产品和服务及对国外或国内供应商的适用不应对国内产品或服务或国内供应商提供保护,也不应在国外产品或服务或国外供应商之间造成歧视;

认识到有关政府采购的法律、法规、程序和做法宜具有透明度;

认识到需要建立关于通知、磋商、监督和争端解决的国际程序,以期保证有关政府采购的国际规定得到公平、迅速和有效的实施,并维持权利与义务的最大可能的平衡;

认识到需要考虑发展中国家、特别是最不发达国家的发展、财政和贸易需要;

期望依照 1979 年 4 月 12 日订立并于 1987 年 2 月 2 日修正的《政府采购协定》第 9 条第 6 款(b)项的规定,在互惠的基础上扩展和改善该协定,并扩大该协定的适用范围以包括服务合同;

期望鼓励未参加本协定的政府接受和加入本协定;

为追求这些目标而承诺进行进一步谈判;

特此协议如下:

第 1 条
范围

1. 本协定适用于有关本协定涵盖实体所从事的任何采购的任何法律、法规、程序或做法,本协定所涵盖实体在附录 1[1] 中列明。

---

[1] 对于每一参加方,附录 1 分为 5 个附件:
- 附件 1 包含中央政府实体。
- 附件 2 包含地方政府实体。
- 附件 3 包含依照本协定规定进行采购的所有其他实体。
- 附件 4 列明本协定涵盖的服务,无论以肯定列表形式还是以否定列表形式。
- 附件 5 列明所涵盖的建筑服务。

有关最低限额列在每一参加方的附件中。

2. 本协定适用于通过任何契约方式进行的采购，包括通过购买、租赁、租购等方法，无论有无购买选择权，包括产品和服务的任何组合。

3. 如实体在从事本协定涵盖的采购时，要求未列入附录 1 的企业依照特殊要求授予合同，则第 3 条在细节上作必要修改后应适用于此类要求。

4. 本协定适用于价值不低于附录 1 所列有关最低限额的任何采购合同。

第 2 条
合同估价

1. 下列规定应适用于为实施本协定的目的而进行的对合同价值[2]的确定。

2. 估价应考虑所有形式的报酬，包括任何奖金、酬金、佣金和应收利息。

3. 实体对估价方法的选择不得用于避免本协定的适用，也不得为此目的而分割任何采购要求。

4. 如一单项采购要求授予一个以上的合同，或使合同分几部分授予，则估价基础应为：

    (a) 前一财政年度或 12 个月中订立的类似续生合同的实际价值，如可能，根据在其后 12 个月中数量和金额的预期变化进行调整；或

    (b) 在本财政年度或最初合同订立后的 12 个月中订立的续生合同的估计价值。

5. 对于产品或服务的租赁、租购合同或对于未列明总价的合同，估价基础应为：

    (a) 对于定期合同，如其期限等于或少于 12 个月，则估价基础应为合同有效期内的合同总价值，或如果其期限超过 12 个月，则估价基础应为包括估计的剩余价值在内的合同总价值。

    (b) 对于期限不确定的合同，估价基础应为月摊付额与 48 的乘积。

如有任何疑问，则使用第二种估价基础，即(b)项。

---

2 本协定应适用于估计合同价值等于或超过依照第 9 条公布有关通知时的最低限额的任何采购合同。

6.　　如一预定采购列明需要选择性条款，则估价基础应为允许进行的最大限度采购的总价值，包括选择性购买。

第 3 条
国民待遇和非歧视

1.　　对于本协定涵盖的有关政府采购的所有法律、法规、程序和做法，每一参加方应立即无条件地对其他参加方的产品、服务或提供产品或服务的其他参加方的供应商提供不低于下列水平的待遇：

(a)　　给予国内产品、服务和供应商的待遇；及

(b)　　给予任何其他参加方的产品、服务和供应商的待遇。

2.　　对于本协定涵盖的有关政府采购的所有法律、法规、程序和做法，每一参加方应保证：

(a)　　其实体不得依据外国联营或所有权的程度而给予一当地设立的供应商的待遇低于给予另一当地设立的供应商的待遇；

(b)　　其实体不得依据供应产品或服务的生产国而歧视当地设立的供应商，只要该生产国依照第 4 条的规定属本协定的参加方。

3.　　第 1 款和第 2 款的规定不得适用于对进口征收或与进口有关的关税和任何种类的费用，征收此类税费的方法、其他进口法规和手续以及本协定涵盖的、除有关政府采购的法律、法规、程序和做法外的影响服务贸易的措施。

第 4 条
原产地规则

1.　　一参加方为本协定涵盖的政府采购目的而对自其他参加方进口的产品或服务实行的原产地规则不得区别于在正常贸易过程中和在所涉交易时对相同参加方的相同产品或服务的进口或供应所实行的原产地规则。

2.　　在根据《建立世界贸易组织协定》(下称"《WTO 协定》")附件 1A所列《原产地规则协定》进行的有关协调货物原产地规则的工作计划及关于服务贸易的谈判结束后，各参加方在修正第 1 款时应酌情考虑该工作计划和这些谈判的结果。

第 5 条
发展中国家的特殊和差别待遇

目标

1. 各参加方在实施和管理本协定时，应通过本条所列规定，适当考虑发展中国家、特别是最不发达国家的发展、财政和贸易需要，以满足它们的下列需要：

    (a) 保障其国际收支地位，并保证足以实施经济发展计划的储备水平；

    (b) 促进国内产业的建立或发展，包括农村或落后地区小型工业和家庭手工业的发展；以及其他经济部门的发展；

    (c) 支持完全或实质上依赖政府采购的工业单位；以及

    (d) 通过向世界贸易组织(下称"WTO")部长级会议提交且该会议对此不持异议的发展中国家间的区域或全球安排，鼓励其经济发展。

2. 在符合本协定规定的前提下，每一参加方在制定和实施影响政府采购的法律、法规和程序时，应便利来自发展中国家的进口的增长，同时记住最不发达国家和经济发展处于较低阶段国家的特殊问题。

范围

3. 为保证发展中国家在符合其发展、财政和贸易需要的条件下能够遵守本协定，在关于本协定规定将涵盖的发展中国家采购的谈判过程中，应适当考虑第 1 款所列目标。发达国家在根据本协定的规定制定范围清单时，应努力列入购买对发展中国家有出口利益的产品和服务的实体。

议定的例外

4. 一发展中国家可与根据本协定所进行谈判的其他参加方谈判双方接受的、该发展中国家范围清单所含部分实体、产品或服务对国民待遇规则的例外，同时考虑每种情况的特殊性。在此类谈判中，应适当考虑第 1 款(a)

项至(c)项所指的因素。参加第 1 款(d)项所指的发展中国家间区域或全球安排的一发展中国家也可谈判对其清单的例外,同时特别每种情况的特殊性,并应特别考虑有关区域或全球安排中规定的政府采购规定,特别是可能受共同产业发展计划约束的产品或服务。

5.   本协定生效后,一发展中国家参加方可依照本协定第 24 条第 6 款包含的关于修改范围清单的规定修改其清单,同时注意其发展、财政和贸易需要,或可请求政府采购委员会(下称"委员会")对其范围清单中包含的部分实体、产品或服务给予国民待遇规则的例外,同时注意每种情况的特殊性,并适当考虑第 1 款(a)项至(c)项的规定。在本协定生效后,一发展中国家参加方还可请求委员会按照其参与发展中国家间区域或全球安排的情况,对其范围清单中部分实体、产品或服务给予例外,同时注意每种情况的特殊性,并适当考虑第 1 款(d)项的规定。一发展中国家向委员会提出的有关修改其清单的每一请求均应附与请求有关的文件或附考虑此事项所必需的信息。

6.   第 4 款和第 5 款在细节上作必要修改后应适用于本协定生效后加入本协定的发展中国家。

7.   第 4 款、第 5 款和第 6 款所提及的此类议定的例外应依照以下第 14款的规定进行审议。

对发展中国家参加方的技术援助

8.   应请求,每一发达国家参加方应向发展中国家参加方提供其认为解决这些国家在政府采购领域的问题适当的所有技术援助。

9.   这一在发展中国家参加方之间非歧视基础上提供的技术援助应特别涉及:

-    解决与授予一特定合同有关的特殊技术问题;及

-    提出请求的参加方与另一参加方同意在此援助中处理的任何其他问题。

10.   第 8 款和第 9 款所指的技术援助可包括将发展中国家参加方的供应商提交的资格文件和投标译为有关实体指定的 WTO 一正式语文,除非有关发达国家参加方认为翻译难以负担,在此种情况下,应请求,该发达国家参加方或其实体应向发展中国家参加方进行说明。

信息中心

11.　　发达国家参加方应单独或联合建立信息中心，以答复发展中国家参加方提出的关于提供特别与如下内容有关的信息：与有关政府采购的法律、法规、程序和做法、已公布的预定采购的通知、本协定涵盖实体的地址以及已购或拟购产品或服务的性质和数量，包括可获得的关于未来投标的信息。委员会也可建立一信息中心。

最不发达国家的特殊待遇

12.　　注意到 GATT 1947 缔约方全体于 1979 年 11 月 28 日通过的《关于发展中国家差别和更优惠待遇、互惠和更充分参与的决定》(BISD　26 册 203 至 205 页) 第 6 段规定，在优惠发展中国家的任何一般或具体措施的范围内，应对最不发达国家参加方和这些参加方中供应原产于这些参加方的产品或服务的供应商给予特殊待遇。一参加方还可对非本协定参加方的最不发达国家中的供应商在原产于这些国家的产品或服务方面给予本协定的利益。

13.　　应请求，每一发达国家参加方应向最不发达国家参加方中潜在的投标人在提交投标书和选择可能对其实体有利益的产品或服务时提供其认为适当的援助，以及向最不发达国家中的供应商提供此类援助，并以同样方式帮助它们遵守与属预定采购标的产品或服务有关的技术法规和标准。

审议

14.　　委员会应每年对本条的运用情况和有效性进行审议，并依据各参加方提供的报告在实施期内每三年进行一次主要审议，以评估其效果。作为三年期审议的一部分并为使本协定的规定得到最大程度的实施，特别包括第 3 条的规定，同时注意有关发展中国家的发展、财政和贸易情况，委员会应审查是否应修改或延长依照本条第 4 款至第 6 款的规定所规定的例外。

15.　　在依照第 24 条第 7 款的规定进行的未来回合的谈判过程中，每一发展中国家参加方应考虑扩大其范围清单的可能性，同时注意其经济、财政和贸易情况。

第 6 条
技术规格

1.　　技术规格规定拟购产品或服务的特征，如质量、性能、安全和体积、符号、术语、包装、标志和标签，或生产工艺和方法以及与采购实体规定的合格评定程序有关的要求，其制定、采用或实施不得以对国际贸易造成不必要的障碍为目的，也不得产生此种效果。

2.　　采购实体规定的技术规格，在适当时：

(a)　　应依据性能而非设计或描述特征；及

(b)　　如存在国际标准，则应依据国际标准；如无国际标准，则应根据国家技术法规[3]、公认的国家标准[4]或建筑规格。

3.　　不得要求或提及一特定商标或商号、专利、设计或型号、具体原产地、生产商或供应商，除非无足够准确或易懂的方法描述采购要求，且需在招标文件中包括如"或相当于"等措辞。

4.　　各实体不得以具有妨碍竞争效果的方式，寻求或接受在制定一具体采购规格时可采用的、与该采购有商业利益的公司提出的建议。

第 7 条
招标程序

1.　　每一参加方应保证其实体的招标程序以非歧视的方式实施，并与第 7 条至第 16 条的规定相一致。

2.　　各实体不得以具有妨碍竞争效果的方式，向任何供应商提供有关特定采购的信息。

3.　　就本协定而言：

---

[3] 就本协定而言，技术法规指规定强制执行的产品特性或其相关工艺和生产方法、包括适用的管理规定在内的文件。该文件还可包括或专门关于适用于产品、工艺或生产方法的专门术语、符号、包装、标志或标签要求。

[4] 就本协定而言，标准经公认机构批准的、规定非强制执行的、供通用或重复使用的产品或相关工艺或生产方法的规则、指南或特性的文件。该文件还可包括或专门关于适用于产品、工艺或生产方法的专门术语、符号、包装、标志或标签要求。

(a)　　公开招标程序指所有感兴趣的供应商均可据此提交投标书的程序。

(b)　　选择性招标程序指与第 10 条第 3 款和本协定其他有关规定相一致的程序，有关实体邀请的供应商可据此进行投标。

(c)　　有限招标程序指仅根据第 15 条列明条件的程序，有关实体据此与供应商进行单独接触。

第 8 条
供应商资格

各实体在审查供应商资格时，不得在其他参加方的供应商之间或在本国供应商与其他参加方的供应商之间造成歧视。资格审查程序应与下列规定相一致：

(a)　　参加招标程序的任何条件应充分提前公布，以使感兴趣的供应商开始资格审查程序，并在与采购过程的有效实施相符的限度内，完成资格审查程序；

(b)　　参加招标程序的任何条件应限于对保证公司履行所涉合同的能力所必需的条件。对供应商参加招标所要求的任何条件，包括财政担保、技术资格及确定供应商的财政、商业和技术能力所必需的信息，以及对资格的核实，与本国供应商相比，不得不利于其他参加方的供应商，也不得在其他参加方的供应商之间造成歧视。供应商的财政、商业和技术能力应根据该供应商的全球商业活动及其在采购实体所在地的商业活动进行判断，同时适当考虑供应机构之间的法律关系；

(c)　　供应商资格审查的过程和所需时间不得用以阻止其他参加方的供应商列入供应商名单，或阻止其成为一特定预定采购所考虑的对象。各实体应承认符合参加一特定预定采购条件的国内供应商或其他参加方的供应商均为合格供应商。要求参加一特定预定采购、但未合格的供应商也应予以考虑，只要有足够的时间完成资格审查程序。

(d)　　保存合格供应商常设名单的实体应保证供应商可随时提出资格申请；并保证提出请求的所有合格供应商均在合理的较短

时间被列入该名单;

(e)　如在根据第 9 条第 1 款公布通知后,一尚未合格的供应商请求参加一预定采购,则有关实体应迅速开始资格审查程序;

(f)　对于提出成为合格供应商请求的任何供应商,有关实体应将与此有关的决定通知该供应商。对于有关实体列入常设名单的合格供应商,有关实体应将任何此类名单的废止或供应商名址自名单中去除的情况通知该供应商;

(g)　每一参加方应保证;

(i)　每一实体及其组成部分遵循单一的资格审查程序,除非能够适当证明有必要采用不同的程序;及

(ii)　努力缩小各实体之间资格审查程序的差异。

(h)　(a)项至(g)项的任何规定不得妨碍因破产或虚报等原因而排除任何供应商,只要此类行动与本协定的国民待遇和非歧视规定相一致。

第 9 条
关于预定采购的邀请

1.　依照第 2 款和第 3 款,各实体应公布邀请参加各种预定采购的通知,除第 15 条(有限招标程序)另有规定外。该通知应在附录 2 所列有关出版物中公布。

2.　参加采购的邀请可按第 6 款的规定采取拟议采购通知的形式。

3.　附件 2 和附件 3 中的实体可按第 7 款的规定使用计划采购通知,或按第 9 款的规定,使用关于资格审查制度的通知,作为参加采购的邀请。

4.　使用计划采购通知作为参加采购邀请的实体,应随后邀请所有表示兴趣的供应商,根据至少包括第 6 款所指信息的信息确认其利益。

5.　使用关于资格审查制度通知作为参加采购邀请的实体,在遵守第 18 条第 4 款规定的前提下,应及时提供信息,使所有表示兴趣的供应商有机会评估其参加该项采购的利益。此信息应包括第 6 款和第 8 款所指的通知

中包含的信息，只要此类信息可获得。对一感兴趣的供应商提供的信息应以非歧视的方式向其他感兴趣的供应商提供。

6.　　第2款所指的每一份拟议采购的通知应包括下列信息：

　　(a)　性质和数量，包括进一步采购的任何选择权，如可能，包括对行使此类选择权时间的估计；对于续生合同，包括性质和数量，如可能，包括对拟购产品或服务的招标随后作出通知时间的估计；

　　(b)　程序是否是公开的还是选择性的，或是否涉及谈判；

　　(c)　开始或完成产品或服务交货的任何日期；

　　(d)　提交要求被邀请参加招标的申请、供应商名单资格审查或接收投标书的地址和最后期限，以及必须使用的一种或多种语文；

　　(e)　授予合同和提供获得规格和其他文件所必需的任何信息的实体的地址；

　　(f)　要求供应商提供的任何经济和技术要求、财政担保和信息；

　　(g)　对招标文件应付的任何数量款项的金额和支付条件；以及

　　(h)　该实体是否正在邀请对购买、租赁、租购或一种以上的此类方法进行报盘。

7.　　第3款所指计划采购的每一份通知应尽可能多地包括第6款所指的、可获得的信息。此类通知无论如何应包括第8款所指的信息及：

　　(a)　感兴趣的供应商向有关实体表明其对此项采购感兴趣的说明；

　　(b)　可获得进一步信息的有关实体的联络点。

8.　　对于每一项预定采购，有关实体应使用WTO一种官方语文公布简要通知。该通知应至少包括下列信息：

　　(a)　合同标的物；

　　(b)　所订立的提交投标书和投标申请的时限；

　　(c)　可请求得到与合同有关文件的地址。

9.　　对于选择性招标程序，保存合格供应商常设名单的实体应每年在附录3所列出版物上公布关于下列内容的通知：

    (a)   所保存名单的细目，包括与通过名单购买的产品或服务，或产品或服务类别有关的标题；

    (b)   供应商为被列入这些名单而应满足的条件及有关实体核实每一项条件的方法；

    (c)   名单的有效期和展期手续。

如此种通知依照第 3 款用作参加采购的邀请，则该通知还应包括下列信息：

    (d)   有关产品或服务的性质；

    (e)   关于该通知可构成参加采购邀请的说明。

但是，如资格审查制度的有效期为 3 年或不足 3 年，且如果该制度的有效期在通知中明确说明，而通知明确说明不再公布其他通知，则只需在该制度开始实施时只公布一次通知。此种制度不得以规避本协定规定的方式使用。

10.   在公布关于任何形式预定采购的邀请后至有关通知或招标文件列明的开启或接收投标书的日期之前，如有必要修正或重新发布通知，则经修正或重新发布的通知的发行量应与据以作出修正的原文件的发行量相同。给予一供应商的关于一特定预定采购的任何重要信息应同时给予所有其他供应商，以使供应商有充分的时间考虑此类信息，并就此作出反应。

11.   各实体应在本条所指的通知中或刊载通知的出版物上明确说明该项采购为本协定所涵盖。

第 10 条
选择程序

1.   为保证选择性招标程序下的国际竞争最佳有效，对于每一项预定采购，各实体应在与采购制度有效运转相一致的情况下，邀请最大数量的国内供应商和其他参加方的供应商进行招标。它们应以公平和非歧视的方式选择供应商参加有关程序。

2.   保存合格供应商常设名单的实体可自被列入名单者中选择将被邀请参加招标的供应商。任何选择应允许名单中的供应商获得公平的机会。

3.   应允许请求参加特定预定采购的供应商提交投标书并予以考虑，对于未经资格审查的供应商，只要有足够的时间完成第 8 条和第 9 条下的资格审查程序。准予参加招标的额外供应商的数量应仅以采购制度的有效运转为限。

4. 参加选择性招标程序的请求可通过电传、电报或传真提交。

第 11 条
投标和交货期限

总则

1. (a) 任何规定的时限应充分，以允许其他参加方的供应商以及国内供应商在招标程序截止之前准备和提交投标书。在确定任何此类时限时，各实体应在与其各自合理需要一致的情况下，考虑如特定采购的复杂性、预期分包的程度以及自国外和国内各地邮寄投标书所需的正常时间。

  (b) 每一参加方应保证其实体在确定有关接收投标书或申请的最后日期时适当考虑公布迟误的因素。

截止期限

2. 除第 3 款规定外，

  (a) 在公开程序中，接收投标的期限自第 9 条第 1 款所指的公布日期起计算不得少于 40 天；

  (b) 在不涉及使用合格供应商常设名单的选择性招标程序中，提交要求被邀请参加投标的申请的期限自第 9 条第 1 款所指的公布日期起计算不得少于 25 天；接收投标书的期限自发布招标邀请之日起无论如何不得少于 40 天；

  (c) 在涉及使用合格供应商常设名单的选择性招标程序中，接收投标书的期限自首次发布招标邀请之日起不得少于 40 天，无论首次发布招标邀请的日期是否与第 9 条第 1 款所指的公布日期相同。

3. 本条第 2 款所指的期限可在下列情况下予以缩短：

  (a) 如一单独通知已预先公布 40 天但不超过 12 个月，且该通知至少包括：

    (i) 可获得的尽可能多的第 9 条第 6 款所指的信息；

    (ii) 第 9 条第 8 款所指的信息；

(iii) 关于感兴趣的供应商应向有关实体表明对此项采购感兴趣的说明；以及

(iv) 可获得进一步信息的有关实体的联络点。

则接收投标的 40 天时限可由一能够提出符合要求的投标的足够长的期限所代替，该期限通常不得少于 24 天，但无论如何不得少于 10 天；

(b) 在处理属第 9 条第 6 款范围内的续生合同的第二次或随后公布的情况下，接收投标书的 40 天时限可缩短为不少于 24 天；

(c) 如有关实体充分证明出现紧急情况使所涉期限不可行，则本条第 2 款列明的期限可缩短，但自第 9 条第 1 款所指的公布日期起计算无论如何不得少于 10 天；或

(d) 对于附件 2 和附件 3 所列实体进行的采购，第 2 款(c)项所指的期限可通过在有关实体与被选供应商之间达成的协议确定。如未达成协议，有关实体可确定足够长的期限，以便使投标符合要求，且无论如何不得少于 10 天。

4.   在与有关实体合理需要相一致的情况下，任何交货日期应考虑到预定采购的复杂性、预期分包的程度以及生产、缩减储量和自供货点运输货物或提供服务所需的实际时间。

第 12 条

招标文件

1.   如在招标程序中，一实体允许以几种语文提交投标书，则其中一种语文应为 WTO 的一种正式语文。

2.   向供应商提供的招标文件应包含允许其提交符合要求的投标书的所有信息，包括在特定采购通知中要求公布的信息，但第 9 条第 6 款(g)项的规定除外，以及下列信息：

(a) 递送投标书的有关实体的地址；

(b) 递送关于获得补充信息的请求的地址；

(c) 投标书和招标文件必须使用的一种或几种语文；

(d) 接收投标书的截止日期和时间以及投标书开放供接受的任何持续时间；

(e) 开标时获准在场的人员及开标的日期、时间和地点；

(f)　要求供应商提供的任何经济和技术要求、财政担保以及信息或文件；

(g)　对所需产品或服务的完整描述及对任何要求的完整描述，包括技术规格、需满足的合格认证、必需的设计图、图纸和说明材料；

(h)　授予合同的标准，包括评审投标书时需考虑的除价格以外的任何因素以及在评审投标价格时需包括的费用因素，如运输、保险和检查费用，对于其他参加方的产品或服务，还包括关税和其他进口费用、国内税和支付货币；

(i)　支付条件；

(j)　任何其他条款或条件；

(k)　依照第17条的条款和条件(若有的话)，据此来自非本协定参加方国家的投标书可予以接受，但适用该条的程序。

有关实体转交招标文件

3.　(a)　在公开程序中，在参加该程序的任何供应商请求下，各实体应转交招标文件，并迅速答复有关对招标文件进行说明的合理请求。

(b)　在选择性程序中，在请求参加的任何供应商请求下，各实体应转交招标文件，并迅速答复有关对招标文件进行说明的合理请求。

(c)　各实体应迅速答复参加招标程序的供应商关于提供有关信息的任何合理请求，条件是此类信息不使该供应商在授予合同的过程中获得优于其竞争者的有利条件。

第13条
投标书的提交、接收和开启及合同的授予

1.　投标书的提交、接收和开启及合同的授予应与下列规定相一致：

(a)　投标书通常应以书面形式直接或通过邮寄提交。如允许使用电传、电报或传真提交投标书，则投标书必须包括评审投标书所必需的所有信息，特别是投标人所提的最终价格及投标人关于同意投标邀请中的所有条款、条件和规定的说明。投

标书必须迅速通过信函或发出电传、电报或传真的签字副本予以确认。不得允许通过电话提交投标书。如电传、电报或传真的内容与逾期收到的任何文件存在差别或相抵触，则应以电传、电报或传真的内容为准；以及

(b)　可给予投标人的在开标和授予合同之间更正表格中非故意错误的机会不得造成任何歧视性做法；

投标书的接收

2.　　　如仅由于实体处理不当而造成迟延，而致使投标文件中指定的办事机构逾期收到投标书，则该供应商不得因此而受到处罚。如有关实体的程序如此作出规定，则在其他例外情况下，投标书也可予以考虑。

投标书的开启

3.　　　由实体根据公开或选择性招标程序征得的所有投标书，应根据保证开标的规律性而制定的程序和条件予以接收和开启。投标书的接收和开启还应与本协定的国民待遇和非歧视规定相一致。有关开标的信息应由有关实体保存，供负责该实体的政府主管机关处理，以便在第 18 条、第 19 条、第 20 条和第 22 条中的程序要求时使用。

合同的授予

4.　(a)　投标书只有在开启时符合通知或招标文件中的基本要求，并由符合参加条件的供应商提出，方可被考虑授予合同。如一实体收到一项比所提交的其他投标书条件异常低的投标书，则该实体可询问该投标人，以保证该投标人能够遵守参加的条件并能够履行合同条款。

　　(b)　除非一实体为了公众利益而决定不签发合同，否则该实体应将合同授予已被确定完全有能力执行合同的投标人，且其投标书无论对于国内产品或服务，还是对于其他参加方的产品或服务，均为价格最低的投标书，或为根据通知或招标文件中所列具体评审标准被确定为最具优势的投标书。

　　(c)　应依照招标文件列明的标准和基本要求授予合同。

选择权条款

5. 选择权条款不得以规避本协定规定的方式使用。

第14条
谈判

1. 一参加方在下列情况下可规定各实体进行谈判:

(a) 在各实体已表明此种意向的采购中,即在第9条第2款所指的通知中(邀请供应商参加拟议采购的程序);或

(b) 如评审显示,就通知或招标文件中所列具体评审标准而言,任何投标书都不具明显优势。

2. 谈判应主要用于确定投标书的优势和劣势。

3. 各实体应将投标书视为机密。特别是,它们不得提供旨在帮助某些参加者将其投标书提高至与其他参加者相同水平的信息。

4. 在谈判过程中,各实体不得在不同供应商之间造成歧视。它们特别应保证:

(a) 参加者的排除应依照通知和招标文件中所列标准进行;

(b) 对标准和技术要求的所有修改应以书面形式传送至参加谈判的所有其他供应商;

(c) 向所有其他参加方提供机会,以便根据修改后的要求提出新的或修正的投标书;以及

(d) 在谈判结束时,应允许谈判中所有其他参加者依照一共同的截止日期提交最后投标书。

第15条
有限招标

1. 第7条至第14条适用于公开和选择性招标程序的规定不需在下列条件下适用,只要有限招标不用以避免最大可能的竞争或构成在其他参加方的供应商之间造成歧视或保护国内生产者或供应商的手段:

(a) 如公开或选择性招标无投标书,或如果提交的投标书是串通的,或不符合招标的基本要求,或来自不符合依照本协定规定的参加条件的供应商,但条件是在授予的合同中未对最初招标的要求进行实质性修改;

(b)　如对于艺术作品或因保护专利或版权等专有权利有关的原因，或由于技术原因而无竞争，产品或服务只能由一特定供应商供应，且不存在合理的选择或替代；

(c)　在绝对必要的情况下，如由于有关实体未能预见的事件所造成的极为紧急的情况，产品或服务不能通过公开或选择性招标程序迅速供应；

(d)　对于原供应商的额外交货，目的在于为现有供应或装置更换部件，或扩大现有供应、服务或装置，而如果更换供应商将迫使有关实体采购的设备或服务不能满足与现有设备或服务[5]的互换性要求；

(e)　一实体采购应其请求在关于研究、实验、考察或原始开发的特定合同执行过程中开发的原型或第一个产品或服务。如此类合同得以履行，则随后进行的产品或服务的采购应遵守第7条至第14条[6]的规定；

(f)　未包括在最初合同中的、但属原始招标文件目标范围内的额外建筑服务，由于无法预见的情况，成为完成合同所述建筑服务的必要内容，而因技术或经济原因，将额外建筑服务与最初合同进行分离难以做到，且会给有关实体造成严重不便，有关实体需要将额外建筑服务的合同授予实施有关建筑服务的承包商。但是，所授予的额外建筑服务合同的总价值不得超过主合同数额的50%；

(g)　由重复提供类似建筑服务所组成的新建筑服务，该项服务符合依照第7条至第14条授予的最初合同中的基本工程项目，且有关实体在关于该最初建筑服务的预定采购通知中已表

---

[5] 各方理解，"现有设备"包括软件，只要软件的最初采购在本协定涵盖范围内。
[6] 第一个产品或服务的原始开发可包括有限的生产或供应，以便包含实地实验的结果，并证明该产品或服务适宜大量生产或供应，达到可接受的质量标准。此概念并不延伸至为形成商业活力或收回科研与开发成本而进行的大量生产或供应。

明，在授予此类新建筑服务合同时可能使用有限招标程序；

(h) 在商品市场上采购的产品；

(i) 对于在非常短的时间内出现的特别有利的条件下进行的采购。本规定旨在涵盖不属供应商的公司所进行的非正常处理，或对进行财产清算或财务清算的企业资产的处理。本规定无意涵盖正常供应商进行的例行采购；

(j) 对于将合同授予设计比赛获胜者的情况，只要比赛是按与本协定一致的原则组织的，特别是关于向符合资格的供应商作出属第 9 条意义上的邀请参加此种比赛公告的规定，此种比赛应由独立评判委员会进行评判，以期将设计合同授予比赛获胜者。

2.　　各实体应就根据本条第 1 款规定授予的每份合同准备书面报告。每份报告均应包含采购实体的名称、所购货物或服务的价值和种类、原产国以及对所适用的本条中条件的说明。该报告应由有关实体保留，供负责该实体的政府主管机关处理，以便在第 18 条、第 19 条、第 20 条和第 22 条中的程序要求时使用。

第 16 条
补偿

1.　　各实体在对供应商、产品或服务进行资格审查和选择时，或在评审投标书和授予合同时，不得强加、寻求和考虑补偿。[7]

2.　　尽管如此，注意到一般政策因素，包括与发展有关的因素，一发展中国家在加入本协定时可就使用补偿问题进行谈判，如包含当地含量的要求等。此类要求只用于参加采购程序的资格审查，而不用作授予合同的标准。条件应客观、明确规定和非歧视，并应列入该国的附录 1 中，可包括对属本协定管辖范围的任何合同强加补偿的明确限制。此类条件的存在应通知委员会，并包括在预定采购通知和其他招标文件。

---

[7] 政府采购中的"补偿"指通过当地含量、技术许可、投资要求、反向贸易或类似要求等手段用以鼓励当地发展或改善国际收支账户的措施。

第 17 条
透明度

1.　　每一参加方应鼓励各实体表明其据以接受来自非本协定参加方的供应商投标书的条款和条件，包括对竞争性招标程序的任何背离或对质疑程序的使用，以期使其合同的授予具有透明度，尽管这些条款和条件：

(a)　　依照第 6 条(技术规格)规定其合同内容；

(b)　　公布第 9 条所指的采购通知，包括在以 WTO 一官方语文公布的第 9 条第 8 款所指的通知中(预定采购的通知摘要)，表明据以接受来自本协定参加方供应商的投标书的条款和条件；

(c)　　愿意保证其采购法规在一项采购中通常不发生变更，如此类变更被证明不可避免，则保证可获得满意的补救方法。

2.　　遵守第 1 款(a)项至(c)项所列条件的非本协定参加方的政府有权在告知各参加方的情况下，作为观察员参加委员会。

第 18 条
关于实体义务的信息和审议

1.　　各实体应不迟于根据第 13 条至第 15 条授予合同后的 72 天，在附录 2 所列有关出版物上公布通知。这些通知应包括：

(a)　　授予合同中产品或服务的性质和数量；

(b)　　授予合同的实体的名称和地址；

(c)　　授予日期；

(d)　　中标投标人的名称和地址；

(e)　　获胜决标的价值或在授予合同过程中予以考虑的最高和最低报盘；

(f)　　在适当时，用以确定根据第 9 条第 1 款发布通知的方法或根据第 15 条提出的使用此类程序的理由；以及

(g)　　使用的程序类型。

2.　　应一参加方的供应商的请求，每一实体应迅速提供：

(a)　　关于其采购做法和程序的说明；

(b)　　关于该供应商的资格申请为什么被拒绝、其现有资格为什么被取消以及为什么未被选中原因的有关信息；

(c)　　对于未中标投标人，有关其投标书未被选中的原因及有关被选中投标书的特点和相对优势以及中标投标人的名称。

3.　　各实体应迅速告知参加投标的供应商有关合同授予的决定，应请求，应以书面形式告知。

4.　　但是，各参加方可决定保留第 1 款和第 2 款(c)项包含的有关合同授予的某些信息，如发布此类信息则会妨碍执法或违背公众利益或损害特定公私企业的合法商业利益，或可能损害供应商之间的公平竞争。

第 19 条
关于各参加方义务的信息和审议

1.　　每一实体应在附录 4 所列有关出版物上，以使其他参加方和供应商知晓的方式，迅速公布有关本协定所涵盖的有关政府采购的、普遍适用的任何法律、法规、司法判决、行政裁决和任何程序(包括标准合同条款)。应请求，每一参加方应准备向任何其他参加方就其政府采购程序作出说明。

2.　　属本协定参加方的未中标投标人的政府，在不损害第 22 条规定的情况下，可寻求保证该项采购以公平和公正的方式进行所必需的、关于合同授予的额外信息。为此，进行采购的政府应提供关于中标投标书的特点和相对优势以及合同价格的信息。通常后面的信息可由未中标投标人的政府披露，只要该政府谨慎地行使此权利。在发布此信息会损害未来投标中竞争的情况下，除非与给予未中标投标人政府该信息的参加方进行磋商并达成协议，否则此信息不得披露。

3.　　应请求，应向任何其他参加方提供关于本协定所涵盖实体进行的采购及其所授予的各合同的信息。

4.　　向任何参加方提供的机密信息，如这些信息发布将妨碍执法或违背公众利益或损害特定公私企业的合法商业利益，或可能损害供应商之间的公平竞争，则未经提供该信息的参加方正式授权，不得披露。

5.　　每一参加方应每年收集并向委员会提供其属本协定涵盖范围的采购的统计数字。此类报告应包含关于本协定项下涵盖的所有采购实体所授予合同的下列信息：

(a) 对于附件 1 中实体，关于在全球范围内并按实体分解的、高于或低于最低限额的所授予合同的估计价值的统计数字；对于附件 2 和附件 3 中实体，关于在全球范围内并按实体类别分解的、高于最低限额的所授予合同的估计价值的统计数字；

(b) 对于附件 1 中实体，关于按实体及按统一分类制度的产品或服务类别分解的、高于最低限额的所授予合同的数量和总价值的统计数字；对于附件 2 和附件 3 中实体，关于按实体类别及产品或服务类别分解的、高于最低限额的所授予合同的估计价值的统计数字；

(c) 对于附件 1 中实体，关于按实体及产品或服务类别分解的、根据第 15 条的每一种情况所授予合同的数量和总价值的统计数字；对于附件 2 和附件 3 中实体，关于高于最低限额的、根据第 15 条的每一种情况所授予合同的总价值的统计数字；

(d) 对于附件 1 中实体，关于按实体分解的、根据本协定有关附件中的背离规定所授予合同的数量和总价值的统计数字；对于附件 2 和附件 3 中实体，关于根据本协定有关附件中的背离规定所授予合同的数量和总价值的统计数字。

在可获得此类信息的限度内，每一参加方应提供关于其实体所购产品和服务原产国的统计数字。为保证此类统计数字的可比性，委员会应就使用的方法提供指导。为保证对本协定涵盖的采购进行有效监督，委员会可经全体一致决定可修改(a)项至(d)项有关拟提供的统计数字的性质和程度及所使用的分解和分类的要求。

第 20 条
质疑程序

磋商

1. 如一供应商就在一项采购过程中存在违反本协定情况提出申诉，则每一参加方应鼓励该供应商与采购实体进行磋商以寻求解决其申诉。在此类情况下，采购实体应对任何此类申诉给予公正和及时的考虑，且以不损害在质疑制度下获得纠正措施的方式进行。

质疑

2. 每一参加方应规定非歧视、及时、透明和有效的程序，以使各供应商对其拥有或曾经拥有利益的采购的过程中产生的被指控的违反本协定的情况提出质疑。

3. 每一参加方应书面形式规定其质疑程序并使其可普遍获得。

4. 每一参加方应保证与本协定所涵盖采购过程的所有方面有关的文件应保留3年。

5. 可要求感兴趣的供应商在规定的时限内开始质疑程序并通知采购实体。该时限自已知或理应知道申诉依据时开始，但无论如何不得少于10天。

6. 质疑应由一法院或对采购结果无利害关系的公正独立的审查机构进行审理，其机构成员在任职期间应不受外部影响。如一审查机构不是法院，则该机构应接受司法审查，或应有规定下列内容的程序：

    (a) 可在提出意见或作出决定前对听取参加人的意见；

    (b) 参加人可被代表和陪同；

    (c) 参加人应可参加所有程序；

    (d) 诉讼程序可公开进行；

    (e) 意见或决定可以书面形式提出，并附关于描述提出意见或作出决定依据的说明；

    (f) 证人可出席；

    (g) 文件可向审查机构披露。

7. 质疑程序应规定：

    (a) 快速的临时措施，以纠正违反本协定的行为和保持商业机会。此种行动可能造成该采购过程的中止。但是，质疑程序可规定在决定是否应采取此类措施时，可考虑到对有关利益包括公众利益所造成的重大不利后果。在此种情况下，应以书面形式提供不采取行动的合法理由；

    (b) 对质疑的理由进行评价和作出有关决定的可能性；

    (c) 对违反本协定行为的纠正或对所受损失或损害的赔偿，此类赔偿可限于为准备投标书或抗诉所需的费用。

8. 为保护商业利益和所涉及的其他利益，质疑程序通常应及时完成。

第 21 条

机构

1.　　应设立由每一参加方代表组成的政府采购委员会。委员会应选举自己的主席和副主席，并在必要时召开会议，但每年不得少于一次，目的在于向各参加方提供机会，就有关本协定运用或促进本协定目标实现的任何事项进行磋商，并履行各参加方可能指定的其他职责。

2.　.　委员会可设立工作组或其他附属机构，以执行委员可能给予的职能。

第 22 条

磋商和争端解决

1.　　应适用《WTO 协定》项下的《关于争端解决规则与程序的谅解》(下称"《争端解决谅解》")的规定，除非以下另有具体规定。

2.　　如任何参加方认为由于另一个或多个参加方未能履行其在本协定项下的义务，或由于另一个或多个参加方实施无论是否违背本协定规定的任何措施，而使其在本协定项下直接或间接获得的利益丧失或减损，或阻碍本协定任何目标的实现，则该参加方为达成关于该事项的双方满意的解决办法，可向其认为有关的另一个或多个参加方提出书面交涉或建议。此种行动应迅速通知根据《争端解决谅解》设立的争端解决机构(下称"DSB")，如下所述。任何被如此接洽的参加方应积极考虑向其提出的交涉和建议。

3.　　DSB 有权设立专家组，通过专家组和上诉机构报告，就有关事项提出建议或作出裁决，监督裁决和建议的执行，并授权中止本协定项下的减让和其他义务，或在不可能撤销被认为不符合本协定的措施时，授权就补救问题进行磋商，但是只有属 WTO 成员的本协定参加方方可参加 DSB 就本协定项下的争端所作出的决定或采取的行动。

4.　　专家组应具有下列职权范围，除非争端各方在专家组设立后 20 天内另有议定：

　　　　"按照本协定的有关规定和(争端各方引用的任何其他适用协定名称)的有关规定，审查(争端方名称)在……文件中提交 DSB 的事项，并提出调查结果以协助 DSB 提出建议或作出该协定规定的裁决。"

在一争端方援引本协定的规定和《争端解决谅解》附录 1 所列一个或多个协定规定的情况下，第 3 款应只适用于专家组报告中有关解释和适用本协定的部分。

5.　　DSB 设立审查本协定项下争端的专家组应包括政府采购领域的合格人士。

6.　　应尽一切努力尽最大可能加快争端解决程序。尽管有《争端解决谅解》第 12 条第 8 款和第 9 款的规定，但是专家组仍应尝试在专家组组成和职权范围议定后不迟于 4 个月向争端各方提交最后报告，如有迟延，则不迟于 7 个月提交最后报告。因此，还应尽一切努力将《争端解决谅解》第 20 条第 1 款和第 21 条第 4 款中设想的期限缩短 2 个月。此外，尽管有《争端解决谅解》第 21 条第 5 款的规定，但是在不能就为符合建议和裁决而采取的措施是否存在或是否与一适用协定相一致的问题达成协议的情况下，专家组仍应尝试在 60 天内作出决定。

7.　　尽管有《争端解决谅解》第 22 条第 2 款的规定，但是在《争端解决谅解》附录 1 所列除本协定外的任何协定项下产生的任何争端，均不得造成本协定项下减让或其他义务的中止，且本协定项下产生的任何争端不得造成上述附录 1 所列任何其他协定项下减让或其他义务的中止。

第 23 条
本协定的例外

1.　　本协定的任何规定不得解释为妨碍任何参加方在与武器、弹药或军事物资的采购有关或与国家安全或国防目的所必需的采购有关的基本安全利益方面，采取其认为必需的任何行动或不披露任何信息。

2.　　在遵守关于此类措施的实施方式不构成对条件相同的国家造成任意或不合理歧视的手段或不构成对国际贸易的变相限制要求的前提下，本协定的任何规定不得解释为妨碍任何参加方采取或实施下列措施：为保护公共道德、秩序或安全、人类和动植物的生命和健康或知识产权所必需的措施；或与残疾人、慈善机构或监狱囚犯产品或服务有关的措施。

第 24 条
最后条款

1. 接受和生效

本协定应于 1996 年 1 月 1 日对议定范围已包含在本协定附录 1 的附件 1 至附件 5 中、并于 1994 年 4 月 15 日通过签字接受本协定的政府生效，或对截至该日期虽已签署本协定但尚需核准、且随后于 1996 年 1 月 1 日之前已核准本协定的政府[8]生效。

2. 加入

任何属 WTO 成员的政府，或在《WTO 协定》生效之日前已成为 GATT 1947 缔约方、但非本协定参加方的政府，可根据其与各参加方议定的条件加入本协定。加入在将说明议定加入条件的加入书交存 WTO 总干事后生效。本协定在申请加入的政府加入本协定后第 30 天对该政府生效。

3. 过渡安排

(a) 香港和韩国可推迟至不迟于 1997 年 1 月 1 日的一日期实施本协定除第 21 条和第 22 条外的条款。如其实施有关规定的日期早于 1997 年 1 月 1 日，则应提前 30 天向 WTO 总干事作出通知。

(b) 在本协定生效之日至香港实施本协定之日之间，香港与在 1994 年 4 月 15 日已成为 1979 年 4 月 12 日订于日内瓦、并于 1987 年 2 月 2 日修正的《政府采购协定》("1988 年协定")的本协定参加方之间的权利和义务应适用 1988 年协定的实质性[9]条款，包括该协定经修改或更正的附件，这些条款为此目的通过引用已并入本协定并在 1996 年 12 月 31 日之前保持有效。

(c) 在既属本协定参加方又属 1988 年协定参加方之间，本协定的权利和义务应取代 1988 年协定项下的权利和义务。

(d) 本协定第 22 条在《WTO 协定》生效之日前不得生效。在此之前，1988 年协定的第 7 条的规定应适用于本协定项下的争端解决和磋商，这些规定为此目的通过引用特此并入本协定。

---

[8] 就本协定方而言，"政府"一词被视为包括欧共体的主管机关。

[9] 即 1988 年协定中除序言、第 7 条和第 9 条以外的所有条款，第 9 条第 5 款(a)项和(b)项及第 10 款除外。

这些规定应在本协定项下的委员会主持下实施。

(e) 在《WTO 协定》生效之日前，所指的 WTO 各机构应理解为指相应的 GATT 机构，所指的 WTO 总干事和 WTO 秘书处应分别理解为指 GATT 1947 缔约方全体的总干事和 GATT 秘书处。

4. **保留**

对本协定的任何规定均不得提出保留。

5. **国内立法**

(a) 接受或加入本协定的每一政府应保证在不迟于本协定对其生效之日，使其法律、法规、管理程序及其附件中实体实施的规则、程序和做法符合本协定的规定。

(b) 每一参加方应将其与本协定有关的法律和法规的任何变更及此类法律和法规的管理方面的任何变更通知委员会。

6. **更正或修改**

(a) 任何更正、将一实体从一附件转入另一附件、或在特殊情况下与附录 1 至附录 4 有关的其他修改，应向委员会作出通知，同时附关于变更对本协定中议定适用范围可能产生的结果的信息。如更正、转入或其他修改仅属形式上的或微小的性质，则只要在 30 天内无异议即可生效。在其他情况下，委员会主席应迅速召开委员会会议。委员会应审议有关建议和关于补偿性调整的任何主张，以期在作出此类通知前维持权利与义务的平衡和本协定所规定的双方同意的适用范围的可比水平。如未达成协议，则该事项可依照第 22 条包含的规定进行起诉。

(b) 如一参加方在行使其权利时，以政府对一实体的控制或影响已有效消除为由希望将该实体从附录 1 中去除，则该参加方应通知委员会。该项修改应在随后召开的委员会会议结束后次日生效，只要该会议不在自作出通知之日起早于 30 天内召开且对此未提出异议。如提出异议，则该事项可依照第 22 条包含的磋商和争端解决程序进行起诉。在考虑对附录 1 的拟议修改和任何由此引起的补偿性调整时，应考虑取消政府控制或影响所产生的市场开放效果。

7. 审议、谈判和未来的工作

(a) 委员会应每年审议本协定的实施和运用情况，同时考虑本协定的目标。委员会应每年就此类审议所涉及期间的进展情况向 WTO 总理事会作出通知。

(b) 在不迟于本协定生效之日起第三年年款及此后定期，参加方应进行进一步谈判，以期在互惠基础上改进本协定，并尽最大可能在所有参加方之间实现本协定适用范围的扩大，同时注意到第 5 条与发展中国家有关的规定。

(c) 各参加方应寻求避免采用或延长扭曲公开采购的歧视性措施和做法，并应在(b)项规定的谈判过程中寻求取消在本协定生效之日保留的措施和做法。

8. 信息技术

为保证本协定不对技术进步构成不必要的障碍，各参加方应经常在委员会中就在政府采购中使用信息技术的进展情况进行磋商，如必要还应谈判修改本协定。这些磋商的目的特别在于保证信息技术的使用通过透明的程序促进公开、非歧视和有效的政府采购，并保证本协定项下涵盖的合同可以明确确定且与一合同有关的所有可获得的信息可以明确确定。如一方拟进行革新，则应努力考虑其他参加方就任何潜在问题表明的意见。

9. 修正

各参加方可修正本协定，应特别注意在本协定实施过程中获得的经验。一旦本协定参加方依照委员会制定的程序同意此种修正，即应只对已接受修正的参加方生效。

10. 退出

(a) 任何参加方均可退出本协定。该退出应在 WTO 总干事收到书面退出通知之日起 60 天期满后生效。任何参加方在收到此类通知后，可请求立即召开委员会会议。

(b) 如本协定一参加方在《WTO 协定》生效之日起 1 年内未能成为 WTO 成员或不再为 WTO 成员，则该参加方应自同日起不再为本协定的参加方。

11. **本协定在特定参加方之间的不适用**

任何参加方，如在自己成为参加方或在另一参加方成为参加方时，不同意在彼此之间适用本协定，则本协定不在该两参加方之间适用。

12. **注释、附录和附件**

本协定的注释、附录和附件为本协定的组成部分。

13. **秘书处**

本协定由 WTO 秘书处提供服务。

14. **交存**

本协定应交存 WTO 总干事。总干事应迅速向每一参加方提供一份本协定经核证的副本、根据本条第 6 款进行每一项更正或修改的副本、本条第 9 款下每一项修正的副本，以及关于本条第 1 款和第 2 款所述接受或加入、本条第 10 款所述的退出通知。

15. **登记**

本协定应依照《联合国宪章》第 102 条的规定予以登记。

1994 年 4 月 15 日订于马拉喀什，正本一份用英文、法文和西班牙文写成，三种文本具有同等效力，除非本协定附录另有规定。

注释

本协定包括其附录中使用"国家"一词应理解为包括属本协定参加方的任何单独关税区。

对于本协定的单独关税区参加方,如本协定的措辞被冠以"国家(的)"一词,则此措辞应被理解为与该单独关税区有关,除非另有规定。

第1条第1款

注意到有关限制性援助的一般政策因素,包括发展中国家有关去除此种援助的限制性条件的目标,只要各参加方实行这种做法,本协定即不适用于为促进对发展中国家给予的限制性援助而进行的采购。

附录
(略)

附录 1

附件 1 至附件 5 列出本协定的适用范围：

附件 1　　　中央政府实体
附件 2　　　地方政府实体
附件 3　　　其他所有依照本协定规定进行采购的实体
附件 4　　　服务
附件 5　　　建筑服务

附录 2
各参加方为公布预定招标通知--第 9 条第 1 款
及授标后通知--第 18 条第 1 款所使用的出版物

附录 3
各参加方为每年公布关于在选择性招标程序中的合格供应商
常设名单信息所使用的出版物--第 9 条第 9 款

附录 4
各参加方为公布普遍适用的法律、法规、司法判决、
行政裁决及本协定涵盖的任何有关政府采购
程序所使用的出版物--第 19 条第 1 款